2009年浙江省重点建设教材项目

工商管理本科系列教材

生产与运作管理

（第2版）

主　编　冯根尧

副主编　张　锋　颜　蕾

重庆大学出版社

内 容 提 要

本书吸收了第一版教材的优点，对教学内容、编写体例与编写风格进行了适当创新，增加了实践教学的内容。全书内容共分15章，主要内容包括：生产运作概述、服务业运营的特殊性、生产运作战略的制定、新产品研究与开发、生产运作过程的规划与设计、生产运作系统设施规划、流水生产组织、生产运作系统优化设计，生产运作能力规划，综合计划与主生产计划，制造资源计划、库存管理，作业排序管理、项目管理及精益生产、大批量定制生产、敏捷制造和供应链管理等先进生产运作管理模式。全面系统地反映了这一学科的主要内容。为便于教师组织教学和读者自学，本部分安排了实验教学、课程设计、案例教学等内容。与本书配套的《生产与运作管理》精品课程教学网站，还有丰富的资源，可供读者选择学习。

本书是重庆大学出版社组织编写的面向21世纪管理类专业系列教材之一，2009年被列为浙江省重点建设教材项目。全书内容实用，可供管理类各专业本科生使用，还可作为成人教育、企业培训的教材或参考书，也可作为各类企业管理部门实际工作者的自学参考书。

图书在版编目(CIP)数据

生产与运作管理/冯根尧主编.—2版.—重庆：重庆大学出版社，2010.8(2016.7重印)
工商管理本科系列教材
ISBN 978-7-5624-2754-4

Ⅰ.①生…　Ⅱ.①冯…　Ⅲ.①企业管理：生产管理—高等学校—教材　Ⅳ.①F273

中国版本图书馆CIP数据核字(2010)第168208号

工商管理本科系列教材
生产与运作管理
（第2版）
主　编　冯根尧
副主编　张　锋　颜　蕾
策划编辑：梁　涛
责任编辑：文　鹏　陈　力　　版式设计：梁　涛
责任校对：任卓惠　　　　　　责任印制：赵　晟

*

重庆大学出版社出版发行
出版人：易树平
社址：重庆市沙坪坝区大学城西路21号
邮编：401331
电话：(023) 88617190　88617185(中小学)
传真：(023) 88617186　88617166
网址：http://www.cqup.com.cn
邮箱：fxk@cqup.com.cn (营销中心)
全国新华书店经销
重庆华林天美印务有限公司印刷

*

开本：787mm×1092mm　1/16　印张：26.5　字数：475千
2011年8月第2版　2016年7月第14次印刷
印数：43 001—45 000
ISBN 978-7-5624-2754-4　定价：45.00元

本书如有印刷、装订等质量问题，本社负责调换
版权所有，请勿擅自翻印和用本书
制作各类出版物及配套用书，违者必究

第2版前言

本书第一版自2002年出版发行以来，通过在国内许多高校的使用，深受广大师生的欢迎。第二版的修订，我们坚持了“保持优点，弥补不足，适度创新”的原则，保留了得到老师和同学们充分肯定的结构、内容和体例，纠正了发现的问题与不足，尽可能采纳了来自不同高校老师和同学们提出的意见和建议，努力为读者提供最合适的学习资料。具体表现在以下几点：

1. 知识体系的系统性

沿着生产运作系统的规划、设计、运行、控制与改进这一逻辑主线，将生产运作管理的经典理论与近年来国内外本学科领域的新思想、新理论、新方法进行适当整合、有效集成，在重点分析生产运作管理经典理论，如生产运营流程、生产运营战略、新产品研发、设施规划与布局、流水生产组织、生产运作系统优化设计、生产运作能力规划与设计、综合计划与主生产计划、物料需求计划、库存管理、作业排序、网络计划技术等的基础上，把握学科动态，简要介绍了精益生产、大规模定制、敏捷制造、供应链管理等新思想、新方法、新模式等。

2. 研究范围的完整性

目前，生产运营管理的研究范围已从高科技的制造业生产管理延伸到高接触度的服务业运作管理。根据这一学科发展趋势，本书体现了制造业生产管理和服务业运营管理思想、理论和方法的综合集成。

3. 编写风格的独特性

教材内容介绍方面，以学生就业所需的专业知识和操作技能为着眼点，突出实际生产与运作管理问题的定量描述以及计算机求解技能的训练,体现了应用性与实践性特点。教材栏目设置方面,除了各章的"教学目标"和"主要内容"和"思考与练习"外,还附有课程实验、课程设计、案例教学等内容,强化了实践教学环节,加深了学生对理论知识的理解和掌握,更好地体现了本科院校应用型、就业型的教材特点。

4. 教学资源的灵活性

为便于读者学习,还提供电子化教学资源。与本书相配套的《生产与运作管理》精品课程教学网站(www. jgxysx. net/jpkc/om/index. asp),有丰富的教学资源,包括:电子课件、教案、各章节习题及模拟测试题、案例教学、实验教学、课程设计等,可供读者免费下载。

本书是一份集体成果,具体分工是:冯根尧编写第1,2,3,5,9,10,15章,张锋编写第7,11章,颜蕾编写第12,13章,董小焕编写第4章,蔡翔编写第6章,林敏编写第8章,刘海林编写第14章,崔明花、杨晞参与了部分附录的编写。冯根尧负责全书结构与编写风格的确定以及全书的最后总篡、定稿。

本书2009年被列为浙江省重点建设教材项目,得到了浙江省教育厅的大力支持。在编写过程中,参阅了大量的中外文参考书、文献资料、网上资料及研究成果,主要参考资料已列在书后。在此,对国内外有关作者表示衷心感谢。对于未能列入的参考文献,希望得到作者的谅解。

由于编者水平有限,书中错误和不当之处难免,敬请读者批评指正。

编　者

2011年4月

目　录

第 10 章 综合计划与主生产计划

第 11 章 制造资源计划

第 12 章 库存管理

第 13 章 作业排序管理

第 14 章 项目管理

第 15 章　先进生产运作管理模式

第1章　概　述

通过本章学习,应达到如下目的:

1. 理解生产与运作的概念。
2. 明确生产与运作管理的目标和任务。
3. 深刻理解生产与运作管理的主要内容。
4. 了解生产运作管理在企业管理中的地位和作用。
5. 了解生产运作管理的产生与发展。
6. 了解不同时代的主要管理理论和方法。

为什么有些公司不断壮大而另一些公司却面临着挣扎甚至破产境地呢?原因自然有很多,然而,关乎公司成败的一个重要因素是它的生产与运作管理。生产运作管理是对企业生产运作活动的质量、成本、时间和柔性进行规划与控制的管理。随着人类社会实践活动的发展,信息技术发展突飞猛进,为生产运作管理增添了新的有力手段,也使生产运作管理学的研究进入了一个新阶段,使其内容更加丰富,范围更加清晰。本章在回顾生产运作管理发展历史的基础上,介绍了生产运作管理的概念、基本职能及研究内容;阐述了服务业运作管理的特殊性。

1.1　基本概念

1.1.1　什么是生产与运作

当今社会不断发展的生产力使得大量的生产要素从制造业转移到商业、交通运输、房地产、通信、公共事业、保险、金融和其他服务性行业和领域，传统的有形产品生产的概念已经不能反映和概括服务业所表现出来的生产形式。因此，随着服务业的兴起，生产的概念得到进一步扩展，逐步容纳了非制造的服务业领域，不仅包括了有形产品的制造，而且包括了无形服务的提供。

过去，西方学者把与工厂联系在一起的有形产品生产称为“production”或“manufacturing”，而将提供服务的活动称为“operations”。现在的趋势是将两者均称为“生产与运作”或“运营”，这样，传统的生产管理也就演化为生产与运作管理(production and operations management)或运营管理(operations management)，它将凡是有投入—转换—产出的组织的活动都纳入其研究范围，不仅包括工业制造企业、而且包括了服务业、社会公益组织及市政府机构，特别是随着国民经济中第三产业所占比重的增大，对其运作的管理日益重要，也成为运营管理研究的重要内容。不仅如此，现代生产与运作管理内涵范围不仅局限于生产过程的计划、组织与控制，而且还包括运作战略的制订、运作系统设计、运作系统运行等多个层次的内容。

有关产品和服务的例子在我们周围比比皆是，我们穿的、吃的、用的、坐的以及通过因特网所得到的一切都属于产品或服务。我们开的汽车、带的手表、看的电视、发送的电子邮件、使用的电话、接受的健康治疗等都属于一个或更多组织的生产与运作管理，都包含了一系列复杂的转换过程。以手机为例，为了按实际需要生产手机，并且把它们送到客户手里，需要进行很多的转换过程：零部件供应商购买原材料并且制造手机零部件，手机制造公司采购原材料或零部件，并将这些零部件组装成各种各样的手机，分销商、代理商和遍布各地的物流公司通过因特网发出手机订单，地方零售商直接与客户接触、发展并管理所有的客户。

生产与运作是由与生产产品或提供服务直接相关的所有活动组成的，不仅存在于产品导向的制造和装配运营方面，还存在于服务导向的服务领域，诸如商品销售、交通运输、邮电、通信、金融、教育、咨询、医疗。生产与运作的多样性可由表 1.1 来说明。

表 1.1　不同类型的生产与运作活动举例

类　型	例　子
产品生产	农业、采掘、建筑、制造、发电
储备/运输	仓库、货运、邮政、出租车、公交车、旅馆、航空公司
交换	零售、批发、租赁、证券交易所
娱乐	电影、广播和电视、戏剧演出、音乐会
信息传递	报纸、电台和电视台的新闻广播、电话、卫星、因特网

1.1.2 什么是生产与运作系统

按照马克思主义的观点,生产是以一定生产关系联系起来的人们利用劳动资料,改变劳动对象,以适合人们需要的过程。这里所说的生产,主要是指物质资料的生产。通过物质资料的生产,使一定的原材料转化为特定的有形产品。随着服务业的兴起,生产的概念得到了延伸和扩展。例如,操作工人的劳动是直接改变加工对象的物理或化学特性,使其功能有所增加,是价值的创造过程;而搬运工人和邮递员尽管转送的都不是他们自己制造的东西,但他们也同样付出了劳动,满足了人们的某种需求,我们不能说他们从事的不是生产活动。按照这种理解,可以把生产的概念扩大到非制造领域。从一般意义上讲,我们可以给生产下这样一个定义:生产是一切社会组织将它的输入转化为输出的过程。

为了解释这个定义,表1.2列出了几种典型的社会组织的输入、转换和输出的内容。

表1.2 几种典型的社会组织的输入、转换和输出的内容

社会组织	主要输入	资 源	转换的内容	主要输出
工 厂	原材料、零部件	工具、设备和人员	加工制造	产 品
批发中心	库存物品	存储用具	存储保管、再分销	随时快速交货
运输公司	产地的物资	运输工具、人员	位 移	销售地的物资
百货商店	顾 客	展示、商品的存储和售货员	吸引顾客、促销、交易	销售商品使顾客满意
修理站	损坏的机器	维修工具、设备、零配件和工人	修 理	修复的机器
医 院	病 人	医生、护士、药品和医疗设备	诊断与治疗	恢复健康的人
大 学	高中毕业生	教师、教材和教室	教 学	专门人才
咨询站	情况、问题	人员、办公室	咨 询	建议、办法、方案
餐 厅	饥饿的人	食物、厨师和环境	充饥、享受服务	满意的顾客

从表1.2可以看出,社会组织要提供输出,则必须有输入。输入是由输出决定的,生产什么样的产品和提供什么样的服务,决定了需要什么样的输入。输入

需要通过转换过程才能变为输出。转换是通过人的劳动在运营系统中实现的,运营系统是由人和机器构成的,能将一定输入转化为特定输出的有机整体。运营系统本身是一个人造系统,它输出的"质"不同,则生产系统不同。显而易见,钢铁厂的生产系统不同于机床厂的生产系统,餐馆的运作系统不同于银行的运作系统。不仅如此,运营系统还取决于输出的"量"。同是生产汽车,大批量生产和小批量生产所采用的设备以及设备布置的形式是不相同的;同是提供食物,快餐店和大饭馆的运作组织方式也是不同的。

图 1.1 给出了生产与运作系统图。

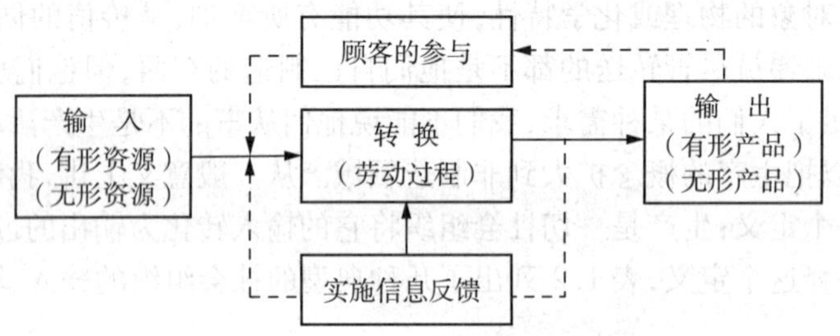

图 1.1 生产与运作系统图

从图 1.1 可以看出,生产与运作系统是一个输入—转换—输出的系统。输入的是两类资源,一类是有形资源,包括:人力、设备、物料、信息、技术、能源和土地资源等;另一类是无形资源,包括:时间和信息资源,其中时间是一种特殊的资源,它不需要索取,关键在于如何合理有效地利用;信息资源主要指运营系统外部的信息。例如,市场变化信息、新技术发展信息、政府部门关于经济趋势的分析报告等;而图中的虚线表示的是信息投入,来自生产与运作系统内部,即变换过程中所获得的信息,它有两种具体表现形式:一是顾客或用户的参与,二是有关运营活动实施情况的信息反馈。顾客或用户的参与是指,他们不仅只接受变换过程的产出结果,而且在变换过程中,他们也是参与活动的一部分。例如,教室中学生的参与,医院中病人的参与。实施信息反馈包括生产进度报告、质量检验报告、库存情况报告等。中间的转换过程,也就是劳动过程,是价值增值过程。输出包括两大类:有形产品和无形产品。前者指汽车、电视、机床、食品等各种物质产品;后者指某种形式的服务,例如,银行所提供的金融服务、邮局所提供的邮递服务、咨询公司所提供的设计方案等。生产与运作系统具有如下特征:

(1)生产与运作系统是一个多功能的综合系统

生产与运作系统是由战略决策、系统设计、系统运行与控制、系统维护和改进等多种功能组成的一个综合系统,它们之间形成一个螺旋循环链,每螺旋循环一次,运营就向一个新的高度发展,与产品生命周期理论有一定的相似性。

(2)生产与运作系统是劳动过程或价值增值过程的统一

任何一个运营活动的主体是各种各样的社会组织,其中包括各行各业的众多企业组织,也包括非盈利性的各种事业组织和政府部门。这些组织虽然性质不同,形式各异,但其都具有一个共同的特征:都需要投入一定的资源,经过人们一定的劳动过程提供满足人们某种需要的,具有一定价值的劳动成果。劳动过程是价值增值过程得以实现的前提条件,价值增值是运营系统赖以生存的基础。劳动过程若不产生增值,就会造成社会资源的浪费,提供的输出就不为人们所接受,从而得不到社会的承认。这样的社会组织就不能生存下去,就会在竞争中被淘汰。

(3)生产与运作系统是物质系统和管理系统的结合

物质系统同运营过程中的物质转化过程相对应,它是一个实体系统,主要由各种设施、机械、运输工具、仓库、信息传递媒介等组成。例如,一个机械工厂,其实体系统包括车间、车间内有各种机床、工装及运输工具、车间与车间之间有在制品仓库等。而一个化工厂,它的实体系统可能主要是化学反应罐和形形色色的管道。又如,一个急救系统或一个经营连锁快餐店的企业,它的实体系统可能又大为不同,它们不可能集中在一个位置,而是分布在一个城市或一个地区内各个不同的地点;运营系统中的管理系统同管理过程相对应,它主要是指运营系统的计划和控制系统,以及物质系统的设计、配置等问题,通过计划、组织、实施、控制等一系列活动使上述物质的转化过程得以实现。其中的主要内容是信息的收集、传递、控制和反馈。

1.1.3 什么是生产与运作流程

生产与运作业务流程(business process)是指一组跨部门的、与其他流程相辅相成的任务或活动的逻辑序列。换言之,业务流程就是把不同的职能部门联系起来以完成共同的任务和目标,具体地说,企业的业务流程包括顾客、供应商以及输入输出之间的价值增值过程。

表 1.3 一些典型的业务流程及其相关联的职能部门

业务流程	相关联的职能部门
新产品开发	运营部门、市场营销部门、财务部门、工程设计部门

续表

业务流程	相关联的职能部门
订单执行	市场营销部门、运营部门、会计部门
供应链管理	采购部门、运营部门、会计部门
资产管理	运营部门、会计部门、财务部门
人员招聘	人力资源部门、运营部门、会计部门

1.2 生产与运作管理概述

1.2.1 生产与运作管理的目标与任务

当前,激烈的市场竞争对企业提出了越来越高的要求,包括四个方面:时间(time,T)、质量(quality,Q)、成本(cost,C)和服务(service,S)。T 指满足顾客对产品和服务在时间方面的要求,即交货期要短而准;Q 指满足顾客对产品和服务在质量方面的要求;C 指满足顾客对产品和服务在价格和使用成本方面的要求,即不仅产品形成过程中的成本要低,而且在用户使用过程中的成本也要低;S 为提供产品之外为满足顾客需求而提供的相关服务,如产品售前服务及售后服务等。这种环境要求决定了生产与运作管理应追求的目标,即高效、低耗、灵活、准时地生产合格产品和提供满意服务。高效是指能够迅速地满足用户的需要。在当前激烈的市场竞争条件下,谁的订货提前期短,谁就能争取用户;低耗是指生产同样数量和质量的产品,人力、物力和财力的消耗最少。低耗才能低成本,低成本才有低价格,低价格才能争取用户;灵活是指能快速适应市场的变化,生产不同的品种和开发新品种或提供不同的服务和开发新的服务;准时是指在用户需要的时间,提供所需数量的产品和服务。合格产品和满意服务,是指产品和服务的质量必须符合人们的要求。由此引申出生产与运作管理的三项基本任务:

(1)保证和提高质量

产品质量包括产品的使用功能(functional quality)、操作性能(quality of operability)、社会性能(quality of sociability,是指产品的安全性能、环境性能以及空间性能)和保全性能(maintainability,包括可靠性、修复性以及日常保养性能)等内涵,生产与运作管理要实现上述的产品质量特征,就要进行质量管理(quality management),其中包括产品的设计质量、制造质量和服务质量的综合管理。

(2)保证适时适量地将产品投放市场

在这里,产品的时间价值转变为生产与运作管理中的产品数量与交货期控制问题。在现代化大生产中,生产所涉及的人员、物料、设备、资金等资源成千上万,如何将全部资源要素在它们需要的时候组织起来,筹措到位,是一项十分复杂的系统工程,这也是生产与运作管理所要解决的一个最主要问题——进度管理(delivery management)。

(3)保证以适当的价格将产品投放市场

使产品的价格既为顾客所接受,同时又能为企业带来一定的利润,这涉及人、物料、设备、能源、土地等资源的合理配置和利用,涉及生产率的提高,还涉及企业资金的运用和管理。归根结底是努力降低产品的生产成本——成本管理(cost management)。

以一家自行车厂为例,该厂可能从供应商那里购买零件,如车架、轮胎、车轮、齿轮及其他物件,然后装配成自行车。该厂也可能从事一些制造工作,如制造车架、齿轮及链子,而主要购买原料和油漆、螺栓及轮胎这样的一些小零件。无论是在哪一种情况下,该厂都要做如下一些重要的管理工作:决定哪些零件自制或外购、订购零件或原材料、决定生产的车型及数量、生产进度安排、购买新设备替换旧的或报废的设备、维修设备、激励工人以及确保达到质量标准和降低产品成本。

以上3个问题简称为QDC管理。QDC管理是生产与运作管理的基本问题,但并不意味着是生产与运作管理的全部内容。生产与运作管理的另一大基本内容是资源要素管理,即设备管理、物料管理以及人力资源管理。事实上,生产与运作管理中的QDC价值条件管理与资源要素管理这两大类管理是相互关联、相互作用的。质量保证离不开物料质量、设备性能以及人的劳动技能水平和工作态度;成本的降低取决于人、物料、设备的合理利用。反过来,对设备与物料本身也有QDC的要求。因此,生产与运作管理中的QDC管理与资源要素管理是一个有机整体,应当以系统的、集成的观点来看待和处理这些不同的分支管理之间的相互关系和相互作用。

在传统的生产管理实践中,这些管理是分别进行的,而且各自有相对应的职能部门。在传统的生产管理学中,也是把它们作为不同的单项管理分别进行研究,并未注重它们之间的相互作用和内在联系。但是,考察一下企业生产与运作管理的实际状况,往往有这样的倾向:质量管理认为企业的运营活动应围绕自己的主题来进行;进度管理认为自己才是真正意义上的生产与运作管理的中心;成本管理把自己当作企业利润获得的主要手段;人力资源管理也从"以人为本"的角度强调自己的重要性,各自强调一面。从客观上来说,这些不同的单项管理之间的职能目标并不完全一致,在某种程度上存在相悖的关系。例如,当强调质量目标时,可能会相应地要求生产过程中精雕细刻,从而带来生产时间的延长,资源消耗的增多,而这是与进度管理和成本管理的职能目标相悖的;又如,当强调进度管理的目标时,为了保持适时适量地交货,会相应地要求一定量的原材料与在制品库存,这又是成本管理目标所不希望的。

从价值实现条件分析,运营活动是一个价值增值的过程,是一个社会组织向社会提供有用产品的过程。要想实现价值增值,要想向社会提供有用的产品,其必要条件是,运营过程提供的产品,无论有形还是无形,必须有一定的使用价值。产品的使用价值是指它能够满足顾客某种需求的功效。人总是有需求的,这些需求的内容因人和因时而异,当某种产品在人需要的时候满足了人的某种要求,则实现了其使用价值。因此,产品使用价值的支配条件主要是产品质量和产品提供的适时性。产品质量包括产品的使用功能、操作性、安全性、可靠性和可修复性等内涵,这是生产价值实现的首要要素。产品提供的适时性是指在顾客需要的时候提供给顾客的产品的时间价值;如果超过了必要的时期,就会失去价值,在服务业尤其如此。这两者构成了生产价值实现的必不可少的两大要素。而产品的成本,以产品价格的形式最后决定了产品是否能被顾客所接受或承受,只有当回答是肯定的时候,生产价值的实现才能最终完成。

再从产品的市场竞争力来看,只有 QDC 的三方面都具有了优势,产品才可能有真正的市场竞争优势。对于其他资源要素管理也是同样的,每一单项管理都与产品的 QDC 价值条件相关联,都或正或负地影响 QDC 管理的结果。因此,在生产与运作管理中,不能片面地强调哪一项管理更重要,也不能把各项职能或职能部门完全分而治之,而必须以一种系统的观念来进行集成管理,从提高整个系统效率的角度出发,来指导各单项管理的进行,只有这样才能达到原本分工的真正目的。此外,由于各项要素之间所存在的相悖关系,运营决策过程往往是一种使各项要素取得平衡的过程,也可以称之为择优过程或优化过程。

进一步而言,不仅生产与运作管理中的各个单项管理之间要相互关联、综合考虑,当今市场需求日趋多变、科学技术日新月异,这给企业提出了不断开发新产品和不断调整、设计和选择运营系统的课题,使企业的经营活动与生产活动、经营管理与生产管理之间的界限正变得越来越模糊不清,生产与运作管理与企业的其他方面管理之间的界限也越来越模糊。企业的生产与经营,也包括营销、财务等活动在内，正在互相渗透，朝着一体化的方向发展，以便能够更加灵活地适应环境的变化和要求。

1.2.2 生产与运作管理的基本职能

一切社会组织都有生产、理财和营销三项基本职能，离开这三项基本职能，任何社会组织都不可能存在。生产是一切社会组织最基本的活动。社会组织中的大部分人力、物力和财力都投入到生产活动之中，以制造社会所需要的产品和提供顾客所需要的服务。因此，把生产活动组织好，对提高社会组织的经济效益至关重要。理财就是为社会组织筹措资金并合理地运用资金。从资金运动的观点看，企业和公司可以被看作是资金汇集的场所，不断有资金进入，也不断有资金流出。只要进入的资金多于流出的资金，公司的财富就会不断增加。营销就是要发现与发掘顾客的需求，让顾客了解公司的产品和服务，并将这些产品和服务送到顾客手中。这三项基本职能是相互依存的。其中，发现需求是进行生产经营活动的前提，有了资金并生产出了某种产品和服务，如果该产品或服务没有市场，那将是毫无意义的；有了资金和市场，但却制造不出产品或提供不了服务，也只能眼睁睁地看着市场被别人占领；有了市场和生产能力，但没有资金购买原材料、支付工资，显然也是不行的。三项基本职能连同组织的其他职能，都是组织不可少的，且每项职能都依赖于其他职能。因此，当我们研究生产与运作管理时，不要忘记生产职能与其他职能之间的关系。传统的生产管理将生产职能与其他职能分离开来讨论，不能满足市场经济的客观要求，也不利于企业生产经营活动的整体优化。

对于提供无形产品的非制造业企业来说，其运作过程的核心是业务活动或服务活动。在当今市场需求日益多变，技术进步、尤其是信息技术飞速发展的形势下，企业同样面临着不断推出新产品、提供多样化服务的课题，从而也面临着不断调整其运作系统和服务提供方式的课题。例如，一个保险公司，需要不断地推出新险种；一所大学，需要不断地开设新课程并改进其教学方式；一个银行，需要利用信息技术不断改变服务方式并推出新服务。因此，无论是制造业企业还是非制造业企业，现代生产与运作管理的职能都在扩大，基本职能包括：市场营销、运营、财务会计 3 种。市场营销是引导新需求，至少要获得商品或服务的订单；运营是创造产品或服务的价值；财务会计是跟踪企业运作状况，支付账单及收取货款；表 1.4 列出了常见几种系统的 3 项基本职能。

表 1.4　生产与运作系统的 3 项基本职能

系统名称	市场营销	运　营	财务会计
制造业	电视、报纸等广告 展销活动 赞助活动 市场研究 发展供应商	设施设计与布局 产品开发与设计 生产流程管理 质量保证与控制 库存管理	向供应商付款 支付员工工资 进行预算 支付股息 出售股票
航空公司	电视广告 定价 售票 交通管理	机场设计、设施安装 飞机维护、设备维护 地面作业 航班作业 作业研究	向供应商付款 支付员工工资 收取现金 现金控制 国际汇兑
商业银行	贷款 信托	出纳员调度 支票结算、汇付 交易处理 设施设计与布局 安全与保险	投资 证券 不动产 会计 审计
快餐业	电视广告 分发宣传品 赞助活动	做快餐食品 保养设备 设计新店面	向供应商付款 收取现金 支付员工工资 支付银行贷款
高等院校	招生报宣传 走访各中学宣传	探索真理 传播知识 掌握技能	向教职工支付工资 收取学费 经费预算

除了上述 3 项基本职能外,采购与供应也是一项很重要的职能。在计划经济体制下,供应比营销更重要。但是,随着社会主义市场经济体制的逐步建立,卖方市场逐渐为买方市场所取代,供应职能将远远不如营销职能重要。另外,人事管理也是一项十分重要的职能,它具有普遍性,但它与生产经营活动的关系不如其他基本职能直接。

1.2.3　生产与运作管理的内容体系

生产与运作管理的研究内容可从企业运营活动过程的角度理解。就有形产品的生产来说,生产活动的中心是制造部分,即狭义的生产。因此,传统的生产管理学的中心内容,主要是关于生产的日程管理、在制品管理等。但是,为了进行生产,生产之前的一系列技术准备活动是必不可少的,例如工艺设计、工装夹具设计、工作设计等,这些活动可称之为生产技术活动。生产技术活动基于产品的设计图纸的,所以在生产技术活动之前是产品的设计活动。这样的"设计—生产技术准备—制造"的一系列活动,才构成了一个相对完整的生产活动的核心部分。

在当今科学技术日新月异、市场需求日趋多变的环境下,产品更新换代的速度正变得越来越快。这种趋势一方面使企业必须投入更大精力和更多的资源进行新产品的研究与开发;另一方面,由于技术进步和新产品对生产系统功能的要求,使企业不断面临生产系统的选择、设计与调整。这两方面的课题从企业经营决策层的角度来看,其决策范围向产品的研究与开发,生产系统的选择、设计这样的"向下"方向延伸;而从生产管理职能的角度来看,为了更有效地控制生产系统的运行,生产出能够最大限度地实现生产管理目标的产品,生产管理从其特有的地位与立场出发,必然要参与到产品开发与生产系统的选择、设计中去,以便使生产系统运行的前提——产品的工艺可行性、生产系统的经济性能够得到保障。因此,生产管理的关注范围从历来的生产系统的内部运行管理在"向宽"延伸,这种意义上的"向宽"延伸是向狭义生产过程的前一阶段的延伸。另一方面,"向宽"延伸还有另一层含义,即向制造过程后一阶段的延伸,更加关注产品的售后服务与市场。所有这些活动,就构成了生产与运作管理的研究内容,按照生命周期理论,可以将其归纳为生产与运作系统的设计、运行与维护改进 3 个部分。

(1)生产与运作系统的设计

生产与运作系统的设计,包括产品或服务的选择和设计、运营设施的定点选择、运营设施布置、服务交付系统设计和工作设计。运营系统的设计一般在设施建造阶段进行。但是,在运营系统的生命周期内,不可避免地要对运营系统进行更新,包括扩建新设施、增加新设备;或者由于产品和服务的变化,需要对生产与运作设施进行调整和重新布置。在这种情况下,都会遇到生产与运作系统设计问题。

生产与运作系统的设计对其运行有先天性的影响。如果产品和服务选择不当,将导致方向性错误,造成人力、物力和财力无法弥补的损失。厂址和服务设施的选址不当,将直接决定产品和服务的成本,影响生产经营活动的效果,这一点对服务业尤其重要。

(2)生产与运作系统的运行

生产与运作系统的运行,主要解决生产与运作系统如何适应市场的变化,按用户的需求,输出合格产品和提供满意服务这一问题。生产与运作系统的运行,主要涉及生产计划、组织与控制3方面内容。

①计划方面解决生产什么、生产多少和何时产出的问题。包括预测对本企业产品和服务的需求,确定产品和服务的品种与产量,设置产品交货期和服务提供方式,编制运营计划,作好人员班次安排,统计生产进展情况等。

②组织方面解决如何合理组织生产要素,使有限的资源得到充分而合理的利用问题。生产要素包括劳动者(工人、技术人员、管理人员和服务人员等)、劳动资料(设施、机器、装备、工具、能源等)、劳动对象(原材料、毛坯、在制品、零部件和产成品等)和信息(技术资料、图纸、技术文件、市场信息、计划、统计资料、工作指令等)。劳动者、劳动资料、劳动对象和信息的不同组合与配置,构成了不同的组织生产的方式,或简称生产方式,例如,福特生产方式、丰田生产方式。一种生产方式不是一种具体方法的运用,而是在一种基本思想指导下的一整套方法、规则构成的体系,它涉及企业的每个部门和每一项活动。

③控制方面解决如何保证按计划完成任务的问题。主要包括接受订货控制、投料控制、生产进度控制、库存控制、质量控制和成本控制等。对订货生产型企业,接受订货控制是很重要的。是否接受订货?订多少货?是一项重要决策,它决定了企业生产经营活动的效果。投料控制主要是决定投什么?投多少?何时投?它关系到产品的出产期和在制品数量。生产进度控制的目的是保证产品按期完工,产品按期装配和出产。库存控制包括对原材料库存、在制品库存和成品库存的控制。如何以最低的库存保证供应,是库存控制的主要目标。质量和成本控制前文已有提及,在此不赘述。

(3)生产与运作系统的维护与改进

任何系统都有生命周期,如果不加以维护和改进,系统就会终止。生产与运作系统的维护与改进需要可以采用的先进生产方式和管理模式包括:设施的维修与可靠性管理、质量保证、准时生产、精益制造、大规模定制、敏捷制造、供应链管理、流程再造和电子商务等。

1.3 生产与运作管理的产生与发展

1.3.1 生产与运作管理的演变历史

生产与运作管理是对企业提供产品或服务的系统所进行设计、运行、评价和改进。它的发展可以大致分为经典生产管理、现代生产管理和运营管理 3 个阶段。

(1)经典生产管理阶段

20 世纪 10 年代之前,企业的生产管理主要是凭经验管理,工人劳动无统一的操作规程,管理无统一规则,人员培养主要靠师傅带徒弟。泰勒的科学管理法使生产与作业管理摆脱了经验管理的束缚,走上科学管理的轨道。泰勒科学管理法的主要内容——作业研究,对于提高当时的生产效率起了极大的作用,奠定了以后的整个企业管理学说的基础。1913 年,福特在其汽车工厂内安装了第一条汽车生产流水线,揭开了现代化大生产的序幕。他所创立的"产品标准化原理"、"作业单纯化原理"以及"移动装配法"原理在生产技术以及生产管理史上均具有极其重要的意义。在 20 世纪 30 年代,最早的日程计划方法、库存管理模型以及统计质量控制方法相继出现,这些构成了经典生产管理学的主要内容。这一时期生产管理学的焦点主要是一个生产系统内部的计划和控制,所以称为狭义的生产管理学。

(2)现代生产管理阶段

第二次世界大战以后,运筹学的发展及其在生产管理中的应用给生产管理带来了惊人的变化。库存论、数学规划方法、网络分析技术和价值工程等一系列定量分析方法被引入了生产管理,大工业生产方式也逐步走向成熟和得到普及,这一切使生产管理学得到了飞速发展,开始进入了现代生产管理的新阶段。与此同时,随着企业生产活动的日趋复杂,企业规模的日益增大,生产环节和管理上的分工越来越细,计划管理、物料管理、设备管理、质量管理、库存管理、作业管理等各个单项管理分支逐步建立,形成了相对独立的职能和部门。

到了 20 世纪 70 年代,机械化、自动化技术的飞速发展使企业面临着不断进行技术改造、引进新设备、新技术,并相应地改变工作方式的机遇和挑战,生产系统的选择、设计和调整成为生产管理中的新内容,随之出现了多种生产管理技术与方法，诸如：计算机辅助设计、计算机辅助制造、计算机集成制造、管理信息系统、MRP Ⅱ（制造资源计划）、OPT（最优生产技术）等，尤其是以 JIT（准时生产）为代表的日本式生产管理方式，在全世界引起了注目和研究，极大地丰富了生产管理学的内容，使得处理“物流”的生产本身和处理“信息流”的生产管理本身均发生了根本性的变革，从而提高了生产系统的柔性，增强了企业的竞争力。

(3)运营管理阶段

经济的发展、技术的进步以及社会工业化、信息化的进展，特别是进入 20 世纪 90 年代以来，人们除了对各种有形产品的需求之外，对其形成之后的相关服务的需求也不断增加，从而出现了各种各样的社会组织和团体，例如：学校、商店、医院、车站、旅馆、消防队、饭馆、运输公司和银行等，这些社会组织和团体都具有特定目标和功能，是社会化生产要素的集合体，也是社会生产力发展的标志。它们的出现，改变了人们的生活方式。人们可以乘坐舒适、快捷、安全、方便的飞机、火车、汽车出门旅行；通过电话、电报、传真、电子邮件随时与居住在世界任何一个地方的亲朋好友取得联系；还可以在每天工作之余，从事健康有益的体育活动和娱乐休闲活动。服务业已经成为现代社会不可分离的有机组成部分。如果没有服务业，就不会有现代社会。没有交通和通讯基础设施，工农业生产就不可能进行；没有政府提供的服务，各种社会组织就不能正常运行；没有各种生活服务，人们就不能正常生活。随着人们对服务业的日益重视，对所有这些提供无形产品的过程进行管理和研究的运营管理也就应运而生。表 1.5 列示了运营管理发展的详细时间表。指出了各阶段的管理概念、工具与创始人。

表 1.5 运营管理的发展简史

年 代	概 念	工 具	创始人
20 世纪 10 年代	科学管理原理 工业心理学 流水装配线 经济批量模型	时间研究、工作研究 动作研究 活动规划表 订货管理的 EOQ	弗雷德里克 W. 泰勒（美国） 弗兰克和吉尔布雷思（美国） 布雷享利 · 福特和甘特（美国） F. W. 哈里斯（美国）
20 世纪 30 年代	质量管理 霍桑实验	抽样检验和统计表 工作活动的抽样分析	休哈特 · 道奇和罗米格（美国） 梅奥（美国）和提普特（英国）
20 世纪 40 年代	复杂系统多约束方法	线性规划法、单纯形法	OR 小组和丹齐克

续表

年 代	概 念	工 具	创始人
20世纪50年代—60年代	运筹学的应用	仿真、排队论、决策论、CPM和PERT	美国和西欧的很多研究人
20世纪 70年代	商业中的计算机应用 服务数量和质量	车间计划、库存管理、预测、项目管理、MRP 服务部门的大量生产	IBM的约瑟夫·奥里奇和奥里弗·怀特是主要的MRP的革新者 麦当劳饭店
20世纪 80年代	制造策略图 看板管理、全面质量控制和工厂自动化 同步制造	作为竞争武器的制造 JIT、CAD/CAM、CAPP、CIMS、机器人等 瓶颈分析和约束的优化理论	哈佛管理学院教师 丰田的大野耐一(日本)、戴明(德国)和朱兰以及美国工程师 格劳亚特(以色列)
20世纪 90年代	全面质量管理 企业过程再造 虚拟企业 供应链管理	ISO 9000、价值工程、并行工程和持续改进 基本变化图 因特网、万维网 SAP/R3、客房/服务器软件	国家标准和技术学会,美国质量管理协会和国际标准化组织 哈默和咨询公司 美国政府、网景公司和微软公司 SAP(德国)和ORACLE(美国)

从表中可以看出,同营销和财务一样,运营管理具有明确的生产管理职能,是管理的一个职能领域。它与运筹学(OR)、管理科学(MS)和工业工程(IE)容易混淆,本质的区别在于:运营管理是管理的一个领域,而OR/MS是各领域在制定决策时都会经常用到的定量方法,IE则是工程专业。尽管运营管理人员需要经常运用OR/MS的决策工具(如PERT等)、处理许多IE方面的综合问题(例如工厂自动化),但生产运作管理与其他领域的明显区别就在于它的管理职能。

1.3.2 企业生产运作管理中面临的主要趋势

企业在制定战略和进行生产运作管理时必须经常关注并考虑新的趋势。以下内容是当今世界企业生产运作管理中面临的主要趋势。

(1)因特网、电子交易

因特网改变了企业在市场上的竞争方式,为企业提供了巨大潜力,企业在确定是否利用这一潜力时,必须对其相应的风险有一定清醒的认识。电子交易是指利用因特网进行交易,我们最熟悉的是电子商务。企业在制定战略、编制计划和进行决策时越来越重视电子商务。

(2)技术管理

技术管理已经在许多方面对企业组织产生了巨大的影响,包括新产品和新服务特性、工艺管理、生产计划和进度安排、数据处理和通信。在新材料、新方法和新设备方面,技术进步极大地影响着竞争和生产率。管理部门必须了解这些变化,对它们所带来的优缺点及时作出评估。在产品和工艺上的技术革新将继续影响着企业组织的运行方式。

(3)全球化与供应链管理

由于经济全球化和科学技术的不断发展,使得企业之间的竞争开始变成企业所在的供应链之间的竞争,企业的运营管理需要考虑如何与供应链上的上下游企业紧密合作,特别值得关注的是业务外包,即购买产品或服务,而不是在组织内自己生产产品或提供服务。

(4)敏捷性

敏捷性指一个组织对需求或机会快速响应的能力。它旨在确立一个柔性系统的战略,要求该系统能够对需求量或产品或服务供给量的变化作出快速地响应。这对于在尽力保持竞争力、对付日益缩短的产品生命周期以及努力实现新产品或服务较短开发期的那些组织来说尤其重要。

虽然上述趋势日益受到人们更多的关注,但还有一些重要的趋势同样值得关注。这些趋势包括:道德行为;运营战略;利用较少的资源工作;成本控制和生产率;质量和工艺改进;增加的规章和产品责任问题。

1.4 生产与运作管理中的职业机会

1.4.1 为什么要学习生产与运作管理

在一个企业的经营活动中,有50%或更多的工作是属于生产与运作管理的范畴。打个比方,企业组织是一辆轿车,而生产与运作管理则是其发动机,为了使轿车正常运转,所有的部门必须密切配合,即每个人不但要清楚自己的工作,还要明白他人的作用。所有经济与管理类的学生,不论你的具体专业是什么,都要学习一门公共核心课程——生产与运作管理,使他们能更好地了解企业的方方面面。生产与运作管理在企业所有职能中居于核心地位,它研究的是产品和服务是如何被创造出来的问题,因此是商学院学生的必修课。另外,生产与运作管理中的许多理念在企业的其他职能部门中也有所运用。表1.6指出了企业各职能部门的相应业务流程,及其与生产与运作管理部门之间的关联性,可以看出,运用生产与运作管理工具和技术,可以不断地改进其他职能部门的业务流程。

表1.6 OM在其他职能部门的直接应用

职能部门	业务流程	OM的直接应用
会计	资产评估 财务报告	现有库存 员工和材料成本
财务	投资分析 现金流管理	能力利用率 自制与外购决策
市场	新产品导入 客户订单	新流程设计 交货期
人力资源	员工雇佣 培训	职位描述 员工技能要求
管理信息系统	软件评估 硬件需求分析	数据需求 最终需求

另外,单个课程有它的侧重点,然而,在实际中,各职能领域之间存在明显的交叉和融合。以营销、财务、运营3个职能部门人员的工作为例。

财务人员需要在以下活动中,与生产与运作管理人员及时交流信息与专门知识:

①预算。要定期对财务需求作出安排,有时要对预算进行调整,而且,必须对预算的执行情况进行评估。

②投资方案的经济分析。对投资于工厂和设备的备选方案的评估要由运营和财务人员共同参与。

③资金供应。给运营部门及时提供必要的资金非常重要,在资金紧张的时候,这甚至会关系到组织的生存,周密的计划有助于避免现金流短缺的若干问题。

营销部门的核心工作是销售或推销一个组织的产品或服务，还要对顾客需求作出判断，并将这一信息传递给运营部门（短期）和设计部门（长期）。这就是说，运营部门需要有关中短期顾客需求的信息，以便据此作出采购计划或工作进度安排，设计部门也需要这方面的信息，从而有利于对目前产品或服务作出改进并设计出新的产品。

营销、财务、运营3个职能部门人员必须密切配合，才能顺利完成对设计的改进并生产出新产品。通过营销，组织可以了解竞争对手正在做什么、掌握顾客偏好，从而按所需的产品类型及特征进行设计。运营部门可提供生产能力方面的信息，并就设计的可制造性作出判断，当需要购买新设备或新技术用于创新新产品或服务时，运营部门可提前发出通知。这时，财务部门应提供可筹集到多少资金这一信息（短期），并了解引入新产品或服务所需资金的规模（中期到长期）。营销部门可从运营部门那里得到制造或服务提前期这一重要信息，从而给顾客提供可靠的供货服务。

因此，营销、财务、运营3个职能部门人员必须在产品及工艺设计、需求预测、工作进度安排、质量和数量决策方面协调一致，加强相互间优劣势状况的沟通。当然，生产与运作管理还与组织中的其他职能管理相互联系和作用，包括法律、会计、管理信息系统、人事或公共关系等。

1.4.2 生产与运作管理的工作职位

生产与运作管理领域给学生提供了许多职业发展机会。学生可以从事制造业或服务业的过程分析、生产、质量、库存和供应链等管理工作。表1.7列出了企业不同管理层次上的生产与运作管理职位。

表1.7 企业不同管理层次上的生产与运作管理职位

管理层次	制造型企业	服务型企业
高　层	生产副总经理	运营副总经理（航空公司） 副院长（医院）
中　层	厂长 项目经理	店长（百货公司） 公司总经理（批发公司、经销公司）
低　层	部门主管 领班	分行经理（银行） 部门主管（保险公司）

续表

管理层次	制造型企业	服务型企业
员工	生产控制员 物料管理员 质量管理员 采购员 工作方法分析员 工艺工程师	助理经理(宾馆、酒店) 系统和程序分析员 采购员 质检员 营养师(宾馆、酒店) 客户服务代表

可见,即使从事其他部门的工作,也非常有必要掌握生产与运作管理的基本理论,生产与运作管理这一领域给学生提供了广阔的事业发展空间。

思考与练习

1. 生产与运作系统的含义?
2. 生产与运作管理的基本问题及内容是什么?
3. 生产与运作管理的基本职能是什么?
4. 用表1.2的模式,描述以下系统的输入-转换-输出的关系。
   (1)航空公司
   (2)银行
   (3)会计事务所
   (4)电信公司
   (5)铁路运输
   (6)自动装配线
5. 描述快餐店内顾客的订单处理流程。
6. 如何理解医院的生产与运作管理活动。

第2章 服务业运营的特殊性

通过本章学习，应达到如下目的：

1. 描述不同服务组织的类型。
2. 熟悉服务业运营系统的几种类型。
3. 深刻理解服务业运营管理的特殊性。

服务作为一种无形产品，本身有其特殊性，其运营过程与制造业企业的生产运营过程也有很大不同，因此有必要专门研究服务的特点、服务业企业的运营特点以及适用于服务业企业的运营管理理论和方法。本章介绍服务的概念及构成要素、服务型企业的分类、服务业运营管理的特殊性等。

2.1 服务型企业的运营类型

2.1.1 服务的概念及其构成要素

关于服务可以从不同角度进行定义。一个比较有代表性的定义是："服务是顾客通过相关设施和服务载体所得到的显性和隐性收益的完整组合"。这个定义强调，服务是一种产出结果。还有一种定义，是从服务的性状角度出发，将服务定义为"可触和不可触两部分产品构成的组合"。在 ISO 9000 系列标准中，对服务所作的定义是："服务是为满足顾客的需要，在同顾客的接触中，供方的活动和供方活动的结果"。这个定义所指出的是，服务既是一种活动，也是一种结果。从管理的角度来看这个定义的话,服务既然是一种活动,提供服务的组织(供方)就必须对活动过程进行有效地计划、组织与控制;服务既然是一种结果,就必须达到满足顾客要求的目的。这个定义既对服务作了高度的抽象描述,也有利于探索建立服务运作管理的一般思路。

服务作为一种产出结果,由以下四个要素构成的:

①"显性服务"要素:服务的主体、固有特征,服务的主要和基本内容。

②"隐性服务"要素:服务的从属、补充特征,服务的非定量性因素。

③"物品"要素:服务对象要购买、使用、消费的物品和服务对象提供的物品(修理品等)。

④"环境"要素:提供服务的支持性设施和设备,存在于服务提供地点的物质形态的资源。

例如,对于餐饮业来说,其"显性要素"是指提供给顾客的就餐服务,满足顾客的食欲;"隐性服务"是指顾客在餐厅所得到的心理感受和精神享受,满足顾客的精神需求;"物品"要素是指所提供的食品、餐具等;"环境"要素是指餐厅设施、餐厅内的布置等。

随着科学技术的不断进步和经济的不断发展,服务业与制造业之间的界限变得越来越模糊了。在当今社会生活中,大多数产品都包含着有形产品和无形服务两种形式,也都包含有以上四个要素,只不过是在不同的产品中,各个要素所占的比重不同。从更广义的角度来说,任何一个产业或组织,其所提供的产出实际上都是"物品+服务"(或"可触+不可触")的混合体,只不过是所占的比例不同(如图2.1所示)。从这个意义上来说,制造业企业同样需要通过上述四个要素来突出经营特色,获得自己独特的竞争力。

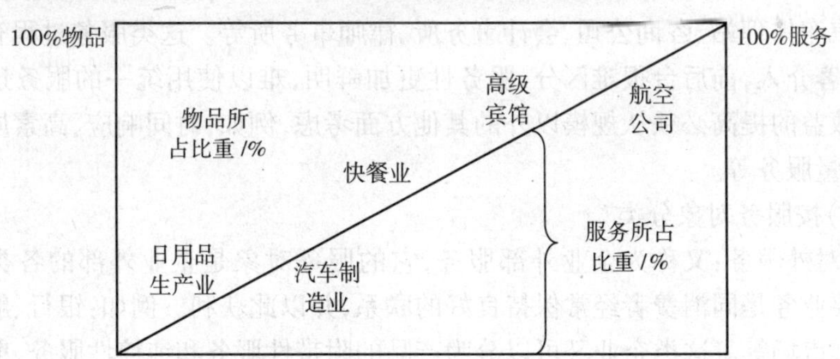

图2.1 "物品+服务"("可触+不可触")的混合体

2.1.2 服务业的分类

随着国民经济的发展,各国经济活动中一个共同的趋势是,服务所占的比重越来越大,范围越来越广。服务业作为国民经济的重要组成部分,在经济发展过程中发挥着重要的作用。

(1)按服务范围分类

随着人们生活水平的提高,服务业的范围在不断扩大,目前可分为以下5种类型:

①业务服务:如咨询、财务金融、银行、房地产等;

②贸易服务:零售、维修等;

③基础设施服务:交通运输、通信等;

④社会服务:餐馆、旅店、保健等;

⑤公共服务:教育、公用事业、政府等。

(2)按顾客的需求特征分类

这种划分方法在某种程度上与制造业的订货与备货生产、大量与单件小批生产的划分类似。可以分为以下两种:

①通用型服务:指针对一般的、日常的社会需求所提供的服务,例如,零售批发业、学校、运输公司、银行、饭店等。这类服务的过程比较规范,服务系统有明显的前后台之分,顾客只在前台服务中介入,后台则与顾客没有直接联系,与制造业的生产系统类似。

②专用型服务:指针对顾客的特殊要求或一次性要求所提供的服务,例如,医院、汽车修理站、咨询公司、会计事务所、律师事务所等。这类服务过程有较紧密的顾客介入,前后台很难区分,服务性更加鲜明,难以使用统一的服务过程规范,其效益的提高必须从规模以外的其他方面考虑,例如,时间响应、高素质人员和高质量服务等。

(3)按服务对象分类

①对外服务:又称为企业外部服务,它的服务对象是企业外部的各类消费者,主要业务是同消费者经常保持良好的联系,并以此获利。例如:银行、航空公司、超级市场等。这类企业又可以分为产品的附带性服务和纯粹性服务,前者构成企业的某个服务部门,如空调的售后服务部,而后者则是建立在服务基础上的整个公司,如咨询公司、律师事务所等。另外,这类企业还可以分为固定场所服务和随时服务,前者基于一定的服务设施,消费者必须到指定的设施或者场所才

能够接受服务，而对于后者，服务人员可以到消费者的家中或附近提供服务。

②对内服务：又称为企业内部服务，它的服务对象是企业要求服务的有关职能部门，它构成企业活动的一部分，而且这部分服务并不能够直接产生价值，主要包括数据处理、财务会计等。当然，企业的内部服务组织也经常向公司以外的部门提供服务，成为一个服务的经营个体，在这个意义上，它与对外服务是一致的。

(4)按服务提供的内容分类

①信息服务：这种服务对于外部顾客而言是有偿的，内部或者外部顾客可以根据获得的信息对自己的工作和选择进行纠正和改进，实现个人利益的优化。比如，企业的信息部门提供的有关整个行业的发展情况、企业的生产控制中心提供的有关企业运作信息的报告等。

②技术服务：又称为解决问题的服务。它是指服务人员在解决企业内部生产过程出现的故障或顾客提出的问题等时所提供的服务。比如，技术咨询、售后服务和产品检修等。

③营销服务：市场营销也应该属于服务的范畴，因为营销过程中提出的服务承诺必须通过完善的服务得以体现，而且营销过程本身就是营销人员和顾客接触并且说服顾客的过程，它并不是规范的生产过程。

除了上述分类方法外，服务还可进行如下分类：

①按市场类型可分为：消费者市场服务、产业市场服务、政府市场服务；

②按购买途径可分为：便利性服务、购买服务、专卖服务以及非寻找服务；

③按购买动机可分为：工具性服务和表现性服务，前者指利用这一服务作为达到另一目的的手段，后者指服务本身就是目的；

④按服务对象可分为：满足个人需要的服务和满足企业需要的服务。

2.1.3　服务型企业运营系统的分类

服务型企业以提供劳务为特征，但有些服务型企业也从事一些制造性生产，只不过制造性生产处于从属地位。例如饭馆，它需要制作各种菜肴。为了有效地组织服务运作系统，必须将其按不同的标志进行分类，常见的分类方法有以下几种：

(1)按照是否提供有形产品分类

按照是否提供有形产品可将服务分为纯劳务和一般性劳务。纯劳务不提供任何有形产品，如咨询、法庭辩护、指导和讲课等。一般性劳务则提供有形产品，如批发、零售、邮政、运输、图书馆书刊借阅等。

(2)按顾客是否参与服务过程分类

按顾客是否参与服务过程可将服务分为顾客参与的服务和顾客不参与的服务。顾客参与的服务如果没有顾客的参与,服务就不可能进行。例如,理发、保健、旅游、客运、学校、娱乐中心等;顾客不参与的服务是指提供服务时,顾客可以不加入服务过程,这种形式的生产管理较为复杂。例如,修理、洗衣、邮政、货运等。

(3)按服务目的分类

按服务目的可将服务分为消费性服务、生产性服务、分配性服务和社会性服务。其中:消费性服务指为消费者直接提供的服务;生产性服务指购买服务,作为中间投入,用于进一步生产商品和服务;分配性服务指消费者和生产者为获得商品或销售商品而购买服务的活动;社会性服务主要是指政府职能的服务。从服务产业链的内部结构来看,这四种类型的服务之间存在着重叠、连接和循环的关系,是互相依赖、互相促进和互相制约的大系统、大链条。

消费性服务是所有服务活动的起点,也是终点。消费性服务是为现代社会和个人提供的最基础的服务。它在服务型企业生产活动中占据基础和中心的位置。

生产性服务是服务经济迅速发展的根本力量。它是围绕企业生产进行的保障性服务,既包括经营管理、计算机应用、会计、广告设计和保卫等服务,也包括一些相对独立的产业服务,如金融业、保险业、房地产业、法律和咨询业等提供的服务。生产性服务的特征就是被企业用作生产商品或提供新的其他服务的投入,其消费的过程,会产生更多的产品和向社会提供更大的有效服务。因此,生产性服务是一种中间服务,对生产性服务的消费不是一种最终消费,而是一种为了生产、为了创造更大价值而进行的中间性的生产消费。生产性服务的重要性来自于它对经济增长率的直接推动和影响。

分配性服务是服务产业各部门得以连贯发展的链条和网络。从本质上讲,分配性服务是一种连带性服务或追加性服务。这类服务的提供和需求都是因为对商品的直接需求而派生出来的。按服务与有形商品(货物)供给的紧密程度,可将分配性服务分为“锁定型”分配服务和“自由型”分配服务。“锁定型”分配服务是指不可能与商品生产的特定阶段相分离,只能作为商品生产过程或其延伸阶段的一部分,从而其价值或其成本完全附着在有形商品价值之上,不能作为市场上独立交易的对象。“自由型”分配服务在性质上同“锁定型”分配服务一样,同有形商品相联系,但这种服务可以外在化为独立的市场交易对象。

社会性服务是服务产业得以正常运营的保证。政府服务主要由国防、社会保障、公共教育和一般行政机构等组成的。一般行政机构包括外交、警察和司法等。政府服务或公共服务与民间服务的主要区别在于提供服务的资金来源不同。

(4)按资本密集程度和顾客与服务接触程度分类

按资本密集程度和顾客与服务接触程度可将服务分类大量资本密集服务、专业资本密集服务、大量劳动密集服务和专业劳动密集服务。大量资本密集服务的设施设备成本所占的比重较大,劳动密集程度较低,顾客接触程度和顾客化服务的程度也很低。这种服务类型也可称之为服务工厂。运输业、饭店、休假地的服务运作属于这种类型的例子。此外,银行以及其他金融服务型企业的"后台"运作也属于这种类型。当顾客的接触程度或顾客化服务的程度增加时,大量资本密集服务会变成专业资本密集服务,即服务工厂会变成服务车间,就好像制造型企业中进行多品种小批量生产的工艺对象专业化的车间。医院和各种修理业是服务车间的典型例子。

大量劳动密集服务有较多的服务人员,但顾客的接触程度和顾客化服务程度较低。零售业、银行的营业部门、学校、批发业等都属于大量服务。当顾客的接触程度提高或顾客化服务是主要目标时,大量劳动密集服务就会成为专业劳动密集服务。例如,医生、律师、咨询专家、建筑设计师等提供的服务。

按劳动密集程度和与顾客接触程度对服务运作综合分类举例,如表2.1所示。

表2.1 按劳动密集程度和与顾客接触程度对服务型企业分类

		与顾客接触程度或服务顾客化程度	
		程度低(大量型)	程度高(专业型)
劳动或资本密集程度	资本密集型	大量资本密集服务: ·航空公司 ·运输公司 ·大酒店 ·健康娱乐中心	专业资本密集服务: ·医院 ·汽车修理业 ·电器修理业 ·家电维修业
	劳动密集型	大量劳动密集服务: ·零售 ·批发 ·学校 ·商业银行	专业劳动密集服务: ·律师事务所 ·会计事务所 ·专利事务所 ·建筑设计师

实际上,如表2.1所示的4个象限中,还存在很多形式的服务类型。例如,虽然我们把大酒店看作典型的大量资本密集服务类型,但传统饮食业(如餐厅)

通常属于较高的顾客化服务,其劳动密集程度比快餐厅高。因此,这样的餐厅更应该归于大量劳动密集服务类型,而对于有些美食家餐厅,则应属于专业劳动密集服务类型。

以上4种类型的特征比较,见表2.2。

表2.2 不同类型服务运作的特征比较

		大量资本密集服务	专业资本密集服务	大量劳动密集服务	专业劳动密集服务
服务特点	服务种类	有限	多种多样	有限	多种多样
	新服务引入	不经常	经常	不经常	经常
	客户化服务	很少	很多	很少	很多
	顾客参与度	很少	可能很多	有一些	非常多
运作管理特点	流程模式	刚性	弹性	刚性	松散
	流程变化	一般或剧烈	偶然剧烈	很少发生,但较剧烈	通常要增长
	质量控制	标准方法	标准方法	难以标准化	难以标准化
	设施布置	流水线布置	专业化或固定布置	典型的固定布置	专业化布置
	库存与物流	都很重要	库存重要,物流不重要	都很重要	大部分都不重要
	需求控制	通过价格调整	促销,但有难度	促销,但有难度	难管理,与价格无关
	业绩控制	成本或利润中心	通常是利润中心	通常是利润中心	通常是利润中心
	日程计划	高需求时难以应付	容易做出	容易做出	高需求时难以应付
员工管理	技能水平	一般较低	较高	较低,但多样化	很高
	工作范围	很窄	很宽	中等,但多种多样	非常宽
	职能人员	很多	较少	有一些	很少
	报酬形式	计时工资制	多种形式	多种形式	固定工资及酬金

分析表明:资本密集程度较高的服务在进行土地、设施和设备等投资决策时需要慎重考虑,对影响其运作效率的技术因素也需要时刻注意。由于资本密集型服务投资大,运作成本高,因此必须做好设施能力与服务需求的平衡,使需求的峰谷趋于缓和,保证设施能力的高负荷、高效率运行。

另外,顾客接触程度高低不同,也给管理者提出了不同的挑战。当顾客接触程度和顾客化程度较低时,管理者面临着较大的营销挑战。在这种情况下,虽然服务并不专门针对某个顾客,但服务型企业必须想办法使顾客从自己所提供的服务中感到温暖,使顾客对自己所提供的服务产生兴趣。为此,重视对周围环境和设施的布置就变得格外重要。由于顾客接触程度和服务顾客化程度较低,可以采用标准化的服务运作流程。这种情况下的组织结构趋向于典型的金字塔结构,并且不同层次之间具有较强的刚性关系。

随着顾客的接触程度和服务顾客化程度的提高,管理者所面临的主要挑战是控制成本和管理具有高技能的专业人员。其中的一个重要问题是如何在保证质量的同时,又降低成本。应该使专业人员知道他们在企业中能得到怎样的提升,从而使他们得到激励。这种情况下的组织结构将趋于扁平化,人员之间的僵硬的领导与被领导的关系也趋于缓和。另外的一个挑战是尽力保证专业人员的稳定性。

2.2 服务业运营管理的特殊性

2.2.1 服务业产出的特殊性

与制造业所产出的物质形态的产品相比,服务作为一种产出有一些十分鲜明的特点,主要表现为以下几个方面:

(1)服务的无形性、不可触性

这是服务作为产品与有形产品的最本质、最重要的区别。制造业企业所提供的产品是有形的、可触的、耐久的。如机器设备、冰箱、空调等。而服务业所提供的产品是无形的、不可触的,寿命较短。例如,一期技术培训、一个主意、方案或某种信息。尽管有些服务的一部分是可触的,例如服务设施和所提供的物品。但是,从顾客的角度来说,其购买服务的目的是要得到一种解决问题的工具,得到一种功能,而不是物品本身,这一点对于制造业来说实际上也同样。“在工厂中我们生产的是化妆品,在商店里我们出售的是希望”;“卖的是烤牛排吱吱的声音而不是牛排”,这些口号正是这些企业对于其所从事事业的一种深刻理解。服务的这种无形性使得它不像有形产品那样容易描述和定义,也无法储藏,无法用专利来保护,从而带来了服务管理中的一系列独特性。

(2)服务的不可储备性

制造业所提供的产品是一种可以库存的产品,它们可以被储藏、运输,用于满足未来的或其他地区的需求。在有形产品的生产中,企业可以利用库存和改变生产量来调节与适应需求的波动。而服务是不能预先“生产”出来的,也无法用库存来调节顾客的随机性需求。为了达到满意的服务水平,服务人员、服务设施以及各种物质性准备都要在需求到达之前完成,而当实际需求高于这种能力储备时，服务质量立刻下降（如排队等待时间加长、拥挤、甚至取消服务等）。因此，服务业运营过程受时间的约束更大，对运营能力的管理比制造业更难。

(3)服务质量的不易度量性

制造业企业的设备和人员都要求有很强的技术性，并严格按照事先制订的工艺标准和工艺规程工作，生产效率容易测定，产品质量容易度量；由于制造业企业所提供的产品是有形的，其产出的质量易于度量。而对于非制造业企业来说，大多数产出是不可触的，顾客的个人偏好也影响对质量的评价，因此，对质量的客观度量有较大难度。例如，在百货商店，一个顾客可能以购物时营业员的和蔼语气为主要评价标准，而另一个顾客可能以处理付款的准确性和速度来评价。

(4)生产与消费的不可分离性

对于制造业来说，产品生产与产品使用是在两个不同时间段、不同地点发生的，顾客基本上不接触或极少接触产品的生产系统，主要接触流通业者和零售业者，生产系统与顾客相隔离。而对于服务业，生产与消费是同时进行的，"顾客就在你的工厂中"，顾客从始至终是参与其中的，顾客既是投入的一部分，又在运营过程中接受服务。例如，在医院、教育机构、百货商店、娱乐中心等，顾客在提供服务的大多数过程中都是介入的，这就对运营过程的设计提出了不同要求。也有一些服务业企业，在其组织内的某些层次与顾客接触较多，而在其他层次较少，有明显的"前台"与"后台"之分，例如，邮局、银行、保险公司、航空公司等。在这种情况下，还需要分别考虑对前台和后台采取不同的运营管理方式。服务的这种特性使得服务质量不可能预先"把关"，使得服务能力（设施能力、人员能力）很难与顾客需求完全一致，使得服务的"生产"与"销售"无法区分，导致服务运作管理必须用一些特殊的方法。

需要指出的是，制造业与服务业产出还有一些其他差别，以上只分析了两种极端情况。事实上，很多企业的特点介于这两个极端之间，也有很多差别只是程度上的差别。例如，越来越多的制造业企业都在同时提供与其产品有关的服务。它们所创造的附加价值中，物料转换部分的比例正逐渐减小。同样，许多服务业企业经常是成套地提供产品和服务。例如，餐厅在提供服务的同时也出售食物，电影院在提供服务的同时也出售糖果和饮料等小食品，百货公司在出售商品的同时，也提供服务。尽管如此，制造业中的生产管理基本原理和方法也同样适合于服务业，如资源的有效利用原理、质量保证体系、成本控制、工作抽样、过程重组等。这就为我们从事服务业运营管理的研究与实践奠定了良好的基础。

2.2.2 服务运营管理的特殊性

与制造业的生产管理相对应的概念是服务运营管理,它是指对服务内容、服务提供系统以及服务运作过程的设计、计划、组织与控制活动。服务运营过程和产品生产过程都是把各种资源要素变换为有用产出的过程,服务运营管理与产品生产管理所要控制的对象也都是产出的时间、质量、成本等因素,因此,从某种意义上说,这两种变换过程有类似之处,可以考虑用相同的管理思路和管理方法。但是,到目前为止,服务运营管理的方法和手段远远落后于制造业,生产效率也远远低于制造业。一方面,由于管理科学的主题是建立在产业革命和制造业的基础之上的,但其中的很多方法和手段不能完全照搬到服务运营管理中,而到目前为止,管理科学尚未对服务运作管理提出足够的理论和方法。另一方面,由于服务运营的产出结果是一种无形的、不可触的服务,服务产出的这种特点决定了服务产品本身的设计、服务提供系统的设计、服务提供过程的控制等,都与有形产品不同。因此,在服务运营管理中,需要考虑到这种特殊性,从而针对性地采取特殊的管理方法。

①制造业是以产品为中心组织运作,而服务业是以人为中心组织服务运作。制造业企业的生产管理,通常是根据市场需求预测或订单制订生产计划,在此基础上采购所需物料、安排所需设备和人员,然后开始生产。在生产过程中,由于设备故障、人员缺勤、产品质量问题等引起的延误,都可以通过预先设定一定量的库存和富余产量来调节。因此,制造业企业的生产管理是以产品为中心而展开的,主要控制对象是生产进度、产品质量和生产成本。而在服务业,运作过程往往是人对人的,需求有很大的不确定性,难以预先制定周密的计划;在服务过程中,即使是预先规范好的服务程序,也仍然会由于服务人员的随机性和顾客的随机性而产生不同的结果。

②在制造业企业,产品和生产系统可分别设计,而在服务业,服务和服务提供系统须同时设计。对于制造业来说,同一种产品,可采用不同的生产系统来制造,例如,采用自动化程度截然不同的设备。这两者的设计是可以分别进行的。而在服务业,服务提供系统是服务本身的一个组成部分(即服务的"环境"要素),不同的服务提供系统会形成不同的服务特色,即不同的服务产品,因此这两者的设计是不可分离的。

③在制造业企业,可以用库存来调节供需矛盾,而在服务业企业,往往无法用库存来调节供需矛盾。市场需求往往是波动的,而企业的生产能力通常是一

定的。制造业企业对应这种需求波动的方法主要是利用库存，预先把产品制造出来，以满足高峰时的需求或无法预期的需求。因此，可以充分利用一定的生产能力。而对于很多服务业来说，却无法预先把服务“生产”出来供应给其后的顾客。例如，航空公司某航班的空座位无法存起来出售给明天的顾客，饭店的空余房间也无法放在架子上明天再卖。因此，对于服务业企业来说，其所拥有的服务能力只能在需求发生的同时加以利用，这使服务能力的规划具有了很大的特殊性。

④制造业企业的生产系统是封闭式的，顾客在生产过程中不起作用，而服务业企业的运作系统是非封闭式的，顾客在服务过程中会起一定作用。在有形产品的生产过程中，顾客通常不介入，不会对产品的生产过程产生任何影响。而在服务业企业中，“顾客就在你的工厂中”。由于顾客参与其中，顾客有可能起着积极或消极的作用。在前者的情况下，企业有可能利用这种积极作用提高服务效率，提高服务设施的利用率；在后者的情况下，又必须采取一定的措施防止这种干扰。因此，服务运作管理的任务之一，是尽量使顾客的参与能够对服务质量的提高、效率的提高等起到积极作用。

⑤制造业企业，“生产运作”、“销售”和“人力资源管理”3 种职能的划分明显，而在服务业，这样的职能划分是模糊的。对于制造业企业来说，产品生产与产品销售是发生在不同时间段、不同地点的活动，很多产品需要经过一个复杂的流通渠道才能到达顾客手中，因此这两种职能划分明显，分别由不同人员、不同职能部门来担当。进一步，由于制造业企业的生产管理是以产品为中心，加工制造过程和产品质量用严格的技术规范来控制，人的行为因素对生产结果没有太大的影响。而对于服务业来说，由于是人对人的运作，人的行为因素，例如人的态度和技能对服务结果很关键，而且由于服务生产与服务销售同时发生，因此很难清楚地区分生产与销售职能。所以，必需树立三者集成的观念，用一种集成的方法来进行管理。

事实上，除了服务业需要加强运营管理外，制造型企业也应重视服务运营管理。随着经济的发展，在制造业所创造的产值中，越来越多的部分是由其服务性活动所创造的。越是高科技产品，其全部生产经营活动中服务性活动（展示、配送、维护保养、使用指导、培训、安装等）以及由此所创造的价值越多，从事服务性工作的人员在企业人数中所占比重也越大。例如，IBM，通用电器公司等制造业企业，其企业竞争力很大程度上取决于其提供相关服务的好坏。因此，制造业企业也需要加强对服务运营的管理。这从另一方面说明了研究服务运作管理的意义。

思考与练习

1. 什么是服务？其构成要素有哪些？试举例说明。

2. 按资本密集程度和顾客与服务接触程度不同，可将服务运营系统分为哪几种？各有何特征？

3. 服务业产出有何特殊性？

4. 服务业运营管理有何特殊性？

第3章 生产运作战略的制定

通过本章学习,应达到如下目的:

1. 分析市场竞争的重点竞赛要素及其分类。
2. 了解制定生产运作战略的一般程序。
3. 描述制造型企业的生产运作战略。
4. 描述服务型企业的生产运作战略。

随着世界范围内市场竞争的日益激烈,使得制造业和服务业生产运作系统的竞争焦点不断发生变化。如何及时准确地把握竞争焦点的变化趋势,有针对性地规划设计生产运作系统,对于培育生产运作系统的竞争能力,最终提升企业的核心竞争力具有决定性的影响。本章首先叙述市场需求的一般竞争要素,在此基础上,再分别介绍制造业与服务业生产运作系统重点竞争要素的选择,哪个企业能准确把握重点竞争要素,适时适量地提供适当质量和适宜价格的产品或服务,该企业就能在激烈的市场竞争中获胜。要做到这一点,关键在于制定科学合理地生产运作战略。

3.1 生产运作战略概述

3.1.1 市场竞赛的重点竞争要素

根据哈佛商学院尉克汉姆·斯金纳的早期研究和伦敦商学院泰瑞·黑尔的

最新研究成果，确定了生产与运作系统的基本竞争重点，包括成本、产品质量和可靠性、交货速度、交货可靠性、对需求的应变能力、柔性和新产品的引入速度以及其他与特定产品有关的标准。根据企业所处的环境和运营组织方式、所提供产品等特点，可将这些竞争重点分为4组8个要素。如表3.1所示。

表3.1 重点竞争要素分类

成 本	质 量	时 间	柔 性
低成本	高产品质量 高工作质量	快速开发新产品 按时交货 快速交货	产量柔性 顾客化产品与服务

(1)成本

各个行业中的每个企业，为了在市场上取得竞争优势，最常见的做法是遵循低成本原则，以低成本进行运营，以低价格形成产品的竞争优势。商业企业的基本原则就是按成本定价出售商品。换句话说，当顾客不能从其他方面区别不同企业的产品时，就把成本作为交易的首要因素。因此，许多企业被潜在的巨额利润所吸引，大批量地运营产品。但即使这样做也不能总是保证企业能够获得利润，取得成功。因为，产品价格越低，利润也随之降低，换言之就需要努力降低成本，一种方法是采用自动化程度更高的设备，组织运营，以更大的产品数量来降低产品成本，这种方法需要较昂贵的投资。但在多数情况下，可以通过工作方式的改变，消除各种浪费来实现低成本。但是需要注意的是，通过降低成本以维持或增加市场占有率的做法，通常用于产品寿命周期的成熟期。

(2)质量

质量分为产品质量和过程质量两类。前者包括卓越的使用性能、操作性能、耐久性能等，有时还有良好的售后服务支持，甚至财务性支持。例如，IBM的个人计算机以其卓越的使用性能、操作性能著称，但同时也提供3年免费保修等良好的售后服务，还对其产品实行分期付款、信用付款、租赁等财务性支持方式。这个例子说明，产品和服务的设计，包括质量设计是不能割裂开来考虑的。后者指产品质量的稳定性和一贯性，它决定了产品质量的保证程度。例如，铸件产品的质量稳定性是用合格产品百分比来表示，而一个银行的服务质量可以用顾客等待服务的时间长短来表示。麦当劳以其质量的稳定性而著称，它是汉堡包味道、服务态度和消费环境等方面质量的综合反映。应当提出，企业的产品质量应当适宜，追求过高或过低的产品质量都不能满足顾客的需求。质量超过标准的产品会因价格昂贵而无人问津。相反，产品质量未达标准的产品，又会将顾客推向价格略高但性能更好、具有更高价值的其他产品，从而使产品失去顾客。

(3)时间

20 世纪 90 年代企业更加重视时间竞争要素。因为当今世界范围内的竞争愈演愈烈，仅传统的成本、质量方面的竞争不足以使企业与企业之间拉开距离，于是很多企业开始在时间上争取优势。时间上的竞争包括三个方面：一是快速开发新产品，即新产品从构思形成至最终运营出来所需要的全部时间要短。当今，由于各种产品的寿命周期越来越短，所以新产品开发速度就变得至关重要，谁的产品能最先投放市场，谁就能在市场上争取主动。这一点无论是对于制造业企业还是非制造业企业都是一样的。但是要注意的是，如果产品开发的成本很高，所需技术难度较大，顾客喜好的不确定性也很大时，就需慎重考虑是否以此为竞争重点。二是按时交货，即只在顾客需要的时候交货。例如，对于送餐业来说，这个问题可能是最重要的。制造业通常用订单交货的百分比来衡量，超级市场则可能以在交款处等待时间少于某个时段的顾客的百分比来衡量。在某些类型的市场上，企业交货的速度是竞争的首要条件。譬如说，某企业为计算机网络设备提供维修服务，那么能够在 1 ~2 h 提供现场维修服务的企业显然要比在 24 h 内提供维修服务的企业具有明显的竞争优势。三是快速交货，指从收到订单到交货的时间要短。对于不同的企业，这一时间长度可能有不同的含义。一个制造大型机器的制造业企业，其运营周期可能需要半年；医院中的一个外科手术，从患者提出要求至实施手术，一般为几周；而一个城市的急救系统，必须在几分钟到十几分钟内作出响应。对于制造业企业来说，可以采用库存或留有余地的运营能力来缩短交货时间，但在一个医院，一个百货商店，则必须以完全不同的方式来快速响应顾客的需求。另外，还应重视交货的可靠性。例如，一个汽车制造商，假设当汽车已经到达了装配线，准备装轮胎时，其轮胎供应商提供的所需数量和种类的轮胎却没有送到，整个运营线就会因此而停顿下来，直到轮胎送来才能继续运营。因此，交货的可靠性是保证快速交货与按时交货的前提，也是评价和选择供应商的标准。

关于时间竞争，日本企业给了我们很好的启示。以日本汽车工业为例，从 20 世纪 80 年代后半期开始，日本汽车风靡全球，其原因当然有质量好、价格便宜等方面，但很重要的一个方面是日本企业在时间竞争上的优势。以交货速度为例，在丰田公司，一个来自国内的订单四五天之后就能交货，一个来自国外的订单两周以后就能交货。再以产品开发速度为例，日本开发新车所需的时间只是美国的一半，是欧洲的三分之一，这是日本车的竞争能力越来越强的一个重要原因。

(4)柔性

所谓柔性,是指企业响应外界变化的能力,即应变能力。它包括两个方面:一是产量的柔性,指能够根据市场需求量的变动,迅速增加或减少产量。在许多市场上,企业对需求增减变化的反应能力是竞争能力的重要因素之一。显然,当需求增长时,企业运营相对容易,运营过程出现的问题较少。当需求呈强劲上升趋势、出现规模经济时,可以组织批量运营,降低产品成本,这样在新设备、新技术上的投资也可以很快得到回报;当需求下降、规模缩小时,则需减少在某一产品上的投资、减少批量。不同类型的企业,产品需求波动情况大不相同,例如,空调制造企业和一个邮局,其需求的类型、数量及波动周期没有可比性。因此,每个企业要想长期高效地响应市场需求的变动,必须根据自身产品的需求波动特征,缩短企业研制新产品所需的时间,建立适宜于新产品运营的工艺流程,调整运营系统,快速、准确地运营出所需数量的产品或提供相应的服务。另一方面是顾客化产品与服务,即适应每一名顾客的特殊要求,经常不断地改变设计和运营方式,提供难度较大的、非标准产品或服务。对于提供特殊产品或服务的公司,例如:医院、咨询公司、高级时装公司、特种设备制造公司等,产品的寿命周期非常短,需求量很小,尤其应重视这一点,并以此作为竞争重点,针对每个顾客的特殊要求,组织定制运营,以满足顾客对产品或服务的个性化需求。

除了上述重点竞争要素之外,还有一些与特定产品或服务有关的其他竞争要素。

①供应商的技术支持能力。供应商在设计和制造的前期,对自己擅长的业务提供必要的技术支持,与企业共同研制产品或提供服务。例如,原材料供应商可提供有关新材料方面的技术支持;零部件供应商可提供有关新设计、新工艺方面的技术支持;经销商可提供有关市场上新产品、新需求方面的技术支持。

②供应商的售后服务质量。供应商的售后服务包括:提供需要更换的零部件,对老产品进行更新改造、技术咨询等。同时,供应商还应具有快速响应这些售后服务需求的能力。

③企业间的协作状况。在开发一个复杂产品或服务时,经常需要各企业之间的通力合作,仅靠某一企业的努力往往是不够的,或者是不经济的。因此,不同企业应在同一项目上共同合作和同步工作,发挥各自的核心业务优势。例如,当某一企业产品研制工作进行到一定程度时,其他协作企业就开始某些制造工作。这样,缩短了项目的完成时间。

有时,还有其他要素也需要加以考虑。比如:运营系统灵活性、产品组合方案、产品特色和产品市场化情况等。

随着市场环境的变化,竞争重点也在发生变化。波士顿大学一个研究小组通过对212家美国制造企业竞争重点的研究发现,今后5年内位于前三项的竞争重点具有一致性,分别是:产品质量、产品可靠性和交货速度,这表明一些基本的要求没有改变,企业如果不能满足这些要求,就很难在竞争中生存。在这3个竞争重点之外,其他竞争重点的次序已经发生了变化。数据表明,20世纪90年代以来低价格和新产品的推出速度两个竞争要素变得越来越重要。尤其是低价格已经上升为第四重要的竞争重点。这表明单凭质量因素已经不能够满足顾客的需要。顾客在期望低价格的同时,获得高质量和其他相关标准(一致性质量、交货速度和产品可靠性)的产品。现在普遍将顾客的这种综合需求称为价值。对顾客来讲,价值意味着以尽可能低的价格采购高质量产品。为了增加价值,企业必须改进产品性能标准,或降低成本,更有甚者是两方面同时进行。与此同时,企业也意识到,新产品开发速度的重要性与日俱增。

为了更进一步描述上述竞争要素,德瑞·黑尔教授首创了订单资格要素和订单赢得要素的概念。订单资格要素是指允许一家企业的产品参与竞争的资格筛选标准;订单赢得要素指企业的产品或服务区别于其他企业从而赢得订单的要素。一般情况下,一致性质量、及时交货和产品可靠性通常是绝大多数大制造商的订单资格要素,低成本则是订单赢得要素。上述研究是从总体上进行分析,对于某一具体产品而言,订单资格要素和订单赢得要素可能要发生变化。例如,20世纪70年代日本企业进入世界汽车市场时,就改变了汽车产品原先的订单赢得要素,市场竞争从以价格为主导变成以质量和可靠性为主导。美国汽车制造商就由于产品质量问题而失去了订单。到20世纪80年代后期,福特公司、通用汽车公司和克莱斯勒提高了产品质量,从而重新进入市场。顾客时刻监督着质量和可靠性的标准,他们迫使这些顶级的企业重新改进产品的质量。现在,汽车的订单资格要素根据车型的不同而不同。顾客知道他们需要什么样的产品特征(如可靠性、设计特征和耗油量),然后希望以最低价购进一辆能满足特定要求的汽车,目的是实现价值最大化。因此,企业必须时刻注意外界环境的变化,了解顾客不断出现的新需求,及时调整竞争策略,培育运营系统的核心竞争能力。表3.2给出了一些著名公司核心竞争力的有关例证。

表3.2　核心竞争力的例证

类　型	能　力	公司或服务
成本	低成本	西南航空公司、沃尔玛
质量	高性能设计和/或高质量	索尼电视、凌志汽车、迪士尼乐园

续表

类　型	能　力	公司或服务
时间	稳定的质量	可口可乐、柯达、海尔
	迅速交货	麦当劳餐馆、Express Mail、UPS
	准时交货	一小时快照、联邦快递、Express Mai
柔性	种类多	医院急诊室、咨询公司
	数量大	麦当劳餐馆、丰田公司、超市
服务	优良的顾客服务	迪士尼乐园、IBM
地点	方便	超市、自动柜员机、电话亭

3.1.2 制定生产与运作战略的一般步骤

生产与运作战略是用以支持企业总体经营战略的长远规划，使运营系统成为企业立足于市场并获得长期竞争优势的坚实基础。它包括企业在规划、设计和运行其生产系统时，所遵循的指导思想、基本方针、决策程序和内容。

生产与运作活动是企业最基本的活动之一。为了达到企业的经营目的，生产与运作活动必须将其所拥有的资源要素合理地组织起来，并且保证有一个合理、高效的运营系统来进行一系列的变换过程，以便在资源投入一定的条件下，使产出能达到最大。更具体地说，生产与运作活动应该保证能在需要的时候、以适宜的价格向顾客提供满足他们质量要求的产品。为了达到这样的目标，作为一个运营管理人员，首先需要考虑选择哪些产品、为了生产这样的产品需要如何组织资源、竞争重点应该放在何处等。在思考这些的基本问题时，必须根据企业的整体经营目标、经营战略而制定一个基本的指导思想或者说指导性的原则。例如，企业的经营战略侧重经济效益的提高，那么生产与运作战略的指导思想应该是尽量增加生产收益，从而在进行产品决策时，应该注重选择高附加值产品。又如，企业根据自己所处的经营环境，如果把经营战略重点放在扩大市场占有率上，相应地生产与运作战略的重点应该是保持生产系统的高效性及灵活性，从而能最大限度地满足市场的各种需求。这样的指导思想以及决策原则，就构成了生产与运作战略的内容。由此可见，制定生产与运作战略的目的是为了使企业的运营活动能够符合企业经营的整体目标和整体战略，以保证企业经营目标的实现。

生产与运作战略的制定分为总体分析、策略决策、策略具体化3个阶段。

(1)生产与运作战略的总体分析

1)明确生产与运作战略的目标

生产与运作战略目标是企业整体目标体系中的职能目标，它是在总目标的指导下，通过内外环境分析，以合理地利用资源为宗旨，通过建立一个合理、高效的运营系统，以便在资源投入一定的条件下，保证能在需要的时候、以适宜的价格向顾客提供满足他们要求的产品。

2)企业外部环境因素分析

①经济环境和产业政策。包括国际形势、国家政策、法令、关税政策、国家预算、就业政策、环境政策、国家经济环境等。任何一个企业在制定其战略时都不可能不考虑这些因素，但这些因素与生产与运作战略的直接关系主要在于，它将影响生产与运作战略中的产品决策和生产组织方式的选择。

②市场需求状况。包括顾客的消费水平、消费层次直接受消费者的收入水平、消费观念、经济周期、就业水平、储蓄率、利率等因素的影响。因此，生产与运作战略的制定，应考虑市场需求的变化趋势，及时考虑转产、新产品开发、生产能力的扩张等策略性问题。

③科技发展水平。科技发展水平从两方面影响企业的生产和运营：一方面是对新产品和新服务的影响；另一方面是对生产方法、生产工艺、业务组织方式本身的影响。随着技术进步的发展，生产与运作战略必须作相应的调整，或者从一开始制定生产与运作战略时，就充分考虑到技术进步的因素。

④供应条件。主要是指所投入资源要素的供应，例如原材料市场、劳动力市场、外购件供应市场等。这个因素对企业产品的竞争力有极大的影响。例如，不可靠的外购件供应市场可能会影响产品质量或按时交货，从而影响企业在质量和时间方面的竞争优势。

3)企业内部环境因素分析

①企业整体经营目标与职能目标。企业的整体经营目标通常是由企业经营战略所决定的。在企业整体经营目标之下，企业的不同职能部门分别建立自己的部门策略和自己力图达到的目标。因此包括生产与运作战略在内的各个职能级策略的制定，都受企业整体目标的制约和影响。由于各职能级目标所强调的重点不同，往往对生产与运作战略的制定有影响，而且影响的作用方向是不一致的。例如，营销部门往往希望多品种小批量生产，以适应市场需求的多样化特点，而生产部门也许希望生产过程稳定、品种变化少，提高系列化、标准化、通用化(简称“三化”)水平，以提高劳动生产率，降低生产成本。又如，生产部门为了保持生产的稳定性和连续性，希望保持一定数量的原材料及在制品库存，但财务

部门为了保证资金周转,可能希望尽量减少库存,等等。因此,在同一个整体经营目标之下,生产与运作战略既受企业经营战略的影响,也受其他职能策略的影响。在制定生产与运作战略时,要考虑到这些相互作用、相互制约的目标,权衡利弊,使生产与运作战略能最大限度地保障企业经营目标的实现。

②企业能力。包括企业的营销能力、运营能力、技术条件、人力资源状况、资金筹措能力,等等。在制定生产与运作战略时尽量扬长避短。例如,当市场对某种产品的需求增大、而且经预测这种需求将会维持一段较长的时间时,企业的产品策略是否应该选择生产这种产品,除了考虑到市场的这种需求优势以外,还必须根据自身的能力选择目标市场,摈弃那些不会给企业带来利润的顾客或企业自身能力无法满足其要求的顾客。

③企业发展优势。包括企业现有和未来的产品优势、技术发展优势、管理水平的提高、制造环境的改善、财务优势、企业与供应商、顾客间长期友好的关系,等等。在制定生产与运作战略重点时,尽可能发挥自己的优势,形成运营系统的竞争优势。例如,企业的技术力量强大、设备精度高、人员素质好,进行产品选择决策时可能应该以高、精、尖产品取胜;如果企业的生产应变能力很强,那么集中力量开发和生产与本企业生产工艺相近、产品结构类似、制造原理也大致相同的产品,在市场竞争中以快取胜。

还有一些其他影响因素,例如过剩生产能力的利用,专利保护问题等,这里不再一一叙述。

(2)生产与运作战略的策略决策

生产与运作战略是在企业战略指导下制定的职能性策略,要能充分体现运营系统在成本、质量、时间及柔性4个竞争要素方面的优势。因此,生产与运作战略的决策关键在于,针对不同行业、不同运营类型的企业,对这四大要素进行全面细致地认识、判断、选择、优化及组合。这部分内容将在本章第二节、第三节进行详细介绍。

(3)生产与运作战略的策略具体化

这是对生产与运作战略的进一步细化或分解,它涉及策略实施过程中所采用的运营方式的确定、技术与设备的选择、业务流程的设计、设施规划与设计、运营系统优化设计、系统运行及完善,等等。这部分内容融合到后面章节中介绍。

总而言之,生产与运作战略的制定是一个复杂的问题,它虽然不等同于企业或经营单位的总体战略,但也必须考虑到各方面的因素。否则,将会影响到整个企业的生存和发展。

3.2 制造业生产战略

3.2.1 制造业生产战略框架

制造业生产与运作战略的制定不能凭空想象,在纵向上与顾客相连系,横向上与企业相连系,综合考虑顾客需求和产品性能特点对运营系统进行规划、设计、运行、控制与改进,它们之间的相互联系如图 3.1 所示。

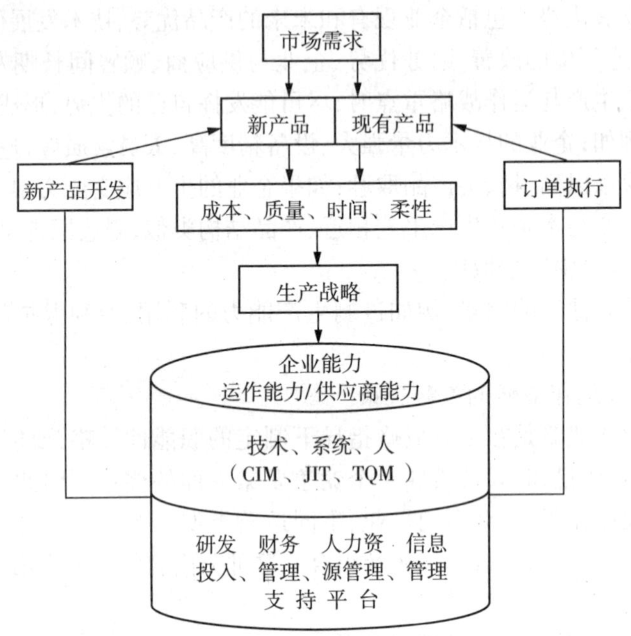

图 3.1　制造业生产战略框架

一般来讲,企业先按照顾客需求、新产品或现有产品的性能要求,确定生产系统的竞争重点,由此制定生产战略。图 3.1 还给出了企业能力、运营能力、供应商能力之间的相互关系。运营能力与供应商能力是企业整体能力的基础和保证。

生产运营能力主要指技术、系统以及人的水平。计算机集成制造(CIM)、准时化生产(JIT)和全面质量管理(TQM)是这方面的运用,研究与开发的投入,直接和间接的财务管理,人力资源管理以及信息管理,是形成良好运营能力的强大支持。另外,为满足顾客的需求,运营部门还必须连同供应商能力去争取客户订单。当然这些供应商的技术、系统和人员管理通过了认证,否则不会被选为供应商。

3.2.2 制造业生产战略的选择

制造业生产战略的总体上可分为4个层次:总体策略;产品的选择、设计与开发;生产运作系统的设计与生产运作系统的运行。各层次具体内容如下:

(1)总体策略

常用的运营总体策略包括5种:

①自制或外购。这是首先要解决的问题。如果决定由本企业制造某种产品或提供某种服务,则需要建造相应的设施,采购所需要的设备,配备相应的工人、技术人员和管理人员。自制或外购决策有不同的层次。如果在产品级决策,则影响到企业的性质。产品自制,则需要建一个制造厂;产品外购,则需要设立一个经销公司。如果只在产品装配阶段自制,则只需要建造一个总装配厂,然后寻找零部件供应厂家。由于社会分工可以大大提高劳动效率,因此在做自制或外购决策时,一般不可能将全部产品和零部件都自制。

②低成本和大批量。采用这种策略需要选择标准化的产品或服务,而不是顾客化的产品和服务。这种策略往往需要高额投资来购买专用高效设备,如同福特汽车公司当年建造T型车生产线一样。需要注意的是这种策略应该用于需求量很大的产品或服务。只要市场需求量大,采用低成本和高产量的策略就可以战胜竞争对手,取得成功,尤其是在居民消费水平还不高的国家或地区。

③多品种和小批量。对于顾客化的产品,只能采取多品种和小批量生产策略。当今世界消费多样化、个性化,企业只有采用这种策略才能立于不败之地。但是多品种小批量生产的生产效率难以提高,对大众化的产品不应该采取这种策略。否则,遇到采用低成本和大批量策略的企业,就无法去竞争。

④高质量。无论是采取低成本、大批量策略还是多品种小批量策略,都必须保证质量。在当今世界,价廉质劣的产品是没有销路的。

⑤混合策略。将上述几种策略综合运用,实现多品种、低成本、高质量,可以取得竞争优势。现在人们提出的"顾客化大量生产"或称"大量定制生产",既可以满足用户多种多样的需求,又具有大量生产的高效率,是一种新的生产方式。

(2)产品的选择、开发与设计

企业进行运营,先要确定向市场提供的产品或服务,这就是产品或服务选择或决策问题。产品或服务确定之后,就要对产品或服务进行设计,确定其功能、型号、规格和结构;接着,要对如何制造产品或提供服务的工艺进行选择,对工艺过程进行设计。在产品或服务的选择、开发与设计方面有 4 种选择。

①作领导者还是跟随者。作领导者可以使企业领导新潮流,拥有独到的技术,在竞争中始终处于领先地位,这就要求不断创新,需要在研究与开发方面作出大量投入,因而风险较大。而作跟随者只需要仿制别人的新产品,花费少、风险小,但得到的不一定是先进的技术。如果跟随者善于将别人的技术和产品拿过来进行改进,则有可能后来者居上。

②自己设计还是请外单位设计。同自制与外购决策一样,对产品开发和设计也可以自己做或请外单位做。一般地,涉及独到技术必须自己做。

③花钱买技术或专利。企业通过购买大学或研究所的生产许可证、专利权和设计,不仅风险较小,而且节约了开发和设计的时间。

④做基础研究还是应用研究。基础研究成果转化为产品的时间较长,而且风险大。但是,一旦基础研究的成果可以得到应用,对企业的发展将起到巨大的推动作用。应用研究是根据用户需求选择一个潜在的应用领域,有针对性地进行的研究活动。应用研究的实用性强,容易转化为现实的生产力,但应用研究一般都需要基础理论的指导。

(3)生产运作系统的设计

运营系统的设计对运营系统的运行有先天性的影响,它是企业战略决策的一个重要内容,也是实施企业战略的重要步骤。其主要内容有:

①运营过程规划与设计。运营过程规划与设计是指以什么样的基本形式来组织运营资源,保证运营过程中的人、财、物得到最佳配置。

②运营设施规划与设计。设施选址是研究生产与服务设施建在什么地点的问题。它需要在长期预测所需能力,评估各地区外部环境条件(地理、气候、基础设施、原材料供应、消费基地等)的基础上,综合考虑决定设施的具体地区、社区和地点;设施布置对运营效率有很大影响。设施布置不当,会造成运输路程长,运输路线迂回曲折,不仅浪费了人力、物力资源,而且延长了生产周期。设施布置主要解决的问题有:选择物料传送办法和配套服务;选择布置方案;评估建设费用。

③运营系统优化设计。主要解决人—机系统的设计与优化问题,其中关键因素是人和人对系统其他要素的影响。主要决策内容包括:按照技术、经济和社会的可行性确定岗位,进行劳动分工与协作、制订劳动定额、处理人机交互,激励

员工,开发、改进工作方法。

(4)生产运作系统的运行

运营系统的运行状况,直接影响运营系统的运行效果。其主要内容有:

①运营能力规划。根据市场需求确定合理的运营能力水平,在保证满足生产需要的同时,提高设备利用率。

②生产计划工作。根据生产运行类型,确定生产计划的内容及各种期量标准,选择合理的计划编制方式,为系统运行提供指导依据。

③资源管理。根据物资需要的种类,选择物资的采购、供应及库存方式,编制企业资源需求计划。

④运营系统改进。加强对运营过程的调度与进度控制、进行运营整体系统的改进与完善。

3.3　服务业运营战略

3.3.1　服务业运营系统的竞争要素

除了满足制造业的成本、时间、质量和柔性四类基本竞争要素要求之外,根据服务系统竞争环境的特殊性及顾客个性化需求,服务运营系统还应具有下列竞争优势:

①可获性。比如银行采用自动柜员机来实现24 h对外服务,通讯业可采用程控交换机来提供正常营业时间外的服务。

②便利性。对于那些需要顾客亲临场所的服务,服务场所的选址决定了对顾客的便利性。比如加油站、快餐店等服务企业的选址必定在车流、人流比较密集的地区。

③安全可靠性。服务系统的特殊性更应考虑的因素是保险和人身安全,因为在许多服务行业,如航空和医疗,顾客把他们的生命交付给了服务提供者。

④个性化。无论程度如何,定制化的服务被看作是最好的个性化。

⑤价格。服务的成本很难估计。估算日常服务(如加油)的成本相对比较容易,但对于专业服务,靠价格竞争可能会事与愿违,因为价格常常被看作是质量的象征。

⑥质量。服务质量是顾客的服务期望与服务过程中或结束后顾客对服务的

感知两者比较的结果。与实体产品质量不同,服务质量是由服务传递过程和服务结果两方面衡量的。

⑦声誉。与实体产品不同,不好的服务无法退换。所以,正面的口头传播是最有效的广告形式。

⑧速度。对一些紧急服务,如火警和抢救,反应时间是主要的行业行为标准。而在其他服务业中,等候可以看作是为得到更为个性化的服务而作出的牺牲,如收费降低。

3.3.2 服务业运营战略的选择

对于大多数服务企业来说,提供服务的过程就是企业的全部活动。因此,服务企业的生产与运作战略通常与企业总体战略联系在一起。有3种运营战略在提供竞争优势方面被证明是成功的,它们分别是:成本领先策略、差别化策略和集中化策略。

(1)成本领先策略

成本领先策略要求服务企业具有一定规模的设备,严格的成本和费用控制,不断的技术创新。低成本可以抵御竞争,因为效率低的竞争者将首先在竞争的压力下受挫。但是,实施低成本策略通常要求在先进的设备上投入大量资本,采用攻击性的价格,在经营初期为了占有市场份额而承担损失。在这一点上成功的例子有麦当劳、联邦快递。服务企业可以通过下列方式达到成本领先地位。

①寻求低成本顾客。服务企业在提供同一项服务时,由于服务对象不同,所花费用往往是不同的。花费少的顾客将成为服务企业的目标顾客。例如,美国的联合服务汽车协会在本国的汽车承保人中占据较高的地位,因为它只为军官服务。这群顾客要求赔偿的风险远远低于平均水平,为他们服务的费用也较低,因为,流动性使他们更愿意使用电话或邮寄处理事务。结果,联合服务汽车协会可以用电话和邮寄来处理所有业务交易,而不必像传统的承保人那样聘用昂贵的推销人员。

②顾客服务的标准化。顾客服务的标准化是指以低价提供日常专业服务。这里的关键是“日常性”。典型例子是,沿街的法律服务机构和美容保健中心。

③减少服务传递中人的因素。这是指给顾客提供便利的服务项目,尽可能地减少服务活动中人的因素。尽管这是服务项目有时具有较高的潜在风险,但可以被顾客接受。最典型的例子就是自动柜员机,它的便利性使顾客放弃了与出纳员的交互行为,并最终降低了银行的交易成本。

④降低网络费用。对于有些服务企业,需要投入昂贵的网络设备将服务提供者与顾客连接起来,保证他们之间的信息交流与互动,因此,就要想办法降低网络费用。最值得一提的例子是联邦快递公司。它所使用的"中心辐射网"带来了一场快递业的革命。该公司在某一个城市装备了先进的分检设备的中心,这样,需要"隔日送到"的包裹可以通过这个中心送达美国任一个城市,包括那些城市之间没有直接航线的地区。当新的城市添加到网络中来时,联邦快递公司只需要增加一条来往于中心城市的航线即可,无须在所有城市间都增加航线。

⑤增添非现场服务作业数量。对于那些不一定非要顾客在现场出现的服务,服务交易和服务作业可以部分分离。例如,修鞋店可以在很多分散的地点设置收取站,然后将收到的鞋子集中到某个修鞋厂。由于可以享有规模经济性和低成本的设施场地,同时避免了顾客之间参与服务过程,在现场之外开展服务可以有效地降低成本。

(2)差别化策略

差别化策略的实质是创造一种能被顾客感觉到的独特服务。差别化策略实现差别化有许多形式,包括品牌形象(如麦当劳的金拱门)、技术(如 sprint 公司的光纤网络)、特性(如美国运通公司的全程旅行服务)、顾客服务、经销商网络以及其他等形式。主要目的是培养顾客忠诚,它常常是在目标顾客愿意支付的费用水平下实现的。实现差别化的具体方法有以下几种:

①使无形产品有形化。从本质上说,服务是无形的,不过服务提供商可以通过一些免费的小实体来加深顾客的记忆。比如,目前许多饭店都提供印有饭店名称的精美的小工艺品、玩具、梳洗用具等赠品。

②将标准产品定制化。将标准产品定制化可以使企业以很少的花费来赢得顾客的满意。一家能记住客人名字的饭店通常可以给客人留下很好的印象,并且可以带来回头客。

③降低感知风险。购买信息不足会使许多顾客产生风险感。由于对服务缺乏了解或自信,顾客可能会转向那些自己觉得更安全的服务企业。比如,有些服务企业愿意花时间为顾客作有关解释工作、保证服务设施清洁有序、提供服务担保等。当一种信赖关系建立起来后,顾客常常会觉得即使多花点钱也值得。

④重视员工培训。人事开发和培训所带来的服务质量的提高,是竞争对手难以模仿的优势。处于行业领导地位的企业,其高质量的培训项目在同行中常常很有名。有些公司已建立了学院式的培训中心,如芝加哥附近的麦当劳汉堡包大学。

⑤控制质量。在劳动密集型行业,多场所经营企业要保证质量稳定并非易

事。企业可以采取一系列的措施来解决这个问题,包括人员培训、规范化程序、直接指导、同事间的交流等。例如,麦当劳所提供的汉堡包在大小和味道上,都有明确的规定,使质量保持恒定。

(3)集中化策略

集中化策略的基本思想是,通过深入了解顾客的具体需求,更好地为某一特定目标顾客服务。对市场的细分包括一个特定的购买群体、服务或地理区域。实施集中策略的前提是,与那些目标市场广泛的其他公司相比,企业可以更有效地服务于范围狭窄的目标市场。结果是,企业通过更好地满足顾客需求和/或降低成本,在较小的目标市场内实现差别化。实施集中化策略需经过3个步骤是:一是细分市场以便设计核心服务;二是按照顾客对服务的重视程度将顾客分类;三是使顾客期望略低于服务感知。实际上,集中化策略是成本领先策略和差别化策略在细分市场中的应用。

3.3.3 服务业生产与运作战略的实施

服务业生产与运作战略的实施是一个系统工程,需要管理者和员工不仅从思想观念上作出转变,还要求企业当局要有条不紊地安排各项工作,对整个运营过程进行分析、计划、组织、控制和管理,具体包括6个方面的内容。

(1)树立服务理念

实施服务策略首要的、关键的一步就是要使企业所有员工树立服务理念。服务理念对于服务策略的实施成功与否有根本作用。然而,这一步却是管理者最容易忽略的部分。思想是行动的先导,只有员工理解了顾客服务的巨大价值,他们才会积极投入为顾客的服务。

(2)确定顾客服务需求

要想提供给顾客优质的服务,必然要准确了解顾客需要什么样的服务,以及顾客对企业现在的服务有什么不满。否则,盲目地传递顾客服务,一方面会传递一些多余的服务,浪费企业的资源,另一方面顾客需要的一些服务却不能得到满足。顾客需求的服务大致可分为3类:购买过程中的服务;使用过程中的服务(如售后维修服务等);以及一些咨询服务等。具体来说包括以下几个方面:信息与咨询、操作演示、情感需要、订货、账单处理与付款、交货期和地点、售后服务以及一些超越这些范围之外的服务需求。

企业了解顾客需求的方式有很多,比如,问卷调查、电话访问、组织顾客座谈。还可以从企业内部了解需求信息,由于服务于顾客的员工直接和顾客接触,因而他们深知顾客的服务需求和抱怨,能提出一些建设性的意见。

(3)服务设计与实施

服务设计除了服务流程、性质及内容的设计之外,还包括产品设计,有关顾客服务的人员组织、机构安排以及基础设施的安排等。服务设计理论有两种,一种是流水线法,另一种是授权法。服务的基础设施是保证顾客服务实施的基础,它的设计内容包括:设立办事处、培训中心,配备装备设施以及安排服务人员等。

(4)服务人员的管理

对于顾客来说,员工是公司的化身。如果员工工作认真负责,那么顾客会认为整个公司都具备这种对顾客负责的态度。相反,如果服务员工工作疏忽,不负责任,顾客会认为公司的生产和管理活动也是这样。

服务人员的管理包括许多方面。主要有:对服务人员的严格挑选、培训和激励等。由于服务是一种情绪化的工作,而且过程复杂,很多东西需要长时间才能把握,因而企业一定要厚待员工,降低员工的人事流动率,激励他们更好地为顾客服务。

(5)服务质量的管理

服务结果的好坏,最终取决于顾客的评价,即服务质量的高低。只有通过服务质量的有效管理,企业才能知道提供的顾客服务是否符合顾客的服务需求以及与竞争对手相比是否处于优势地位,才能评估服务人员对工作的负责和投入程度。服务质量管理的内容包括:服务标准的设立、服务内容的制订、服务结果的反馈以及服务质量的评估等内容。

(6)实现顾客满意与忠诚

顾客满意既是顾客服务的起点,也是其最终目的,研究顾客满意对于如何实施服务策略具有很强的指导意义。顾客忠诚,即顾客与企业及其产品之间形成一定的忠诚关系,是随着顾客满意程度不断增强而在一定时间内形成的一种宝贵资源。因此,企业应通过优良的个性化服务来满足顾客生理与心理、物质与精神、有形与无形等方面的综合需求,并以良好的信誉度留住顾客。

思考与练习

1. 市场竞争的基本要素有哪些?

2. 什么是订单赢得要素和订单资格要素?描述你最近一次采购的产品或服务的订购优势是什么?

3. 对以下企业来说,什么是其最重要的竞争重点?

(1)银行

(2)汽车制造公司

(3)个人计算机制造公司

(4)服装专卖店

(5)炸鸡店

4. 叙述生产运作战略的一般步骤。

5. 制造业生产战略有哪些?

6. 服务业运作战略有哪些?

第4章　新产品研究与开发

通过本章学习，应达到如下目的：

1. 理解产品生命周期各阶段的特征。
2. 描述新产品设计与开发的主要阶段。
3. 了解新服务的类型和开发过程。

产品研究与开发属于企业研究与开发（research and development，R&D）的范畴，它是企业生产经营活动的基本前提。本章重点讨论产品开发决策、产品设计、工艺设计，新产品试制与鉴定的内容，简单介绍新服务的分类及开发阶段。

4.1　产品生命周期理论

4.1.1　产品生命周期的概念及特征

产品生命周期是指从产品研制成功投放市场开始一直到最后被淘汰退出市场为止所经历的时间。产品生命周期大致分为导入期、成长期、成熟期和衰退期四个阶段。如图4.1所示。

①导入期是企业新产品刚刚进入市场的时期，用户对产品还不太了解，销售量小而且增长缓慢，销售收入不足以弥补生产成本和销售费用，通常不能提供利润。这一阶段要求企业采取增加广告宣传、改善工艺、提高生产效率、降低成本、稳定和提高产品质量等措施，使产品尽快进入成长期。

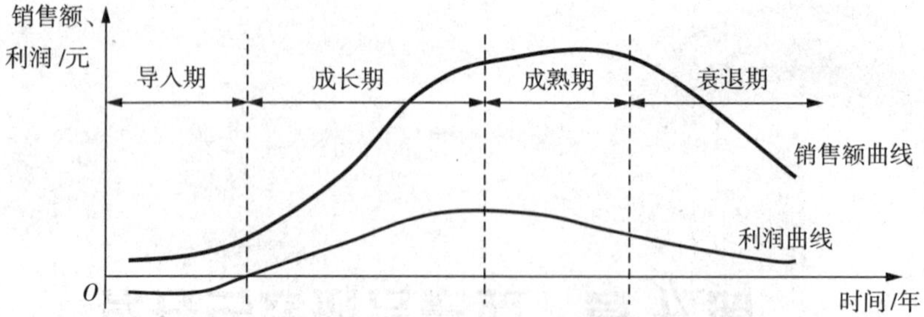

图 4.1 产品生命周期示意图

②成长期是指产品被消费者接受,销售量迅速增长的阶段。这时产销量大幅度上升,成本下降,利润也迅速增长。这一阶段企业要进一步采取措施,提高生产效率,降低成本,稳定和提高质量,促进产品高速增长并进入成熟期。在正常情况下,这一阶段销售增长率可达 10% 以上。

③成熟期是产品的主要销售阶段,这时产品已经享有盛誉,有一定的市场占有率,企业为开发新产品和营销所支付的投资已经全部收回,产品所提供的利润达到最高水平,但与此同时,竞争者会加入进来,竞争逐渐加剧,使产品进入衰退期。因此,要注意对产品进行改进,发展新产品以延长成熟期,否则会因产品不能适应市场需求,销售量锐减,直至被市场淘汰,退出市场。

④衰退期要果断抉择,做出是用改型产品取代原形产品,还是退出原有市场进入其他市场,开发新产品的决策。

4.1.2 生命周期各阶段的产品研究与开发决策

新产品的开发和产品生命周期有着密切联系。在产品生命周期的各阶段,产品研究与开发的内容、重点及数量都有不同变化。

在产品导入期,市场需求与有关技术尚不明确,产品研究与开发着重于改进产品的功能和特征,从多种多样的产品创新型号中筛选出性能最好、最具竞争力的型号。经过不断地评价和改进,确实产品的基型设计。基型设计是产品引入阶段中一项非常重要的工作,它使产品具有创新的性质。在组织方面,不求规模大,需要的是生气勃勃、富有创业精神的灵活的组织形式。

在产品成长期,产品的标准化和工艺的合理化是该阶段的标志。从技术创新的角度来看,是从产品创新向工艺创新过渡的阶段。由于产品性能和结构已逐渐趋向定型化,有可能在工艺方面进行创新和改进。另一方面,市场上同类产品的竞争，已从性能方面转向价格方面，因此，必须在工艺与生产组织方面为降低成本创造良好的条件。在这一阶段，产品研究与开发工作的重要性大大提高。由于风险较前阶段小，只要决定了企业的核心技术和明确了市场的需求，便可增大产品研究与开发的投资力度，大量开展应用研究与技术开发工作。但是为了长远的技术发展和储备的需要，一方面应在基础研究上也应该保证一定的力量。另一方面在组织上，特别要求那些同市场、产品研究与开发、规划及生产有关的职能部门之间加强合作与协调。

在产品成熟期，产品创新和工艺创新都已减少而趋于稳定。产品结构和工艺上的相互依赖性进一步增强。一种产品结构的改进往往要大量增加工艺改革费用。这时，产品研究与开发工作集中在技术服务和工艺改进方面。在组织方面，强调组织的稳定，各职能部门之间的矛盾已相应地减少。

在产品衰退期，消费者的消费习惯已发生改变，产品销售量急剧下降，企业从这种产品中获得的利润很低甚至为零，大量的竞争者退出市场。面对处于衰退期的产品，企业的决策者应该头脑冷静，既不要在企业的新产品未跟上来时就抛弃老产品，以致完全失去已有的市场和顾客，也不要死抱住老产品不放而错过机会，使企业陷入困境。可选择继续延用过去的营销策略，尽量把老产品的销售额稳定在一个水平上，以便减缓老产品退出市场速度。同时为新产品研发上市创造一定的时间条件。

从以上分析可以看出，在整个产品生命周期的过程中，产品创新和工艺创新有规律地变化。要使产品创新和工艺创新能有计划地进行，企业必须在整个产品生命周期各阶段进行相应的组织调整与改革，按照产品生命周期不同阶段制定的产品研究与开发策略。

4.2 新产品的开发

4.2.1 新产品的种类

新产品是指在原理、用途、性能、结构、材料等方面具有新的改进的产品。新的原理、构思与设计；新的材料或元器件；新的性能特点等。按创新和改进程度不同可将新产品分为全新产品、换代产品和改进产品三类。

(1)全新产品

全新产品指采用新的原理开发的产品,这种新产品是应用新理论新技术,新专利等研究成果研制的产品,如世界上第一台电视机的研制成功,在当时来说就是一种全新产品。

(2)换代产品

换代产品指设计原理基本不变,部分采用新技术、新结构或新材料,从而使产品的功能、性能或经济指标有显著改变的产品,如彩色电视机的研制成功在当时来说就是黑白电视机的换代新产品,而高清晰度彩色电视机的研制成功在当时来说就是普通彩色电视机的换代产品。

(3)改进产品

采用技术措施改进老产品,使其性能、外观、式样有一定改进和提高的产品。改进新产品可以是基型派生出来的,或者变形的基础上派生出来,如彩色电视机的不同系列、不同规格型号均是其基型的改进产品。

新产品是一个相对的概念,它因时间、地域的不同而不同。如一种新产品市场上已经出现,但对某个企业来讲,过去没有开发生产过,现仍然需要开发生产,也是该企业的新产品。这种新产品一般可采用仿制或技术引进的方式,便可比较容易地开发出来。

4.2.2 新产品开发的基本阶段

新产品开发包括企业在开发新产品、改进老产品、采用新技术和改变生产组织时所进行的一系列技术活动。它可分为3个阶段:一是产品构思的形成。从市场调查研究,了解用户的需求开始,通过对产品市场寿命周期的分析研究及技术预测,提出产品构思创意;二是产品开发策略的制定。依据企业的资源条件和开发能力,做出老产品改进或新产品开发的决策,选择产品开发的时机、策略和方式;三是产品的正式开发。包括产品设计,工艺设计、工艺技术装备设计、新产品试制与鉴定。具体分为以下几个步骤。

(1)调查研究与预测分析

早在1980年,美国的《研究与管理》杂志就已报道了大多数企业销售额和利润的30%~40%来自本企业最近5年推出的新产品。产品是有生命周期的,新陈代谢是一种规律,企业必须改进老产品,开发新产品才能赢得市场。目前,新产品开发面临着费用高、成功率低、风险大、回报下降等压力。Greg A. Stevens和James Burley的调查显示:3 000个新产品的原始想法,只有1个能成功。

Albala 在总结以往研究的基础上，指出新产品开发的死亡率为98.2%。在初期的项目中只有2%可以进入市场，其他的都半途而废。通过对美国和欧洲的文献中报道的所谓失败事例进行研究，其结果是：大约25%的工业新产品与开发者的愿望相去甚远，同时30%～35%的消费品也遭到了同样的命运。新产品失败的关键原因可归纳为：没有潜在的用户和需求；新产品与当前的需求不匹配，要么不能满足需求，要么功能过剩；在营销方面，特别是在产品介绍给顾客的相互沟通方面的工作不得力。

新产品开发的动力可分为技术推动、市场牵引和同行竞争。但归根结底，新产品开发成功首先必须满足技术与市场匹配的原则。新产品诞生的一个基本条件是特定的技术（科学、方法、思维过程和设备等）以一种特定的方式被利用，即它对人类的需求产生了新满足，或在更高的层次上实现了这种满足。因此，了解和确定人们的需求，将这种需求用技术实现，这是新产品开发成功的前提。

产品开发的调查研究与预测分析包括市场和技术两方面。前者就是要了解国内外市场针对产品品种、规格、数量、质量、价格和成套供应所提出的需要，从而根据需要来开发新产品；后者主要是调查有关产品的技术现状与发展趋势，预测未来可能出现的新技术，为制订新产品的技术方案提供依据。

(2)构思创意

根据调查掌握的市场需求信息以及企业自身条件，充分考虑用户的使用要求和市场竞争情况以及相关的发展趋势，有针对性的在一定范围内提出开发新产品的构思创意。构思创意是新产品孕育、诞生的开始，新产品开发的构思创意来源主要有企业内部和企业外部。内部来源主要包括研究开发、市场营销和高层管理等部门；外部来源主要是顾客、竞争对手、经销商、供应商及政府机关和科技咨询部门等。研究表明，大量的设想产生于企业内部而不是外部，另外一项对生产工业品和消费品的企业其新产品设想的来源进行分类研究得出，生产工业品的企业更多地依赖于内部来源，而生产消费品企业则更多地依赖于外部来源。因此，一个积极进取的企业，既要对一切可能的来源十分敏感，又要明确并抓住主要来源。

1)产品开发中构思创意的模式

①技术推动型。它是根据科研人员的发明成果提出新产品的构思，这种模式的好处是技术上突破的可能性大，不足之处是产品的针对性差、风险大。

②需求拉动型。它是根据市场用户需求提出新产品的设想，这种模式的好处是开发成功的可能性比较大，因为产品适合市场需求，销路相对较好，不足之处是在技术上不一定有较大突破。

2)产品开发中构思创意的方法

新产品构思创意的方法研究已有60多年的历史,到目前为止,这些方法已超过100多种,但依据方法的基本原理可以分为以下几大类。如表4.1所示。

表4.1 新产品构思创意的方法

一、品质分析	二、需求分析	四、趋势分析	六、其他
功能分析	综合列表法	自由遐想	技术预测
效益分析	问题分析	起因趋向	倾向思考
用途分析	缺口分析	趋势预测法	创造性刺激
检查表	市场细分化	趋势区域	常规解答
品质扩展	相关品牌归类	热门产品	交叉知识汇集
模拟产品试验	三、关联分析	五、群体创造力	优胜者
系统分析	二维矩阵	头脑风暴法	关键词监控
独特性能分析	形态学矩阵	多学科小组法	专利研究
等级设计	强制关联	集思广益	竞争性分析
弱点分析	类推	德尔菲法	运用荒谬想法
唯一致命弱点	自由联想	集体笔记本法	

新产品的构思创意提出后,可形成几个产品开发方案。产品开发方案就是根据产品开发目标要求,对新产品的基本特征和开发条件进行必要的描述,包括产品结构形式、主要参数、目标成本、销售预计、开发投资和企业现有生产条件利用程度等。产品开发决策的任务就是从收集到的多个创意中选择出具备开发条件的方案,选择创意要兼顾企业长远发展和当前市场需求,具体方法可以凭经验,也可以对不同方案进行技术经济论证、比较,从而决定取舍。

(3)产品开发的时机选择

产品生命周期曲线揭示了产品在市场上的销售收入(利润)随着时间变化的一般规律,它表明大多数产品在市场上既有兴旺也有衰退的时候。产品生命周期主要受四种因素的影响,即技术进步的推动、消费者需求和偏好的变化、市场竞争的压力和企业追求经济利益的驱动。企业要成功的开发新产品或改进老产品,就要寻找开发新产品的有利时机。一般情况下,企业为了保持良好的经营状况,需要不断地研究开发新产品,争取做到"四代同堂",即销售一代、生产一代、研制一代、构思一代。理想的情况是当第一代新产品衰退期尚未结束之前第二代新产品进入成长期,第三代新产品处于导入期,第四代新产品处于构思阶段,这样,既能充分发挥第一代新产品的投资效益,又能使后续新产品相继占领市场,从而在满足市场需求的同时,也使企业的销售收入和利润保持稳定或稳步增长。全新产品的开发时机不同于改进新产品，全新产品的研制难度大，投资大，风险大，没有原有市场而是要开拓新市场，开发时机取决于市场需求和企业的开发条件，即在质量、成本、价格等方面的竞争优势。

(4)产品开发的策略选择

企业可根据其研究开发的能力和条件以及产品的特点，选择不同的开发策略。常见的产品开发策略有以下两种：领先型开发策略和追随型开发策略。

1)领先型开发策略

这种策略的特点是追求产品技术水平的先进性和最终用途的新颖性。把技术上的重大突破作为开发工作的中心，在其他企业新产品开发尚未成功或尚未上市前抢先开发投放市场，使企业在竞争中处于强有力的领先地位，以争取技术优势和垄断利润，有先声夺人的效果。采用这种策略要求企业具有独立的研究和开发机构、较强的技术研究开发能力和雄厚的资金，能从技术上预见到未来市场的潜在需求。但是，采取这种策略风险大，若决策失误，会给企业带来很大的损失。

2)追随型开发策略

这种策略是指企业并不抢先开发新产品，而是当市场上出现成功的新产品后，立即进行研究开发，对产品进行改进，并迅速推向市场，与对手展开竞争。采用这种策略需具备的条件是：第一，企业要有较强的获取技术情报的能力，准确了解其他企业的研究动向和研究成果，特别是对构成威胁的竞争对手的情报要了如指掌；第二，企业要有较强的研究与开发条件以及消化、吸引和创新能力，善于巧妙的在他人研究成果的基础上，从国情、市场行情和企业自身情况出发，研制出具有自己特色的新产品。采用这一策略不仅减少了投资的风险性，还能通过改进产品暴露出来的缺陷而后来居上。其缺点是受到专利的限制以及市场局限性的制约。

(5)产品开发的方式选择

1)独立开发

这是一种独创性的开发方式，企业自行独立开发新产品，要求具备较强的科研能力、雄厚的技术力量和保持一定的技术储备。实施领先型开发策略的企业一般采用这种开发方式。

2)技术引进

技术引进是指企业利用国内外的先进技术，如专利、专有技术，从事新产品开发的方式。引进技术是许多企业开发产品的成功经验，利用这种方式可以节省企业的科研经费，减少开发风险，加速企业技术水平的提高，缩短新产品的开发周期。此方式适用于研究开发能力较弱的企业。

3)技术引进与独立开发相结合

这种方式是在充分消化吸收引进技术的基础上,结合本企业的特点进行创新。该方式投资少,见效快,不仅能引进先进技术,而且还能创造出具有本企业特色的新产品。它适用于企业有一定的开发条件,外部又有比较成熟的开发这类新产品的若干新技术可以借鉴的情况。实施追随型开发策略的企业一般采用这种开发方式。

4)联合开发

联合开发是指与有关大专院校、科研院所或其他企业合作研究开发。采用这种方式的企业自身有一定的研究开发条件和能力,但尚不具备独立开发的能力,或基于对研究开发的费用高、风险大、联合各方实现优势互补等因素的考虑。

5)委托开发

委托开发是指委托有关大专院校、科研院所或其他生产企业进行产品开发。采用这种方式的企业自身一般不具有研究开发条件和能力,或考虑到研究开发费用太高、风险大等因素。

(6)新产品的正式开发

这一阶段具体包括产品设计,工艺设计、工艺技术装备设计、新产品试制与鉴定。

4.2.3 产品设计阶段

(1)产品设计的基本内容

产品设计是企业产品开发工作的核心,产品设计必须保证技术上的先进性与经济上的合理性。技术方面包括产品的性能、质量、结构工艺、使用寿命、安全可靠等;经济方面包括产品成本及制造、装配、操作、维修的效率。在产品设计中要尽可能提高产品系列化及零部件通用化、标准化水平,提高产品结构的继承性。在保证性能、效率的前提下,尽可能节约资源和能源。

产品设计一般有3种形式,即创新设计、改进设计和变形设计。创新设计也叫开发性设计,是按用户的使用要求进行全新设计;改进设计也叫适应性设计,是根据用户的使用要求,对企业原有产品的设计进行改进或改型,即只对结构或零件进行重新设计;变形设计也叫参数设计,仅改变部分结构尺寸形成系列产品。

产品设计的基本内容包括:编制技术任务书、方案设计、技术设计和工作图设计。对复杂的非标准产品,尚需在技术设计之前进行初步设计。利用引进技术开发的新产品一般只需进行技术设计和工作图设计。

1)编制技术任务书

技术任务书是产品设计的指导性文件,是在新产品方案论证的基础上编制的。主要内容包括:确定新产品的用途、适用范围、使用条件和使用要求,设计和试制该产品的依据;通过国内外同类先进产品对比,说明其结构、特征及技术经济指标的先进程度,提出选型的依据;确定产品的基本性能、结构和主要参数,概括的做出总体布置、机械传动系统略图、电气系统略图、产品型号、尺寸、标准系列;概略计算技术经济指标。

一般情况下,通用产品的技术任务书由开发单位编制;非标准技术任务书则由用户提出,内容包括:用途、适用范围、工作条件、主要技术规范、特殊要求和完成期限。编制出技术任务书后,由开发单位编制技术建议书,详细回答任务书提出的各项要求,并辅以草图,进一步说明产品结构特征,以便用户了解企业的生产能力。对于大型产品还应明确运输条件、产品最大尺寸和重量等限制条件。

2)方案设计

这是产品设计的选型阶段,主要任务是确定产品的基本功能、性能、结构和参数,一般包括产品的功能和使用范围、产品的总体方案设计和外观造型设计、产品的原理结构图、电气系统图、产品型号、尺寸、性能参数标准等,对各个选型方案,计算出技术经济指标并进行经济效果分析。

3)技术设计

技术设计是产品设计的定型阶段,主要任务是将方案设计中确定的基本结构和主要技术参数进一步具体化,根据技术任务书中的要求,进一步确定产品结构和技术经济指标,以总图、系统图、明细表等表现出来。技术设计的基本内容视产品类别而异。对于机电产品一般包括:试验、计算和分析确定重要零部件的结构、尺寸和配合,并画出机器总图、重要零部件图、液压系统图、冷却系统图和电气系统图等;编写设计说明书,说明产品结构特点和结构间的相互关系以及重要零部件强度、刚度和计算公式等;制订加工和装配的技术条件以及产品验收和订货的技术条件;产品的技术经济指标和技术经济效果分析等。

技术设计还要考虑企业的设备条件、生产技术水平,尽量简化结构、提高结构的工艺性。从设计方面提高结构工艺性的主要方法是尽量采用标准化零件、扩大产品结构的继承性和零部件的重复性。

对于重要的非标准产品,尚需要在技术设计之前进行初步设计。主要任务是对产品开发中采用的新原理、新技术、新结构、新工艺、新材料和新计算方法进行专项实验研究和验证工作,为产品设计制造提供科学依据。

4)工作图设计

工作图设计的任务是将技术设计进一步具体化,绘制全套工作图样和编写必要的技术文件,为产品制造和装配提供依据。主要内容包括:设计并绘制全部零件的工作图,详细注明尺寸、公差配合、材料和技术条件;绘制产品总图、部件配图、包装图和安装图;编写零件一览表;编制产品说明书和使用、维护保养规程等。工作图的质量直接影响新产品试制,因此,保证图纸质量,加强图样的审查校核工作也很重要。

(2)产品设计中的技术方法

目前有许多技术工具与方法应用在产品设计中,这里仅对计算机辅助设计(CAD)、成组技术(GT)、拟实产品开发(VPD)和减少变化方案(VRP)做一简单介绍。

1)计算机辅助设计(computer aided design,CAD)

CAD是将计算机具有运算快速、准确、存储量大和逻辑判断功能强等特点与图形显示、自动绘图机等设备相结合,在人机交互作用下进行产品设计。采用CAD对于建立产品数据库,消除重复设计、减少设计工作量、降低设计成本、提高设计质量、缩短设计周期、提高设计效率、加速产品跟新换代具有十分重要的意义。

2)成组技术(group technology,GT)

成组技术是一种利用零件的相似性原理来组织零件的设计、生产的方法。从设计技术性和工艺属性考虑,许多零件具有相似性,将相似性零件归为一族,就可以采用相同的或相近的设计和工艺组织方法,从而减少重复工作,节省时间,提高效率,改进工作质量和产品质量。

3)拟实产品开发(virtual-reality product development,VPD)

VPD是指以数字化方式在计算机上完成包含产品设计、分析、试验和测试各环节的开发过程,从而在实际原型制造出来之前就能对产品的各方面进行评价,减少了对物理模型的依赖,加速了设计进程。目前VPD进入实用阶段,成为加速新产品进入市场的有效途径。

4)减少变化方案(variety reduction program,VRP)

VRP是一种面向多品种生产的产品设计方法,它以产品系列为研究对象,从产品的变化性入手,分析了产品结构变化性和制造结构变化性对产品制造成本的影响,创造性地将产品成本分为“功能成本”、“变化成本”和“控制成本”,通过采用固定/可变技术,模块化技术,功能复合和集成技术,范围划分技术,趋势分析技术等技术,减少产品的多样化。其核心思想是变产品的多品种为零部件的少变化,从而达到简化生产和管理,降低成本的目的。

(3)产品设计工作的组织

产品设计工作是一项复杂的系统性工作,周密的组织和科学的管理,是提高产品设计质量、缩短设计周期的保证。产品设计的组织工作主要包括以下4个方面。

1)建立设计组织机构

产品设计组织机构的设置,取决于企业的生产规模、产品特点和加工方法。由于产品设计涉及企业的许多职能科室和车间,产品设计组织机构应由技术副厂长或总工程师直接负责组织,按产品开发设计程序和计划及时协调各部门的工作。组织机构的形式一般有集中组织形式和分散组织形式两种。

①集中组织形式。在技术副厂长或总工程师领导下设置设计、工艺、工具等部门(处、科、组)。其特点是产品设计、工艺设计、工装设计等都集中在厂部管理。这种形式有利于对产品设计和工艺设计的统一安排、先进技术的采用、及时解决工作中遇到的问题。对于产品复杂、生产车间之间联系密切、试制任务多以及产品批量大的企业,一般采用集中组织形式。

在进行产品开发设计时,各主要部门的职责如下:产品设计部门主要负责新产品的实验研究、设计和老产品的改进设计工作;工艺部门全面负责工艺设计工作,负责产品结构的工艺分析与审查;工具部门负责工艺装备的设计与制造;计划部门负责产品开发设计工作计划的编制、执行协调、督促和考核等;生产调度部门负责新产品试制、调试、小批试制以及正式投产前的生产准备、协作配套工作等。

②分散组织形式。在技术副厂长或总工程师领导下,设置隶属于总工程师办公室或技术科的产品开发设计组。将开发设计的一些具体工作分散到有关车间。这种管理体制适合于生产规模较小、产品品种少且不太复杂的企业。产品开发工作下放到车间,有利于调动车间的积极性,增强设计与工艺工作同生产实际的联系,但是不利于技术的应用。

产品开发设计涉及多种学科的交叉与渗透,随着研究开发规模的扩大,仅依靠个人能力开发产品已非常困难。目前,一种更灵活的产品开发组织形式是"工作团体"(team work)。这种组织由来自不同部门、不同专业的人员组成,有着明确的研究与开发目的,在工作过程中团队成员有较大的自主决策权,强调发挥每一个成员的积极性和创造性。一旦产品开发结束,团队即解散,成员返回各自的所属部门。这种组织具有较浓的"机构部队"色彩,适于对重点研究与开发任务进行集中工作,在缩短产品开发周期方面效果显著。

2)建立技术经济责任制

在产品设计工作中建立技术经济责任制,是提高产品设计工作的质量、降低设计成本、调动广大技术人员积极性的有效措施。应建立从总工程师、设计部门主管到主管设计师、设计师、描图员的一套严格的技术经济责任制,明确规定各级工程技术人员的职责、权限和在技术与经济上应负的责任。对于在技术上有重大突破和重大贡献者要给予提职、提级或奖励。如从新产品的利润中给予有关主要技术负责人一定比例的提成奖励和津贴,使广大工程技术人员职责明确、密切协作,努力开发适销对路的产品,积极完成各项产品设计工作。

3)建立技术文件的审查和图纸会签制度

技术文件的审查和图纸会签制度是沟通设计人员思想、保证设计质量、保持技术统一性的重要性环节。一般程序是:设计图纸先经主管设计师审核,在送交标准化部门和工艺部门审查,最后由设计部门负责人审批。对于一些重要的技术文件,如产品技术条件、产品说明书,必须经总工程师批准。主管设计师审查时,应着重检查图纸的正确性、技术参数的可靠性和结构布局的合理性,正确处理配合零件和相关零件之间的技术文件和图纸的格式、技术术语、文字符号是否符合标准规定;视图、投影、各种代号、公差配合、光洁度,几何形状、尺寸标注方法、材料规格是否正确;各种明晰表内的内容、顺序、数量是否正确。设计部门负责人应着重审查各系统、各部分的技术指标是否符合产品总的技术条件和要求,图纸有无错误。各级人员审查后,都应签字,凡是未按要求签字的图纸和设计文件都不能作为正式资料。技术文件和设计图纸要有一套收发、签订、注销、归档的制度,并由资料部门统一管理,以便查找利用。

产品设计工作需要有企业的计划、生产调度、物资供应及其财务部门的配合。在总工程师或生产技术副厂长的领导下,统一协调各部门的工作,及时供应产品设计工作所需的材料、外购件、资金、设备以及仪表。凡是由生产车间制作的实验件,生产部门都应及时供应,以免延长产品设计周期。

4.2.4 工艺设计阶段

(1)工艺设计的基本内容

工艺设计是企业产品开发工作的重要内容之一,它与产品设计密切相关。工艺设计的基本任务是设计出能保证优质、高产、低耗的产品制造工艺规程,制订产品试制和正式生产所需要的全部工艺文件,做好设计和工艺装备的调整工作。

1)产品图纸的工艺分析和审查

产品图纸的工艺分析和审查的主要内容包括:产品的结构是否与生产类型相适应;零部件标准化、通用化程度;图纸设计是否充分利用已有的工艺标准;零件的形状尺寸和配合是否合适;所选用的材料是否合适;产品的零件制造与装配是否方便;零部件在企业现有设备、技术力量等条件下的加工可能性。

为了缩短产品开发周期,避免工作图纸过多地更改,减少损失,工艺分析与审查应贯彻到从编制技术任务书开始的产品开发各个阶段,按严格的程序进行,图纸只有在工艺检查完毕和批准之后,才能用于指导生产。

2)拟定工艺方案

工艺方案是工艺设计的总纲,它规定了试制新产品或改造老产品过程中诸如关键件的加工方法、工艺路线、工艺装备的原则和系数以及装配要求等关键性问题。工艺方案的内容一般包括:根据产品设计要求确定所采取的工艺原则,规定工艺设计的特殊要求;从新产品试制到成批或大量生产应达到的质量要求以及材料利用率、劳动量、设备利用率和制造成本等技术经济指标;列出产品加工的关键工序须具备的物质条件和应采取的措施;确定工艺路线;规定产品零件加工单位划分原则和分布情况。

3)编制工艺规程

编制工艺规程是工艺设计的基本工作。工艺规程是直接指导工人技术操作的基本文件,同时也是企业安排计划、生产调度、技术检查、劳动组织和材料采购等工作的重要据依据。工艺规程的形式和内容与生产类型有关,在单件小批生产条件下,工艺规程比较粗略,一般只编制过程卡片、关键零件编工艺卡片;在大量生产条件下,绝大部分零件都需要编制工艺卡片。

编制工艺规程应达到以下要求:充分利用有关工艺方面的最新科学成果,采用新的发明创造、企业的合理化建议和国内外先进经验;充分考虑本企业的现有条件,尽量利用现有的设施与设备;消除生产薄弱环节;缩短工艺设计周期,节约工艺设计费用,保证完成生产计划,提高产品质量,改善各项技术经济指标;保证安全生产。

为了保证工艺规程的质量,要组织好会审、会签工作。会审工作通常应该有设计、生产计划、人力资源管理等部门和生产单位(车间或分厂)参加。设计部门主要审查工艺能够保证设计要求,生产部门审查工艺对关键设备负荷的影响,人力资源管理部门主要审查工时定额是否先进等。会签后,一般性工艺文件交工艺部门批准,整套产品工艺文件应由总工程师批准。

在贯彻执行工艺规程时,为了简化工艺规程编制工作,减少工艺设计工作量，缩短工艺设计周期，应大力推广典型工艺、成组工艺和计算机辅助工艺设计等。

4）工艺装备的设计和制造

工艺装备是工具、夹具、量具、模具和工位器具等的总称，简称工装。工装分通用和专用两类，通用工装可用来加工不同的产品，专用工装只能用于特定的产品。工装是制造新产品不可缺少的物质条件，对保证产品质量，提高生产效率都有重要作用。

工装设计可采取集中领导和分级管理原则。通用的、重大复杂的工艺装备由工艺部门集中设计，简易工装可由车间（或分厂）自行设计。凡制造完成并经检验合格的专用工装设备，在投入生产前，应在现场进行检验。其目的是通过实际操作来考验工艺规程和工艺装备的实用性，并帮助工人掌握生产技术要求，达到规定的加工质量和生产率。验证工作应该有计划地进行，参加人员包括使用车间的工艺员、工艺部门的工艺员、工装设计人员、检验员、生产班组长和生产工人等。验证完毕，填写验证书，提出改进意见和适用与否等结论意见，作为工艺装备合格证的根据。

（2）工艺设计中计算机技术的应用

目前，计算机辅助工艺设计（CAPP）等技术在企业得到了广泛的运用，以计算机网络为基础的各种支持技术在工艺设计中的作用日趋重要，信息化是当今产品设计和工艺设计技术发展的显著特征。CAPP 技术的应用使得工艺设计的手段发生了巨大的变化，通过建立数据库，消除重复设计，减少设计工作量，还可将产品设计和制造直接连接在一起，实现 CAD/CAPP/CAM 的集成。

CAPP 核心是对零件的整个加工工艺过程进行规划，如产品铸造毛坯出来后，从划线、装卡、车、铣、刨、磨、钻、焊、拉等各种加工到热处理，等等。它能辅助设计人员编制出一整套的加工过程方法，并形成一系列的加工规范、详细步骤和加工量参数。

CAPP 系统的支持技术之一是产品数据管理（product data management, PDM）技术，PDM 是在数据库基础上发展起来的一项面向工程应用的信息管理技术。它管理了所有与产品有关的信息和过程，是支持企业重构、并行工程、虚拟制造、计算机集成制造的技术。目前 PDM 已成为 CAD/CAPP/CAM 系统的集成平台，PDM 确保了整个企业中的人员在适当时候以适当形式得到所需产品数量，使集成水平达到了更高阶段。

20 世纪 80 年代以后，在 CAPP 的研究开发中开始探索人工智能、专家系统技术。有人将这一进程看成是一种新方法的出现，但大多数人将它是视为原有方法的发展，即向智能化方向发展。集成化、智能化是CAPP系统发展的趋势，概括国内外许多学者的看法，将来的CAPP应具有下述特点：兼有创新和继承修改综合功能、更大的灵活性和适应性、闭环反馈、动态设计和基于知识的智能系统等。

(3)工艺设计工作的组织

在新产品的研制过程中，工艺设计是和产品设计同时展开的。两者相互依存、相互影响。主管工艺师应参加新产品的调研工作，了解用户对新产品的要求、设计意图以及可能采用的新工艺、新技术、新材料，协助设计人员制订产品设计方案。在设计性试制阶段，工艺师工作就应全面展开，其中包括拟定工艺方案，对产品设计进行工艺性分析和审查，确定重点工艺研究课题；编制必要的工艺文件和设计制造必要的工艺装备。在生产试制阶段，则应准备全部的工艺文件、工艺装备和各种定额资料。为了保证工艺设计工作的顺利进行，还应做好以下几方面工作。

1)健全组织结构，建立各种责任制

工艺设计工作应由企业的工艺科、工具科、工具制造车间负责，由主管工艺的副总工程师统一领导。工艺科负责准备全部工艺资料和设计全部工艺装备；工具科负责准备工具；工具制造车间负责工装制造。工艺科内部的组织机构的设置原则可根据企业规模的大小和产品的特点来决定。对于整机厂，一般可设立工艺设计室、工艺实验室、理化实验室、产品工艺室、专业工艺室、工装设计室等。对于元器件厂，由于产品的设计和工艺不能截然分开，新产品的工艺设计应由设计部门负责，其他工艺设计和管理工作由技术科负责，不必再设立工艺科。无论企业的工艺设计机构如何设置，都应建立机构责任制和各级工艺人员的技术经济责任制，要把工艺设计的各项工作落实到每个科室和人，做到任务到人、职责明确，便于检查和考核。

2)加强新工艺的实验和研究工作

电子类产品要求高可靠性、高精密度、高效率和长寿命，生产过程中涉及采用一些精密的、特殊的加工方法和综合的加工技术。为了提高生产效率，保证质量，降低成本，要根据新产品的特点，试验采用新的加工方法、新技术和新材料，研究制造先进的工艺设备、工具以及机械化程度较高的专用设备或传送装置。因此，企业的工艺部门要充分重视工艺技术情报的搜集，学习借鉴国内外先进经验方法，加强新工艺的研究工作和加快工艺设计的进度。

3)加强工艺文件的管理

工艺文件的管理主要包括：工艺文件的审核、会签、批准、保管和更改等工作。工艺文件编成之后,由主管工艺师和标准室进行审查和会签,审查内容是否合理,格式、表格和制图等是否符合标准化的规定,各种工艺文件和明细表是否与设计图纸一致。审核会鉴后要经过主管工艺设计工作的负责人批准。对于某些关键的工艺设计方案和工艺规则,须经过主管工艺的总工程师批准。工艺文件应由资料科或技术档案室统一负责保管,未归档的工艺文件和工艺技术资料,可由工艺科的工艺资料组保管。要制订工艺文件的接收、复印、供应和借阅的制度。工艺文件的更改可分为临时性更改(一次性)和永久性更改两种。临时性更改由专业工艺师负责处理,对关键零部件或重要工序的更改,则应重新经过原来的审批程序,并在更改通知单上注明被批准采用的零部件的数量和更改期限;永久性更改由工艺科专业工艺室负责进行,经该产品的主管工艺师会签,最后由工艺科长批准,更改的通知单要送交资料师及本企业的各有关单位,具体的更改工作由资料室负责进行。

4.2.5 新产品的试制和鉴定阶段

(1)新产品试制的内容

新产品的试制和鉴定是成批生产和大量生产的一项重要准备工作。任何一种新产品在完成产品设计和工艺设计后,都必须进行试制和鉴定,定型后,才能投入正式生产。因为在产品设计和工艺设计阶段,不可能全面考虑和设计到生产中可能产生的问题,即使产品设计和工艺设计非常合理,常常还存在一些结构和工艺上的缺点、错误及不足,只有通过试制和鉴定,才能暴露出问题,以便进一步修改设计和工艺。

新产品试制的内容取决于生产类型、产品结构的复杂程度和设计方法。在成批和大量生产中,新产品试制一般分为样品试制和小批试制两个阶段,在某些情况下,这两个阶段也允许合并。例如,在采用标准设计或外来定型图纸时,可以直接进行小批试制;对结构简单的产品可将样品试制和小批试制合并在一个阶段进行;在老系列产品基础上设计新规格或派生系列产品时,也可采用样品试制和小批试制一并进行的办法。但生产量很大或结构非常复杂、质量要求极高的产品,如汽车、飞机、某些军工产品也可能需要进行两次以上的试制。对于小批量生产的产品,不需划分样品试制和小批试制,可先试制一台样品,借以验证图纸和工艺,取得经验后再生产其余产品,也可试制关键零部件并加以鉴定。在单件生产中,第一次生产的新产品应按样品试制的步骤和要求进行,以便为重复生产积累经验。重复生产或生产类型相似的产品,可以根据第一次生产时积累的经验直接进行生产。

(2)样品试制和鉴定

1)样品试制的基本任务

样品试制的目的是通过一件或少数几件样品的制造和实验来检验产品结构、性能和主要工艺的合理性。其基本任务有:根据产品技术条件对产品进行全面的使用试验;对产品的重要零部件进行强度、可靠性和寿命等试验;对事先不能用计算方法准确设计的零部件进行试验检查并使之更为精确;发现和消除产品结构的缺点、错误和不协调现象,全面检查产品和各零件的加工精度;找出产品的工艺缺点,提高产品结构工艺性;确定复杂零件、部件的最合理制造方法。

2)样品试制的组织工作

样品试制应由主任设计师负责领导,主任工艺师协助工作。为了保证样品试制的顺利进行,在样品试制前,必须编好试制零件的工艺过程卡(关键零件需编工序卡片)和设计、制造必要的工装。同时,要做好技术交底和技术追随两个方面的工作。

①技术交底。样品试制前,应做好技术交底工作,这一工作一般分两次进行。第一次在全部设计结束时,由产品开发部门组织主任设计师和主任工艺师向有关科室及车间的干部进行交底。其内容包括:新产品结构、性能、工艺特征以及关键零件的技术要求;关键材料及其技术要求;厂内外协作关系及其技术要求;新产品的工艺方案、主要设备和关键零件的加工方法;在样品试制中可能产生的问题及拟采取的措施;样品试制的进度需求和问题。第二次由车间技术组、计划组向本车间有关技术人员、工人、监察人员进行交底。必要时,可以邀请设计、工艺人员参加。目的是使操作工人、监察人员和车间有关人员了解设计意图、加工要求、试制进度要求以及存在的问题和改革措施。

②技术追随。在试制过程中,有关设计和工艺人员必须进行技术追随,其主要任务有:检查零部件在加工、装配过程中是否符合技术要求;对设计及工艺文件在试制过程中发现的错误或不妥之处充分听取意见,及时纠正和修改,并采取防范措施;检查与关键问题有关的措施实施的情况,并通过追随及时预见新关键问题,采取防范措施;检查设计和工艺的先进性和经济合理性。

在试制过程中,应认真做好技术记录,把试制中有关设计、工艺、工具、材料、检查等方面存在的问题全面、正确的记录下来,以便在投入正式生产前加以解决。样品试制工作计划性差、问题多。在生产车间进行样品试制会打乱正常生产秩序和拖延试制进度,试制质量也不易保证,所以试制新产品任务重的企业,应设置由设计部门领导的试制车间进行样品试制。

3)样品鉴定

样品试制完毕后需作性能试验,如性能不符合要求,立即修正,否则,应当考虑重新试制样品。在样品性能完全符合设计要求的条件下,才能开始样品鉴定。

样品鉴定由企业经理任命的鉴定委员会进行。一般应由质量管理部门领导,有经验的设计师、工艺师和工人参加。鉴定委员会的任务是对新产品是否符合技术要求、能否转入小批试制作全面审查。主要审查内容包括:新产品是否符合已批准的技术任务书要求,是否符合国家或国际标准和其他技术要求;新产品的设计资料是否齐全,技术经济指标是否先进,结构的工艺性是否良好;新产品的主要工艺方法能否保证设计要求;新产品的主要工装能否保证产品质量等。

(3)小批试制和鉴定

1)小批试制的基本任务

小批试制是在样品试制的基础上进行的,其目的是通过投入小批生产来试验和调整所设计的工艺和工装,并进一步对产品设计进行必要的校正和工艺性审查。其基本任务包括:验证和修改成批或大量生产的工艺规程;对工装进行检查和调整;保证产品加工与装配质量完全符合规定的技术条件;做好制造、装配和试验过程中必要的辅助工作与调整工作。

2)小批试制的组织工作

小批试制应由主任工艺师领导,负责解决试制中的技术问题,并为成批、大量生产积累生产组织方面的资料。小批试制的过程,往往也是试生产的过程,是帮助操作工人熟悉图纸、工艺和工艺设计以及掌握批量生产能力的过程。因此,小批试制产品,都必须在该产品所在生产车间按正常生产条件进行试制。

小批试制前,应组织有关部门根据已批准的样品鉴定书和样品试制中的经验,对设计、工艺等技术文件进行调整,并补充成批或大量生产所需的工艺规程、检验规程和工艺设计;在试制过程中,应对每一工序的工艺、定额、工装和加工质量进行验证。

小批试制产品在鉴定前除作性能测试外,还需进行装配检查。把试产后的样品解体进行精密测量,从各个零件的实际尺寸、磨损、变形和配合等情况中考虑应有的尺寸配合,平面图纸进行比较,然后对设计、工艺提出进一步修改的意见,再进行装配和鉴定。

3)小批试制的鉴定工作

小批试制的鉴定工作除包括样品试制鉴定外,还要鉴定工艺文件是否齐全,工装是否齐全,质量是否符合生产要求,零件加工和装配的质量是否稳定,检查原材料消耗情况,验证产品结构的工艺性,检查投产前生产准备情况等内容。

小批试制经鉴定后,由鉴定委员会编制鉴定书,报经技术监督部门审查备案,才能组织成批生产。当试制鉴定工作全部完成后,决定在本企业成批或大量生产的新产品还需要进行生产前的调整工作,其内容主要包括:复制图纸和全套技术文件,补充调整工装,调整生产设备和劳动组织,技术培训,为新产品正常生产创造条件。

4.3　新服务的开发

4.3.1　新服务的分类

服务比有形产品复杂得多,因为服务不仅涉及最终"服务"的交付,还包括服务过程本身,因此,对新服务的分类需要考虑这两个维度;换言之,即对新服务进行分类时,既要根据最终"服务"(提供的服务内容)的变化来分类,还要根据服务的传递过程的变化来分类。

如图 4.2 所示的二维矩阵,就是根据影响服务的这两个维度把服务分成了以下 4 大类:

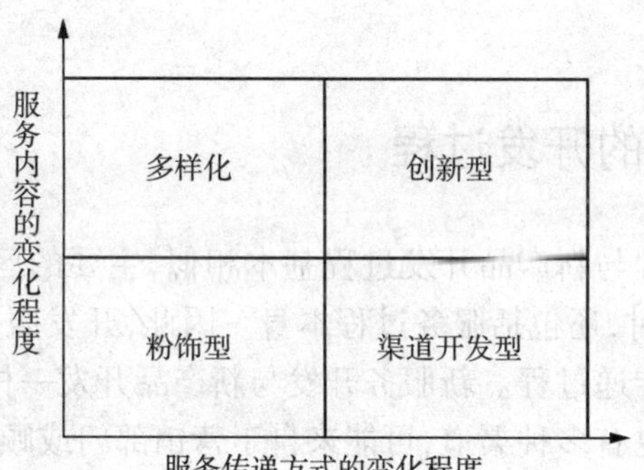

图 4.2　新服务分类矩阵

(1)多样化服务

如图 4.2 中的左上角,多样化服务指需要提供全新的服务内容,而服务的传递方式需保持原来的不变,即开发多样化的服务,并使每一类服务专注于不同的细分市场,但提供这些服务的基本传递方式并没有多大区别。对于开发多样化服务的企业来说,如何高效地传递多样化服务至相应的细分市场是一大挑战。

(2)粉饰型服务

如图4.2中的左下角,该类服务提供的服务内容和服务的传递方式都没有多大的变化,只是“锦上添花”。粉饰型服务的例子有餐馆新增的菜目、航空公司新增的空中航线以及大学新增的课程等等。粉饰型服务通常对企业现有服务的运营影响很小,并能在相对较短的时间内进入市场。

(3)创新型服务

如图4.2中的右上角,创新型服务指需要提供全新的服务内容和全新的传递方式。创新型服务也可细分为三小类:开创型服务是指对尚未完全开发的市场提供新服务,一般利用信息技术和计算机技术来实现,如电子银行系统;挖掘型服务指对拥有现有服务的既有市场提供新服务,如零售业的智能卡开发就是这类服务的良好例证;填补型服务是指向企业的现有顾客提供新服务,如在超市中开设自助银行。相对于其他类型的服务,创新型服务进入市场的时间一般比较长,需要较高的资金投入。

(4)渠道开发型服务

如图4.2中的右下角,渠道开发型服务指需要提供的服务内容没有多大变化,但需要采用全新的传递方式。自动取款机、网上售货就是这方面的好例子。企业在开发渠道型服务时,管理者必须认识到服务过程开发的重要性,因为顾客希望通过新渠道获取与原来通过传统的、他们所习惯方式所得的相同质量的服务。

4.3.2 新服务的开发过程

新服务开发过程与新产品开发过程基本相似,主要的区别在于服务不仅涉及最终“服务”的交付,还包括服务过程本身。因此,开发服务的时候,必须同时设计服务内容及其传递过程。新服务开发与新产品开发一样,开始于创意阶段。新服务创意的来源也有多种渠道,可能来自于营销部门或顾客,也可能来自于服务运营部门。与制造业不同,服务业的研发焦点主要集中在研究如何传递服务的运营流程上。

新服务开发过程与分为与新产品开发过程类似的4个阶段:

第一阶段:设计阶段,包括对新服务目标以及战略的制定、服务概念的开发及测试。

第二阶段:分析阶段,需要进行财务分析并考虑与服务传递相关的供应链问题。只有顺利通过这两个阶段,即评审获取批准后,新服务项目才能继续进行下去。

第三阶段:开发阶段,这一阶段是新服务开发过程中资源最密集的阶段,包括完成服务的详细设计和测试,服务传递过程的详细设计和测试,员工的培训,以及服务的试运行。

第四阶段:全面上市阶段,只有新服务项目通过了测试和试运行,才可以投入市场。

迄今为止,对于新服务开发的研究远没有对新产品开发的研究成熟。为此,苏珊·约翰逊等人提出了一系列建议,为未来进一步研究新服务开发指明了方向,这些建议包括:

①新服务开发过程是非线性的,因为新服务难以标准化,新服务的传递过程也难以通过专业化的渠道来实现。

②新服务开发过程中规划阶段的竞争力在于创新服务的能力,而实施阶段的竞争力则在于派生服务的能力。

③服务失败以及随后的弥补措施源自于采用了临时的或没有竞争力的新服务开发过程,而不是因为服务得不好。

④个人新服务开发的有效组合管理将降低一个企业新服务开发项目的总风险,并提高高回报的可能性(类似于采用共同基金的投产组合管理)。

⑤新服务开发类似组合的管理可以满足不同种类的顾客需要。

思考与练习

1. 产品生命周期经过哪几个阶段?各阶段有何特征?
2. 新产品构思创意的来源是什么?
3. 新服务分为哪些类型?
4. 如何确定企业产品开发的策略?
5. 新产品开发的方式有哪些?
6. 产品开发与设计过程中,有哪些先进技术和方法?

第5章 生产运作过程的规划与设计

通过本章学习，应达到如下目的：

1. 区分不同组织的生产运作类型。
2. 熟悉制造型企业常见的几种生产类型。
3. 深刻理解生产过程空间组织方式的优缺点及适用条件。
4. 深刻理解生产过程的三种时间移动方式。
5. 了解服务型企业运作流程的设计方法。

企业根据市场竞争重点制定出运营策略后，下一步就要考虑生产运作过程流程的规划与设计、产品和服务的研发、厂址的选择与布局、运营能力的规划等问题。随着企业之间技术、资金实力等实体资源的同质化，越来越多的组织逐步认识到，竞争的焦点应该从产品或服务的生产、制造、营销等具体环节与技术问题上，转移到组织结构、运作机制等流程性问题上来。可持续的竞争优势，都将来自于企业所独有的面向顾客满意的提高和不断刷新、不断变革的流程技术。任何企业只要拥有了一套设计科学合理的运作流程，任何新产品、新工艺的成功开发、研制、销售都将变得相对容易。本章重点讨论制造型企业和服务型企业运营流程的种类、特征、组织方式与决策方法。

5.1 制造型企业的运营流程

5.1.1 流程与业务流程的含义

流程是由一系列单独的任务组成的,使一个输入经流程变成输出的全过程。关于运作流程至今还没有一个准确的定义。达文波特和肖特将流程定义为"为特定顾客或市场提供特定产品或服务而实施的一系列精心设计的活动"。他们认为,流程强调的是工作任务如何在组织中得以完成。相应地,流程有两个重要特征:一是面向顾客,包括组织外部的和组织内部的顾客;二是跨越职能部门、分支机构或子单位的边界。根据上述思想,他们将运作流程定义为"以达成特定企业业务目标的一系列有逻辑相关性的任务"。作为规范的和独立的管理理论的科学体系的一部分,运作流程的概念被定义为"一系列组织运作和顾客需求链接起来的活动"。

假设一个简单的去商店购物的场景,认真分析这个"走进商店—挑选商品—掏钱付账—离开商店"的活动,就可以很好地理解什么是"流程"。这个流程的起点是顾客走进商店开始环顾四周,终点是顾客拿着商品和收据或发票离开商店。整个流程的主体由作为货币持有者和商品需求者的某顾客和拥有待售商品的商店及其员工——供应者组成,他们共同完成这个过程。

事实上,无论是买食品、买衣服、买汽车、买房子,还是购买和享受某种服务;无论是在百货商店、超级市场、街头小贩那里购买,还是通过电话购物或者其他;无论是消费、购买还是生产制造,流程都无所不在。

业务流程(business process)是指一组跨部门的、与其他流程相辅相成的任务或活动的逻辑序列。换言之,业务流程就是把不同的职能部门联系起来以完成共同的任务和目标,具体地说,企业的业务流程包括顾客、供应商以及输入输出之间的价值增值过程。表5.1列举了一些典型的业务流程及其相关联的职能部门。

表5.1 一些典型的业务流程及其相关联的职能部门

业务流程	相关联的职能部门
新产品开发	运营部门、市场营销部门、财务部门、工程设计部门

续表

业务流程	相关联的职能部门
订单执行	市场营销部门、运营部门、会计部门
供应链管理	采购部门、运营部门、会计部门
资产管理	运营部门、会计部门、财务部门
人员招聘	人力资源部门、运营部门、会计部门

5.1.2 制造型企业运营流程的类型

生产产品或提供服务的流程一般都包括多个阶段、步骤或环节，这类流程称为多步流程。在多步流程中，每一阶段所采用的流程类型取决于运营策略以及所生产的产品类型。

制造型企业生产是通过物理和/或化学作用将有形输入转化为有形输出的过程。例如，通过锯、切削加工、装配、焊接、弯曲、分解、合成等物理或化学过程，将有形原材料转化为有形产品的过程，属于制造性生产。通过制造型企业生产能够产生自然界原来没有的物品。制造型企业所包括的行业相当广泛，产品品种也非常多，其生产类型千差万别。表5.2列出了几种典型的分类方法。

表5.2 制造型企业生产类型的划分

分类标志	生产类型
按产品使用性能分类	通用产品生产 专用产品生产
按生产工艺分类	流程型生产 加工装配型生产
按产品需求特性分类	备货型生产 订货型生产
按生产稳定性和重复性分类	单件生产 成批生产 大量生产 批量客户化生产

(1)通用产品生产和专用产品生产

通用产品是按照一定的设计标准生产的产品,其适用面广,需求量大。企业通常是通过市场需求预测,根据自己的生产能力和销售能力制订生产计划,并且通过保持一定的库存来应对市场需求的波动。通用产品的生产规模可以很大,生产过程相对稳定,因此可以采用高效的专用生产设备,在生产计划方式上也有条件采用经过优化的标准计划。

专用产品是根据用户的特殊需求专门设计和生产的产品,产品的适用范围狭小,需求量也小。生产专用产品的企业由于产品不断变换,生产过程运行的稳定性较差,所需设备应具有较高的柔性,生产计划工作和生产过程的控制都比较复杂。因此,这两种产品的生产过程在管理方式和方法上有很大的不同。

(2)流程型生产和加工装配型生产

流程型生产的工艺流程是连续进行的,且工艺过程的顺序是固定不变的。生产设施按工艺流程布置,原材料按照固定的工艺流程连续不断地通过一系列装置设备加工处理为产品。这种生产方式的管理重点是要保证连续供料和确保每一环节的正常运行。任何一个环节出现故障,都会引起整个生产过程的瘫痪。流程型生产的产品和生产过程相对稳定,有条件采用各种自动装置实现对生产过程的实时监控。流程式生产又称作连续性生产,如化工(塑料、药品、肥皂、肥料等)、炼油、冶金、食品、造纸等是典型的流程型生产。

加工装配型生产的产品是由许多零部件构成的,各零件的加工过程彼此独立,物料离散地按一定工艺顺序运动,在运动中不断改变形态和性能,制成的零件通过部件装配和总装配最后成为产品。轧钢是由一种原材料(钢锭)制成多个产品(板材、型材、管材);汽车是由多种零件加工组装而成的。机床、汽车、柴油机、锅炉、船舶、家具、电子设备、计算机、服装等产品的制造,都属于加工装配型生产。这种特点使得构成产品的零部件可以在不同地区,甚至不同国家制造。加工装配型生产的管理重点是控制零部件的生产进度,保证生产的配套性。加工装配式生产又称作离散型生产,它的组织十分复杂,是生产管理研究的重点。

流程型生产与加工装配型生产的特点对比分析,如表5.3所示。

表5.3 流程型生产与加工装配型生产的特点比较

特　征	流程型生产	加工装配型生产
用户类型	较　少	较　多
产品品种数	较　少	较　多
产品差别	标准产品较多	客户化产品较多

续表

特 征	流程型生产	加工装配型生产
设备布置的性质	流水式生产	批量或流水生产
设备布置的柔性	较 低	较 高
自动化程度	较 高	较 低
对设备可靠性要求	高	较 低
维修的性质	停产检修	多数为局部修理
生产能力	可明确规定	模糊、多变
扩充能力的周期	较 长	较 短
资本/劳动力/材料密集度	资本密集	劳动力、材料密集
原材料品种数	较 少	较 多
能源消耗	较 高	较 低
在制品库存	较 低	较 高
副产品	较 多	较 少
营销特点	价格与可获性	产品的特点

流程型生产与加工装配型生产的特点不同,导致两者的生产管理方式也不同。对流程型生产来说,生产设施地理位置集中,生产过程自动化程度高,只要设备体系运行正常,工艺参数得到控制,就能正常生产合格产品,生产过程中的协作与协调任务也少。但由于高温、高压、易燃、易爆的特点,对生产系统可靠性和安全性的要求很高。相反,加工装配型生产的生产设施地理位置分散,零件加工和产品装配可以在不同地区甚至在不同国家进行。由于零件种类繁多,加工工艺多样化,又涉及多种多样的加工单位、工人和设备,导致生产过程中协作关系十分复杂,计划、组织、协调任务相当繁重,生产管理大大复杂化。因此,生产管理研究的重点一直放在加工装配型生产上。在讨论制造型企业生产方面,本书将以加工装配型生产为主要内容。

(3)备货型生产与订货型生产

按照企业生产组织的特点,可以把制造性生产分成备货型生产(make-to-stock,MTS)与订货型生产(make-to-order,MTO)两种。流程型生产一般属于备货型,加工装配型生产既有备货型又有订货型。

备货型生产是指在没有接到用户订单时,按已有的标准产品或产品系列进行的生产。生产的直接目的是补充成品库存,通过维持一定量成品库存来满足用户的需要。例如,轴承、紧固件、小型电动机等产品的生产,属于备货型生产。在备货型生产系统中,销售部门的预测数据首先输入到库存控制部门,预计出今后几周和几个月内的各项产品需求数量,库存控制部门核实库存数量并决定是否需要投料生产该种产品。如已有足够库存量则可直接从仓库中按订单采购原材料、零件和部件,同时通知生产计划和控制部门制订企业生产计划。成品库存根据预测数字保持一定的库存水平,并负责给顾客发运产品。当然,销售预测离不开订单信息,但该项产品可以在收到用户订单前就投入生产,并储存于成品库。

订货型生产是指按用户订单进行的生产。用户可能对产品提出各种各样的要求,经过协商和谈判,以协议或合同的形式确认对产品性能、质量、数量和交货期的要求,然后组织设计和制造。例如,发电设备、生产线设备、锅炉、船舶等产品的生产,属于订货型生产。在订货型生产系统中,生产量根据客户的订单汇总而定,这类产品也需要预测,但只预测单件小批产品线的需求,而不按个别产品项目预测。企业未接到订单,此项产品便不投入生产,这是与备货型生产的主要差别之处。然而,订货生产并不排斥备货生产的概念,成品虽然没有库存,但有些标准化、规范化的零部件仍可以有库存,在收到订单之前就投入生产。

为了缩短交货期,还有一种按订单装配型生产(assemble-to-order,ATO),即零部件是事先制作的,在接到订单之后,将有关的零部件装配成顾客所需的产品。很多电子产品的生产属于按订单装配型生产。服务型企业也有很多按订单装配式生产的例子,例如,餐馆按顾客的点菜来炒菜,每种菜的原料是事先准备好的。按订单装配型生产必须以零部件通用化、标准化为前提。

表5.4列出了订货型生产与备货型生产的主要区别。

表5.4　订货型生产与备货型生产的主要区别

项　目	备货型生产(MTS)	订货型生产(MTO)
产　品	标准产品	大量的变型产品与新产品
对产品的需求	可以预测	难以预测
价　格	事先确定	订货时确定
交货期	不重要,由库存随时供货	很重要,订货时决定
设　备	多采用专用高效设备	多采用通用设备
人　员	专业化人员	需多种操作技能

值得一提的是,订货型生产与订合同是有区别的。无论是 MTO 还是 MTS,订货方与供货方都要签订合同,但签订合同后如果直接从成品库存供货,这并不是 MTO,而是 MTS。

(4)单件生产、成批生产、大量生产和批量客户化生产

单件生产的产品通常都是专用产品,其特点与上述的专用产品生产特点相同。成批生产类型介于大量生产和单件生产之间,其特点是生产的品种较多,每种产品虽然都有一定的产量,但不能维持常年连续生产,所以在生产中采用多品种轮番生产的方式。成批生产根据每批生产的产品数量多少又可细分为大批生产、中批生产和小批生产三种。大量生产型的特点是产品品种少,每一品种的产量大,生产稳定。大量生产的产品通常都是通用产品。例如,螺钉、螺母、轴承等标准零件,日用品、家电产品等。

以上 3 种方式遵循 3 S 原则,即专门化(specialization)、简单化(simplification)和标准化(standardization),将各项活动尽可能分解,并安排专人负责,提供统一规格的大量产品,目标是追求规模经济效益。近代的生产管理则逐渐转向多元化原则(diversification),为了适应市场不断变化和客户的个性化需求,而提供多样化的产品,并追求生产过程柔性化。从而提出了大批量定制化生产类型,它将大量生产的规模效益和单件生产的多样化服务统一起来,靠品种、型号、规格的扩大,让客户从产品中获得更大的自我满足,进而使企业获益。不同生产类型的特点比较如表 5.5 所示。

表 5.5　3 种不同生产类型的特点比较

	单件生产	成批生产	大量生产	批量客户化生产
品　种	很多	较多	少	很多
产　量	小	中	大	小
生产稳定性	差	较好	强	大部分稳定
设　备	通用	部分通用	专用	大部分通用
生产周期	长	长短不一	短	较短
成　本	高	中	低	较低
追求目标	柔性	均衡性	连续性	连续性与柔性

5.2 制造型企业生产过程的空间组织

5.2.1 生产过程的概念与构成

(1)生产过程的概念

企业的生产过程是社会物质财富生产过程的组成部分,也是企业最基本的活动过程。生产过程的概念有广义和狭义之分。广义的生产过程是指从生产技术准备开始,直到把产品制造出来为止的全部过程。狭义的生产过程是指从原材料投入生产开始,直到成品出产入库的全部过程。从总体上分析,生产过程可分为劳动过程和自然过程。

劳动过程是人们为社会生产所需要的产品而进行的有目的的活动。劳动过程是生产过程的主体,是劳动力、劳动对象和劳动手段结合的过程,也就是劳动者利用劳动手段(设备和工具)作用于劳动对象(产品、零件、部件、半成品、毛坯和原料),使之成为产品的全部过程。生产过程既是物质财富消耗的过程,但同时又是创造具有新的价值和使用价值的物质财富的过程。按照工艺性质不同,可将劳动过程分为工艺过程、检验过程、运输过程和等待停歇过程。工艺过程是运营过程最基本的组成部分。对于机械制造工艺过程,一般可划分为毛坯制造、零件加工和产品装配三个阶段。每一阶段又可划分为若干工序。工序是工艺过程最基本的组成单位。对机械加工来讲,工序是在一个工作地上工人利用一次准备时间所完成的加工作业。从生产管理角度,可以把零件从到达一个工作地(机床)到离开该工作地(机床)工人所从事的加工作业称作一道工序。因为从生产作业计划的编制上看,这样做已经足够精确,按工艺上规定的工序安排生产是没有必要的。检验和运输过程也是必不可少的工序,但应该尽可能缩短。等待停歇过程如果是制度规定的,则是合理的;若由于组织管理不善或其他人为因素造成,则应该剔除。

自然过程是指劳动对象借助于自然界的力量,产生某种性质变化的过程,它也是技术上的要求,是不可避免的。如铸件的自然时效、铸锻件的自然冷却、油漆的自然干燥、酒精的发酵等。

(2)生产过程的构成

由于企业专业化协作水平、技术条件、生产性质和产品特点不同,生产过程的组成有很大差别，而且随着生产的发展也会发生变化。但一般包括以下几个组成部分。

1）生产技术准备过程

生产技术准备过程是指产品正式投入批量生产之前所进行的各种生产技术准备工作，如产品设计、工艺安排、工艺设计、标准化工作，制订各种定额、组织生产线和调整、组建劳动组织及新产品的试制和鉴定等。

2）基本生产过程

基本生产过程是指以销售为目的，为满足市场需求，与构成企业基本产品实体直接有关的生产过程。机械制造工业企业的装配车间、铸造车间、锻造车间、机加车间等所从事的生产作业活动都属于基本生产过程。基本生产过程是企业的主要活动，它代表企业的基本特征和专业化水平。机械制造的基本生产过程，一般还可以分为三个生产阶段，即毛坯制造阶段、加工制造阶段和装配阶段。

3）辅助生产过程

辅助生产过程是指为保证基本生产过程的实现，不直接构成与基本产品实体有关的生产过程。例如，企业不以销售为目的，仅为本企业的需要而进行的动力（电力、蒸汽、煤气、压缩空气等）、工具（夹具、量具、模具、刃具等）、设备修理用备件等的生产。

有些辅助生产的产品，除了供本企业需要之外，还可能外销一部分。这部分外销的辅助产品虽直接记入企业产值之内，但由于主要生产的目的是为了本企业自己使用，并不代表企业专业生产方向，因此仍属于辅助产品。

4）生产服务过程

生产服务过程是指为基本生产过程和辅助生产过程的正常进行而从事的服务性活动。属于生产服务过程的有：原材料和半成品的供应、运输、检验、仓库管理等。

5）附属生产过程

附属生产过程是指企业根据自身的条件和可能，生产市场所需要的非属企业专业方向的产品而进行的生产过程。如飞机制造公司生产的日用铝制品，锅炉厂生产的石油液化煤气罐以及企业利用某些边角废料而制造的产品。

上述组成部分既有区别，又有联系，核心是基本生产过程，它是生产过程中不可缺少的部分，其他部分则可根据具体情况（生产规模大小、管理体制、专业化程度等），或包括在企业的生产过程之中，或由独立的专门单位来完成。例如生产技术准备过程可由公司、总厂的研究所、设计单位来完成；动力生产、工具制造、设备修理、备件制造等可由专门的协作工厂来完成；分析化验、运输等工作可由专门的生产服务单位(如化验站、运输公司)来完成。随着社会专业化协作水平的提高,企业的生产过程将趋向简化,企业间的协作关系将日益密切。

5.2.2 生产过程的空间组织方式

(1)组织生产过程的基本要求

生产过程是资源消耗的过程。它要消耗活劳动和物化劳动,要占用资金,消耗时间。因此,要使劳动对象在生产过程中行程最短、时间最省、劳动消耗最小、资金占用最少,就必须合理地组织生产过程,使其达到以下几个基本要求。

1)生产过程的连续性

生产过程的连续性是指物料处于不停的运动之中,且流程尽可能短。它包括时间上的连续性和空间上的连续性。时间上的连续性是指物料在运营过程各个环节的运动自始至终处于连续状态,没有或很少有不必要的停顿与等待现象。空间上的连续性要求运营过程各个环节在空间布置上合理紧凑,使物料的流程尽可能短,没有迂回往返现象。

提高生产过程的连续性,可以缩短产品的生命周期,降低在制品库存,加快资金的流转,提高资金利用率。为了保证生产过程的连续性,首先需要合理布置企业的各个生产单位,使物料流程合理;其次,要组织好生产的各个环节,包括投料、运输、检验、工具准备、机器维修等,使物料不发生停歇。

2)生产过程的平行性

生产过程的平行性是指物料在生产过程中实行平行交叉作业。加工装配型生产可以实现生产过程的平行交叉作业。平行作业是指相同的零件同时在数台相同的机床上加工;交叉作业是指一批零件在上一道工序还未加工完时,便将已完成的部分零件转到下道工序加工。显然,平行交叉作业可以大大缩短产品的生产周期。

3)生产过程的比例性

生产过程的比例性是指运营过程各环节的生产能力要保持适合产品制造的比例关系。它是生产顺利进行的重要条件,如果比例性遭到破坏,则生产过程必将出现"瓶颈"。瓶颈将制约整个生产系统的产出,造成非瓶颈资源的能力浪费和物料阻塞,也破坏了生产过程的连续性。

4)生产过程的均衡性(节奏性)

生产过程的均衡性是指产品从投料到完工能按计划均衡地进行,能够在相等的时间间隔内完成大体相等的工作量。节奏性与均衡性的含义基本相同,只是时间间隔长短不同。均衡性一般取月、旬、日,节奏性则以小时、分、秒计。节奏性一般用于大量大批生产。

生产不均衡会造成忙闲不均,既浪费资源,又不能保证质量,还容易引起设备、人身事故。保持生产过程的均衡性,主要靠加强组织管理,涉及毛坯和原材料供应、设备管理、生产作业计划与控制,乃至对职工的业绩考核。

5)生产过程的准时性

生产过程的准时性是指生产过程的各个阶段、各个工序都按每个阶段的需要工序进行生产。即,在需要的时候,按需要的数量,生产所需要的零部件。企业所做的一切都是为了让用户满意,用户需要什么样的产品,企业就生产什么样的产品;需要多少就生产多少,何时需要,就何时提供。要做到让用户满意,企业的生产过程必须准时。只有各道工序都准时生产,才能准时地向用户提供所需数量的产品。

准时性是市场经济对运营过程提出的要求,并将企业与用户紧密联系起来。从市场角度来审视连续性、平行性、比例性、均衡性与准时性,可以看出它们都有一定的局限性。不与市场需求挂钩,追求连续性、平行性、均衡性与准时性是毫无意义的。在市场多变的情况下,比例性也只是一种永远达不到的理想状态,能力出现瓶颈永远是正常现象。

6)生产过程的柔性

生产过程的柔性指对市场需求及企业产品方向变化的适应能力。生产系统的柔性包括两方面的含义,一是能适应不同的产品或零件的加工要求,从这个意义上讲,能加工的产品(零件)种类数越多,则柔性越好;二是指转换时间,加工不同零件之间的转换时间越短,则柔性越好。

(2)生产过程的空间组织方式

生产过程的空间组织就是根据运营战略目标,配置一定的空间场所,建立相应的生产单位(车间、工段、班组)和设施,并采取一定的生产专业化形式,进行生产单位人员和设备的配置。此处仅介绍生产过程的专业化组织方式,其他内容将在下一章中作介绍。

1)工艺专业化形式

这种组织方式是以工艺为中心组织设备、人员等运营资源,为每一工序提供一个工作场地。这里所谓的“工序”,是指能完成某一特定功能的一个工作单位。在这种组织方式下,一道工序完成产品所需的某一特定功能,为实现该功能所需的同类设备、同工种的人员集中在该场地,从事相同或相似工艺方法的工作。因此,一个被加工的产品(或一个顾客)必须通过位于不同工作场地的工序才能够完成加工,而不是为每一种产品各提供一个专用场地。对于制造型企业来说,一道工序可由一台或一组设备,或一个工段、一个车间所组成,以机械制造型企业为例,在这种形式下所建立的生产单位是铸造、锻造、机加工、热处理、装配等不同单位(分厂或车间);同一机加工厂内部,还可再分为车工组、铣工组、钳工组等不同单位;对于非制造型企业企业来说,可以是一个窗口,一个柜台,或一个办公室。

工艺专业化形式的主要优点是:①产品制造顺序可以有一定弹性,以对品种变换有较好的适应性;②有利于充分利用设备和工人的工作时间;③便于进行工艺管理,有利于同类技术的交流和支援,有利于工人技术水平的提高。其不利之处主要是:①在某些工序,不同产品(或顾客)有时会同时争夺有限的资源;②大批在制品从一个生产单位转到另一个生产单位,运营过程的连续性较差,交叉运输和迂回运输较多,使加工路线延长,运输时间和费用相应地增高;③在制品库存量大,停放时间长,致使产品生产周期延长,流动资金占用量大;④不同生产单位之间的生产联系较为复杂,从而管理工作(计划管理、在制品管理、质量管理等)较复杂。

2)产品专业化形式

产品专业化形式以产品(或顾客)对象为中心组织生产系统。在同一个生产单位中,集中了加工某一产品所需的设备和不同工种的工人,完成一个产品(或某一类顾客服务)所需的工序在该生产单位中按产品加工顺序分别排列,使该产品的大部分或全部工艺都能够在该生产单位完成。这种组织方式的最大特点是不同产品各自占用其所需要的资源,避免了不同产品同时争夺同一资源的现象,产品在加工过程中的流向比较简单、直接,但某些工序必须重复设置。在机械制造型企业中,产品专业化的生产单位不再是铸、锻、机加工、装配等,而是诸如箱体车间、齿轮车间、A 产品分厂、B 产品分厂等。这种形式的主要优缺点与工艺专业化形式正好相反。

3)混合组织方式

工艺专业化和产品专业化是组织生产的两种基本方式,两者是相互对立的。鉴于此,人们在实践中总结出另一种有特色而且规范的生产组织形式,即混合组织方式或模块式生产。它有两种具体形式:①企业或车间内部某些生产单位在工艺专业化形式的基础上,局部采用对象专业化形式;如铸造厂的箱体造型工段、床身造型工段等。②企业或车间内部某些生产单位在对象专业化形式的基础上,局部采用工艺专业化形式。如锅炉厂的铸造车间、锻造车间等。

大多数进行成批生产的企业都以混合组织方式为主,它们既可以生产标准产品,也可以按顾客订货要求生产非标准产品。加工路线在某种程度上仍较杂乱,但有一条主线、在工厂的某些部分,可以为某种产品或某一类零件适度集中资源。使用这种组织方式的企业有重型机械、服装、食品厂和汽车修理厂等。

混合组织方式由于零件族在一个生产模块中用同样的机器和类似工具进行生产,批量变更所引起的调整费用减少了,降低了在制品数量,提高了劳动生产率。这种组织方式的缺点是,为了减少零件在模块之间传送,生产模块内会出现重复的设备。另外,对于单件小批生产来说,生产的零件不可能全部由生产模块完成,剩下零件的加工效率就不高。尽管模块式生产未来很有发展潜力,但不会出现将单件小批生产形式全部过渡到模块式生产的情况,模块式生产可看成单件生产和大量生产的中间阶段。

上述三种生产过程组织方式的特征比较如表 5.6 所示。

表 5.6　3 种生产过程组织方式的特征比较

	工艺专业化形式	产品专业化形式	混合形式
产品特性	品种不稳定	标准件、品种单一	品种较稳定
生产类型	单件小批生产	大量生产	成批生产
生产流程	各产品作业流程互不相同	各产品作业流程完全相同	有典型工艺流程
生产设备	通用设备	专用设备	部分通用或专业设备,或需隔离的设备
工人技术要求	熟练的工人,适应能力强	单一的专门化工作	一定的适应能力

5.3　制造型企业生产过程的时间组织

5.3.1　生产过程的时间组织方式

合理组织生产过程,不仅要求生产过程各生产单位在空间上布置,而且要求劳动对象在车间之间、工段之间、工作地之间的运动在时间上也互相配合和衔接,最大限度地提高生产过程的连续性和节奏性,缩短生产周期,这就需要采用系统分析和科学管理的方法,进行生产过程的时间组织。

(1)零件在加工过程中的移动方式

零件在加工过程中可采用3种移动方式,即顺序移动、平行移动和平行顺序移动。

1)顺序移动方式

顺序移动方式是指一批零件在上道工序全部加工完毕后才整批地转移到下道工序继续加工。如采用顺序移动方式,一批零件的加工周期 $T_{顺}$ 为:

$$T_{顺} = n\sum_{i=1}^{m} t_i \tag{5.1}$$

式中 n——零件加工批量;

t_i——第 i 道工序的单件加工时间;

m——零件加工的工序数目。

例5.1 已知 $n=4$ 件,$t_1=10$ min,$t_2=5$ min,$t_3=12$ min,$t_4=7$ min,求 $T_{顺}$。

解 由公式(5.1)可求得:

$$T_{顺}=4(10+5+12+7)\text{min}=136\text{ min}$$

也可绘制甘特图确定加工周期,如图5.1所示。

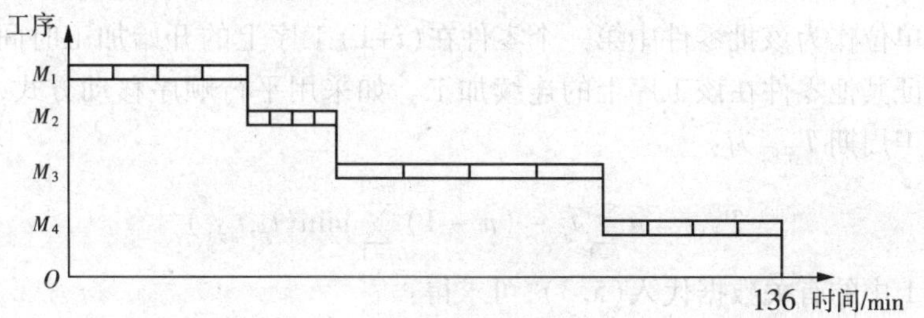

图5.1 顺序移动方式示意图

2)平行移动方式

平行移动方式是指一批零件中的每个零件在前道工序加工完毕后,立即转移到后道工序去继续加工,形成前后工序交叉作业。如采用平行移动方式,一批零件的加工周期 $T_{平}$ 为:

$$T_{平} = \sum_{i=1}^{m} t_i + (n-1)t_L \tag{5.2}$$

式中 t_L——最长的单件加工时间,其他符号同前。

将例5.1中的有关数据代入公式(5.2),可求得:

$$T_{平}=(10+5+12+7)\text{min}+(4-1)\times 12\text{ min}=70\text{ min}$$

图 5.2 为平行移动方式示意图。

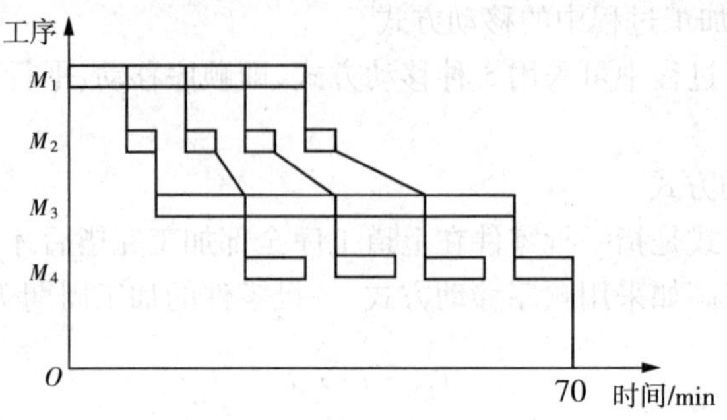

图 5.2 平行移动方式示意图

3)平行顺序移动方式

平行顺序移动方式的特点是,它既考虑了相邻工序之间零件加工时间的尽量重合,以缩短加工周期,又保持了该批零件在各道工序上的连续加工,以提高设备利用率。所以,是前两种方式的综合,具体做法是:

当 $t_i<t_{i+1}$ 时,该批零件按平行移动方式转移;

当 $t_i\geqslant t_{i+1}$ 时,以 i 工序上最后一个零件的完工时间为基点,倒推 $(n-1)\times t_{i+1}$ 个时间单位作为该批零件中第一个零件在 $(i+1)$ 工序上的开始加工时间。这样可以保证其他零件在该工序上的连续加工。如采用平行顺序移动方式,一批零件的加工周期 $T_{平顺}$ 为:

$$T_{平顺}=n\sum_{i=1}^{m}t_i-(n-1)\sum_{j=1}^{m-1}\min(t_j,t_{j+1}) \tag{5.3}$$

将例 5.1 中的有关数据代入(5.3),可求得:

$$T_{平顺}=4\times(10+5+12+7)\text{ min}-(4-1)\times(5+5+7)\text{ min}=85\text{ min}$$

图 5.3 为平行顺序移动方式示意图。

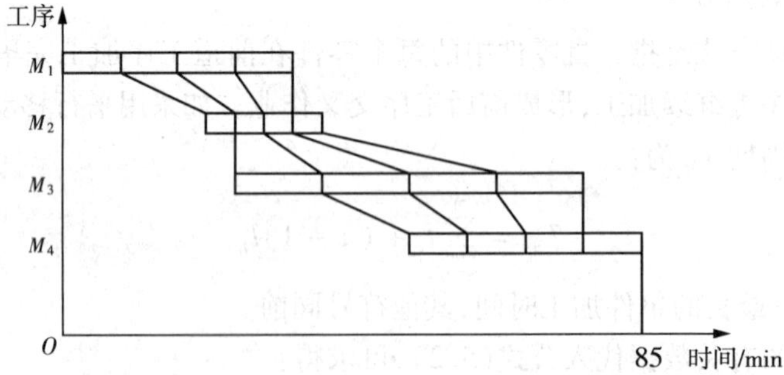

图 5.3 平行顺序移动方式示意图

5.3.2 生产过程时间移动方式的选择

根据3种移动方式的特点,在企业生产实际中,选择一批零件的移动方式时需要考虑零件的价值、体积、重量、加工时间、批量以及生产单位专业化形式等因素。具体可参考表5.7。

表5.7 零件3种移动方式的比较

		顺序移动	平行移动	平行顺序移动
特点	生产周期	长	短	中
	运输次数	少	多	中
	设备利用	好	差	好
	组织管理	简单	中	复杂
适用条件	零件价值	小	大	大
	零件尺寸与重量	小	大	大
	加工时间	短	长,呈整数倍	长
	批量大小	小	大	大
	专业化形式	工艺	对象	对象

对于复杂的生产过程来说,多种零部件同时处于平行生产的状态,除了考虑选择零件的移动方式之外,还需要考虑不同零部件间的配合关系,也就是要研究组成产品的各个零部件在移动过程中。应保持的次序与时间上的协调衔接和互相搭配。在保证部件装配和产品总装配需要的前提下,考虑其他零件的平行生产和顺序生产。

5.4 制造型企业运营流程的决策

5.4.1 产品—流程矩阵决策

生产流程设计的一个重要内容就是使生产过程的组织与市场需求相适应。什么样的需求特征,应该匹配什么样的生产过程。在设计生产流程时,应考虑许多因素,如:预期产量、生产标准化程度、产品的物理特性、可采用的各种工艺技术以及足够数量的可以利用的各种资源。这些因素归纳起来表现为产品结构性质和生产流程组织方式。反映产品结构性质和生产流程组织方式之间的匹配关系广泛采用海耶思(Hayes R. H.)和费尔莱特(Wheelwright S. C.)提出的产品—流程矩阵(product-process matrix,PPM)来表示,如图5.4所示。

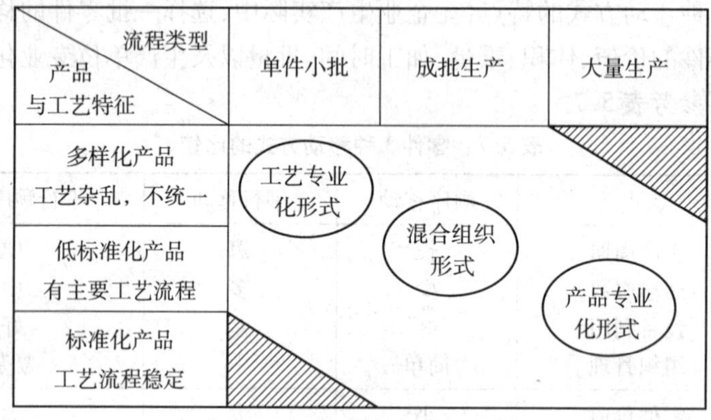

图5.4 产品—流程矩阵图

从图5.4可以看出,沿产品—流程矩阵中的对角线选择和配置生产流程,可以达到最好的技术经济性。然而,随着行业的技术发展,企业也可能恰当地利用偏离对角线的匹配策略,提出自身的优势,以出奇制胜。例如,沃尔沃公司之所以能够生产出任何车型的汽车,是因为没有像福特汽车公司和通用汽车公司等竞争对手那样进行大批量生产,而是牺牲了传统装配线的高效性,使其汽车装配线具有柔性,能够进行更好的质量控制。矩阵中的其他类型的产品—流程的匹配也可以进行类似的分析。

另外,当产品产出流程组织方式从矩阵的左上角(如电影制片厂、印刷厂等行业)演变到右下角(如汽车装配线、石化企业等)时,其效率与成本优势逐渐凸显,但同时也逐渐损失了企业的定制能力与市场反应的柔性。因此,由矩阵的右上角演变到左下角往往是企业匹配策略的"雷区"。因为处于右上角的企业对市场的变化反应很慢,然而企业又想要在需要高产量、低成本的行业中竞争,但运用的却是高可变成本、定制化的单件生产方式,从而使得企业损失市场的机会成本相当高,因为在单件生产方式下的高价格会使顾客流失而另谋他求。处于左下角的企业能够生产出比实际需求还要多的产品,然而企业的现金支付成本却很高,因为固定成本过高,这与流程型生产需要投入大型的资本密集型设备密切相关。

如果把产品—流程矩阵拆分开来,就比较容易理解其逻辑原理。如图5.5所示,它将生命周期的概念引用到运营管理,指出从生产过程结构类型的发展来看，起初是单件生产，然后是小批量生产、大批量生产，最后是大量生产，也是一个生命周期的变化过程。从而将产品生命周期和运营过程生命周期联系起来分析，两者相互影响，运营过程阶段的变化影响着产品成本、质量和生产能力，进而影响产品销售量，而产品销售量又直接影响着运营过程结构类型的选择。在产品生命周期早期阶段，市场需求少，企业组织单件产品设计与开发，按工艺原则和订单生产。随着市场需求增加，生产批量和产量随之增加，企业转向按标准产品设计，按对象原则和存货生产。更新改造的产品通常不会从“引入”阶段开始其生命周期，而从老产品被替代时所处的阶段开始。现在有些产品生产周期特别短，并不完全适合上述规律，如摩托罗拉公司的产品很快就达到成熟期，生产系统在产品引入阶段后就要按成熟期的要求来设计。

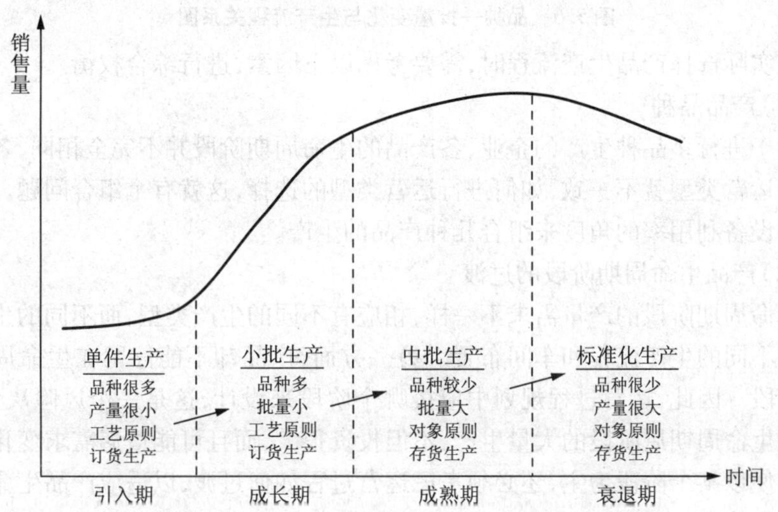

图 5.5　产品生命周期与生产类型生命周期变化图

5.4.2　品种—批量决策

不同的流程所构造的生产单位有不同的特点，企业应根据具体情况选择最为恰当的一种。在选择生产单位形式时，影响最大的是品种数的多少和每种产品产量大小。图 5.6 给出了不同品种—批量水平下生产流程的选择方法。左右两端分别表示两种极端情况，最左端表示单一品种的大量生产，采用对象专业化形式，组织由高效自动化专用设备组成的流水生产线，生产效率最高、成本最低，但柔性最差；最右端表示多品种的单件生产，采用工艺专业化形式，大量使用通用设备，生产效率最低、成本最高，但柔性最好；在大量生产和单件生产之间，表示多品种中小批量生产，采用成组生产单元和工艺专业化混合形式较好。

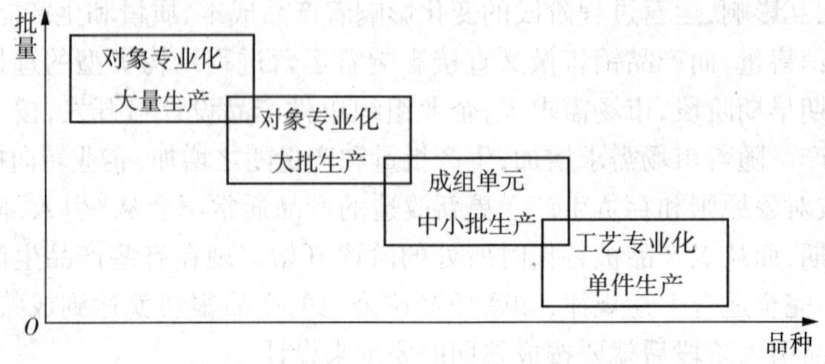

图 5.6　品种—批量变化与生产流程关系图

在实际选择产品生产流程时，需要考虑以下因素，进行综合权衡。

(1)产品品种

对于进行多品种生产的企业，各产品的生命周期阶段并不完全相同，各阶段对应的运营类型就不一致，如何进行运营类型的选择，这就有个组合问题。一般从保持设备利用率的角度来组合几种产品的生产。

(2)产品生命周期阶段的过渡

生命周期阶段的产量需求不一样，相应有不同的生产类型，而不同的生产类型导致不同的生产流程和车间布置。另一方面，产品却不能停留在生命周期的某个阶段。因此，运营过程规划中应按哪个阶段来设计，这是一个风险决策，如果选择生命周期后阶段的大量生产，不但投资很大，而且可能遭遇需求变化的风险。即使以某个阶段为主，还必须考虑运营过程如何过渡，以适应产品生命周期阶段的变化。

(3)预测需求量和实际生产量之间的关系

实际生产量并不完全取决于预测需求量，如完全按照预测数量生产，生产能力不一定可行，经济上不一定合理，也不一定能最大限度地发挥运营系统的竞争优势。制定运营战略时，应将能力规划应与生产任务综合平衡，在争取市场机会的同时，提高生产能力利用率。

(4)需求变化与技术发展

随着消费者对产品多样化、个性化要求的日益强烈，图 5.1 所示的生命周期规律已不适宜。迫使企业寻求一种新的运营类型。幸运的是，科技进步，尤其是信息技术的飞速发展，为运营系统提供了强有力的技术支持，使得大批量与多品种在同一系统中生产成为可能，这就是批量客户化生产。

采用上述方式确定出生产流程的类型后,还要注意在实际运行中都需要资金的支持,因此,作为一种生产策略,还要充分考虑这些费用对生产流程设计的影响,从经济上作进一步分析。

5.5 服务型企业的运营流程分析

5.5.1 服务型企业运作流程设计概述

(1)运作流程设计的基本要求

①服务流程系统的每一个要素都与企业运作的核心相一致。例如:当运作核心是供货速度时,运作过程中的每一步都应有助于加快速度。

②服务流程系统对于用户是友好的。就是顾客可以很容易的与系统进行交流,这要求系统有明确的标志、可理解的形式、逻辑化的过程,以及能够解答顾客疑问的服务人员。

③服务流程系统具有稳定性。也就是说,系统能够有效地应付需求和可用资源的变化。

④服务流程系统具有结构化特点,保证服务人员和服务系统提供一致性的服务。这意味着需要由人员完成的任务有可操作性,而技术支持则是有益和可靠的。

⑤服务流程系统为后台和前台之间提供有效的联系方式,以确保它们之间没有遗漏。

⑥服务流程系统对有关服务质量加以管理,以使顾客了解系统所提供服务的价值。虽然许多服务都在现场之外作了很多的工作,但是如果不能通过明确的交流让顾客意识到服务已经得到改善,那么这些改善工作就不能起到最大的作用。

⑦服务流程系统所耗费的都是有效成本。在交付服务的时候,系统对时间和资源的浪费应达到最小。否则,即使所提供的服务本身能够令人满意,顾客还会最终选择离开。

(2)影响运作流程设计的主要因素

服务流程设计是服务系统能否成功实施的关键。企业应当根据自己的经营战略、企业与顾客关系、技术特点、经营环境、员工类型等情况,设计出适合自己的服务流程。影响运营流程设计的因素很多,其中最主要的是产品或服务的构成特征,因为生产系统就是为生产产品或提供服务而存在的,离开了用户对产品或服务的需求,生产系统也就失去了存在的意义。

1)产品或服务的需求特征

服务运作系统要有足够的能力满足用户需求。首先要了解产品或服务需求性质的特点,从需求的数量、品种、季节波动性等方面考虑对运作系统能力的影响,从而决定选择哪种类型的生产流程。有的运作流程具有生产批量大、成本低的特点,而有的生产流程具有适应品种变化快的特点,因此,运作流程设计首先要考虑产品或服务的需求特征。

2)运作过程的集成度

流程设计取决于运营过程的集成程度。企业在进行运营过程的集成决策时,要从服务技术、能力、成本、质量、交付期等方面综合考虑。生产过程集成范围越广,生产流程设计越复杂;反之,则较简单。对于实行业务外包的企业,生产流程主要受企业核心业务的影响。

3)运作过程的柔性

运作过程的柔性是指运作系统对用户需求变化的响应速度,是对运作系统适应市场变化能力的一种度量,通常从品种柔性和产量柔性两个方面来衡量。所谓品种柔性,是指运作系统从生产一种产品快速地转换为生产另一种产品的能力。在多品种中小批量生产的情况下,品种柔性具有十分重要的实际意义。为了提高运作系统的品种柔性,服务应该具有较大的适应顾客需求变化的范围。产量柔性是指运作系统快速增加或减少所提供服务的能力。在需求波动较大的时候,产量柔性具有特别重要的意义。在这种情况下,流程设计必须考虑到具有快速且低廉的增加或减少产量的能力。

4)产品或服务的质量水平

产品或服务质量是企业追求的永恒主题。生产流程设计与产品质量水平有着密切关系。生产流程中的每一加工环节的设计都受到质量水平的约束,不同的质量水平决定了采用什么样的生产设备或生产技术。

5)顾客的接触度

对绝大多数的服务型企业而言,顾客是生产流程的一个组成部分,因此,顾客对生产的参与程度也影响着生产流程设计。例如,理发店、卫生所、裁缝铺的运营,顾客是生产流程的一部分,企业提供的服务就发生在顾客身上。在这种情况下,顾客就成了生产流程设计的中心,营业场所和设备布置都要把方便顾客放在第一位。而另外一些企业,如银行、快餐店等,顾客参与程度很低,企业的服务是标准化的,生产流程的设计则应追求标准、简洁、高效。

5.5.2　服务型企业运作流程的设计

(1)考虑服务系统与顾客的接触程度,选择运营流程的类型

服务型企业运作方式的特殊性在于与顾客的接触,这是服务型企业在选择运作组织方式时必须考虑的重要因素。对于顾客与服务设施有更多直接接触的服务型企业,同样可以采用制造型企业的运作方式。当服务较复杂、而顾客的知识水平较低时,服务必须考虑到每一顾客的需要,其结果会导致顾客化服务,因此更适合于工艺专业化的组织方式。例如,小规模运作的法律服务、医疗服务、牙科服务和许多饭馆通常都是以单件方式提供服务的,运作组织形式可看作工艺专业化形式。而汽车加油站的洗车作业,是一种典型的产品专业化组织形式。但是,当面对面服务和后台工作各占一定比例时,混合组织方式就更好。例如,在银行的营业柜台,顾客和职员有频繁地接触,而反过来,在后台则很少,因此可增加后台的批量处理工作和提高自动化。其他服务型企业组织,如总部办公室,流通中心,电厂,没有与顾客的直接接触,就可以考虑采用标准化服务和大批量运作方式。

下面根据顾客与服务系统的接触程度不同,提出一种流程设计决策方法——服务流程设计矩阵。如图5.7所示。

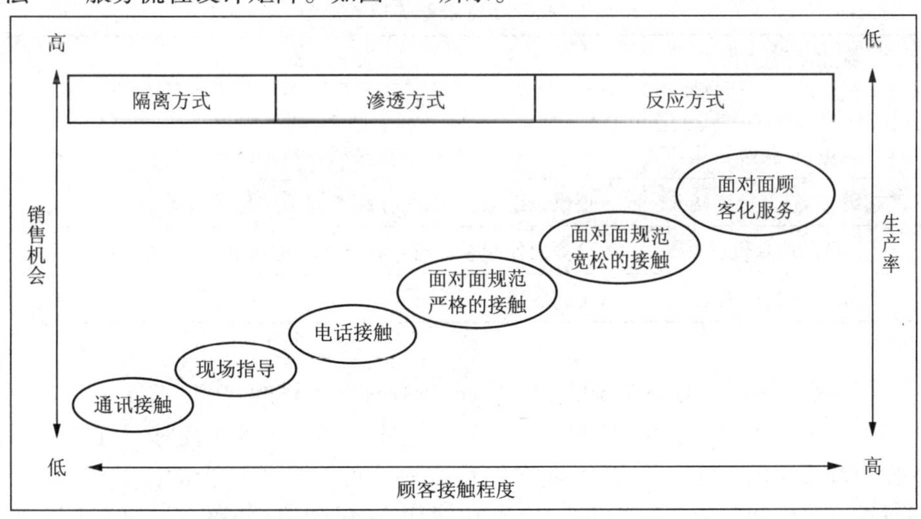

图5.7　服务流程设计矩阵

图5.7的上端表示顾客与服务接触的程度:隔离方式表示服务实际上是与顾客是分离的;渗透方式表示与顾客的接触是利用电话或面对面地沟通;反应方式既要接收又要回应顾客的要求。图的左边表示一个符合逻辑的市场,也就是说,与顾客接触的机会越多,卖出商品的可能性就越大。图的右边表示随着顾客对运作施加影响的增加,服务效率的变化情况。

图的中间列出了几种服务流程设计方式。在一端,顾客与服务系统的交流很少,服务接触可以通过通讯、邮件来完成;在另一端顾客按照自己的要求获得服务,服务接触需要采用面对面的方式。图中其他四种方式表示了顾客与服务系统不同的接触程度。

图的两端表示服务系统的生产率和服务的销售机会:随着顾客与服务系统接触的增多,使服务人员压力增大,服务系统效率降低,但服务的销售机会增多。如面对面的服务方式;反之,较少的接触,因为顾客不能对服务系统施加明显的影响或干扰,可以使服务效率提高,但却是服务的销售机会减少。例如通讯接触方式。

在一个直接与顾客接触的流程中,顾客可能会严重地影响流程的绩效。顾客和流程之间的相互作用可能会使服务系统不能顺利运作,有时,还可能会使需要自我服务或定制化服务的系统遭到破坏。为了减少顾客独特服务的影响,降低运行成本,只有提高服务运营效率。表5.8举例说明了提高服务运营效率的几种技术措施。

表5.8 提高运营效率的技术措施

服务系统举例	技术措施
有限菜谱的餐馆	限定提供服务的种类
银行、医院	安排服务结构,使顾客必须到指定地点接受服务
超级市场、百货大楼	提供自助服务方式,让顾客评价产品或服务
自动取款机	分离出使顾客拥有某种自主权的服务
交货时定制小汽车	延迟制造

(2)考虑顾客和服务系统的各自特征,选择运营流程的方式

若服务过程很少变化,即顾客和服务者都没有太多的随意性时,可选用"面对面规范严格的接触"方式,企业在销售方面就可以投入较少的高技能员工。在餐馆、诊所、律师事务所或零售店,如快餐厅、游乐园等;若服务过程人们通常都可以接受,但是,在如何执行该过程或作为服务过程一部分的实物商品方面,

是可选择的,此时,可选用"面对面规范宽松的接触"方式。如全天候的饭店、汽车销售代理商等;对于必须通过顾客与服务者之间的相互交流才能进行的服务,只能选用"面对面顾客化服务"方式。如法律、医疗服务。同时,服务系统资源的集中程度决定了这一系统是反应方式还是渗透方式。

(3)根据服务系统与其他公司提供的特殊服务比较,确定企业的竞争优势

表5.9说明了随着顾客与服务系统接触程度变化,运作焦点、员工技能与技术创新方面的变化情况。关于对员工的要求,通讯接触与书写技能、现场技术指导与辅助技能、电话接触与口头表达能力之间的关系是不言而喻的。面对面规范严格的接触特别需要程序技能,因为员工必须遵循处理一般标准过程的常规。而面对面规范宽松的接触常常需要交易技能(如鞋匠、绘图员、管家、牙医)来确定服务设计。面对面客户化趋向于要求能判明顾客的需要的专业技能。

表5.9 工人、运作及技术革新和顾客接触度的关系

	顾客接触度低——————————→顾客接触度高
运作焦点	文件处理 需求管理 记录电话内容 流程控制 管理能力 综合委托人意见
员工要求	书写技能 辅助技能 口头表达技能 程序技能 交易技能 判断技能
技术革新	办公自动化 常规方法 计算机数据处理 电气辅助 自助服务 委托人与员工队伍

(4)在制造型企业的产品-矩阵图中,寿命周期增长沿着一个方向(随着规模增大,由作业车间转向生产线)变化,使生产系统不断完善。与此不同,服务型企业的发展变化可沿着对角线的任一方向,选择适合公司的运作流程设计方式,关键是对销售机会和服务效率进行权衡。

(5)明确企业所提供服务的实质,组合流程设计方式。对于服务需求内容不同、需求水平差异较大的服务系统,不一定只选用一种运作方式,可以对上述不同方式进行组合,设计出较复杂的服务运作系统。

思考与练习

1. 什么是流程?说出你最近一次的购物流程。
2. 合理组织运营过程的基本要求有哪些?

3. 按产品需求特性可将运营过程分为几类?

4. 流程型生产与加工装配型生产的有何区别?

5. 按生产稳定性和重复性特性可将制造型企业生产类型分为几类?它们之间有何区别?

6. 按劳动密集程度和与顾客接触程度可将服务型企业分为哪几类?试举例说明。

7. 对以下各类企业来说,什么样的运营组织方式最重要?为什么?

(1)桥梁建筑商

(2)造纸厂

(3)微波炉制造商

(4)男士服装制造商

8. 小批量生产企业是否应采取下列竞争重点?为什么?

(1)缩短生产周期

(2)降低生产成本

(3)保持较高的生产能力柔性

(4)快速的产品设计

9. 采用工艺专业化方式的企业是否应将下列问题作为工作重点?为什么?

(1)注重生产和库存计划的制订

(2)拥有更多的原材料、零部件供应商

(3)追求更少的在制品库存

(4)追求物料效率

10. 已知 $m=5$,$n=4$,$t_1=10$ min、$t_1=10$ min、$t_2=4$ min、$t_3=8$ min、$t_4=12$ min、$t_5=6$ min,试分别用图示法和公式法计算该批零件在3种移动方式下的工艺周期?

第6章　生产运作系统设施规划

通过本章学习,应达到如下目的:

1. 分析设施选址的重要性。
2. 描述影响制造业设施选址的主要因素。
3. 理解制造业设施布局的主要方法。
4. 描述影响服务业设施选址的主要因素。
5. 描述影响服务业设施选址的主要方法。

生产运作系统由两个部分组成,一个是由设施、设备等物质实体构成的"硬件"系统,另一个是由计划、组织、控制等方式构成的"软件"系统。生产运作系统的设施规划,重点是对"硬件"系统的总体安排,具体包括设施选址和设施布置。设施选址专门研究解决生产运作系统的硬件设施地理位置的设置问题。设施布置是指在完成设施选址后,为使整个系统高效运行,对各种生产和服务设备所进行的布置或重新布置,即使是非物质生产的服务性系统,如百货公司、宾馆、饭店等,也同样面临这个问题。本章将从生产系统和服务系统两个方面分别介绍设施选址和设施布置问题。

6.1　生产设施选址

6.1.1　设施选址概述

(1)设施选址的基本内容

设施是指生产运作过程得以进行的硬件手段,通常是由工厂、办公楼、车间、设备、仓库等物质实体所构成。所谓设施选址,就是指如何运用科学的方法决定设施的地理位置,使之与企业的整体经营运作系统有机结合,以便有效地、经济地实现企业的经营目标。设施选址包括两个层次的内容:一是选位。即选择在什么地区或区域设置设施。例如:是国内还是国外、沿海还是内地、北方还是南方,等等;二是定址。即地区确定后,具体选择在该地区的什么位置设置设施。也就是说,在已经选定的地区内选定一片土地作为设施的具体位置。通常这两项内容要结合起来进行。场址选择工作一般随着规划设计各阶段的展开,逐步深入。在项目建议书中要提出场址的初选意见,在可行性研究报告中要提出场址的推荐意见,在审批时要确定场址,在总体设计(初步设计)阶段,要对场址的各种条件作详细勘察落实,并且最终确定具体位置,标定四周界址。

设施选址对于生产布局、企业投资、项目建设速度及建成后的生产经营状况都具有十分重要的意义。如果设施选址先天不足,会造成很大损失。但要判断一项设施选址是否合理是一个复杂的问题。随着选址因素的变化,目前较好的选址方案,10 年、20 年后不一定就好。选择场址,可能是由于国家或企业发展新的生产或服务能力而建设新设施的需要,也可能是原有企业的某种需要。不论哪种情况,设施选址都要进行充分地调查研究与勘察,科学分析,不能凭主观意愿决断。选址工作不能过于仓促,要有长远观念,综合考虑自身设施和产品的特点,同时注意自然条件、市场条件、运输条件等因素。

场址选择不可能由设施规划人员单独完成。常常由企业的许多部门或其代理人主持,由地区(城市)规划人员、设施规划人员、勘察人员、环保部门等配合进行,最终由决策部门做出决定。

(2)设施选址问题的分类

一般来说,设施选址有两种分类方法。

按设施的数量多少可分为:单一设施选址和复合设施选址。前者是指为一个独立的设施选择最佳位置;后者则是指为多个设施或一个企业的若干个下属工厂、仓库、销售点、服务中心等选择各自的位置,目的是使设施的数目、规模和位置达到最佳,并使之最终与企业的经营战略相关,它涉及企业的经营战略、制造战略和规模经济等问题。

按设施的性质可分为:生产设施选址和服务设施选址。前者主要是解决生产设施(如钢铁厂、汽车厂等)的场址选择问题;后者则是解决服务性设施(如医院、饭店等)的场址选择问题。

(3)设施选址的基本原则

1)费用最低原则

企业首先是经济实体,经济利益对于企业无论何时何地都是重要的。合理的选址应使设施建设初期的费用及投入运营后的费用最小。

2)接近用户原则

不论是制造业还是服务业,都是把设施建在消费市场附近,以降低运费和各种损耗,同时方便顾客消费。

3)聚集人才原则

人才是企业最宝贵资源,企业选址合适,有利于吸引人才,留住人才。反之,会导致企业人才及员工大量流失。诚然,企业的凝聚力受多种因素影响,所以不可否认企业地理位置的重要性。

4)战略发展原则

企业选址是一项带有战略性的经营管理活动,必须要有长远的战略发展眼光。选址工作要考虑到企业生产力的合理布局,有利于及时获得新技术和新观念,有利于开拓国际市场,参与国际性竞争。

5)分散与集中相结合原则

设施选址分散要适度,符合本地区的工业整体布局。有时,需要集中布点,以形成规模经济。有时,需要适度分散,形成最佳经济结构。

6)专业化分工与协作原则

打破大而全、小而全的区域观念,建立在分工基础上的相互协作机制,实行业务外包,积极培育自身核心能力。

6.1.2 影响设施选址的主要因素

生产设施选址应考虑的因素可分为两大类:一类是选择地区时的影响因素,即选位因素;另一类是选择具体位置时的影响因素,即定位因素。

(1)选择地区时应考虑的因素

企业在进行场址地区选择时,重点应考虑下列因素:①是否接近于目标市场。这里的市场概念是广义的,可能是一般消费者,也可能是配送中心,还可能是作为用户的其他厂家。设施接近产品目标市场,有利于产品迅速投放市场和降低运输成本。②运输问题。对企业而言,运输成本在总生产成本中占有很大的比重,所以在选址时应注意缩短运输距离,减少运输环节和装卸次数,并尽量靠近码头、公路、铁路等交通设施,并且要考虑三者的均衡问题。③原材料供应问题。对于原材料依赖性较强的企业,设施布局应尽可能地接近原材料供应地,对于重量和体积很大的原材料更应如此,以降低运费,减少运输拖延时间,从而得到较低的采购成本。目前,工业对原材料产地的依赖程度呈缩小趋势,主要原因包括技术进步导致单位产品原材料消耗的下降,原材料精选导致单位产品原材料用量、运费的减少,工业专业化的发展导致加工工业向成品消费地转移,运输条件的改善导致单位产品运费的降低等。尽管如此,许多采掘业或原材料用量大的加工业仍以接近原料产地为佳。④与外协厂家的相对位置。对于外协关系复杂的企业,应尽量接近外协厂家,或使中心企业与周围企业处于尽量接近的地域内。⑤劳动力资源。应考虑地区人口状况,重点考虑专业技术人员、熟练工人和其他劳动力的来源及其数量、素质是否能满足本企业的需要。要考虑当地条件是否能就近解决员工的生活供应和居住问题。还要考虑当地的人事劳动工资政策是否能吸引劳动力。⑥基础设施条件。基础设施主要是指企业生产与运作所需的水、电、气等资源的供应条件,同时还应考虑"三废"的处理状况等。不同的企业对于基础设施的要求也大不相同,如酿酒工业,用水很多,选址时应优先考虑在水源充足的地方建厂;而电解铝厂,用电较多,选址时则应优先考虑在电力供应充足的地方设置设施。⑦气候条件。气温对产品和作业人员均会产生影响,气温过高或过低都会增加气温调节的费用。⑧当地政府的政策、法规条件。有些地区为了鼓励在当地投资建厂,可能会在一些政策、法规上赋予投资方一定优惠待遇,如我国的经济特区、经济开发区等。

此外,选址还需要考虑到当地的政治、民族、文化、风俗习惯等因素,否则也有可能带来不利后果。

(2)选择具体位置时应考虑的因素

当场址地区选定后,还必须在该地区选择场址的具体位置,此时应考虑下列因素:①地形地貌条件。除了根据生产运作设施规划所决定的土地面积以外,还需要考虑到必要的生活用地、绿化用地等。此外,最重要的是要考虑以后扩大规模的问题。②地质水文条件。建设地点要有良好的地质条件,能满足建筑设计的要求。地面要平整,土壤要有足够的承载能力;地下水位在建筑物基础地面以下。不要选在具有开采价值的矿藏或已开采过的矿坑上,也不要选择强烈地震区、断层区、滑坡地区、熔岩地区、泥石流地区等地质恶劣的地段和有洪水威胁的地方。③公众态度。企业在当地是否受到欢迎,对企业今后的日常经营活动会产生一定的影响,严重时会使企业无法进行正常的生产活动。如排污严重的企业,生产的产品会受到公众的谴责和抵制,甚至当地居民会自发地采取阻挠行动。④周围环境。所选设施位置能否为职工提供住房、娱乐、生活服务、交通、医疗、教育等在内的良好生活条件。这些关系到生产运作系统能否高效运行。对于技术密集型企业和高科技企业,可选择在高校、科研院所等科技人员较集中的地区,以便依托当地的科技力量。

设施具体位置的选择还应考虑的因素还有很多,但需要指出的是,不同企业对设施的选址有不同的要求,对某些企业十分重要的因素,可能对其他企业来说可能是无关紧要的。因此,在设施选址时,企业必须根据自身的实际要求确定需要考虑的因素,并分清主次,区别对待。

6.1.3 生产设施选址的步骤

设施选址一般分为四个阶段,分别叙述如下:

(1)准备阶段

了解基本情况,收集掌握以下资料:①企业生产的产品品种及数量(生产纲领或设施规模)。②要进行的生产、储存、维修、管理等方面的作业。③设施的组成、主要作业单位的概略面积及总面积草图。④预计市场及流通渠道。⑤资源需要量(包括原料、材料、动力、燃料、水等)、质量要求与供应渠道。⑥产生的废物及其估算数量。⑦概略运输量及运输方式的要求。⑧需要的职工概略人数及技能等级要求。⑨外部协作条件。⑩获取信息的方便程度等。

(2)地区选择阶段

掌握地区的基本信息,进行选址决策。包括:①走访行业主管部门和地区规划部门,收集并了解有关行业规则、地区规划对设施布点的要求和政策,报告本设施的生产(服务)性质、建设规模和场址要求,征询选址意见。②对可供选择的若干地区,进行有关社会经济环境、资源条件、运输条件、气候条件等情况的调查研究,收集有关资料。③进行备选地区方案的分析比较,提出一个合适的初步意见。

(3)地点选择阶段

掌握本地区基本信息,进行具体地点选择。包括:①从当地城市建设部门取得备选地点的地形图和城市规划图,征询关于地点选择的意见。②从当地气象、地址、地震等部门取得有关气温、气压、湿度、降雨及降雪量、日照、风向、风力、地质、地形、洪水、地震等历史统计资料。③进行地质水文的初步勘察和测量,取得有关勘测资料。④收集当地有关交通、供水、供电、通信、供热、排水设施的资料,并交涉有关交通运输线路、公用管线的连接问题。⑤收集当地有关运输费用、施工费用、建筑造价、税费等资料。⑥对各种资料和实际情况进行核对、分析和数据的核算,经过比较,选定一个合适的场址方案。

(4)编制报告阶段

提出场址的可行性选择报告,供决策部门审批。包括:①场址选择的依据(如批准文件等)。②建设地区的概况及自然条件。③设施规模及概略技术经济指标,包括占地估算面积、职工估算人数、概略运输量、原材料及建筑材料需求量等。④对选定的场址进行综合评价,对自然条件、建设费及经营费、经济效益、环境影响等因素进行比较,得出综合结论。⑤提供当地有关部门的意见。⑥附件,包括厂址位置、备用地、交通线路、各类管线走向等以及设施初步总平面布置图。

6.1.4 生产设施选址的方法

生产设施选址的方法较多,如模糊综合评判法、费用—效果分析法、层次分析法、整数规划法,蒙特卡洛法、启发式规划法、系统仿真法以及计算机辅助分析技术等。下面介绍其中3种方法。

(1)分级加权评分法

分级加权法的步骤为:首先,针对设施选择的基本要求和特点列出需要考虑的各种因素;其次,按照各因素的相对重要程度,分别规定相应的权数。一般可由有经验的专业人员完成这项工作。再次,对每个备选方案进行审查,按照最佳、较好、一般、最差四种等级,规定相应地等级系数分别为4,3,2,1,从而确定每个因素在各备选方案中的排队等级数。最后,把每个因素在各方案中的排队等级数与该因素权数相乘,得出各因素的评分值,再把每个方案所有因素的评分值相加,即可求得各方案的总评分值,该评分值表明了各个备选方案的相对优劣程度。总分数最高者为最佳方案。

例6.1 某空调公司因业务发展需要,决定建一新厂,提出A,B,C 3个备选厂址。具体评价过程如下:

①确定选址因素。经综合考虑,选定9个主要的影响因素,如表6.1所示。

②确定权数。即对影响因素的相对重要性进行打分,本例选择影响程度最小的气候条件为基础,确定其权数为1,将其他因素的权数与它比较,结果见表6.1第二列。

③确定各因素的排队等级数。本例中,对"水资源"因素而言,A厂址最好,排队等级数得4分;C厂址次之,得3分;B厂址最差,得2分。其他以此类推。

④计算评价值。因素评价值就是各因素的权数与其排队等级数的乘积。如厂址A的"市场空间"因素评价值为7×3=21。计算各选址方案的总评分值时,

将每个选址方案各因素的评价值相加,得出各选址方案的总评分值,取总评分最高者为所要选择的最佳厂址。本例中A,B,C三方案总评分值分别为136,126,104,其中A分数最高,所以选定A厂址。

表6.1 分级加权法选址计算表

影响因素	权数	备选厂址方案					
		A		B		C	
		等级数	评分值	等级数	评分值	等级数	评分值
土地资源	4	2	8	3	12	2	8
气候条件	1	1	1	1	1	2	2
水资源	3	4	12	2	6	3	9
资源供应条件	6	3	18	4	24	2	12
基础设施条件	7	4	28	3	21	4	28
市场空间	7	3	21	4	28	3	21
生活条件	5	4	20	3	15	2	10
劳动力条件	2	4	8	2	4	2	4
地方法规	5	4	20	3	15	2	10
总评分		136		126		104	

(2)重心法

当运输费用占总费用的比例较大,并且多种原材料由各个现有设施供应时,可用重心法来选择新设施场址,使所选的场址位置距各原材料供应点的距离与供应量、运费率之积的总和为最小。由于该方法中设施位置用坐标描述,所以,也叫坐标法。

令$P_0(X_0,Y_0)$表示新设施的位置,$P_i(X_i,Y_i)$表示现有设施(或各供应点)的位置($i=1,2,3,\cdots,n$)。W_i表示第i个供应点的运量,C_i表示各供应点的运费率,C_0表示新设施场址的运费率,则有:

$$\sum_{i=1}^{n} x_i w_i c_i = x_0 \sum_{i=1}^{n} w_i c_0 \quad 和 \quad \sum_{i=1}^{n} y_i w_i c_i = y_0 \sum_{i=1}^{n} w_i c_0$$

由以上两式可得:

$$x_0 = \frac{\sum_{i=1}^{n} x_i w_i c_i}{\sum_{i=1}^{n} w_i c_0}, \quad y_0 = \frac{\sum_{i=1}^{n} y_i w_i c_i}{\sum_{i=1}^{n} w_i c_0}$$

若各供应点和新场址的运费率相等,即$c_i = c_0$,则有:

$$x_0=\frac{\sum_{i=1}^{n} x_i w_i}{\sum_{i=1}^{n} w_i},\quad y_0=\frac{\sum_{i=1}^{n} y_i w_i}{\sum_{i=1}^{n} w_i}$$

上式为当运费率相等时,用重心法求解的新设施位置。

(3)线性规划法

对设施选址问题,总是希望各种费用的总和最小。采用线性规划方法,可以求得使总费用最小的设施数目、生产能力及产品的最佳销售量等。

设:x_{ij}为第j个销售区域对第i个工厂的产品需求量,c_{ij}为工厂i生产单位产品并运到销售区域j的总费用,包括进厂物料运费、人工费、出厂物料运费、公用设施费、原材料费、库存成本费、场地费用、税金、各种管理费用等;a_i为工厂i的生产能力;b_j为销售区域j的总需求量。m为工厂数;n为销售区域数;Z为总费用。则该问题的线性规划模型为:

$$\min Z=\sum_{i=1}^{m}\sum_{j=1}^{n} c_{ij}x_{ij}$$

$$\begin{cases} \sum_{j=1}^{n} x_{ij}=a_i & (i=1,2,\cdots,m) \quad (\text{生产能力约束}) \\ \sum_{i=1}^{m} x_{ij}=b_j & (j=1,2,\cdots,n) \quad (\text{需求约束}) \\ x_{ij}\geqslant 0 & \quad (\text{非负约束}) \end{cases}$$

利用表上作业法求解该模型,可确定最佳的运输及分销方式,以便得到最低成本的优化选址方案。

6.2 生产设施布置

6.2.1 设施布置概述

(1)设施布置的基本问题

设施布置,就是根据企业的经营目标和生产纲领,在已确定的空间场所内,把原材料接收,零部件制造,产品装配及发运的全过程中,所需的人员、设备、物料的空间位置做适当的布局与配置,以便获得最大的经济效益。简单地说就是在一个给定的设施范围内,安排各个工作单元的位置。所谓工作单元,是指需要占据一定空间位置的任何实物,也包括人。如机器设备、通道、办公室等。设施布置要解决以下4个问题：

①设施应该包括哪些工作单元？这取决于企业的产品、工艺设计要求、企业规模等多种因素。

②各个工作单元需要多大空间？空间太小，可能会影响生产率，影响工作人员的活动，甚至会容易引起人身事故。空间太大，则是一种浪费，同样会影响生产率，并且使工作人员之间相互间隔，产生不必要的疏远感。

③各个工作单元空间的形状如何？每个工作单元的空间大小、形状以及组成单元，这几个问题是紧密相连的。如一个办公室中要布置几张办公桌，桌子大小、形状以及它们如何排列等，应综合考虑。

④各个工作单元在设施范围内的位置？在设施布置时，要充分分析，综合考虑，合理地确定每个单元的绝对位置和相对位置。

(2)设施布置的分类

设施布置按设施性质不同，可分为生产设施布置和服务设施布置两大类。生产设施布置又包括工厂总体布置和车间布置。工厂总体布置要解决主要生产车间、辅助生产车间、仓库、动力站、办公室、露天作业场地等作业单位和运输路线、管线、绿化及美化设施的相互位置，同时要解决物料的流向和流程、厂内外运输的衔接及运输方式；而车间布置要解决各生产部门、工段、辅助服务部门、储存设施等作业单位及工作地、设备、通道、管线之间的相互位置，同时也要解决物料搬运的流程及方式问题。

服务设施布置也可分为服务设施总体平面布置和服务设施内部布置。服务设施总体平面布置要解决主要服务部门、辅助服务部门、仓库、动力站、办公室等各种服务单位和运输路线、管线、绿化及美化设施的相互位置，同时要解决服务的流程、设施内外运输的衔接及运输方式；而服务设施内部布置要解决各主要服务部门、辅助服务部门、储存设施等服务单位及工作地、服务设备、通道、管线之间的相互位置，同时也要解决服务的流程及方式问题。

设施布置在设施规划中占有十分重要的地位，发挥着重要的作用。以工厂的平面布置为例，它的好坏直接影响着整个系统的物流、信息流、生产能力、生产效率、生产成本以及生产的安全性问题。不同的设施布置，在施工费用上可能相差无几，但对生产运营效果的影响会有很大的不同。优良的设施布置可以使物料搬运费用减少10%～30%，因此，设施平面布置被认为是提高生产效率的决定因素之一。

(3)设施布置的目标

①满足生产过程的需要。尽量使生产对象流动顺畅，避免工序间的往返或

交叉流动,使设备投资最少,生产时间最短。

②设施占用空间缩小。要使场地利用率达到适当的建筑占地系数(建筑物、构建物占地面积与场地总面积的比率),使建筑物内部设备占有空间和单位制品的占有空间较小。

③总运输费用最少。要便于物料的输入和产品、废料的输出,物料运输路线应最短,尽量避免运输的往返和交叉。

④生产系统柔性强。生产设施既能适应产品需求的变化,又能满足生产工艺和设备的更新及扩大生产能力的需要。

⑤组织结构的合理化和管理的方便性。使有密切关系或性质相近的作业单位布置在一个区域内或靠近布置,甚至合并在同一个建筑物内,便于工人技术交流,也便于管理。

⑥提供方便、安全、舒适的作业环境。使作业环境合乎人们生理与心理的要求,为提高生产效率和保证职工身心健康创造条件。

有时,上述目标是相互矛盾的。例如,将工艺性质相近的作业单位布置在一个区域可能满足了第5条目标,但却可能导致物料运量增大,运输费用增加。因此,在设施布置时,应将上述目标综合考虑。选择科学合理的设施布置方法。到目前为止,设施布置的方法有许多,但每种方法都有一定的局限性,尚不存在能够满足所有目标的方法。从某种程度上讲,设施布置仍是一种艺术,或者说是科学性与艺术性的统一。

6.2.2 影响设施布置的主要因素

(1)产品或服务的种类

产品或服务从根本上决定着企业经济活动单元的组成以及它们的布置原则和方式。对于制造型企业来说,产品品种决定了企业应配置的主要生产单元,产品的工艺特点决定着产品加工和原材料的种类,决定着产品加工的劳动量构成,也影响着企业生产单元的构成;对于服务型企业来说也是如此,它所提供的服务内容与服务规模不同,经济活动单元的构成自然不同。

(2)企业规模的大小

企业经济活动单元的构成与企业规模大小的关系十分密切。这是因为企业所需经济活动单元的数目、大小是由企业规模所决定的。企业规模越大,所需要的单元数自然也就越多。

(3)生产专业化与协作化水平

生产专业化与协作化水平主要从两个方面影响企业的经济活动单元构成。

一是采用不同专业化形式的企业，对工艺阶段配备的完整性要求不同，从而带来了经济活动单元构成上的不同；二是企业的协作化水平越高，通过协作取得的零部件、工具、能源等就越多，企业的主要生产单元就越少。在当今，企业正在向两个不同的趋势发展，一是生产的集中化和专业化，即生产要素越来越多地向大型专业化企业集中；二是生产的分散化，即生产要素向与大企业协作配套的小型企业扩散，以大企业为核心构成一个企业群体，以固定的协作关系从事某些专门零部件的生产或完成某些工艺过程。这两种发展趋势给企业的设施布置带来了一些新的要求。

(4)企业的技术装备水平

企业的技术装备水平直接影响着企业经济活动单元的构成。数控设备、加工中心、无人化工厂等高技术设备及装备的自动化、集成化程度高，因此，对于高技术装备拥有率较高的企业，其生产单位的组成则较简单；反之，则较复杂。

(5)所需投资多少

设施布置在很大程度上决定设施所占用的空间大小、设备多少以及库存水平，从而决定企业的投资规模。

(6)物流的合理性

在确定各个经济活动单元之间的相对位置时，物流的合理性是一个主要考虑因素，即应该使运量较大的生产单元间的物流距离尽量短，使相互之间搬运量较大的单元尽量靠近，以便减少搬运费用和搬运时间。据统计，一个好的设施布置，可以将搬运费用减少25%～50%。

(7)设施布置的柔性

设施布置的柔性，一方面是指设施布置对生产变化有一定的适应性，即使生产发生变化后也仍然能达到满意的效果；另一方面是指能够容易地改变设施布置，以适应情况变化。因此，在进行设施布置时，就需要对未来进行充分地预测，并考虑到以后设施的可改造性。

(8)其他因素

影响设施布置的因素还有很多，如劳动生产率、设备维修、工作环境，人的情绪、时间等，这些因素在进行设施布置时也应该加以考虑，在此不再详述。

6.2.3 工厂总体布置

(1)工厂总体布置的内容

工厂总体布置包括平面布置、立体布置和运输布置。工厂平面布置是确定各厂房、建筑物在厂址平面图上的相互位置;工厂立体布置是确定场址的设计地形,厂房、建筑物底层地面与道路路面的标高及场址场地的雨水防排方案等;工厂运输布置则是选择适当的车间之间的运输方式和运输路线。

(2)工厂总体布置必须具备的资料

进行工厂总体布置必须具备以下资料:①工厂结构资料,即工厂各个单位的设计资料及单位之间相互联系的有关资料;②工厂的生产系统图,即工厂主要产品、零部件的生产流程;③其他资料,如场址自然地形、气候条件、交通运输条件等。

(3)工厂总体布置的原则

工厂总体布置要有系统的观点,兼顾各方面的要求,合理布局,精心安排,讲求整体效果。一般应遵循以下三条原则:①工艺性原则。工厂总体布置首先应该满足工艺过程和物流路线短捷顺畅的要求,即全厂的工艺流程和物流要顺畅。从上工序转到下工序,运输距离要短,尽量避免迂回和往返运输。②经济性原则。生产过程是一个有机整体,只有在各个部门的配合下才能顺利进行,其中,基本生产过程是主体,与它有密切联系的生产部门要尽可能地向它靠拢,如辅助生产车间和服务部门应该围绕基本生产车间安排。在满足工艺要求的前提下,寻求最小运输量的布置方案,同时应尽可能地充分利用土地面积。③安全和环保原则。工厂布置要有利于安全生产,有利于员工的身心健康,同时还要有"三废"处理措施等,注意厂区绿化和美化环境的配置。

(4)工厂总体布置的方法

1)模型布置法

模型布置法分为平面模型布置和立体模型布置。前者是用硬纸板或塑料片按一定的比例做成各种样板,在一定的范围内进行布置。它简便易行,能方便地移动和比较,所需费用少,应用较广。后者是用木料或塑料制成一定比例的仿真模型,进行全方位的厂区布置,以反映布置的立体效果。它调整对比方便、直观,但所需的费用较高,应用范围受到一定的限制。

利用模型进行厂区布置时,首先应安排主要生产车间和特殊作业场所;然后确定主要通道的位置;最后根据各组成部分的相互关系,确定其他辅助部门和次要通道的位置。这种方法一般由经验丰富的工程师和管理专家,集思广益,反复讨论,择优布置。

2)物料流向图法

这种方法是按照生产过程中原材料进厂、零部件加工、产品装配等环节的总流动方向来布置企业各个车间、仓库和设施,并且绘制出物料流向图。如图 6.1

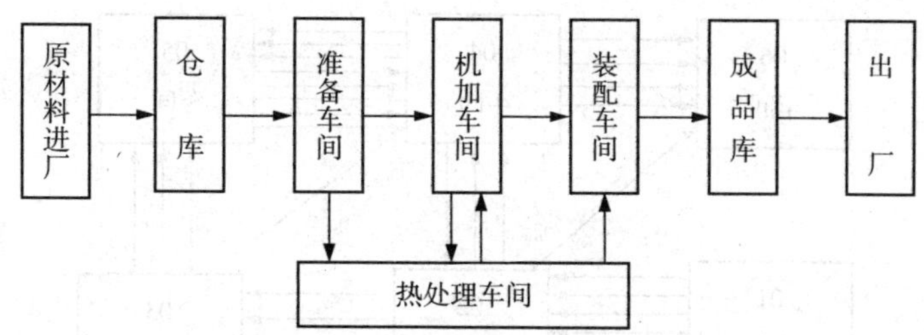

图6.1　物料流向示意图

所示。

3)物料运量比较法

物料运量比较法是通过比较各种生产单位之间的运量大小及运输次数来确定布置方案的一种方法。为了使总运量减少,相互间运量大的单位应尽量靠近布置。这种方法有利于降低运输费用,适用于运量较大的企业进行设施布置。

例6.2　某企业有六个生产车间,各生产车间之间的物料运输量如表6.2所示。

表6.2　车间物料运量表

从＼至	01	02	03	04	05	06	小计
01		11					11
02			8	4		1	13
03				2	6		8
04		2			6	10	18
05				12			12
06							
小计	0	13	8	18	12	11	62／62

分析表6.2中各车间之间的物料运量关系可知,04车间与05、06车间,01车间与02车间之间的运量及运输次数较大,因而靠近布置,其他车间之间的运量及运输次数相对减少,它们之间的位置可以酌情处理。按此关系可绘出运量相关图,如图6.2所示(此图按两行式布置)。由此得出各车间的初始布置方案。综合考虑其他因素,对该方案不断调整,可得出较优的生产单位布置方案。

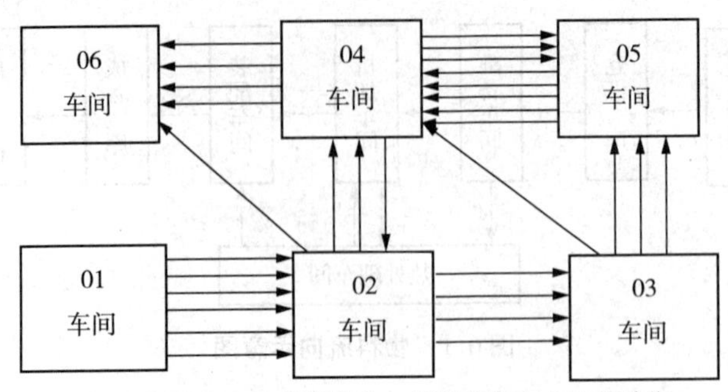

注：图中实箭线表示2个物料单位，虚箭线表示1个物料单位

图 6.2　运量相关线图

3)作业相关图法

这种方法在图解的基础上,对各生产单位之间的关系密切程度进行定量分析,最终计算出生产单位之间密切程度的评分值,由此进行平面布置的一种方法。下面举例说明。

例 6.3　图 6.3 是某厂 8 个生产部门之间的生产作业相关图,下面分析各部门的平面布置。

第一步,绘制活动相关图。

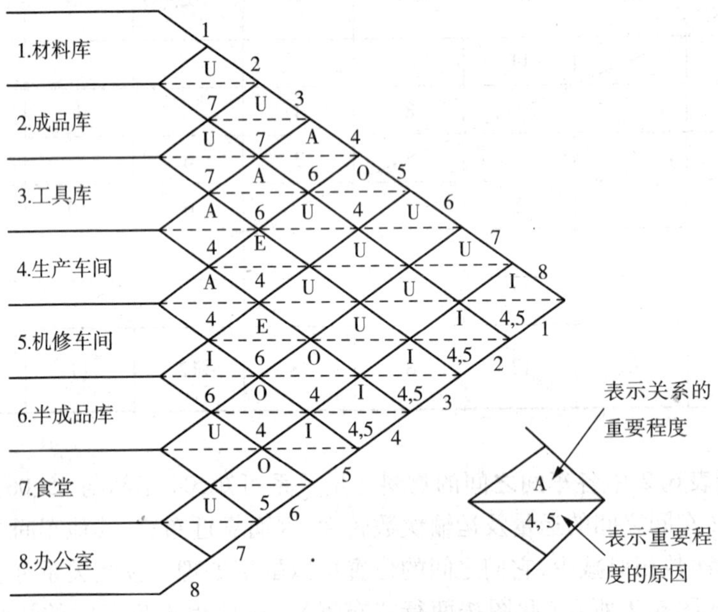

图 6.3　生产活动相关图

图6.3比较清楚地表达了各生产部门之间的密切程度,在图上可以方便地找到每个部门与其他7个部门的关系。图中每个菱形由两个部门发出的平行线的交汇而成,菱形对角线上方的代号表示相应两个部门的关系重要程度,对角线下方填写的数据表示两部门之间重要程度的原因。如图中最右边的菱形表示了材料库和办公室之间的相关情况,代号"I"表示这两者之间相关程度为"重要",下方数字"4"和"5"表示这两个部门相关程度重要的原因有两个;一个是人员联系密切,另一个是文件联系密切。

各部门间重要程度及相关原因可参见表6.3和表6.4。

表6.3 相关程度代号及评分表

重要程度分类	代 号	评分
绝对重要	A	6
特别必要	E	5
重 要	I	4
一 般	O	3
不重要	U	2
不予考虑	X	1

表6.4 相关原因及代号表

相关原因	代 号	相关原因	代号
使用公共记录	1	文件联系密切	5
共用人员	2	工作连续性	6
共用场地	3	做类似工作	7
人员联系密切	4	共用设备	8

第二步,计算相关程度评分。

在确定某一生产单位评分值时,要依照表6.3中各重要程度的评价,把表示相关程度的代号量化,并与表示相同程度的原因的个数相乘,最后将与该生产单位的各类相关程度评分值合计即可。本例计算结果见表6.5。

表6.5 生产车间评分计算表

相关程度及原因	相关程度评分
A(1,2,3,5)	6×4=24
E(6)	5×1=5
O(7)	3×1=3
I(8)	4×1=4
小 计	36

表中括号内数字为生产部门序号,如代号"A"后面括号中有4个数字,表示与生产车间相关程度为"A"的生产部门有:材料库、成品库、工具库、机修库。

同样可计算出其他单位的综合评分值分别为：材料库 21 分、成品库 20 分、工具库 23 分、机修库 27 分、半成品库 20 分、食堂 14 分、办公室 13 分。

第三步，布置各生产部门的相互位置。

最先确定评分值最高的生产部门位置，一般是尽可能安排在中心区域；再按积分高低和相关程度顺序在它的周围布置其他生产部门，同类性质的部门尽可能靠近布置。

这种方法虽然只考虑生产部门之间的业务联系的紧密程度，但由于把联系密切的生产部门相邻布置，隐含了缩短运输距离的作用，所以，采用这种方法基本上可以解决企业的总体平面布置问题。

6.2.4 车间总体布置

(1) 车间布置的内容

车间布置分为车间总体布置和车间设备布置。在进行车间布置之前，应根据企业、车间的功能和生产任务，确定合理的工艺路线和生产组织形式，确定机床设备、运输设备的种类、型号和数量。在此基础上，按照一定的原则，确定车间内部各基本生产部门、辅助生产部门、生产设施、设备、通道等在平面和立体上的相互位置，使它们组成一个有机整体，实现车间的具体功能并完成分配的任务。

(2) 车间布置的要求

①以车间的生产纲领和生产类型为依据，确定车间的生产组织形式和设备布置形式；

②做到工艺流程顺畅，物料搬运短捷方便，避免往返交叉；

③根据工艺流程选择适当的建筑形式，采用适当的高度、跨度、柱距，配备适当等级的起重运输设备，充分利用建筑物的空间；

④对车间的所有构成部分，包括机床、工作位置、毛坯与零件存放地、检验实验用地、辅助部门、通道、公用管线、生活卫生设施等，合理区划和协调配置；

⑤为工人创造安全、舒适的工作环境。将工位器具设在合适的部位，便于工人完成作业；创造良好的工作环境，包括采光、照明、通风、采暖、防尘、防噪音等。

⑥具备适应生产变化的柔性。

(3) 车间的总体布置

车间总体布置，就是确定车间各组成部分的相互位置。它分为车间平面布置和车间立面布置。

1) 车间平面布置

车间平面布置主要是绘制车间区划图,以确定车间各组成部分的相互位置、面积大小和物流方向。

车间平面布置的原则、程序和方法与工厂总体平面布置大致相同,不同的是规模更小,内容更具体。车间一般由基本生产部门、辅助生产部门、仓库部门、过道部门、车间管理部门、生活设施部门等组成。其中,基本生活部门的布置,要符合生产工艺流程的要求,尽量缩短物料流程;辅助生产部门和生产服务部门的布置要有利于为基本生产部门提供服务;通道的设置要便于物料运输和安全;生活服务部门的面积视车间的人数而定,在便于职工使用的同时也不至于浪费源。

2)车间立面布置

车间立面布置,主要是解决厂房内空间分层的安排问题,以充分利用车间厂房的高度空间。厂房的空间通常可分为下列各层次:

基层:即地基层,通常设置暗沟、排水沟、吸尘、通风、动力等装置;

地面层:即生产操作层,是放置设备、存放物料、人员活动的层次;

产品流动层:是一个假想的平面层,产品的空间移动通常在此层进行;

顶隔空间层:即利用天花板装置传送带、烟囱、高架储存处等的层次;

构架层:即封闭层,位于架弦梁以上和屋顶以下的空间,可用来安置喷水口、加温、通风设备等;

顶层:即屋顶部分,通常用来设置冷却塔、水箱、烟囱、通风设备等;

合理地利用分层空间,不仅可提高车间的空间利用率、扩大生产能力、节约基建费用,而且有利于改善工人的工作条件和工作环境。但分层利用空间应协调好纵横关系,需要特别注意的是安全生产的问题。

6.2.5 车间设备布置

车间设备布置主要指车间内部基本生产部门的设备平面布置。

(1)设备布置的基本要求

生产车间内部的布置应该遵循工艺性、经济性和安全性原则,具体做到:

①各生产环节分布流程通畅、紧密衔接,加工能力应该匹配。尽可能保持生产过程的连续性,使在制品处于加工、运输或检验状态,减少中断与停顿。

②工件加工中的运送路线要短,尽可能地减少在制品运送次数与运送量,工人操作的行走路线要短,节省工人的工作时间。

③车间内要留出足够的通道面积,通道要直,应尽可能地减少转弯,物流通道与人行通道最好分开。

④充分保证生产用面积，提高利用率，不需要的工具等物品坚决清除出生产现场，不经常使用的物品，放在边角处。

⑤设备布置要保证安全、便于工人操作和布置工作地。

(2)设备布置的方法

设备布置同样可以采用模型布置法、物料运量图表法、作业相关图法等工厂布置方法。在具体布置中，又依设备布置的形式不同而有所区别。下面举例介绍一种较为常用而简便的方法——从至表法。

例6.4 某车间设备的初始排列方案及其承担加工的四种零件的加工线路如图6.4所示。根据图6.4绘制出初始从至表，见表6.6。假定表中相邻两个设备之间距离相等，均为一个长度单位。试确定车间各生产设备之间的最佳布置。

零件号 \ 设备	A 毛坯库	B 铣床	C 车床	D 钻床	E 镗床	F 磨床	G 压床	H 检验台
001	①		②	④			③	⑤
002	①		③		④	⑤	②	⑥
003	①		②		③			④
004	①	③		④		⑤	②	⑥

图6.4 零件的工艺路线图

表6.6 初始从至表

从 \ 至	A	B	C	D	E	F	G	H	小 计
A			2				2		4
B				1					1
C					2		1		3
D						1		1	2
E						1		1	2
F								2	2
G		1	1	1					3
H									0
小 计	0	1	3	2	2	2	3	4	17 / 17

所谓从至表就是指零件从一个工作地到另一个工作地搬运次数的汇总表，表的列为起始工序，行为终止工序，对角线右上方数字表示按箭头前进的搬运次数之和，对角线左下方数字表示按箭头后退的搬运次数之和。在从至表中格子越是靠近对角线，说明格子中所填从至数的运输距离越短，反之则越长。因此，在从至数一定(受产品工艺路线约束)的条件下，最优排列方案应能使较大的从至数向对角线靠拢，而较小的从至数则向从至表的左下角和右上角疏散。据此将初始从至表逐次调整，最后得到改进的从至表，如表6.7所示。

表6.7 改进的从至表

从＼至	A	C	E	F	H	G	D	B	小计
A		2				2			4
C			2			1			3
E				1	1				2
F					2				2
H									0
G		1					1	1	3
D				1	1				2
B							1		1
小计	0	3	2	2	4	3	2	1	17 / 17

比较改进前后的两个从至表，将工作地距离相等的各次数按对角线方向相加，再乘以离开对角线的格数，就可以求出全部零件在工作地之间的移动距离，计算结果如表6.8所示。

表6.8 零件移动总距离计算表

方案	对角线右上方(正向从至) (离开对角线的格数×次数之和)	对角线左下方(逆向从至) (离开对角线的格数×次数之和)
初始方案	1×1=1 2×(2+1+2+1+2)=16 3×1=3 4×(1+1)=8 6×2=12	3×1=3 4×1=4 5×1=5
小计	40	12

续表

方案	对角线右上方(正向从至)(离开对角线的格数×次数之和)	对角线左下方(逆向从至)(离开对角线的格数×次数之和)
总移动距离:40+12=52		
满意方案	1×(2+2+1+2+1)=8 2×(1+1)=4 4×1=4 5×2=10	1×1=1 2×1=2 3×1=3 4×1=4
小计	26	10
总移动距离:26+10=36		

从表6.8可知,经过改进后得到的设备排列方案,零件的移动距离减少了52-36=16个单位,使物料的总运量相应减少,提高了经济效益。

本例所采用的从至表形式,适用于所加工零件的数量和重量差别不大的情况。否则,应对从至表中各从至次数分别按不同零件的数量和重量给予修正。

从上例可以看出,从至表法的应用可以分为4个步骤:

第一步,绘制各种零件经过各工作地的顺序图(加工路线图),可按初始的设备排列顺序绘制,也可按指定的设备排列顺序绘制;

第二步,根据加工路线图,编制初始从至表;

第三步,改进初始零件从至表,改进方法是使数值大的方格尽量靠近对角线。比较每次改进前后的零件移动总距离,可得到满意的从至表。本例中,对表6.7改进后得到表6.9。

表6.9 进一步改进的从至表

从＼至	A	C	E	G	H	F	D	B	小计
A		2		2					4
C			2	1					3
E					1	1			2
G		1					1	1	3
H									0
F					2				2

续表

从＼至	A	C	E	G	H	F	D	B	小　计
D					1	1			2
B							1		1
小　计	0	3	2	3	4	2	2	1	17 / 17

表6.9对应的零件移动总距离,如表6.10所示。

表6.10　改进后的零件移动总距离计算表

方　案	对角线右上方(正向从至) (离开对角线的格数×次数之和)	对角线左下方(逆向从至) (离开对角线的格数×次数之和)
改进方案	1×(2+2)=4 2×(1+1)=4 3×(2+1+1)=12 4×1=4	1×(2+1+1)=4 2×(1+1)=4
小　计	24	8
总移动距离:24+8=32		

比较前后两方案,零件移动的总距离减少了36-32=4个单位。因此,表6.9对应的设备布置方案优于前者。一般情况下,用此方法很难得到最优方案,读者还可进一步调整,验证方案优劣性。

工艺专业化布置、产品专业化的布置、混合布置方法等,在运用过程中也是按以上的思路进行的。只不过是在其原理的基础上以及具体操作上采用了工艺专业化、产品专业和混合形式的相关的内容,其方法与前面我们介绍的工厂布置的方法大同小异。

6.3 服务设施选址

6.3.1 影响服务设施选址的主要因素

服务设施,简单地说就是提供服务的设施,如医院、零售商场、银行、娱乐公司、旅馆、饭店、保险公司、理发店等组织内部的各种设施。影响服务设施选址的主要因素主要有:

(1)是否接近顾客群

这里的顾客概念是广义的,可能是一般消费者,也可能是配送中心,还可能是作为用户的其他厂家。设施接近顾客群的最大好处是有利于方便快捷地向顾客提供服务,从而有利于吸引顾客接受服务。

(2)原料供应问题

对原材料依赖性较强的服务业,应考虑尽可能地接近原材料供应地,以降低运费,缩短运输时间,从而得到较低的采购价格,降低服务成本。

(3)与竞争对手的相对位置

服务设施在选址时不仅要考虑竞争者的现有位置,还需要估计他们对新选址的反应如何。通常,选址应尽量避开竞争对手,但对于理发店、商场、快餐店等服务行业,在竞争对手附近设址较为有利。在这种情况下,极有可能会产生一种"聚集效应",即由聚集于某地的几个公司所吸引的顾客数,大于分散在不同地方的这几个公司的顾客总数。

(4)周围的人群密度

应考虑设施周围的人口状况,重点考虑周围有购买该种服务并具有实际购买力的人群密度及数量。

(5)当地的经济收入水平

不仅要考虑当地人们的平均收入水平,还要考虑当地的人事劳动工资政策是否能满足自己的实际需要。

(6)基础设施条件

基础设施主要是指为服务业正常运营提供所必需的水、电、气等的设施,同时还应考虑到交通条件、环境保护问题等。不同的服务对于基础设施的要求也大不相同,如批发中心,来往车辆较多,选址时应优先考虑交通条件较好的地方选址;而娱乐公司,用电量较多,选址时则应优先考虑在电力供应充足的地方设置设施。

(7)公众态度

服务业在当地是否受欢迎对其经营活动有一定的影响。如不良的娱乐场所,提供的服务会受到公众的谴责和抵制,甚至当地居民会自发地采取阻挠行动。此外,在某些情况下,选址还需要考虑到当地的政治、民族、文化、风俗习惯等因素,否则也有可能带来严重后果。

(8)周围环境

所选位置要能为职工提供良好的生活条件,包括住房、娱乐、生活服务、医疗、教育等。对于知识密集型服务业,如咨询业等,可选择在高校、科研院所等科技人员较集中的地区,以便依托他们的科技力量。

另外,还可以列出许多因素。但需要指出的是,不同的服务业对设施周围的环境有不同的要求,在有的服务业看来是十分重要的因素,而对其他服务业来说可能是无关紧要的。因此,在设施选址时,各个服务业必须根据自身的实际要求确定要考虑的因素,并分清主次,区别对待。

6.3.2 服务设施的选址方法

服务设施选址的步骤与内容与生产设施选址相似,此处不再重复。下面仅介绍几种常用的服务设施选址方法。

(1)直接推断法

这种方法是库马华拉(Khumawala)于1972年提出的。下面结合一个实例加以说明。

例6.5 某医务系统想在一个地区设两个医疗所为4个乡镇提供就诊服务。假定考虑的地点为乡镇中心,且每个乡镇的人口分布均匀。又假定各乡镇每年就诊于各医疗所的人数及权重(即反应相对重要性)都已经明确(见表6.11)。要解决的问题是:确定两个医疗所的位置,使其为4个乡镇服务的费用最低(或移动距离最短)。

表 6.11　各乡镇就诊于各医疗所的人数及权重

从乡镇	到医疗所的距离/km				乡镇人口数	权　重
	A	B	C	D		
A	0	11	8	12	10 000	1.1
B	11	0	10	7	8 000	1.4
C	8	10	0	9	20 000	0.7
D	12	7	9	0	12 000	1.0

采用直接推断法的步骤如下：

第一步，计算从各乡镇到各医疗所的总移动距离，总移动距离 = 距离×人口数×权重，并绘制人口—距离表，如表 6.12。

表 6.12　人口—距离表

从乡镇	到医疗所/km			
	A	B	C	D
A	0	121	88	132
B	123.2	0	112	78.4
C	112	140	0	126
D	144	84	108	0

第二步，圈出每一行中除零以外的最小数，这个数表示撤销"0"所在的医疗所后，所增加的最低服务费用，在每一行所增加的服务费用的最小值中选取最小值，用直线划掉该最小值所在行中的零所在的列，表示该列所在的医疗所被取消。如表 6.12 所示为每一行所增加的最小服务费用分别为：88，78.4，112 和 84，其中最小值为 78.4，因此，去掉医疗所 B。

第三步，从与去掉的医疗所名称相同的乡镇所在的行中，减去第一步中所选取的最小服务费用，然后将经过取消和扣除后的数字排成矩阵表。如果剩下的医疗所数已符合要求，则不再选取。如果尚多，还须重复第二步和第三步。如从表 6.13 中去掉 B 列后，再从 B 行减去 78.4，得到第一次改进后的人口—距离表，如图 6.13 所示。

表6.13 第一次改进后的人口—距离表

从乡镇	到医疗所/km		
	A	C	D
A	0	88	132
B	44.8	33.6	0
C	112	0	126
D	144	108	0

经过第一次改进后,比要求还多出一个医疗所,重复第二步和第三步。需要注意的是,在进行下一次改进时,不再考虑前一次已经去掉的医疗所对应的行。如在表6.14中,不再考虑B行,仅从A,C,D行中选取最小值为88,去掉医疗所A,并从A行减去88,由此得到表6.14。

表6.14 第二次改进后的人口—距离表

从乡镇	到医疗所/km	
	C	D
A	0	44
B	33.6	0
C	0	126
D	108	0

现在问题解决了,选定在乡镇C、D设医疗所,其中C为乡镇A和C服务,D为乡镇B和D服务。这样,可以保证全年的服务费用最低,其值为88+78.4=166.4单位。

(2)引力模型法

引力模型法是赫夫(Huft)于1962年提出的,它以“引力模型”为基础,确定零售商场的位置。该模型中隐含着这样的假设:零售商场吸引顾客基地的贸易量与顾客基地人口成正比,同零售商场与顾客基地间的距离平方成反比。根据这个模型,可以估计出各零售商店某一顾客基地特定类型的顾客数,再通过调查,确定出该顾客基地各顾客平均收入及预计商品需求量,将顾客数、平均收入及商品需求量三者相乘,就能得到了某一商店的年销售量。这样,这个模型实际上就是制订了一个可能获得最大收益的营销方案。如果已经给出了商店的位置,也可用它解决场址的选择问题。

6.4 服务设施布置

6.4.1 服务系统的构成要素

进行服务设施规划设计,必须了解服务系统的构成要素。对于一个企业而言,一个完整的服务系统一般涉及四个方面的因素,它们分别是:服务员工的人力资源管理,服务设计,服务制度以及服务基础设施。

(1)服务员工的人力资源管理

服务员工的人力资源管理就是指对服务员工的选拔、培训、提升及奖励等。由于大多数服务与顾客频繁接触,因而服务人员的表现就成为影响服务质量的一个重要因素,服务员工的管理工作就显得尤其重要。

在选拔服务员工时,一定要注意其素质,包括健康状况、技术水平、精神面貌以及工作态度等。并且要对他们的工作不断给予指导和培训,使他们能够更好地工作。当他们工作出色时,还要给以奖励和晋升的机会,提高他们积极性。只有满意的服务员工,才能传递优质的服务,达到使顾客满意的最终目的。因而,服务员工的人力资源管理是顾客服务系统中的一个首要要素。

一般用生产类型对制造业予以分类,而服务系统的设计模型在许多方面都与之接近。考虑到高度个性化的特征,与制造业相比,服务业有着很大的差异。例如,根据顾客需求确定交付服务的速度、直接与顾客发生联系以及服务本身固有的可变性。在制造业中,可以使用库存和制订进度计划来平衡需求。但是在服务性作业中,这些方法是不适用的。总的来说,服务业需要更高水平的与需求相关的服务能力。此外,它还要求其服务人员在服务时具有更高的柔性。

(2)服务设计

服务设施的设计可采取的方法有流水线法、混合法、修正的流水线法、授权法等。选择了基本设计方法之后,企业还要根据顾客的服务要求(信息与咨询、演示操作与解说、订购)和期望对具体的服务流程进行设计安排。

(3)服务制度

服务制度是服务系统良好运转的保证。企业通过服务制度可以规范服务活动。服务制度包括以下3项内容:服务员工管理制度,服务内容规范化,服务质量制度。

服务员工管理制度,就是指有关服务员工的选拔、培训、奖励及晋升方面的制度;服务内容也要进行规范,既保证服务员工知道作什么,也使顾客感到他们享受的各种优质服务绝非偶然;服务质量方面的制度可以在一定程度上保证顾客服务质量,进而在一定程度上保证顾客满意。但企业在制订服务制度时,一定要做到合理,不要伤及员工的积极性,特别是在使用授权法的时候。

(4)服务基础设施

服务基础设施是服务系统运转的基础。服务基础设施分为两类:一是有形设施,如服务场所、设备、办事处等;二是无形设施,主要指有关顾客服务的信息系统,它有助于服务系统与企业之间以及服务系统内部各要素之间的沟通和交流。

服务设施具有自己的特点。首先,完善的基础设施需要较高的投入,因而一定要谨慎从事。其次,基础设施有时要达到一定数量才能产生效益。最后,企业在营造基础设施时,一定要与企业销售、市场扩展等相配合,一定要适合顾客的需要,否则难以给企业带来优势。

与生产设施布置相比,服务设施种类繁多,设施布置更为复杂,下面仅介绍几种典型的服务设施布置方法。

6.4.2 几种典型的服务设施布置介绍

(1)仓库布置

从某种意义上说,仓库就像制造业的工厂,因为物品也需要在不同地点(生产单元)之间移动。为了便于仓库的作业管理,就必须对仓库的各个库位进行有效布置,保证它们在仓库作业过程中流通顺畅,提高仓库的运营效率。

1)物品存储方式

随机库位存储和固定库位存储是进行仓库物资放置和管理的两种最基本方式。

①随机库位存储。随机库位存储是将所有存储的物资放置在最接近的自动货架、货机和箱子上。通常,这些物资的入库和出库管理是以"先进先出"的原则为基础的。这种方法能够最有效地使用仓库空间,尽管在有些时候,它不得不在各个提货点之间花费较长的搬运时间。另外,随机库位存储经常要使用计算机化的自动存储系统来减少花费在人力资源和运输处理上的成本。

②固定库位存储。固定库位存储也称固定货架存储。运用这种方法,产品

或物料将通常被存储在仓库中的某一固定位置，仓库管理员通过简单的人工操作或记忆，就能确切地知道某种存储物资所处的位置，因而，这种方法一般不需要非常先进的仓库处理设备。目前，可以采用3种措施来支持固定货位存储，即存储物资的代码编号顺序、存储物资的使用频率和存储物资入库和出库的特点（即如何按照物资的快速进出，安排物资的分组和种类）。

在仓库的布置上，物资可以按照它们的兼容性、区别性和使用频率进行分组。兼容性是指各种物品能否安全地存放在一起，不会发生混淆变质或化学反应。例如，药物制品或化学药品不能和食品存储在一起。区别性是指如何将各种物资按照一定的标准进行分组，然后放置在一起，不至于发生混淆。例如，计算机软盘和光盘，钢笔和铅笔，桌子和椅子属于同一类性质的物品，它们应该被放置在一起，便于查找和管理。使用频率是指不同物品的存放周转率和需求情况。

2）物品存储布局应满足的几项要求

仓库布局不合理或者仓库过道过窄都会增加仓库物资搬运的困难。因此，物品在仓库内部存储和搬运，应当在保证仓库管理目标的前提下，尽量获得最大的便利和效率。具体应满足以下几方面要求。

①使用比较频繁的物资应尽量放置在便于运输和搬运的地点。例如放置在仓库过道的两旁或仓库门口，能够减少存储物资在仓库内的运输距离和运输工具的运行距离，提高整个仓库的运行效率；相反，运输次数较低或不经常使用的物资，可放置在距离仓库出口较远的地点。

②仓库中应该留出一部分空间，用于物品的包装、分拣和配货。仓库物资在运输前一般需要经过重新包装或简单加工，或者是接受来自厂商或顾客的退货，或者是需要进行特别处理等。

③仓库处理设备应当能够满足大多数库存物资的操作要求，这样能够提高物资运输的效率，否则，这些设备应该被重新设计或重新配置；同时，应当对仓库设备处理流程进行优化，减少不必要的损耗和多余的资源浪费。

④仓库内物资的存储区域应当按照存储物资的周转速度和产品大小来设计，而不是单纯地、片面地设计所有的存储货架和仓储工具，这样就可以极大地使用仓库内部空间。除了要满足存储物资的尺寸需要，还要满足存储物资在重量等方面的要求。

总之，应根据不同的目标，使用不同的技术，采用不同的布置方法，结合仓库设施本身的特点，对仓库进行合理地、有效地布置。

（2）办公室布置

在当今，办公室工作人员在整个就业人员中所占的比重越来越大，这使得办公室布置的问题显得日益重要。办公室布置对于办公室工作效率的提高具有重要作用。

1)办公室系统与制造系统的比较

①制造系统加工处理的对象主要是有形物品,因此,物料搬运是进行设施布置的一个主要考虑因素。而办公室工作的处理对象主要是信息以及组织内外的来访者,因此,信息的传递和交流方便与否,来访者办事是否方便、快捷,是主要的考虑因素。

②在制造系统中,尤其是自动化生产系统中,产出速度往往取决于设备的速度,或者说与设备速度有相当大的关系。而办公室工作效率的高低,往往取决于人的工作速度,而人的工作速度又受办公室布置的影响。

③在制造系统中,产品的加工特性往往在很大程度上决定了设施布置的基本类型,生产管理人员一般只在基本类型选择的基础上进行设施布置。而办公室布置中,同一类工作任务可选用的办公室布置有多种,包括房间的分割方式、每个工作空间的分割方式、办公室家具的选择和布置形式等。

④在制造系统中,组织结构、各个部门的配置方式、部门之间的相互联系和相对位置的要求对办公室布置有重要的影响。办公室布置原则与生产制造系统是相同的,例如,也是按照工作流程和能力平衡的要求来划分工作中心和个人工作站,使办公室布置保持一定的柔性,以便于未来的调整和发展等。

基于此,在办公室布置时应重点考虑两个因素:一是信息传递与交流。它既包括各种书面文件、电子信息的传递,也包括人与人之间的信息传递和交流。对于需要跨越多个部门才能完成的工作,部门之间的相对位置也是一个重要的问题;二是劳动生产率。当办公室人员主要是由高智力、高工资的专业技术人员所构成时,劳动生产率的提高就具有更重要的意义。而办公室布置,能在很大程度上影响办公室人员的劳动生产率。但也必须根据工作性质和工作目标的不同,考虑什么样的布置更有利于生产率的提高。例如,对于银行营业部、贸易公司、快餐公司,开放式的大办公室布置能使人感到交流方便,促进了工作效率的提高;而在出版社,这种开放式的大办公室布置可能会使编辑们感到较多的干扰,无法专心致志地工作。

2)办公室布置的基本模式

①封闭式办公室布置。这是一种传统的办公室布置方式,它是将办公楼分割成多个小房间。显然,这种布置可以保持工作人员足够的独立性,但却不利于人与人之间的信息交流和传递,使人产生疏远感,也不利于上下级之间的沟通。而且,几乎没有调整和改变布局的余地。

②开放式办公室布置。它是将一个或几个部门的十几人、几十人甚至上百人容纳在一间很大的办公室内,进行同时共同工作。这种布置方式不仅方便了同事之间的交流,也方便了部门领导与一般员工的交流,在某种程度上消除了等级隔阂。但这种方式的一个弊端是,有时会互相干扰,带来人员之间的闲聊等。

③组合办公室布置。它是带有半截屏风的组合办公模块布置方式,这种模块式布置有很好的柔性,可随时根据情况的变化重新调整和布置。

④"活动中心"办公室布置。这是一种将封闭式布置和开放式布置结合使用的新型办公室布置方式。20 世纪 80 年代,在西方发达国家出现了一种称之为"活动中心"的新型办公室布置。在每一个活动中心,有会议室、讨论间、电视电话室、接待处、打字复印、资料室等进行一项完整工作所需要的各种设备。楼内有若干活动中心,每一项相对独立的工作集中在这样一个活动中心进行,工作人员根据工作任务的不同在不同的活动中心之间移动。但每个人仍保留一个小小的传统式个人办公室。显而易见,这是一种比较特殊的布置形式,较适用于项目型的工作。

上述的几种办公布置方式,都是基于传统意义上的办公方式。20 世纪 90 年代以来,随着信息技术的迅猛发展,一种更新型的办公方式——"远程"办公,正在从根本上冲击着传统的办公方式。所谓"远程"办公,是指利用信息网络技术,将处于不同地点的人们联系在一起,共同完成工作。例如,人们可以在办公室或家里办公,也可以在异地办公,或在飞机、火车上办公等。可以想象,伴随着信息技术的进一步普及,办公方式和办公室布置均会发生很大的变化。

(3)超市布置

超市布置的关键是吸引顾客,方便购物。因此,必须研究顾客购物习惯,了解顾客购买特征。

1)顾客购物习惯及特征

①人们在购物时,总是倾向于一种环形方式购物,将利润高的物品沿墙摆放会提高顾客购买的可能性。

②超市中,摆放在通道尽头的减价商品总是要比存放在通道里面的相同物品卖得快。

③信用卡付账区和其他非卖区需要顾客排队等候服务,这些区域应当布置在上层或"死角"等不影响销售的地方。

④在超市中,离入口最近和邻近前窗展台处的位置最有销售潜力。

2)超市布置的基本方式

超市及百货零售商店的平面布置有两项要求:一是店面的过道布置不能太

拥挤;二是能使顾客进店后很容易找到自己想要商品的位置。为此,超市布置可采用两种基本方式:一是矩阵布置。将商品货架按矩形排列,店内通道直线布置,这种布置花费较少,并可以得到更大的展示空间,适宜于注重仓储管理的情况;二是斜角布置。将商品货架按菱形、三角形或梯形布置,店内主干道按直线布置,次干道及临时通道按"V"字形排列。这种布置视线更开阔,顾客进入超市后在主干道上就可以看清通道上方的标志,查找货物比较方便。

(4)诊所布置

病人就医往往要经过多个诊室,进行一次次检查或停留,行走较长路程,特别对于病情较重的住院病人,疾病的诊断和治疗还需要依靠先进的设备,另外,还需护工运送,这些无疑会增加病员的就诊成本。这时就提出了病员移动费用(或移动距离)最小化的医院平面布置问题。解决这一问题的实质与生产设施布置基本相似,在此不再重复。

以上分别介绍了几种典型的服务设施布置方法。实际中,服务系统的运作还非常强调环境的布置。这些环境条件是指:设施的款式、颜色,室内的灯光,音乐、墙壁的色彩、图案等。另外,企业徽标、标志和装饰品也是服务场所中非常重要的标识物,它们与周围环境表现出的建筑风格,常常可以体现企业的经营风格。所有这些都会影响员工的工作效率和士气,同时也影响顾客对服务的满意程度,顾客的逗留时间以及花费。

思考与练习

1. 生产设施选址应考虑哪些因素?

2. 生产设施布置的内容有哪些?

3. 服务设施选址应考虑哪些因素?

4. 服务设施布置的方式有哪些? 分别举例分析。

5. 物料运量图法是否适合于服务业的设施布置? 举例说明。

6. 某医院各诊室目前平面布置如图6.5所示。经过分析以往医院病人就诊记录,得出平均每天就诊病员人数,即在各诊室间平均每天移动次数(图中数字为病员人数)。要求对现有布局提出你的改进方案? 以方便病人,尽量减少他们就诊所时在医院中行走的距离。

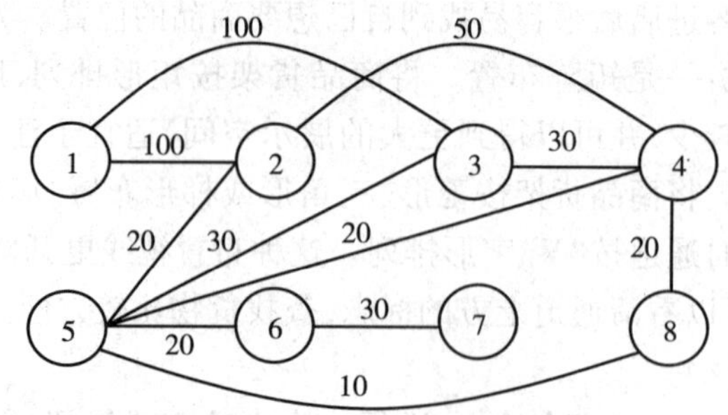

1—挂号与初诊室；2—门诊一室；3—门诊二室；4—X光室
5—化验与B超室；6—手术室；7—手术后休息室；8—理疗室

图6.5　各诊室目前平面布置图

第7章　流水生产组织

通过本章学习，读者应该能够：

1. 理解流水线的基本特征和分类；
2. 掌握单一流水线的组织设计方法；
3. 会进行可变流水线的组织设计；
4. 会确定混合流水线上零件的投产顺序；
5. 了解成组流水线组织的优点。

流水线是少品种、大批量生产的典型模式，由于其明显的生产效率及规模优势特点，在某些行业中具有非常广泛的应用。本章介绍流水生产的概念、基本特征和分类方法；讨论单一品种流水线组织设计的具体步骤及内容；讨论三种不同类型的多品种流水线组织设计的主要内容。

7.1　流水生产的概念

7.1.1　流水生产的基本原理

流水生产是典型的对象专业化生产组织方式，产生于1913年美国的福特汽车公司，最初用于汽车装配，使生产效率大大提高，产品成本逐渐降低，使得福特汽车在流水生产方式开发出的10年间，汽车销售成本价格从2 000美元以上降到263美元，开创了工业时代大规模生产的组织模式。

流水生产是在“分工”和“作业标准化”的原理上发展起来的。劳动分工原理阐明了分工可以提高效率的道理，泰勒的科学管理理论证明了对工人的操作方法制定作业标准，按标准训练工人，按标准操作也能提高效率。亨利·福特成功地把这两条原理运用到流水生产中来。首先把汽车装配工作分解成许多工序；然后制定每道工序的操作标准，使每道工序的操作时间尽可能相等；最后按加工顺序布置工作地，按固定的标准顺序对产品实施轮流加工。泰勒强调的是单个工人的操作标准化，福特把它发展成生产过程的标准化。

流水生产方式的诞生除了管理技术上的突破外，在当时还必须依赖加工技术的支撑，那时的制造精度已能保证零件的互换性，没有这一条件，流水生产还是不可能实现的。但最初的流水线只能生产单一品种的产品，随着社会需求多样化趋势的出现及社会经济技术的发展，流水生产方式的原理和方式也在不断地发展提高，出现了多品种产品的流水生产线。

7.1.2　流水线的基本特征

流水线，又称流水生产，是指生产对象按照一定的工艺路线顺序通过每道工序的各个工作地，并按照一定的速度（节拍）连续或重复完成生产过程的生产组织形式。所谓节拍，就是流水线相继产出两件相同制品之间的时间间隔。流水线具有如下基本特征：

（1）工艺过程的封闭性

流水线按照生产对象的工艺顺序将工作地排列成链条状，其间由传送装置连接，生产对象在工作地之间单向顺序移动并接受连续加工，中间不接受线外加工，最大限度地减少了在制品的等待时间。

（2）工作地的专业化程度高

流水线只固定生产一种或少数几种产品或零件，各个工作地仅需完成几种作业，因此可以最大限度地使用专用设备或专用工具。

（3）按节拍组织生产

这是指生产对象在各道工序按一定的时间间隔投入和产出，保持一定的节拍；两批相同制品之间也按一定的时间间隔投入流水线或从流水线产出，保持一定的节奏。

（4）生产加工过程的连续性

这是指生产对象在各个工作地之间进行平行移动或平行顺序移动，最大限度地减少了设备的加工间歇时间。生产对象的平行移动是指在一批制品需要加工的情况下，每个制品在前道工序加工完毕后立即转送到下道工序进行加工，即一批制品同时在不同工序上进行加工，但是由于前后工序的加工时间可能不相等，使制品存在前后工序之间仍会有短时间的等待或设备间歇现象。

(5)各环节生产能力的比例性

流水线各道工序的生产能力是平衡的、成比例的，即各道工序的工作地(设备)数同各道工序单件制品的加工时间大致相等。也就是说，如果假设完成某件制品的加工需要经过1,2,…,m道工序，流水线各道工序的工作地数分别为$s_1,s_2,\cdots,s_m$，各道工序的单件作业时间分别为$t_1,t_2,\cdots,t_m$，流水线的节拍为r，则使流水线各道工序之间保持平衡的条件是：

$$\frac{t_1}{s_1}=\frac{t_2}{s_2}=\cdots=\frac{t_m}{s_m}\approx r$$

该条件也称为流水线的工序同期化。

7.1.3 流水线的分类

企业中的流水线形式是多种多样的，可根据流水线的特点按不同标准进行分类。流水线的分类归纳如图7.1所示。

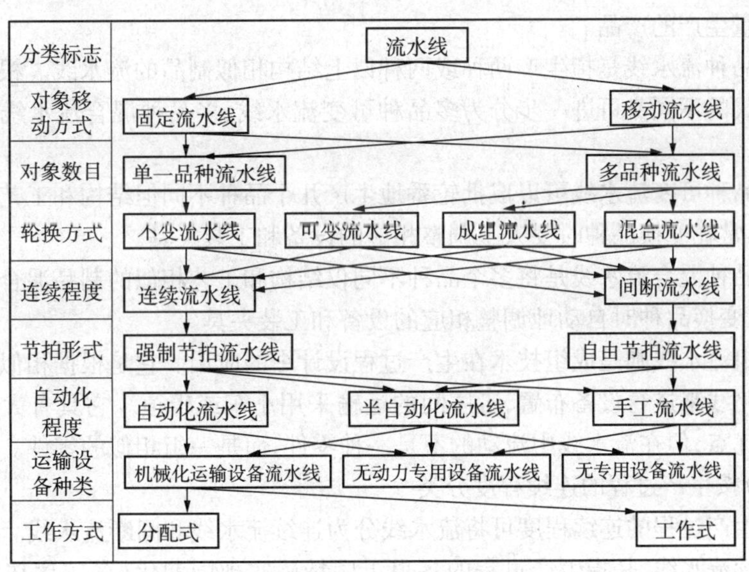

图7.1 流水线分类综合图

(1)按生产对象的移动方式分类

按生产对象的移动方式可将流水线分为固定流水线和移动流水线。

固定流水线,是指生产对象不动,工人携带工具沿着顺序排列的生产对象进行移动加工,待完成一批制品的加工或装配后再回到流水线的始点进行下一批制品的加工或装配。这类流水线适用于不便运输的大型制品,加重型机械、船舶的加工和装配。

移动流水线,是指生产对象移动,工人、设备和工具的位置固定,生产对象经过各个工作地的加工或装配后,成为半成品或成品。这类流水线应用比较广泛,适用于批量较大的制品生产,例如汽车、电视机等大量生产的装配线。

还有一种移动流水线是设备和工具固定,工人和生产对象移动,一个工人经过各个工作地完成整个生产过程的全部加工或装配后使生产对象成为半成品或成品。该类流水线适用于品种较多,每个品种数量较少(多品种小批量)且劳动力相对稀缺而资本相对充裕的情况。

(2)按生产对象的数目分类

按生产对象的数目分类可将流水线分为单一品种流水线和多品种流水线。

单一品种流水线是指仅生产一种制品或零件,生产的数量足够大到使流水线几乎是满负荷运转,品种却固定不变,因此又称为不变流水线。这类流水线适用于大量生产的产品。

多品种流水线是指生产两种或两种以上结构相似制品的流水线。根据制品输送方式的不同又可进一步分为多品种可变流水线、多品种混合流水线和成组流水线。

多品种可变流水线可以成批轮番地生产几个品种不同但结构和工艺相似的制品,通常在变换品种时要人工调整相应的设备和工装夹具。

多品种混合流水线是将多个品种不同仅结构和工艺相似的制品混合送入流水线,在变换品种时自动地调整相应的设备和工装夹具。

成组流水线则是成组技术在生产过程设计中的应用。它是根据相似零件组的工艺路线来进行设备布置,工序间的运输采用小车或辊道。它具有大量流水生产的优点,但在流水线中流动的不是一种零件,而是一组相似的零件。

(3)按生产过程的连续程度分类

按生产过程的连续程度可将流水线分为连续流水线和间断流水线。

连续流水线,是指生产过程的各道工序精确实现同期化(各工序作业时间均与流水线节拍相等),生产对象从投入到产出毫不停留地从一道工序转到另一道工序,整个生产过程是连续不断的。它是流水线中最完善的形式,能够实现最短的生产周期和最少的在制品占用量。

间断流水线,是指生产对象在各道工序间缺乏精确的同期化,各道工序的生产能力不完全平衡,制品在工序间会出现停留等待现象,生产过程不是完全连续的。

(4)按流水线节拍的形式分类

按流水线节拍的形式可将流水线分为强制节拍流水线和自由节拍流水线。

强制节拍流水线,是用机械化传送装置等专门设备来强制实现规定的节拍,工人必须在规定的时间内完成自己的工作,如有延误或违反操作规程就会影响下道工序的生产。

自由节拍流水线,是由工人自行保持规定的节拍,它要求各道工序必须实现规定的节拍,但每道工序中各个工作地的每件制品的加工时间不一定与节拍相等,可由工人自行掌握。一般在各道工序间都有一定数量的在制品存货用以调节流水线的节拍。

(5)按流水线的自动化程度分类

按流水线的自动化程度可将流水线分为手工流水线、半自动化流水线和自动化流水线。

自动化流水线由自动机床和自动化输送装置组成,制品在一道工序加工完毕后,自动地由一台机床送至另一台机床,流水线上的工人只起监督作用。至于手工流水线和半自动流水线,其含义简明,这里不再阐述。

(6)按运输设备种类分类

按运输设备种类,可分为无专业运输设备的流水线、具有非机动专用运输设备的流水线和机械化运输设备的流水线。

在无专用运输设备的流水线上,制品或由工人自己用手传送给下一个工作地,或用普通工具运送。在非机动专用运输设备的流水生产线上,制品主要靠自身的重力来运输,一般采用的运输设备有斜面滑道、辊道等。在机械化运输设备的流水线上,通常采用传送带、循环悬吊运送器等。

在机械化运输设备流水线上,可按其工作方式的不同再细分为分配式和工作式两种类型。采用分配式传送带时,各工作地是排列在传送带的一边或两边,传送带传送制品经过各工作地时,工人就从传送带上取下制品,在工作地上进行加工,加工完毕后,再送回到传送带上(如图 7.2 所示)。

采用工作式传送带时,制品不必从传送带上取下,工人在传送带一旁或两旁,对传送带上的制品直接进行加工(如图 7.3 所示)。

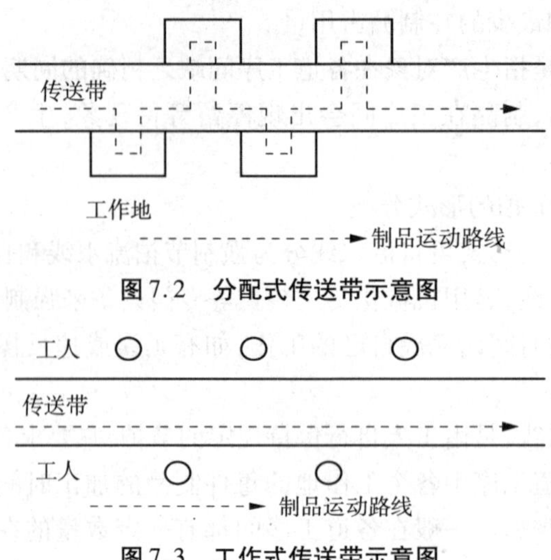

图 7.2 分配式传送带示意图

图 7.3 工作式传送带示意图

7.1.4 组织流水生产的必要条件

流水生产具有很大优势,但组织流水生产需要满足一些基本条件。主要有以下几条:

①产量要足够大,单位产品的劳动量也比较大,这样才能保证采用高效专用设备,能把制造任务分解成许多工序,组织流水线。

②制造的工艺过程能划分成简单的工序,又能根据工序同期化的要求把某些工序加以适当地合并与分解,使各工序的作业时间基本相等或成整倍数。

③产品结构和制造工艺相对稳定,这样才能符合组织流水生产的要求。

④必要的厂房条件,适合流水线的平面布置。

7.2 单一品种流水线的组织设计

7.2.1 流水线设计的内容

流水线的设计包括技术设计和组织设计。技术设计是流水线的“硬件”设计,包括:工艺路线、操作规程的制定;专用设备的设计;设备改装设计;专用工装夹具的设计等。组织设计是流水线的“软件”设计，包括：流水线的节拍和生产速度的确定；设备需要量及其负荷的计算；流水线的平衡（工序同期化）；工人配备；生产对象传送方式设计；流水线的平面布置等。

流水线设计的重点是解决流水线的平衡问题。流水线平衡，也称工序同期化，就是对特定制品，在给定流水线节拍和制品加工顺序的条件下，找出使流水线所需工作地（设备）数量最小而工作效率（负荷）最大的配置方案。流水线平衡的目标是在分配工作量于各工作地时使各道工序的各个工作地的作业时间近似相等，由此才能使流水线的闲置时间最小，使人工和设备的利用率最大。闲置时间的产生是由于各个工作地的生产能力不同，使得各个工作地的作业存在时间相异，作业时间短的工作地必须等待作业时间长的工作地将产出传送过来。闲置时间不仅使人工设备效率低下，而且极易使流水线出现“瓶颈”。流水线不能顺畅的主要障碍是各个工作地的作业时间不相等，其原因是某些工件的加工在技术上存在先后顺序，而工作地的安排必须符合这种顺序，使流水线在最大限度上避免或减少闲置时间。然而通过工序的分解和重新组合，能够最大限度地减少闲置时间而又保持工件加工的工艺顺序，这就是流水线平衡的主要内容。

流水线的典型代表是以手工为主的移动装配线，此类流水线在汽车、家用电器等企业中的应用极为普遍，而单一品种移动装配线又是其中最简单的形式，因此它是我们研究的主要对象。

7.2.2　单一品种流水线的组织设计

（1）计算流水线的节拍

计算流水线的节拍，公式如下：

$$r = \frac{F_e}{N} = \frac{F_o \cdot \eta}{N}$$

式中　r——流水线节拍，min/件；

F_e——计划期有效工作时间，min；

N——计划期制品产量，件；

F_o—计划期制度工作时间，min；

η——时间有效利用系数。

有效工作时间是指规定的上班时间减去设备维护、更换工具、午餐和休息时间。例如，计划期为1年，每年节日放假为10天，每周工作5天，每天工作8 h，每天午餐和休息时间为1 h，则计划期内有效工作时间 $F_e = (365-10-52\times2)\times$

(8-1)×60 mm=105 420 min。

如果计算出来的节拍数值很小,同时零件的体积、重量也很小,不适于按件传送,则可以实行成批传送。这时,顺序出产两批同样制品之间的时间间隔称为节奏或运输批节拍,它等于节拍与运输批量的乘积。

$$r_g = r \cdot n$$

式中 r_g——节奏,min/批;

n——运输批量,件/批。

(2)计算流水线所需的最少工作地数量

流水线所需的最少工作地数量的计算公式如下:

$$S_{\min} = \left[\frac{\sum t_i}{r}\right]$$

式中 $S_{\min}$——流水线实现平衡时的最少工作地数;

t_i——第 i 道工序的作业时间;

$\sum t_i$——单件产品加工或装配的总作业时间;

r——流水线节拍;

[ ]——取整函数。

(3)流水线平衡

流水线平衡的基本方法是将工作任务细分为许多小工序(称为作业元素),然后以适当的方式将相邻的小工序合并成大工序,使这些大工序的作业时间等于或接近于流水线的节拍或节拍的整倍数。一般而言,作业分解得越细,在进行流水线平衡时就越灵活。

流水线平衡必须满足下列条件:

①保证各工序之间原来的先后顺序不变。

②分配给每个工作地的工序加工时间之和不能大于节拍。

流水线平衡的目的是使闲置时间最小化,因此各工作地的工作任务分派之后须计算各工作地的闲置时间和工作负荷率,以了解闲置时间的多少和工作量是否饱满,看是否还有改进的余地。其计算公式如下:

工作地闲置时间=流水线节拍-作业时间

$$\text{工作地负荷率} = \frac{\text{作业时间}}{\text{流水线节拍}} \times 100\%$$

③各工作地的单件作业时间尽量接近于节拍或节拍的整倍数。

④使工作地数量尽量地少。

(4)计算流水线的总负荷率

流水线的总负荷率计算公式如下：

$$k = \frac{\sum t_i}{S \cdot r}$$

式中 k——流水线总负荷率；

t_i——第 i 道工序的作业时间；

r——流水线节拍；

S——流水线平衡后实际采用的工作地数。

流水线的负荷率越大，流水线的中断时间就越短，流水线的生产效率就越高。一般而言，机械化流水线的负荷率不应低于0.75，手工装配流水线的负荷率应在0.85以上。

与流水线负荷率相反的是流水线的时间损失率，也称流水线的闲置率，其计算公式为：

$$时间损失率 = 1 - k$$

当流水线的时间损失率为零时，流水线的生产效率为100%，此时流水线达到完全平衡。

例7.1 某装配流水线计划每小时装配200件产品，每小时用于生产的时间是50 min。表7.1是装配工序、每道工序的作业时间及紧前工序等信息。试进行装配流水线平衡，并计算装配流水线的总负荷率。

表7.1 装配流水线工序及作业时间

工序名称	A	B	C	D	E	F	G	H	I	J	K	L
紧前工序	—	—	—	—	AB	CD	EF	—	—	HIG	J	K
作业时间/min	0.20	0.05	0.15	0.06	0.03	0.08	0.12	0.05	0.05	0.12	0.15	0.08

解：1)画出装配工序图如图7.4所示。

图7.4中，圆圈表示装配流水线的作业元素，圈内字母为作业元素的名称，圆圈上边的数字为该元素的单件作业时间，箭头代表作业元素之间的先后顺序联系。

2)计算该装配流水线的节拍 $r = 50/200\ \text{min} = 0.25\ \text{min}$

3)单件产品装配总工时为1.44 min，则每小时装配200件产品的最少工作地数为：

$$S_{\min} = [1.44/0.25] = [4.56] = 5$$

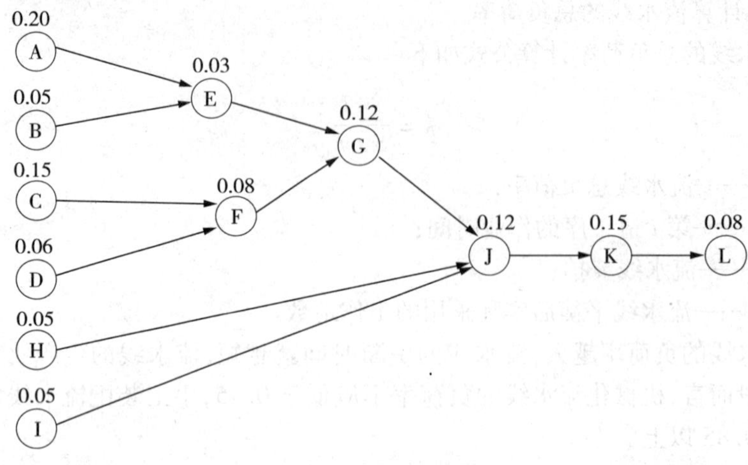

图 7.4 装配作业先后顺序图

4)进行装配流水线平衡。

流水线平衡常用的工序分配方法有列举消去法和分枝定界法等,前者适于手工计算,但通常只能求得一个满意解;后者计算量较大,一般借助于计算机,但可求得最优解。

这里我们主要介绍列举消去法,分枝定界法的应用可参看其他教材。

列举消去法的特点是,从第一道工序开始,根据工序先后顺序的要求,将能和第一道工序组合在一起的、作业时间之和等于或接近于节拍的工序编为一组,分配给一个工作地。在列举各种编组方案时,消去明显不合理的编组,如各工序作业时间之和超过节拍或远小于节拍,违反工序间的先后顺序等。如有作业时间相等的多个编组时,则可保留一个,消去其余的。在列出第一个工作地的编组方案的基础上,按上述方法的步骤进行第二个工作地的编组。如此反复进行,直至把所有的工序都分配完为止。

第一工作地的工序编组方法有:

① ⒶⒷ组合,工作地作业时间为(0.20+0.05)min=0.25 min

② ⒶⒽ组合,工作地作业时间为(0.20+0.05)min=0.25 min

③ ⒷⒸⒹ组合,工作地作业时间为(0.05+0.15+0.06)min=0.26 min

④ ⒷⒹⒽⒾ组合,工作地作业时间为(0.05+0.06+0.05+0.05)min=0.21 min

⑤ ⒸⒽⒾ组合,工作地作业时间为(0.15+0.05+0.05)min=0.25 min

……

保留组合①,将其他组合消去。同样的方法再进行工作地二的工序编组分配,直至将所有工序分配完为止。该装配流水线平衡的结果见表7.2和图7.5。

表7.2 装配流水线的平衡表

工作地序号	工　序	工序单件作业时间/min	工作地单件作业时间/min	工作地空闲时间/min
1	A B	0.20 0.05	0.25	0.25-0.25=0
2	C H I	0.15 0.05 0.05	0.25	0.25-0.25=0
3	D E F	0.06 0.03 0.08	0.17	0.25-0.17=0.08
4	G J	0.12 0.12	0.24	0.25-0.24=0.01
5	K L	0.15 0.08	0.23	0.25-0.23=0.02

表7.2只是该装配流水线平衡结果的一种,还有其他的平衡结果读者可自行做出。

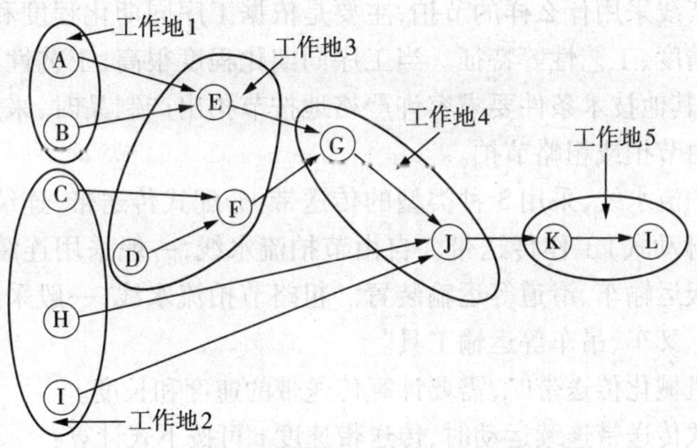

图7.5 装配流水线工作地布置方案图

5)计算装配流水线的总负荷率为:

$$k = \frac{\sum t_i}{S \cdot r} = \frac{1.14}{0.25 \times 5} = 91.2\%$$

(5)计算流水线的工人配备数量

1)手工流水线工人配备数量的计算公式如下：

$$P = \sum_{i=1}^{m} p_i = \sum_{i=1}^{m} S_i g w_i$$

式中 P——流水线工人总数；

p_i——第 i 道工序工人数；

S_i——第 i 道工序工作地数；

g——日工作班次数；

w_i——每个工作地同时工作的人数。

2)半自动流水线工人配备数量的计算公式如下：

$$P = (1 + b) \sum_{i=1}^{m} \frac{S_i g}{f_i}$$

式中 P——流水线工人总数；

S_i——第 i 道工序工作地数；

g——日工作班次数；

b——考虑缺勤等因素的后备工人百分比；

f_i——第 i 道工序每个工人看管的设备数。

(6)计算流水线传送带的速度与长度

流水生产线采用什么样的节拍，主要是依据工序同期化程度和加工对象的重量、体积、精度、工艺性等特征。当工序同期化程度很高，工艺性良好，制品的重量、精度和其他技术条件要求容许严格地按节拍出产制品时，采用强制节拍，否则采用自由节拍或粗略节拍。

强制节拍流水线，采用 3 种类型的传送带：分配式传送带，连续式工作传送带，间歇式(脉动式)工作传送带。自由节拍流水线，一般采用连续式运输传送带、辊道、平板运输车、滑道等运输装置。粗略节拍流水线，一般采用辊道、重力滑道、手推车、叉车、吊车等运输工具。

在采用机械化传送带时，需要计算传送带的速度和长度。

在工作式传送带连续运动时，传送带速度 v 可按下式计算：

$$v = \frac{L_0}{r}$$

式中 L_0——传送带分区单位长度。

工作式传送带的速度不能太快，以便工人安全顺利地完成工序作业。在工作式传送带间歇运动时，每隔一个节拍移动一次。工作式传送带工作部分的总长度可按下式计算：

$$L = \sum_{i=1}^{m} L_i + L_g$$

式中　L——传送带长度；

L_i——第 i 道工序工作地长度；

L_g——后备长度。

在分配式传送带流水生产线上，传送带起运输和分配制品的作用。分配传送带的速度应该和流水生产线的节拍相配合，其长度计算方法与工作式传送带相同。

(7)流水线的平面布置

流水生产线的平面布置应当有利于工人操作，制品运输路线最短，充分利用生产面积。同时，要考虑流水生产线之间的相互衔接，尽可能做到零件加工完毕处，恰好是部件装配开始处，部件装配完毕处，正是总装开始处。从而使所有流水生产线的布置符合产品生产过程的流程。流水线的平面布置如图7.6所示。每种平面布置的流水线在工作地排列有单列式和双列式。单列式将工作地排列在传送带的一侧，双列式是将工作地排列在传送带的两侧。

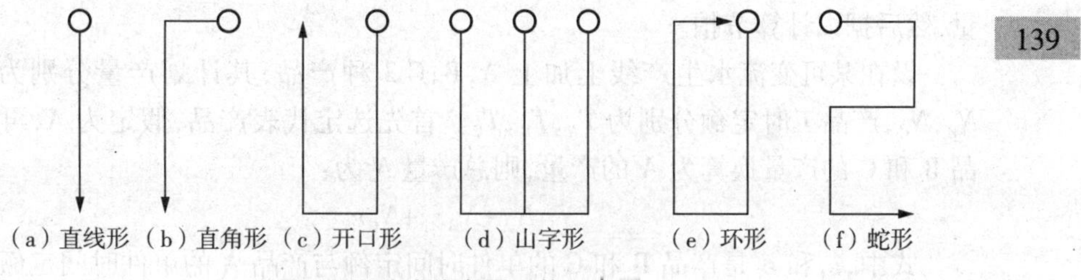

图7.6　流水线布置形状示意图

7.3　多品种流水线的组织设计

随着社会需求的个性化、多样化，企业生产的同类产品的品种规格与型号越来越多，需要在同一条流水线上能够生产多品种产品，由此产生了多品种流水生产线的组织设计问题。但是由于流水生产线的高效率来自于生产作业的高度分工和操作的标准化，各工序的同期化程度又很高，流水线适应多品种的能力是十分有限的。只有当产品在结构上、工艺上相同或相似时，才有可能组织多品种流水生产。目前，我国企业大多数采用可变流水线，在发达国家，许多企业采用混合流水线,后者是一种更先进有效的生产组织方式。

7.3.1 可变流水线

可变流水线的基本特征是在一条流水线上轮番生产几种产品,当由一种产品转产到另一种产品时,流水线需要做小量的调整。轮番的时间间隔可大可小,小者可以数天,大者可以跨月。当生产某种产品时,流水线如同单一对象流水线那样工作。

它的组织设计程序与单一对象流水线的程序基本相同,只是节拍和设备需要量的计算要做一些改变。

(1)节拍计算

因为不同品种的产品,虽然结构、工艺上相似,但是,加工的工序时间可能不等,节拍也会有所不同。节拍计算有代表产品法和劳动量比重法,下面分别介绍这两种节拍计算方法。

1)代表产品法

代表产品法是将各种产品的产量按加工劳动量折合为某一种代表产品的产量,然后据以计算节拍。

设在某可变流水生产线上加上 A,B,C 3 种产品,其计划产量分别为 N_A,N_B,N_C,产品工时定额分别为 T_A,T_B,T_C。首先选定代表产品,假定为 A,再将产品 B 和 C 的产量换算为 A 的产量,则总产量 N 为:

$$N=N_A+N_B\varepsilon_1+N_C\varepsilon_2$$

式中,ε_1 和 ε_2 是产品 B 和 C 的单件时间定额与产品 A 的单件时间定额的比值,即

$$\varepsilon_1=\frac{T_B}{T_A}\qquad\varepsilon_2=\frac{T_C}{T_A}$$

则各种产品的节拍 r_A、r_B、r_C 可按下式计算:

$$r_A=\frac{F_e}{N_A+N_B\varepsilon_1+N_C\varepsilon_2}$$

$$r_B=r_A\varepsilon_1$$

$$r_C=r_A\varepsilon_2$$

例 7.2 设在可变流水生产线上生产 A,B,C3 种产品,其计划月产量分别为 2 000,1 875,1 857 件,每种产品在流水生产线上各工序单件作业时间之和分别为 40 min,32 min,28 min,流水生产线按两班制工作,每月有效工作时间为

24 000 min,现选择 A 为代表产品,则

计划期以代表产品 A 计算的总产量 = $\left(2\,000 + 1\,875 \times \frac{32}{40} + 1\,857 \times \frac{28}{40}\right) =$ 4 800(件)

代表产品 A 的节拍 = $\frac{24\,000}{4\,800}$ min/ 件 = 5 min/ 件

产品 B 的节拍 = $5 \times \frac{32}{40}$ min/ 件 = 4 min/ 件

产品 C 的节拍 = $5 \times \frac{28}{40}$ min/ 件 = 3.5 min/ 件

2)加工劳动量比重法

加工劳动量比重法是按各种零件在流水生产线加工总劳动量中所占的比重分配有效工作时间,然后计算各种零件节拍的方法。

设 A,B,C3 种零件的加工劳动量在总劳动量中所占的比重为 $\alpha_A,\alpha_B,\alpha_C$,则

$$\alpha_A = \frac{N_A T_A}{N_A T_A + N_B T_B + N_C T_C}$$

$$\alpha_B = \frac{N_B T_B}{N_A T_A + N_B T_B + N_C T_C}$$

$$\alpha_C = \frac{N_C T_C}{N_A T_A + N_B T_B + N_C T_C}$$

3 种零件的节拍计算公式为:

$$r_A = \frac{\alpha_A F_e}{N_A} \quad r_B = \frac{\alpha_B F_e}{N_B} \quad r_C = \frac{\alpha_C F_e}{N_C}$$

例如,例 7.2 中 A,B,C3 种产品的加工劳动量在总劳动量中所占的比重分别为:

A 产品劳动量占总劳动量的比重 = $\frac{2\,000 \times 40}{2\,000 \times 40 + 1\,875 \times 32 + 1\,857 \times 28} \times 100\% = 41.67\%$

同理,求出 B 产品劳动量占总劳动量的比重为 31.25%,C 产品劳动量占总劳动量的比重为 27.08%。

根据各种产品的劳动量比例,分配计划期的有效工作时间,并计算节拍。

产品 A 的节拍 = $\frac{24\,000 \times 41.67\%}{2\,000}$ min/ 件 = 5 min/ 件

产品 B 的节拍 = $\frac{24\,000 \times 31.25\%}{1\,875}$ min/ 件 = 4 min/ 件

$$产品 C 的节拍 = \frac{24\,000 \times 27.08\%}{1\,857} \text{ min/ 件} = 3.5 \text{ min/ 件}$$

(2)计算各工序设备数量

计算仍采用基本公式 $S_i = t_i/r$。先分别对每个加工对象计算各工序的设备需要量,如计算得到生产 A 产品所需要的设备数为 $S_{A1}, S_{A2}, S_{A3}, \cdots, S_{Am}$。同样可计算出 B 产品、C 产品的设备需要数量为 S_{Bi}, S_{Ci} 等。然后将各制品在各道工序的设备需求数列表分析。它们需要满足下面的系列等式:

$$S_{A1} = S_{B1} = S_{C1}$$
$$S_{A2} = S_{B2} = S_{C2}$$
$$\vdots$$
$$S_{Am} = S_{Bm} = S_{Cm}$$

这样才能使可变流水线上的设备和人员达到满负荷,并有利于组织管理。否则需要进行工序同期化处理。

(3)设备负荷系数计算

各工序的设备负荷系数(k_i)计算公式如下:

$$k_i = \frac{N_A t_{A1} + N_B t_{B1} + \cdots + N_j t_{j1}}{S_i F_e} = \frac{\sum_{j=1}^{q} N_j t_{j1}}{S_i F_e}$$

整个流水线的设备负荷系数 k 计算公式如下:

$$k = \frac{\sum_{j=1}^{q} N_j t_{j1}}{S F_e}$$

其余步骤的实施方法与单一品种流水线相同。

可变流水线提高了流水生产方式适应市场需求多样化的能力,但是市场对各品种的需求不是轮番的,而是均匀的,为了随时能提供多种产品,只能靠保持较大的成品库存。这是不利的一面,混合流水线则克服了这个缺点。

7.3.2 混合流水线

混合流水线是在同一条流水线上按固定顺序同时生产多品种产品。由于是流水生产,不允许频繁调整设备,要求产品是结构与工艺特征相似的系列产品。混合流水线的问世,实现了多品种小批量大规模生产的方式,保留了流水生产大规模高效率低成本的优势,提高了多品种生产的灵活性,能随时满足市场的多样化需求,大大增强了企业的竞争能力。在近二三十年中,混合流水线在发达国家已被广泛采用。它的优点很突出,但组织的难度较大,要求满足较为严格的条件:如产品的系列化、标准化、通用化程度要高;加工中转换产品时如需要调整设备,必须能够做到快速,如快速更换模具、夹具、工具等;各生产环节衔接要好,最好实行同步化生产;有一支技术过硬的工人队伍。

此外,混合流水线在组织设计上要解决两个问题,一是工序同期化问题,另一个是产品的加工顺序问题。前一个问题比较复杂,本教材不作介绍,可参阅其他教材。对后一问题,我们介绍比较简单的生产比倒数法。

生产比倒数法是从各品种计划产量中找出最大公约数,计算各品种的生产比倒数,然后按一定的规则确定投产顺序。在流水线上传送的顺序称作连锁。下面通过一个例子说明应用的方法。

例 7.3 设某混合流水线生产 A,B,C 三种产品,生产计划分别为 3 000,2 000和 1 000 件。试用生产比例数法编制投产顺序。

解:(1)计算生产比 X_i

用各品种产量的最大公约数去除各品种产量数,本例最大公约数为 1 000,算得生产比如下:

$$X_A = \frac{3\,000}{1\,000} = 3 \quad X_B = \frac{2\,000}{1\,000} = 2 \quad X_C = \frac{1\,000}{1\,000} = 1$$

生产比总和为 6,表示有 3 个 A 产品、2 个 B 产品、1 个 C 产品构成一个循环流程。

(2)计算生产比倒数 m_j

$$m_A = \frac{1}{X_A} = \frac{1}{3} \quad m_B = \frac{1}{X_B} = \frac{1}{2} \quad m_C = \frac{1}{X_C} = 1$$

(3)编制投产顺序

编制过程列在表 7.3 中,编制的规则为:

①生产比倒数最小的产品先投,如有多个最小生产比倒数,则安排最小生产比倒数晚出现的产品先投。采用这一规则时,如出现连续投入同一品种时,应排除这个品种,再按此规则排序。

②对已选定的生产比倒数 m_j 标上"*"号,并更新 m_j 值,即在所选定的产品的 m_j 上再加上该产品的 m_j。

③重复以上过程,直至排得的连锁中各品种的数目分别等于它们的生产比时,则表明投产顺序已确定,就可停止排序。

表 7.3　生产比例数法确定投产顺序计算表

计算次数	A 产品	B 产品	C 产品	连　锁	备　注
1	$\frac{1}{3}$*	$\frac{1}{2}$	1	A	
2	$\frac{1}{3}+\frac{1}{3}=\frac{2}{3}$	$\frac{1}{2}$*	1	AB	
3	$\frac{2}{3}$*	$\frac{1}{2}+\frac{1}{2}=1$	1	ABA	
4	$\frac{2}{3}+\frac{1}{3}=1$	1*	1	ABAB	选 B
5	1*	—	1	ABABA	
6	—	—	1*	ABABAC	

7.3.3　成组流水线

成组流水线是成组技术在生产过程中的应用。它是按产品在形状、加工工艺、加工路线或其他某种特征方面的相似性，对产品进行分类，将具有某种相似性的产品按对象专业化进行布置，组织生产。据统计分析，在机械产品中相似件占 70% ~75%，为成组技术的应用提供了可能性。

在采用成组技术的情况下，产品按其相似性来分组，设备则相反，是把进行某一组相似产品的加工所需的设备布置在一起，构成一个小生产线或加工单元。

成组流水线是具有流水线特征的成组加工单元。采用成组技术组建成组流水线，利用了加工对象的相似性，不但可以节省大量的设计工作量，还可以提高设计的继承性和产品的“三化”程度；应用成组工艺设计，由计算机自动生成加工工艺，不但节省了不必要的重复劳动，还提高了工艺设计水平；在制订工时定额、材料定额等时，不仅省工省时，还可以保持定额水平的一致性；成组流水线的建立还可以提高生产系统的柔性，使企业适应多样化的需求；可以减少作业更换时间，减少中间在制品库存，使物流量减少，缩短生产周期，易于实现自动化等。

下面看一下某车间运用成组流水线前后的变化。

成组流水线根据相似零件组的工艺流程配置设备，设备随时可以进行局部调整以适应不同零件的制造，而且不过分强调节拍，工序间的运输采用辊道或小车。成组流水线与普通流水线的主要区别是在其间流动的不是固定的一种零

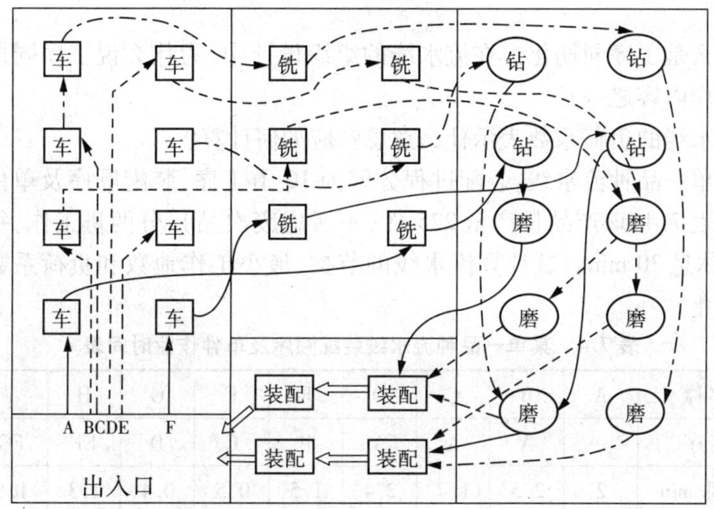

图 7.7 应用成组流水线之前

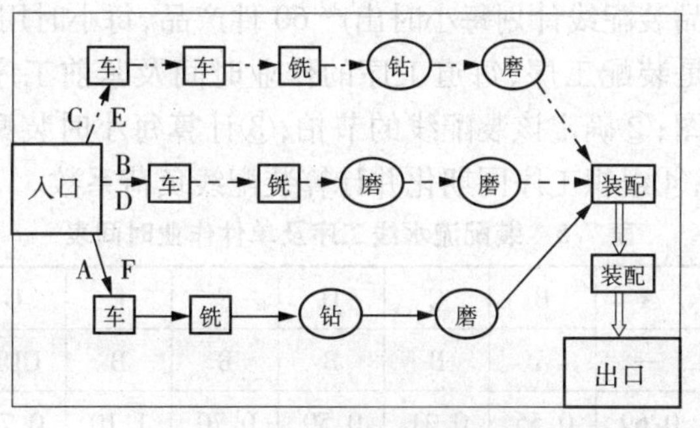

图 7.8 应用成组流水线之后

件，而是一组相似的零件。在成组流水线的基础上可以组织以成组技术为逻辑基础的柔性制造系统和计算机集成制造系统，使多品种小批量生产方式采用自动化生产技术。

思考与练习

1. 什么是流水线？组织流水生产应具备哪些条件？
2. 流水线是如何分类的？
3. 什么是单一品种流水线、可变流水线、混合流水线？它们的节拍计算有何不同?

4. 什么是工序同期化?在流水线的组织设计中,为什么说工序同期化是最重要的工作内容之一?

5. 流水线的负荷系数表示什么意思?应如何计算?

6. 某单一品种流水线,装配过程分解为10道工序,装配顺序及单件工序作业时间见表7.4,该产品日产量225件(不考虑废次品),分两班工作,每班工作8 h,每班休息30 min。试计算流水线的节拍、最小工作地数和负荷系数并组织工序同期化。

表7.4 某单一品种流水线装配顺序及单件作业时间表

工序名称	A	B	C	D	E	F	G	H	I	J
紧前工序	—	A	A	A	B	C	D	EF	FG	HI
作业时间/min	2	2.5	1.7	2.4	1.5	0.5	0.4	1.3	1.6	0.5

7. 某单一产品装配线计划每小时出产60件产品,每小时用于生产的时间是50 min。表7.5是装配工序、每道工序的作业时间及紧前工序等信息。要求:①画出装配顺序图;②确定该装配线的节拍;③计算每小时装配60件产品所需的最少工作地数;④组织工序同期化并计算装配线负荷系数。

表7.5 装配流水线工序及单件作业时间表

工序名称	A	B	C	D	E	F	G	H	I
紧前工序	—	A	B	B	B	B	CDE	GF	H
作业时间/min	0.69	0.55	0.21	0.59	0.70	1.10	0.75	0.43	0.29

8. 某混合流水线生产A,B,C,D 4种产品,其日产量分别为400件、300件、200件和100件,请用生产比倒数法安排4种产品的投产顺序。

第8章 生产运作系统优化设计

通过本章学习,应达到如下目的:

1. 了解工作研究的内容。
2. 了解过程分析与运作分析的方法与技巧。
3. 理解时间研究的主要方法。
4. 理解劳动定额及其主要形式。
5. 理解几种主要的劳动定额制定方法及其优缺点。
6. 理解劳动定员的编制方法。

生产运作设施规划为系统正常有序地运行提供了基本空间条件。要使整个生产运作系统处于最佳运行状态,还需要对生产现场的人、机器与环境等要素进行整体优化设计,基于此,本章讨论生产系统设计中的工作研究,包括方法研究和时间研究;劳动定额的制订;定员编制及多机床看管。最后,介绍人—机系统中温度、空气流通、照明、色彩、噪声等因素对劳动者的心理和生理影响及改进方法。

8.1 工作研究

8.1.1 概述

(1)工作研究的内容

工作研究是指在一定的生产技术和组织条件下,运用系统分析的方法研究资源的合理利用，排除作业中不合理、不经济的因素，寻求一种更佳的、更经济的工作方法以提高系统的生产率。其基本目标是要避免浪费，包括时间、人力、物料、资金等多种形式的浪费。

工作研究包括方法研究和时间研究。方法研究是通过对工作过程每个环节的系统分析，制订出更合理、更经济、更有效的工作方法，并使之成为一种标准的科学管理方法。时间研究是指在已制订的标准工作程序和方法的基础上，运用各种时间测定技术，衡量完成这一工作所需的合理时间，得出标准工作时间。时间研究着眼于消除工作中的无效时间，减少操作所用时间。

方法研究和时间研究之间既有联系又有区别。区别在于各自的侧重点不同：方法研究侧重研究完成工作的最佳方法，使现场布局更合理，环境更良好，工人的无效劳动减少，劳动强度进一步降低；时间研究侧重研究完成工作的标准时间，使劳动力的使用更为合理，工时成本进一步降低，劳动生产率进一步提高。它们之间的相互联系在于：方法研究是时间研究的前提和基础，只有在先进合理的工作方法确定之后，才有可能建立起科学合理的时间定额；而时间研究提供的时间数据，既是评价工作方法是否合理与优劣程度的重要依据，又是制订标准作业和标准时间的前提。

企业提高劳动生产率的途径是多方面的，可以通过购买先进设备、提高劳动强度来实现，而工作研究却是坚持内涵式提高效率的原则，在既定的工作条件下，不依靠增加投资、不增加工人劳动强度甚至减轻强度，只通过重新组合生产要素，优化作业过程、改进操作方法、整顿现场秩序便能有效地清除各种浪费、节约时间和资源、提高产出效率，同时由于作业规范化、工作标准化，还可保证产品质量的稳定提高，人员士气的提升。因此，工作研究是企业提高生产效率与经济效益的好方法。

总之，方法研究和时间研究相互联系，不可分割。方法研究是时间研究的基础，即制订标准作业是制订标准时间的前提条件，而时间研究又是选择和评价工作方法的依据。工作研究的目的在于最终达成先进、合理、科学的工作标准，并据以培训职工，使职工贯彻执行，从而不断提高企业经济效益。

(2)工作研究的程序

工作研究的程序分为：选择研究对象、记录现行方法、现状分析、制订改进方案、实施新方法、方案追踪评价 6 个步骤，可用图 8.1 表示。

1)选择研究对象

工作研究的对象和范围十分广泛，若面面俱到，必然分散时间、精力、财力，工作量也大，因而，工作研究的对象主要集中于系统的关键环节、薄弱环节、或带

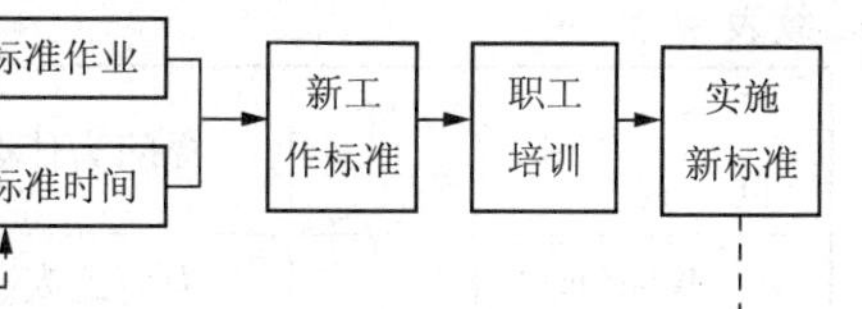

图8.1 工作研究的程序图

有普遍性的问题、或容易实施、见效快的项目。在具体选择研究对象时应考虑以下三个因素:经济因素,即研究经济价值较高的工作对象,如利润率高的产品项目、生产的瓶颈环节、质量低或不稳定的产品等;技术因素,即进行研究时所应准备的各种知识、方法、技术,它直接影响到工作研究的可行性;人的因素,应选择能够合作的部门或工作单位,易于总结经验并获得推广。

2)确定研究目标

研究对象确定后,还需要规定具体的研究目标,主要包括:减少作业所需时间;节约生产中的物料消耗;提高产品质量;增强职工的工作安全性,改善工作环境与条件;改善职工的操作方法,减少工人劳动疲劳程度;提高职工对工作的兴趣和积极性等。

3)现状分析

研究对象确定后,将现在采用的操作方法详实地记录下来。过程分析可借助于各类专用表格技术来记录,动作与时间研究还可以借助于录像带或电影胶片来记录。记录是工作研究的基础,工作研究效果的好坏,往往取决于记录的正确性和全面性。根据记录的工序或操作进行分析是制订改进方案的基础。工作研究一般规定在分析考查每一工序时应从原因、对象、地点、时间、人员、方法等6个方面(5W1H)不断提出问题,进行考察,即5W1H法,如表8.1所示。若某个问题经如此反复提问,回答不出,或理由不够充分,就说明不那么必要,就有可能被删除掉。

表8.1 5W1H法的基本内容

步骤 问题	提问为什么	提问能否改善	得出结论
Why(必要性)	理由是否充分	有无新的理由	新的理由
What(干什么)	为何要干它	有无更合适的工作	应该干什么
Where(何地干)	为何在此干	有无更合适的地点	应在哪里干
When(何时干)	为何此时干	有无更合适的时间	应在何时干

续表

步骤 问题	提问为什么	提问能否改善	得出结论
Who(何人干)	为何此人干	有无更合适的人选	应由何人干
How(怎样干)	为何这样干	有无更合适的方法	应该如何干

4)制订改进方案

这是工作研究的核心部分,包括建立新方法和评价新方法两项主要任务。在构思新的工作方法时,可以在现有的工作方法基础上,通过"取消—合并—重排—简化"四项技术形成对现有方法的改进。经过改进后的工作方法可能会有很多,于是需要从中选择最佳方案。新方法的评价需要进行技术经济分析、安全性分析、可靠性分析及考虑管理的方便程度。

5)实施新方案

将选出的实施方案报请有关部门批准后,即作为新的工作标准,用以培训职工,然后贯彻执行。为了保证新方法的贯彻执行,要采取各种有力的措施,如认真做好宣传与试点工作,做好各类人员的培训工作。允许职工有一个熟悉和适应的过程,切勿急于求成。

6)方案追踪与评价

新方案付诸实施后,要进行追踪检查,发现新的问题,反馈给下一次循环的起始阶段。同时,观察实行新方法后的影响,了解所制订的标准与实际之间的差异,找出产生差异的原因,分析有无必要调整。

8.1.2 方法研究

方法研究是对现有的作业进行系统的记录和分析,寻求最经济、最合理、最有效的工作程序和操作方法的一种管理技术。它的内容有两部分,一是过程分析,二是动作分析。

(1)过程分析

过程分析是对于现行作业方法予以系统的记录,这种记录采用的是一种以简明符号为基础所绘制的程序图,根据程序图对现实客观、准确地描述,可以利用工作研究的分析方法,改善现行作业过程中不经济、低效率的步骤、设置、操作、动作等,使生产作业过程更合理更经济。

过程分析的方法用于对信息处理业务的分析称为信息处理过程分析，用于制造业企业便可称为生产过程分析，用于服务业企业可称为作业过程分析。

1）过程分析符号及说明

过程分析法中所用的表示符号，传统上只有5种。但随着管理对控制的日益重视，信息处理过程的描述越来越重要，因此在“加工”环节上又多了两个为处理信息特设的符号。如表8.2所示。

表8.2 过程分析符号及说明

名 称	符 号	说 明
加 工	○	表示一个加工或装配操作工序
	◎	文字加工处理，表示生成一个记录、报告
	◍	文字加工处理，表示往一个记录上添加信息
运 输	⇨	表示用小车、传送带、专人等将物件从一个位置移到另一个位置的活动
储 存	▽	生产、作业或检查过程中必要的储存
延 误	D	在加工、运输、检查之前发生的不可避免的耽搁
检 验	□	对通知格式、代表数据、材料的质量、数量进行检验

2）过程分析图表技术

生产过程分析是针对产品生产过程进行的系统分析，从其最高层次来说，主要包括：

①工序结构分析。工序结构分析是以产品为对象，只运用加工和检验这两种符号（用垂直线表示生产的过程，用水平线表示零件加工装配的过程）对产品的生产过程进行总体分析。目的在于了解从原材料开始到成品形成为止的整个生产过程有多少生产环节？主要工序是什么？工序数目共有多少个？加工顺序是否合理？等等。

②零件加工分析。零件加工分析以描述零件加工的物流为主，记录原材料的运输距离与加工等待时间。目的在于用它来检验工作、工件、报表等所经过的全部程序，并用于分析各道作业、检验、运输和储存在加工顺序、时间、距离上是否合理，是否有改进的必要与可能等。

③空间及平面流程分析。在工程分析的基础上，应进一步分析产品对象在厂区内经过的路线是否合理。其方法是在厂区平面图和车间布置图上，用图形符号和连接线标出被研究对象的移动路线，便于发现问题，求得改善。具体做法

是绘出从下料开始到成品为止实际的经过路线，用箭线标出移动路线方向，并注明移动距离，改进前后的移动路线可用虚实线或不同颜色区分。其目的在于改善厂区布置和车间设备配置。

④人—机联合分析。它是对操作者与机器交互作用的描述，可把机器工作周期与人工作周期在时间上的配合关系描述在图表上，通过“取消—合并—重排—简化”四项技术，减少无效时间，提高稀缺资源的利用率。这项分析对解决多机床看管问题十分有效。

另外，生产过程分析还包括产品结构分析、作业过程分析、搬运分析及双手操作分析等内容。此处不一一介绍。

(2)动作分析

动作分析是过程分析的进一步深化，是研究人体劳动中的动作方法，它通过对生产过程中的每道工序、每个操作、动作进行分析研究，找出哪些是不合理的，并设法消除。其目的在于设法消除一切无效劳动，提高有效劳动，总结和推广先进的操作经验，不断提高劳动生产率。从一定角度来看，进行动作分析也是延长人类创造财富的生命时间。

1)动素的划分

动作分析一般集中在对劳动时细微动作的记录、描述、分析与改进方面。它是由美国工业工程的开拓者吉尔布雷斯夫妇发明的。他们发现任何一个操作都是由17种动素组成，后经美国机械工程师学会总结，将人体动作或操作划分成18个动素，如图8.2所示。

操作
- 有效动素
  - 定点操作：握取、放手、对准、预对、应用、装配、拆卸
  - 运送动作：伸手、移动
- 无效动素
  - 犹豫动作：寻找、发现、选择、计划、检验
  - 等待动作：持住、迟延、故延、休息

图8.2　动素构成图

有效动素可以使工作得以向前推进，而无效动素可能会延缓工作的进程。所以，在进行动素分析时，应尽可能减少有效动素，而对无效动素应设法予以消除。为了便于动素记录与分析，还可用专门的象形符号表示，在此省略。

2)动作分析的方法

动作分析的基本方法是目视动作分析法、影片录像分析法和既定时间分析法3种。

①目视动作分析法：由观测者用目视的方法对操作者左右手动作进行观察，

用一定的符号,按操作顺序如实地记录下来,然后进行分析,并提出改进的意见。这种方法简单,但由于动作速度快,有时观察较困难,分析结果不太准确。

②影片录像分析法:用电影摄影设备或录像设备把操作者的动作拍摄下来。可根据需要按正常速度或放慢速度拍摄,然后进行分析,提出改善意见。这种方法虽然工作量大,但它取得的资料准确,是一种有效的分析研究的方法。

③既定时间分析法:对作业进行必要的基本动作分解,根据预先确定的最小动作单元的时间表,求得每个最小动作单元的时间值,从而制订出标准作业时间的方法。这种方法工作量较小,在掌握方法要领和必要资料时,也是有效的。

8.1.3　时间研究

时间研究又称为工作测定,是各种时间测定技术的总称,用以制订各项工作或作业的标准时间,确定劳动定额,并通过某种研究方法评价现实工作时间的利用情况以及人员工作效率。它是企业科学管理和完善企业管理基础工作的重要管理方法,在进行作业改善时,必须根据作业的动作时间对作业本身进行有针对性的修改,防止不修改作业条件而擅自改动动作时间的现象。常用的时间分析方法有以下几种:

(1)测时法

它是根据观测的目的和所要求的分析精度,利用秒表进行时间分析的一种方法。在测时前,可先观察作业,然后将时间分析分为单位作业分析和操作作业分析。单位作业分析用于作业重复次数少、重复周期时间少,动作不确定的情况,具体观察方法常采用连续计时法。操作作业分析运用于动作比较稳定,重复一次时间较短,重复次数较多的情况,常采用以下几种时间计量方法:

①连续计时法。这种方法是在观测终止前使秒表一直处于转动状态,随着作业的进行,读取操作作业测量点(作业的开始点或终止点)的时刻并将作业名称记录下来。若以声或光的发出点作为测量点,利用录像录音装备进行测量,可提高测量精度。

②快速返回法。这种方法是在各操作作业的测量点读取秒表指针读数后,立即使指针返回到零位。该方法的优点是不用计算,便可直接得知每个动作所需时间值。缺点是测量的数值误差相对较大。

③循环法。这种方法是依次选择整个动作中的部分动作测量其总时间,然后类推每项动作时间。例如,有 A,B,C,D 4 个动作,首先测量 10 次(A+B+C)的时间记为 $10a$,再测量 10 次(B+C+D)的时间记为 $10b$,再测量 10 次(C+D+A)

的时间记为 $10c$，最后测量 10 次（D+A+B）的时间记为 $10d$，求得平均时间 a,b,c,d，再列出如下方程组，即可求得各动作的单独时间值。

当循环周期短，细小动作连续出现时，来不及看表记录每一动作的时间，此时可利用循环法。该方法的缺点是观测次数多，计算烦琐，所测量的动作时间为平均值。

④细微时间分析法。在大量生产的作业中，一个动作循环时间为 2～5 s，速度极快，难以用上述方法测量。故应使用录音机和秒表进行测量，以观测者向录音机发出声音作为信号，记录在磁带上，观测后，慢速重放，换算出时间值。

（2）标准时间资料法

它是在长期进行秒表测时的基础上，将保留下来的资料，整理为具有参考价值的标准数据。例如，在一台机床上的卡活动作，若工作尺寸形状差异不大，那么，卡活时间基本上是一样的，无需每次重新测定，即可确定出所需标准时间值，必要时再用秒表测时法进行复核审定。

（3）既定时间标准法

该法是把人们所从事的所有作业都分解成基本动作单元，对每一基本动作根据它的性质与条件，经过详细观测，编制基本动作的标准时间表。当要确定实际工作时间时，只要把作业分解为这些基本动作，从基本动作的标准时间表查出相应的时间值，累计起来作为正常时间，再适当考虑放宽时间，即得到标准作业时间。

（4）模特排时法

模特排时法是一种不用测时器具，只需简单计算，便可确定预测标准动作所需标准时间的科学方法。

表 8.3　动作分类表

<table>
<tr><th colspan="2">动　作</th><th>符　号</th><th>模　数</th><th colspan="2">动　作</th><th>符　号</th><th>模　数</th></tr>
<tr><td rowspan="6">移动动作</td><td rowspan="2">手指动作</td><td rowspan="2">M_1</td><td rowspan="2">1</td><td rowspan="6">终止动作</td><td>接触动作</td><td>G_0</td><td>0</td></tr>
<tr><td>单纯抓握</td><td>G_1</td><td>1</td></tr>
<tr><td>手腕动作</td><td>M_2</td><td>2</td><td>复杂抓握</td><td>G_3</td><td>3</td></tr>
<tr><td>前臂动作</td><td>M_3</td><td>3</td><td>简单放下</td><td>P_0</td><td>0</td></tr>
<tr><td>上臂动作</td><td>M_4</td><td>4</td><td>目视放下</td><td>P_2</td><td>2</td></tr>
<tr><td>肩部动作</td><td>M_5</td><td>5</td><td>小心放下</td><td>P_5</td><td>5</td></tr>
</table>

续表

动作		符号	模数	动作		符号	模数
身体动作	脚板动作	F_3	3	其他动作	校正动作	R_2	2
	步行动作	W_5	5		施压动作	A_4	4
	探身动作	B_{17}	17		曲柄动作	C_4	4
	坐立动作	S_{30}	30		眼睛动作	E_2	2
					判断动作	D_3	3
					重量修正	L_1	1

模特排时法的原理是根据操作时人体动作的部位、动作距离、工作物的重量,通过分析和计算,确定标准操作方法,并预测完成标准操作方法所需要的时间。人体的劳动动作几乎全部可以用表8.3所示的21种动作来表示。表8.3中的模数数字(MOD)可换算成时间值。根据实地测量,可估算出,在普通速度时,1 MOD=0.129 s,劳动熟练时1 MOD=0.1 s,在疲劳宽放增加10%后,1 MOD=0.143 s。若有一个基本动作模式为$M_3G_1M_3P_0$动作,则其动作或MGMP数字式为3 130,其时间值为3+1+3+0=7 MOD,劳动熟练时需时间为0.7 s。该方法特别适用于手工作业较多的劳动密集型产业,如电子仪表、汽车工业、纺织、食品、建筑、机械等行业。

8.2 劳动定额

8.2.1 劳动定额的表现形式

劳动定额是产品生产过程中劳动消耗的一种数量标准。它是在一定的生产技术组织条件下,生产单位产品所需要消耗的时间,或者是在一定的时间内规定生产的合格产品的数量。劳动定额体现的是生产量与相应的劳动时间消耗之间的比例关系,它有两种基本表现形式:一种是用时间表示的劳动定额,称为工时定额;另一种是用产量表示的劳动定额,称为产量定额。

(1)工时定额

工时定额,又称标准工作时间,是在标准工作条件下,操作人员完成单位工作所需的时间。这里的标准工作条件是指，在合理安排的工作场所和工作环境下，由经过培训的操作人员，按照标准的工作方法，通过正常的努力去完成工作任务。可见，制订工时定额应当以方法研究和标准工作方法的制订为前提，工时定额的计算公式为：

$$工时定额 = \frac{完成一定量产品消耗的时间}{产品产量}$$

(2)产量定额

产量定额是在标准的工作条件下，操作人员在单位时间内完成产品的数量。其计算公式为：

$$产量定额 = \frac{产品产量}{完成一定量产品消耗的时间}$$

从以上两公式可知，工时定额与产量定额在数值上互为倒数关系。另外，有些企业还使用一种看管定额，即一个工人或一组工人在一定的生产技术和组织条件下，同时看管机器设备的标准数量。不同的定额形式，适用于不同的生产条件。在生产实际中选择何种定额形式，要根据产品结构和企业生产类型确定。一般地，工时定额适用于成批生产或单件小批生产类型的企业；而产量定额适用于加工时间短、自动化程度高的大量生产企业；纺织企业则采用看管定额。

从企业生产和经营管理的需要来看，又分别采用以下 4 种不同的定额，即现行定额、计划定额、设计定额、不变定额。它们之间有着密切的关系，见表 8.4。

表 8.4　劳动定额之间的关系

种类 项目	现行定额	计划定额	设计定额	不变定额
内　容	按零件划分工序制订	按产品分车间、分工种制订	按产品工艺技术资料，分产品、零件、工序分析计算	按产品分组整件计算(不分工种)
依　据	依照现有技术组织条件，按照时间分类以工序为单位制订	考虑计划期内预计工人超额的情况，确定现行定额的超额系数	工艺设计部门根据工艺资料和初步设计年产量，采用技术分析和概略估计或定额标准或类比分析计算	一般是将某个时期的现行定额固定下来，在几年内保持不变

续表

种类 项目	现行定额	计划定额	设计定额	不变定额
用　途	确定生产任务工时和衡量工人业绩;核算和平衡生产能力;编制和安排作业计划	用于编制年度、季度、月度计划;是企业制定计划价格的依据	用设计年产量表示,是计算设备生产能力、生产面积和劳动配备的依据,是企业降低工时消耗的努力方向	是企业编制不变价格和下达经济指标的依据
修订期限	一般是一年、半年修改一次(特殊时可随时修订)	一般是分年、季度或月份	企业实行专业化生产或有重大技术改革时,必须重新制订	一般是 1 ~ 5 年

从表 8.4 可以看出,劳动定额不仅是企业组织生产、实行计划管理和进行成本核算的重要基础,也是评定职工劳动成绩,确定职工劳动报酬的重要依据。

8.2.2　工时消耗分类

工时消耗分类就是对工人在整个轮班的工作过程中全部时间消耗的分类,研究目的是消除不必要的时间消耗,为制订先进合理的定额提供依据。生产过程中工人进行作业所消耗的全部时间,由定额时间与非定额时间两部分构成,具体构成如图 8.3 所示。

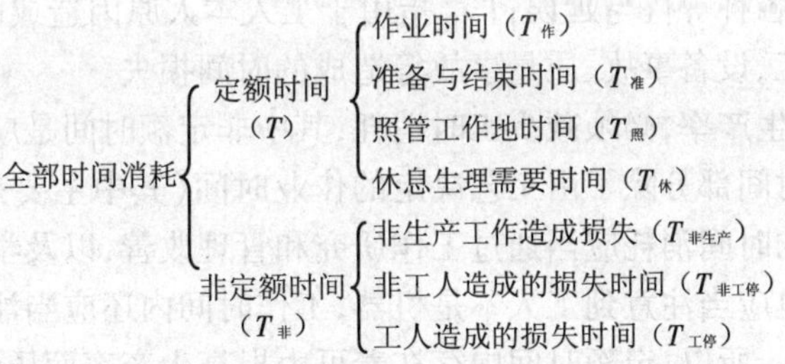

图 8.3　工时消耗分类图

(1)定额时间(T)的构成

定额时间(T)是完成某项工作所必需的工时消耗,它一般由以下 4 部分构成:

$$T=T_{作}+T_{准}+T_{照}+T_{休}$$

$T_{作}$包括基本加工作业时间和辅助时间，如装卸工作、开机停机、测量工件等时间；$T_{准}$表示在加工新零件、新批次时，了解工作情况、布置工作地所需时间；$T_{照}$表示工人照管工作地，使工作经常保持正常状态所需消耗的时间；$T_{休}$表示工作间隙生理需要的休息调整时间。

不同类型的企业，定额时间组成是不同的。在大量生产条件下，由于每件制品分摊的准备和结束时间很小，故此项可忽略不计，时间定额只由三项时间组成，其计算公式为：

$$T=T_{作}+T_{照}+T_{休}=T_{作}\times(1+宽放率)$$

宽放率是指照管工作地时间、休息生理需要时间占作业时间的百分比。

在成批生产条件下，由于每件制品分摊的准备和结束时间较多，则：

$$T=T_{作}+T_{准}+T_{照}+T_{休}=T_{作}\times(1+宽放率)+\frac{T_{准}}{批量}$$

在单件生产条件下，时间定额中的准备和结束时间应由单件产品来承担，其计算公式为：

$$T=T_{作}+T_{准}+T_{照}+T_{休}=T_{作}\times(1+宽放率)+T_{准}$$

(2)非定额时间($T_{非}$)的构成

非定额时间是完成生产任务的停工损失和工时消耗。它一般由以下3部分构成：

$$T_{非}=T_{非生产}+T_{非工停}+T_{工停}$$

$T_{非生产}$指由于工人在工作班内从事本职工作以外的任务或不必要的工作损失的时间；$T_{非工停}$指由于非工人本身原因造成的停工时间。如停电、缺原材料、管理不当引起的各种等待与延误；$T_{工停}$指由于工人本人原因造成的停工损失时间。例如迟到、旷工、设备事故、质量事故等造成的时间损失。

为了提高生产率，必须减少工时消耗，其中非定额时间是应当尽量减少或杜绝的，而定额时间部分除了由工艺决定的作业时间(其中主要是机动时间)应保持之外，其他的时间消耗应当通过工作研究和管理改善，以及学习曲线效应加以减少，但同时也应当注意到工人不是机器，工作时间内还应当注意必要的生理需要和休息时间。所以，定额时间中存在着可由提高生产率而压缩的部分，但在一定的技术条件下，它是有限度的，因此，劳动定额的制订应做到客观性与科学性的统一。

8.2.3 制订劳动定额的原则和要求

(1)制订劳动定额的原则

不同类型企业的劳动定额构成不尽相同,劳动定额的制订方法也各有差异。但为了使劳动定额发挥应有作用,根据企业生产的普遍特点,在制订劳动定额时必须遵循下列原则:

①制订定额必须走群众路线,使定额具有坚实的群众基础。

②确定定额水平应有科学根据,实事求是,力求做到先进合理。

③同一企业内各个车间、班组、工序间的定额水平必须平衡,宽松程度一致。

④定额工作必须以提高劳动生产率,激励职工积极性,贯彻"各尽所能、按劳分配"方针为目的,结合企业实际情况,逐步健全,不断提高。

(2)制订劳动定额的要求

①定额水平必须先进合理。定额水平是企业在一定的生产技术与组织条件下所达到的定额标准。定额水平必须做到先进性与合理性的统一。先进性是指定额要能充分反映新的生产水平,即先进的生产技术水平、生产组织条件、操作方法、工作经验。合理性是指定额要结合企业现有的生产实际,使绝大多数工人经过努力能达到和突破的水平。

②制订定额必须"快、准、全"。快,就是要迅速及时,方法简便易行,工作量小,及时满足生产和管理上的需要;准,就是能正确反映企业目前的生产技术与管理水平。全,就是凡需要和可能制订劳动定额的产品、车间、工种都要有定额。在"快、准、全"三者中,准是定额的关键,它决定了定额的质的关系,企业应该依照生产技术组织条件的不同,按实际情况掌握定额的准确程度。

③定额水平必须综合平衡、整齐划一。定额的综合平衡是指企业内部产品之间、车间之间、工种之间、工序之间完成定额的可能性要大体一致,以免形成生产忙闲不均,奖励苦乐不均的现象,影响职工的劳动积极性。整齐划一是指同一道工序,同一个产品只能有一个定额,不能因工人技术水平不同而采用不同的定额水平。只有这样,才能使劳动定额真正反映企业的生产组织水平,起到鼓励先进,督促后进的作用。

8.2.4 制订劳动定额的方法

正确地选择劳动定额的制订方法,直接决定着定额水平的准确性。目前工业企业常用的定额制订方法主要有:经验估工法、统计分析法、类推比较法和技术测定法。

(1)经验估工法

它是由定额人员、技术人员、经验丰富的工人,根据产品(或零件)图纸、工艺规程,所使用的设备、工具、工艺装备、产品材料以及其他生产技术组织条件,对完成产品加工所需要的劳动量进行估计的一种方法。估计时,可采用操作工人、技术人员和管理人员三结合的估工方法或三点估计法。对有关统计资料进行分析,也可以参考同类产品的定额资料。

经验估工法的优点是简单,容易掌握,制订时间短,工作量小。缺点是定额水平不易平衡协调,缺乏先进性。该方法主要用于定额基础工作较差的多品种、小批量生产类型的企业。

(2)统计分析法

它是根据过去生产同类型产品或零件、工序的实耗工时或实际产量的原始记录和统计资料,经过分析和整理,再考虑今后企业生产技术组织条件的变化而制订或修改工时定额的方法。其具体做法是:首先以统计资料为依据,求出实际的平均数,然后在计算平均数的基础上求出平均先进数,最后再结合可能发生的变化情况修订定额。

统计分析法的优点是简便易行,工作量小。它以大量统计资料为依据,有相当的说服力,比经验估工更能反映实际情况,能满足制订定额快和全的要求。其缺点是可能把各种不合理的因素也包括在内,科学合理性与准确性比较差。此方法多用于生产条件比较正常,原始记录和统计工作比较健全的大量或成批生产企业。

(3)类推比较法

它是以现有同类型产品、零件或工序的定额资料为依据,经过分析比较推算出另一种产品、零件或工序的工时定额的方法。依据的定额资料有:相似的产品、零件或工序的工时定额;类似产品、零件或工序的实耗工时资料;典型零件、典型工序的定额标准。用来类比的两种产品必须具有可比性。类推比较法兼备了经验估工法和统计分析法的做法。只要典型工序、典型零件选择得当,对比分析细致,可以较好地保证定额的水平,其具体步骤如下:

①选择典型工序或工件,根据其尺寸大小、精度、质量、复杂程度等来确定其影响工时消耗的因素。

②制订出典型工序或工件的定额标准。

③比较类推,制订同类型工序或工件的工时定额。

此法的优点是简便易行,便于保持定额水平的平衡协调。其缺点是需要制订一套典型定额标准资料,工作量比较大。另外,若典型件选取不当,或对影响工时的因素考虑不周,都会影响定额的准确性。此方法多用于品种多,批量少的单件小批生产类型的企业。

(4)技术测定法

此方法是在分析现有技术水平、工艺规程及组织条件的基础上,总结先进经验,尽可能充分挖掘生产潜力,设计合理的生产条件和工艺操作方法,对组成定额的各部分时间,通过实地观察和分析计算来制订定额的方法。

技术测定法的具体工作程序如图8.4所示。

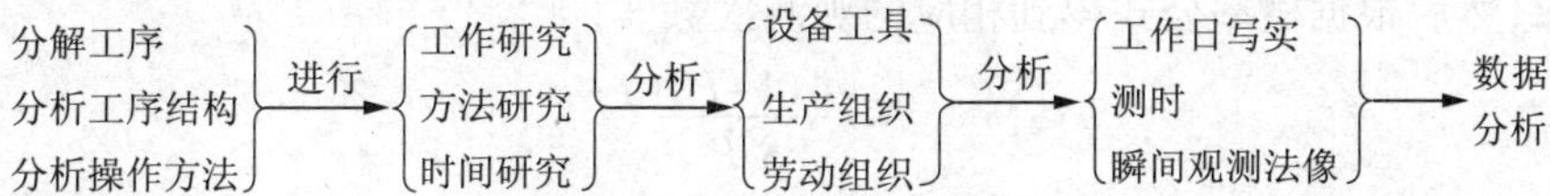

图8.4 技术测定法的程序

在图8.4中,分解工序是指将工序分为工步、操作、动作乃至动素,分析工序结构和操作方法的目的在于取消不合理的、多余的动作,重新加以组合,使操作方法合理化。分析设备及工具状况是为了研究其性能、技术参数、精度、效能是否得到充分利用,是否采用新技术、新工艺。分析生产组织和劳动组织的目的在于深入了解劳动分工协作与车间厂区布置合理与否,工人技术水平与设备的性能精度和工件的加工技术等级是否适用,工作地布置和服务供应的状况,劳动条件和环境保护情况,有无推广先进经验的可能性等。总而言之,就是要通过分析来改善工作环境与条件,提高工时利用率,使定额建立在科学合理又先进的基础之上。

为了制订先进合理的劳动定额,寻求降低工时消耗和提高劳动生产率的途径,需要对工人在每个轮班中的全部工时消耗进行现场观测分析研究。现场观测分析方法有工作日写实、测时和瞬间观测3种方法。

①工作日写实法。工作日写实法是由专职写实人员利用秒表或其他时间记录工具,对工人整个工作日的时间利用情况,按其时间消耗的顺序,实地观察记录和分析的一种方法。这种方法要求专职写实人员在作业现场进行长时间的连续观察。它的作用是:通过对劳动熟练程度最快的工人进行写实,全面调查整个工作日工时利用和设备负荷情况,确定 $T_{布}$,$T_{准}$,$T_{休}$ 时间,总结和推广先进的操作方法和生产经验。

②测时法。测时法是以作业为对象,按操作顺序实地观察和测量工时消耗的一种方法。这种方法能研究和总结先进生产者的操作经验,推广先进操作方

法，确定合理的工序结构，也可以测定工人完成工序中各个组成部分的时间消耗量，为制订定额提供依据。测时法与工作日写实法都用于核算工作时间，区别在于：测时法可任意观测工作班中属于定额时间中某一段时间的操作，以确定工时消耗中的作业时间。工作日写实法除了观测定额时间外，还可用于观测非定额时间，它要经过测时前的准备、测时记录、整理分析3个阶段。

③瞬间观测法。瞬间观测法是通过随机观测工人在某一瞬间的状态，据此确定该工人的工时利用等方面的情况。根据数理统计理论，从大量事件中随机抽取样品，当样品足够多时，样品可以反映母体的特性。但随着观测次数的增多，所需观测的时间与费用也逐渐增高，这就要求在观测前应对观测精度有一个要求，然后根据概率公式得到相应的观测次数。

$$N=\frac{4(1-P)}{S^2P}$$

其中，N 为观测次数，S 为观测所要求的准确度（相对误差），P 为调查对象出现的概率。公式中 P 值实际上是要真正调查的对象，但在瞬间观测方案设计过程中要假设其为已知，或通过预观测得到，有时为了简化计算，也可按表8.5的标准来确定观测次数。

表8.5 瞬间观测的观测次数参考标准

瞬间观测的目的	观测次数
①一般目的。如调查和发现工时利用一般问题	100
②特定管理目的。如分析等待原因	600
③特定的活动分析或延误时间的比率	2 000
④调查人或机械的开动率	4 000
⑤在精确度较高情况下，确定标准时间	10 000 以上

上述方法中，技术测定法是定额制订方法中最有科学依据的方法，它的优点在于：使劳动定额水平做到先进合理；能使复杂的定额工作条理化，定量化；便于掌握定额水平，并使之有利于贯彻执行；有利于促进企业各项管理工作的提高和劳动组织的完善。其缺点是制订方法复杂、工作量大，难以做到迅速及时。技术测定法适用于品种少，生产稳定，机械化程度较高的大量生产、大批生产，以及单件小批生产中的通用件或典型工序等条件下劳动定额的制订。

上述4种劳动定额的制订方法，各有优缺点，究竟采用哪种方法，应从企业实际出发，结合生产类型、管理和技术水平、专职定额人员素质等因素决定。

8.3 编制定员

8.3.1 概述

(1)编制定员的要求

在定额的基础上,企业可以结合生产任务大小,确定各类人员的需要量。定员是指根据企业既定的产品方向和生产规模,在一定时期内和一定的技术、组织条件下,规定企业应配备的各类人员的数量标准。合理定员能为企业编制劳动计划、调配劳动力提供可靠的依据;能促进企业改进工作,克服人浮于事、工作散漫、纪律松懈的现象,以提高工作效率。编制定员应做到以下两点要求:

1)定员要坚持先进合理的原则。既要考虑到现实的技术组织条件,又要充分挖掘劳动潜力,尽量应用先进工艺技术,改善劳动组织和生产组织形式;既保证满足生产的需要,又避免人员的窝工浪费,尽量精简机构,减少不必要的人员,用提高生产效率和工作效率的办法来完成更多的任务。

2)定员要能够正确处理各类人员之间的比例关系。要合理安排直接生产人员和非直接生产人员,提高直接生产人员的比重,降低非直接生产人员的比重;要正确处理基本工人和辅助工人的比例关系,做到合理安排,配备适当,根据企业发展的需要和实际可能,正确规定人员比例;此外,随着科学技术的发展和企业经营管理要求的日益提高,企业中工程技术人员和管理人员的比重要逐步提高。

(2)定员工作的作用

定员工作是企业的一项基础管理工作。它是企业编制劳动计划的依据;是调配劳动力、检查劳动力使用情况的依据;是改善劳动组织,遵守劳动纪律的必要保证。其主要作用是,保证企业合理地配备人员,节约人力、避免浪费、提高劳动生产率。

企业定员的范围应该包括所有部门和岗位,即包括从事生产、技术、管理和服务工作的全部人员。但不包括与生产经营和职工生活无关的其他人员,或临时性生产和工作所需的人员,不能独立定岗的学徒工不列入定员范围。

(3)定员工作的任务

定员工作包括确定企业总人数、各部门的人数、各岗位的人数、掌握各种技能的人数,以及他们之间的比例关系。企业员工一般分为两类:一类是从事生产和技术工作的人员,他们是直接生产人员;另一类是从事管理和服务工作的人员,为非直接生产人员。企业为了维持正常的生产经营活动,需要各类人员从事各项专门的活动,在客观上各类人员之间存在一定的比例关系,其中主要是基本生产工人和辅助生产工人的比例,直接生产人员和非直接生产人员的比例。传统的观点认为非直接生产人员比例不能太大。但实际上,各类人员间的比例与企业生产特点有关,很难确定它们之间的比例关系,完全取决于实际的需要。随着科技的发展,生产自动化水平的提高,辅助生产工人的比例和非直接生产人员的比例呈不断上升趋势。

总之,定员要从实际出发,满足企业生产经营活动的客观需要,既要做到合理分工发挥工人专长,又要避免因分工过细而造成人力资源不足。在机构设置方面,要求机构精简,管理层次少,做到人有其事,事有其责,杜绝互相推诿现象,提高办事效率。

8.3.2 编制定员的方法

编制定员的基本依据是计划期总工作量和个人的工作效率。常见的方法有以下几种。

(1)按时间定额定员

时间定额是最通用的劳动消耗标准,凡是有劳动定额的工种,都可以采用此方法,将不同工种和不同对象的劳动量换算成时间量来比较,从而确定所需定员的人数。计算公式如下:

$$P = \frac{N \times t}{F_1 \times K_1 \times K_2}$$

式中 P——某工种所需人数;

N——计划期内的预计产量;

t——该产品的工时定额;

F_1——制度有效工作时间;

K_1——超额系数;

K_2——出勤率。

这个方法适用于许多场合,当用来计算全厂的基本生产工人定额人数时,只要取全厂的生产任务总量;计算车间的基本生产工人定额人数时,生产任务取车间总量;同样地,如果计算某一工种的定员人数,生产任务取该工种的总计值就可以了。其余情况类推。

(2)按产量定额定员

这种方法的计算公式与时间定额法基本相同,只是公式中的生产任务和工人的定额任务用产量定额表示。此方法有较大的局限性,只适用于劳动对象单一的情况,如产量大且稳定的零件制造厂,可以按零件的加工任务量计算定员,合计后得到全厂的基本生产工人人数。

(3)按看管定额定员

根据机器设备数量、设备开动班次和工人看管定额计算定员。公式如下:

$$P = \frac{s \times m}{J \times K_2}$$

式中 P——看管某种设备所需人数;

s——参与生产的该种设备数量;

m——该种设备有效运转时间;

J——由一个人看管该种设备的工时定额;

K_2——出勤率。

这种方法比较简单,使用前提是生产任务必须饱满,否则得出的定额人数会偏大。它一般适合于以机械设备操作为主的工种或实施多机床看管的企业。对于实行单机看管方式的企业,此法不一定合理。

(4)按岗位定员

根据工作岗位的数量、岗位的工作量、操作人员的劳动效率、劳动班次和出勤率等因素计算定员人数。按岗定员的方法与生产量无直接关系,与生产类型有关,它适合生产大型联合设备或装置的企业。如发电厂、炼油厂和炼钢厂等,也适合于无法按劳动定额计算定员的辅助人员和服务人员。例如,辅助工、机修工、后勤服务人员等。用这种方法计算定员一般没有固定公式,工作抽样是比较适合的一种方法。通过对操作人员实际的工作情况抽样,分析工作量是否饱满,如果工作量不足,可减少人员或者增加看管岗位。

(5)按比例定员

按比例定员指按企业职工总人数或某一类人员的总人数的比例来确定非直接生产人员和部分辅助人员人数。例如,企业中的卫生保健人员、炊事人员等。该方法中的比例属于经验数据,可以用工作抽样方法分析比例数的准确性。

(6)按业务分工定员

根据组织机构、职务岗位的工作种类和工作量等条件来确定人数。这种方法的主观因素很大,主要用于管理人员和工程技术人员的定员。这些人员的工作内容广泛,工作量不容易计算,工作效率又与每人的能力、工作态度和劳动热情有关,具体操作时有一定的难度。工作抽样也适用于处理这个问题。

定员是企业人员数量及其构成的基本标准,是个相对稳定的劳动人事资料,应该保持一定的稳定期。但是,企业的生产量在不同季节不同月份往往变动很大,为了保证任务和人力相匹配,在每个计划期(年计划和月计划)都需要做人员需求计划,以指导劳动力的余缺调整和补充,这里指的主要是基本生产工人。如果生产任务减少,基本生产工人就应该等比例减少,减下来的人员可以临时安排其他工作,甚至可以参与产品推销,这比窝工要好得多。

8.3.3 多机床看管

(1)多机床看管的基本原理

多机床看管就是一名工人或一组工人同时照看两台或两台以上的设备。这是一种特殊的编制定员方式,它最早应用于纺织行业,在其他行业,特别是机械行业习惯上还是采取单机看管的组织方式。随着生产技术的不断提高,设备的自动化程度越来越高,需要工人操作的作业内容日趋简单,所需操作的时间越来越短,如果再让一人操作一台机器,会有很多空闲时间,造成劳动力的大量浪费。实行多机床看管可以充分利用工人的工作时间,有利于节约劳动力,降低生产成本。

多机床看管的基本原理,是员工利用一台机器设备上的机动时间,去完成其他一台或多台机器设备的手动作业。所以,组织多机床看管的一个前提条件是每台设备的机动时间,应当大于或等于员工看管其他设备手动时间的总和。如果一台设备的机动时间能允许员工到另一台设备上去做必需的手动时间的工作,而这台设备的机动时间也同样允许员工去做原来那台设备上所需的手动时间的工作,这样员工便可以同时看管两台设备。如果一台设备的机动时间足够使员工到另外两台设备上去做手动时间的工作,那么员工便可以同时看管3台设备。依此类推,机器的机动时间越长,人工操作的时间越短,从理论上讲,工人能够照看的机器就越多。反之则越少,甚至不能实行多机床看管。

(2)多机床看管的形式

组织多机床看管,员工先在第一台设备上开始工作,以后在第二台、第三台……一直到所管理设备的最后一台操作工作结束,然后又回到第一台设备上工作,如此反复循环。这样,每重复一次所需的时间间隔称为看管循环期。看管循环期也就是员工在所看管的设备中巡回一次所需的时间,它主要取决于设备机动时间和工人手动时间。

多机床看管有两种基本形式:一是一名工人独立看管多台机器;二是几名工人看管一群机器,平均每人看管两台以上机器。前者在按工艺原则组织的生产系统中比较多见,设备多是同种类型,如车床组、铣床组、磨床组等,加工的零件可以相同,也可以不同。后者多见于按对象(产品)原则组织的生产系统中。所谓一群机器,实质上是一条机械加工生产线或流水线。在流水生产线上组织多机床看管,对于提高流水线的灵活性有重要意义。当生产任务发生变动时,需要改变操作工人人数,如果是单机看管的组织方式,是无法改变工人数量的,而采取多机床看管的组织方式是可以改变人数的。人数改变后只要重新安排作业内容,同样可以保证流水线正常运行。这种生产组织方式是丰田公司首创的,现在已在实行精益生产方式的企业中得到普遍应用。下面介绍由一名工人独立看管多台机器的两种具体方式。

1)一名工人看管同一种机器,机器加工同一种零件

这时每台机器加工零件所需要的机动时间相等,手动作业时间也相等,且机动时间是手动时间的整倍数。在这种情况下,工人的作业负荷达到100%。如图 8.5 所示,手动操作需要 5 min 后,机器加工 10 min,在机加工期间,同一位工人连续操作机床2 和机床3,当机床3 的操作结束时,机床1 正好加工完毕,工人回到机床1 开始下一个看管循环期。本例中,看管循环期为各机床手动时间之和,即 15 min。

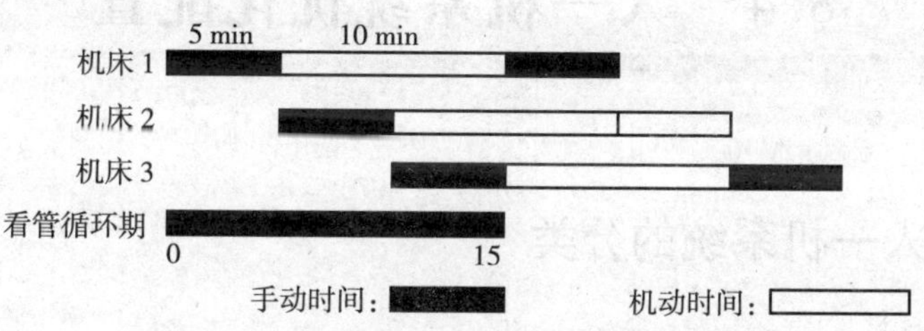

图 8.5　同种机床加工同种零件的定员图解

2)一名工人看管不同种机器,各种机器加工不同种零件

在这种情况下,各种机床加工的时间不相等,工人看管的设备数量无法用公式计算,而要绘制多机床看管指示图表来确定。利用指示图表还可以进一步分析工人和机器的负荷量,即负荷系数。

这种形式中的看管循环期由多台机器中最大工序时间决定。在图 8.5 中,工人负荷数系数等于1,没有空闲时间;而在图 8.6 中,机床设备的负荷数系数小于1,未满负荷工作,设备必须要有自动停车装置,即加工完毕后会自动停车。

看管循环期等于 3 台机床的手动时间总和,即 16 min。

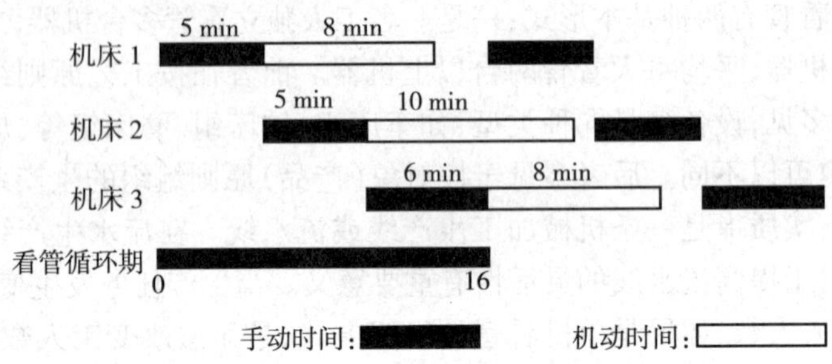

图 8.6　不同种机床加工不同种零件的定员图解

(3)实行多机床看管的措施

实行多机床看管可以显著提高企业经济效益,应该尽可能采用这一先进的组织方式。当然,组织多机床看管并不是一件容易的事情,要采取多种措施,诸如:

①修订工艺操作标准,改进工装夹具,使机动时间和手动时间尽量集中。

②给机器装备自动停车装置,以保证产品质量,防止设备和人身事故。

③重新排列设备,排成“U”字形或“品”字形,使工人的巡回路线最短。

④培养多技能工人,使每位工人掌握多种机床的操作技能。

8.4　人—机系统优化配置

8.4.1　人—机系统的分类

人—机工程是以人—机系统为对象,研究人—机系统内部相互作用与结合的规律,使设计的机器和环境系统更适合人的生理和心理特点,以达到生产过程中的安全、健康、舒适和高效的目的。

人—机系统由人、机器和环境 3 大要素构成。对于人的方面,人—机工程主要在感官神经系统和人体构造与测量学等方面,对人接受信息、进行判断、做出反应这一过程的机制、素质及极限能力进行研究,并对人体肌体特征、动作的生物力学特性等方面也进行研究,并形成人机工程的专门分支;对于机器方面,人—机工程主要结合人的特性探讨了机器显示、控制、空间布置、作业地设计等方面的专门问题。以上两方面的研究涉及较多医学、生理、心理学等方面的内容,属于工业工程师较深的知识层次。对于环境方面,人—机工程主要探讨工作环境对作业的影响及环境研究与设计。人—机系统中人与机器各有所长,它们的基本功能是:感受、信息储存、信息处理和行动。根据该功能的行使方式不同,可以将人—机系统分为:手工操作系统、半自动化系统和自动化系统3种类型。

①手工操作系统:该系统包括人、辅助机械及手工工具。在该系统中,人提供所需的动力及作为生产过程的控制者;工具和辅助机械则可以使人的力量增大。

②半自动系统:在该系统中人主要发挥作为生产过程控制者的作用,人和机器相互作用,感知有关生产过程的信息,并对其进行解释,应用一套控制机构来启动或关闭机器,并可能做一些中间调整。动力一般由机器提供,同时还存在着手工操作与半自动化系统相结合的情况,这时,人仍然提供这一系统一部分动力。

③自动化系统:该系统中所有的信息处理、判断以及行动等功能都由机器来实施。该系统应该能够对所有可能的意外事件充分感知并据此做出相应的反应。但其设计费用在经济上是不合算的。故在自动化系统中人仍起监视的作用,协助控制生产过程。

8.4.2 人—机系统的优化设计

(1)工作设计

工作设计主要研究人—机系统中人与机器的功能分配问题。通过工作设计,使人与机器各展所长,互相取长补短,以达到整个系统总体功能最佳,效率最高。最早的工作设计方法始于泰勒提出的工作专门化,即工作细分化、单纯化和标准化,强调管理者与职工之间的合作和责任分担,认为这是提高工作效率的最有效途径。但是今天看来,这种工作设计思想,只是从工作设计的技术性出发,没有考虑人的工作动机,存在一定的局限性。目前,随着行为科学理论在工业工程中的研究与应用,人们提出了以下几种新的工作设计思路:

1)工作扩大化(job enlargement)

工作扩大化是指工作的横向扩大,即增加每个人工作任务的种类,从而使他们能够完成一项完整工作(例如,一个产品或提供给顾客的一项服务)的大部分程序,这样他们可以看到自己的工作对顾客的价值,从而提高工作积极性。进一步,如果顾客对这个产品或这项服务表示十分满意并加以称赞,还会使该员工感受到一种成功的喜悦和满足感。工作扩大化通常需要员工有较多的技能和技艺,这对提高员工钻研业务的积极性,使其从中获得一种精神上的满足也是有极大帮助的。

2)工作职务轮换(job rotation)

工作职务轮换是指允许员工定期轮换所作的工作,这种定期可以是小时、天、日或月。这种方法可给员工提供更丰富、更多样化的工作内容。当不同工作任务的单调性和乏味性不同时,采用这种定期轮换方式很有效。不言而喻,采用这种方式也需要员工掌握多种技能,可以通过"在岗培训"(on-the-job-training)来实现。这种方法的另一好处就是:增加了工作任务分配的灵活性,例如,派人顶替缺勤的工人;往瓶颈环节多增派人员等。此外,由于员工互相交换工作岗位,可以体会到每一岗位工作的难易,这样比较容易使员工理解他人的不易之处,互相体谅,结果使整个生产运作系统得到改善。

3)工作丰富化(job enrichment)

工作丰富化是指工作的纵向扩大,即给予职工更多的责任,更多参与决策和管理的机会。例如,一个生产第一线的工人,可以使他负责若干台机器的操作,检验产品,决定机器何时进行保养,或自己进行保养。工作丰富化可以给人带来成就感和责任心得到认可(得到表彰等)的满足感。当他们通过学习,使丰富化的工作内容被掌握之后,他们会感到取得了成就;当他们从顾客那里得到了关于他们工作成果——产品或服务的反馈信息时,他们会感受到被认可;当他们需要自己安排几台设备的操作、自己制订保养计划、制订所需资源的计划时,他们的责任心也就会大为增强。

4)团队工作方式(team work)

这种方法与以往每个人只负责一项完整工作的一部分(如一道工序、一项业务的某一程序等)不同,它是由多人组成一个小组,共同负责并完成这项工作。它在小组内,每个成员的工作任务、工作方法以及产出速度等都可以自行决定,在有些情况下,小组成员的收入与小组的产出还挂钩,这样一种方式称为团队工作方式。其基本思想是全员参与,相互沟通,从而调动每个人的积极性和创造性,使工作效果尽可能好。

(2)工作环境设计

还应注意的是机器与人之间是依靠环境来沟通的,环境既是媒体又是干扰源,有时会阻断人与机器的联系,或使人犯错误,对机器施加不正确的影响而使系统失效。因此,研究人与机器的关系不可能脱离环境的影响。工作环境是指人操作机械设备或利用各种工具进行劳动生产时,工作地周围的物理环境因素,它主要包括:气候状况、照明与色彩状况、噪音状况 3 大类影响因素。它们会显著地影响生产率、差错率、质量水平、职工对工作的接受性以及身体健康等。

1)气候状况设计

工作地和工作用房的气候状况主要受空气温度、空气流动速度、气压与大气污染等因素的影响。

有效的工作场地温度是静止的饱和(温度为 100%)空气的温度,它是在气温、温度和通风等因素的各种不同组合条件下使人们产生相同的冷热感觉时的温度。我国企业对温度控制比较困难,温度控制亦往往多限于冬季供暖。表8.6 为我国各种用途建筑物内的最佳温度。

表 8.6　我国各种建筑物内的最佳温度范围标准

工作场所	最佳温度范围
学校教室	65 ~ 70 ℉(18.3 ~ 21.1 ℃)
医院病房	70 ~ 72 ℉(21.1 ~ 22.2 ℃)
剧院电影院	65 ~ 68 ℉(18.3 ~ 20 ℃)
食　堂	65 ℉(18.3 ℃)
工厂车间	55 ~ 65 ℉(12.8 ~ 18.3 ℃)
住　宅	65 ℉(18.3 ℃)

对于靠近高温区的工人,例如在锅炉附近,经常受辐射的影响,可以用遮盖和隔绝热源的办法来控制温度,一般控制温度的手段是空调。

工作环境的空气流通情况也会影响劳动效率。实验表明,在温度相同的情况下,保持空气新鲜的工作地要比空气停滞的工作地效率高出约 10%。一般认为,在工作人员不多的房间中,空气流通的最佳速度约为 0.3 m/s,在拥挤的房间中约为 0.4 m/s,而当室内温度、湿度都很高时,空气流速最好达到 1 ~ 2 m/s。

工作环境中的空气污染源来自两个方面:一方面来自人在呼吸过程中排出的 CO_2。另一方面是生产过程中产生的大量的烟、尘、废气、废液和废物。另外,由于机器运转、材料的来回运送、物体的下落等造成的一般机械事故都会对工作产生一定的影响。

2)照明与色彩设计

视觉条件是工作环境研究的重要问题。眼睛作为视觉显示信息的器官,其功能及其效率的发挥依赖于照明条件和显示物的颜色特征。在工业工程中,每项工作都有一个临界照明标准,实际中的最高照明点,超过该点并不能使工作效果提高。因此,不能一味地增加工作环境的照明度。M. A. 廷克(Tinker)列了一张表,提出了不同工作或所处环境的临界照明标准。见表8.7。

表8.7　不同工作或所处环境照明度水平参考表

工作内容或所处环境	照明度/英尺烛光	工作内容或所处环境	照明度/英尺烛光
过道和楼梯	5	制图室、缝纫室	25
接待室和盥洗室	10	办公室、邮政室	25
阅读大小合适的字体	10~15	家中很费视力的工作	25~30
学校教室、商店和办公室	15	相当于辨认性工作	30~40
典型的家务劳动	15	很费视力的情况	40~50
阅读手写字体及相当工作	20~30	会计、制图	50

色彩对工作人员的影响有两个方面,一方面是对人的机体影响,另一方面是对人的心理影响。一般情况下,红、橙、黄色给人以温暖的感觉,这些颜色属于暖色系列;青、绿、紫色给人以寒冷的感觉,这些颜色属于冷色系列。因此,在色彩运用时若工作场所温度较低,可用暖色;反之,可用冷色。

关于生产用房的色彩选择,一般不主张把房间涂成单一的颜色。因为单一的颜色会使视觉疲劳,把表面涂成对比色是有效的。具体颜色还要适合于房间的用途。如:普通生产用房要使用明快的色调,温度很高的房间最好涂上冷色调,俱乐部和休息室应采用使人感到舒适的暖色调,而会客室则可以涂上暗色调。

色彩的选择除了上述的一般情况外,还与人的个体特征(如年龄、性别、生活经验等)有关。例如,成年人往往更喜欢蓝色或绿色等,儿童更喜欢鲜艳的色调,如红色或黄色等。

3)噪声与振动状况的影响与控制

不需要的声音通常称为噪声。它主要包括城市交通噪声、工厂噪声、建筑施工噪声以及商业、体育和娱乐场所的人群喧闹声等。越来越多的证据表明,噪声能够产生破坏性的影响,特别是对长期在噪声下工作的工人,更是如此。它对工人形成了干扰,使其感到不快、不安,甚至对身体有害。

①噪声工作人员的影响。噪声的干扰过程是:声源—传播途径—接受者。噪声控制必须从这3方面研究解决。

②控制声源:可采用重新设计产生噪声的部件,或应用减震装置;或应用适

当的隔音结构等方法，使透过隔音结构的噪声量减少，声源本身的噪声级降低。

③限制噪声的传播途径：在传播途径上阻断和屏蔽声波的传播，或使声源传播的能量随距离衰减，这是控制噪声、限制噪声传播的有效方法。在工厂总体设计布局时，要预计工厂建成后可能出现的厂区环境噪声情况。例如，将高噪声生产场所与低噪声生产场所、生活区分开设置，以免互相干扰。特别强烈的噪声源可设在离厂区比较偏僻的地区，利用天然地形，如山冈土坡、树丛草坪和已有的建筑屏障等有利条件，阻断或屏障一部分噪声向接受者传播，使噪声级最大限度地随距离的增大而自然衰减。在噪声严重的工厂、施工现场或交通道路的两旁设置有足够高的围墙或屏障，也可以减弱噪声的传播，并且绿化不仅能净化空气、美化环境，而且还可以限制噪声的传播。

④防护噪声接受者：当其他措施不成熟或达不到预期效果时，使用防护用具进行个人防护是一种经济、有效的方法。常见的防护用具有耳塞、耳罩、防噪声帽以及防声棉球等，在噪声严重的情况下，应用耳塞产生的最大可能衰减在 50 dB以内，最普通的情况，预计可减弱噪声 20 ~ 30 dB。在噪声强烈的车间，也可以开辟小的隔声间，让工人在其中进行仪表控制或休息。此外，可采取轮换作业，缩短工人在噪声环境中的工作时间。

除了上述的气候状况、照明与色彩状况、噪音状况 3 大类因素对工作环境的影响之外，在进行人机系统设计时，还必须考虑工作环境中的污染和事故的影响。

总的来说，在生产过程中控制这些污染物质的扩散成了重要的工程问题。为了保护工人身心健康就要利用排气系统来收集尘埃、废气和蒸气，以便使污染物质浓度低于其最大允许浓度。当然，除了上述措施之外，对工人详细讲解安全操作规程，规范他们的工作方式及行为准则，也是进行污染防范的有效措施。

思考与练习

1. 工作研究的内容有哪些？
2. 什么是劳动定额？它有哪些形式？
3. 工时定额由哪些部分组成？
4. 制订劳动定额的方法有哪些？各有何优缺点？
5. 编制定员的方法有哪些？
6. 工作环境研究和设计的内容有哪些？

第9章 生产运作能力规划

通过本章学习,应达到如下目的:

1. 了解不同行业生产运作能力的度量方法。
2. 深刻理解生产能力的定义。
3. 描述决定生产与运作能力方案的因素。
4. 掌握生产与运作能力的查定方法。
5. 叙述规划生产与运作能力考虑的主要因素。

当一个企业制订了竞争策略,决定了要提供什么产品或服务,在什么地方生产或提供服务以及用什么方式进行生产和提供服务时,接下来他们的注意力就会集中到运营能力的规划上来。在给定的组织方式下,现有的运营能力能否满足运营或提供服务的要求?如何合理规划运营能力?运营管理人员必须考虑提供足够的能力,以满足目前及将来的市场需求,否则就会出现机会损失。反过来,运营能力过大,又会导致设施与设备闲置、资金浪费。本章介绍运营能力的基本概念、查定方法,运营能力与任务的平衡方法以及运营能力的规划方法。

9.1 运营能力概述

9.1.1 运营能力的含义与度量

运营能力通常理解为一个系统的最大产出量。这看起来很简单,但在实际中，测量运营能力却存在微妙的困难，这些困难来自于对运营能力的不同解释以及明确特定情况下适于何种测量手段。当生产仅涉及一种产品或服务时，某生产单元的运营能力可以用其产品来表示。然而，当涉及多种产品或服务时，用一种基于产出单位的简单度量可能是误导性的。例如，一家既生产冰箱又生产电视机的家电生产厂，如果两种产品的产出率不同的话，用一种简单的产出单位无法表明冰箱或电视机的产量，如果生产的产品更多，情况将变得更为复杂。一种可能的解决办法是以每种产品的产量表示其运营能力，这样可以说该工厂每天的运营能力是生产1 000台冰箱或800台电视机，有时这种方法是有用的，有时却毫无意义。例如，一个组织有许多种不同的产品或服务组合时，列出每一种相关的运营能力是不现实的，特别是当产出组合经常发生变化时，需要持续改变运营能力的综合指数，这简直是不可能的，这种情况下，一般以投入量为计量单位是比较合理的。只要确定了计量单位就可以比较方便地计算运营能力。如仓储业的计量单位是存储空间，它的有效仓位面积就是它的运营能力；公路运输业，企业的运输工具的总装载吨位就是运营能力；律师事务所和会计事务所，它们的员工人数就是运营能力，等等。

没有一种运营能力度量是适用所有情况的。相反，应根据不同情况而定。表9.1列举了运营能力度量的例子。

表9.1 运营能力的度量方法

企业类型	运营能力的度量	
	投入表达方式	产出表达方式
汽车制造	人工小时、机器工时	每班生产的汽车量
石油精炼	精炼炉尺寸	每天生产燃油数
航空公司	飞机数量	每周飞行的座位-千米数
餐饮店	可供就餐的座位数量	每天服务的顾客数量
零售商	可供商品展示的空间规模	每天商品销售额
影剧院	观众座位数量	每周的观众数量
医　院	可供治疗的床位数量	每天治疗的病人数量

9.1.2 有效运营能力的决定因素

系统设计的许多决策因素影响运营能力，这些因素主要包括：设施因素、产品或服务因素、工艺因素、人力因素、运行因素、供应链因素和外部因素。

①设施因素。设施的设计，包括厂房大小以及为扩大规模留有的余地是一个关键因素。厂址因素，包括运输成本、与市场的距离、劳动供应、能源和扩张空间，也是很重要的因素。同样，工作区域的布局也决定着工作的平衡执行。供热、光线和通信等环境因素，无论对于员工能否有效工作，还是对必须尽力克服不利设计带来的影响，都有很重要的作用。

②产品或服务因素。产品或服务设计对运营能力也有巨大影响。如果生产的产品或服务相似的话，系统生产这类产品的能力要比不同产品或服务的运营能力大。一般来说，产出越一致，其生产方式和材料就越有可能实现标准化，从而能达到更大的运营能力。

③工艺因素。加工能力是决定运营能力的一个明显因素。另一个隐含的决定因素是产品质量对运营能力的影响。例如，如果产品质量达不到标准，频繁的产品检验和返工就会导致产量下降。

④人力因素。组成一项工作的任务、涉及活动的种类以及履行一项任务需要的培训、技能和经验对潜在和实际产出也有影响。另外，员工的动机、缺勤和跳槽与运营能力也有着直接的联系。

⑤运行因素。一个组织由于不同机器设备在运行能力上的矛盾或工作要求上的矛盾而产生的排程问题、存货储备的决策、发货的推迟、所采购的原材料部件的满意程度，以及质量检查与进程控制，都会对有效运营能力产生影响。

⑥供应链因素。如果在运营能力规划中涉及很大的运营能力变化，就必须考虑供应链因素。关键的问题包括：运营能力变化对供应商、仓储、运输和经销商将产生什么影响？如果提高了运营能力，供应链上的这些部分能满足要求吗？相反，如果运营能力降低了，业务的减少将对供应链上的这些因素带来什么影响？

⑦外部因素。产品标准，特别是产品最低质量标准和服务标准，能够限制管理人员增加和使用运营能力的选择余地。这样，产品和设备的污染标准经常会减少有效运营能力。政府规章条例要求某些行业（如造纸业）工人从事非生产性的活动，工会限制工人工作时间和工作种类的契约也有相似的影响。

另外，不充分的计划也是限制有效运营能力的主要因素。表 9.2 概括了上述因素。

表9.2 决策有效运营能力的主要因素

A. 设施因素	质量能力	进度安排
设计	D. 人力因素	物料管理
选址	工作内容	质量保证
布局	工作设计	维修政策
环境	培训和经验	设备故障
B. 产品或服务因素	动机	F. 外部因素
设计	报酬	产品标准
产品或服务组合	学习率	安全条例
C. 工艺因素	缺勤和跳槽	工会
产量能力	E. 运行因素	污染控制标准

9.2 生产能力的查定

9.2.1 生产能力的定义

对于生产单一产品的制造型企业来说,生产能力是指企业全部生产性固定资产在一定时期(通常为1年)和一定的生产技术组织条件下,经过综合平衡后所能生产一定种类和一定质量产品的最大数量或者能够加工处理一定原材料的最大数量。它是反映企业生产可能性的一种指标,一般以实物指标为计量单位。以价值或劳动消耗定额的数量不能确切说明企业生产能力,因为它不能提供关于生产一定产品可能性的准确概念。

上述生产能力的定义,有以下4方面的含义:

①企业的生产能力是按照直接参与生产的固定资产来计算的,是固定资产能力的综合反映。影响生产能力的因素很多,如机械设备、劳动者、原材料、技术水平、管理水平等。在手工业时代,生产能力的大小主要取决于劳动者的数量、劳动者的技能以及分工协作情况。但在现代社会化大生产条件下,劳动者的能力必须同机器设备的生产能力相适应,而相对于影响生产能力的其他因素,固定资产是一个主要的和比较稳定的因素。

②企业的生产能力是指在一定时期内所能生产产品的最大数量。生产能力一般以年、季、月、日、班、小时为时间单位。为了便于与年度生产计划相比较,通

常按年度来计算生产能力,也便于与同行业企业生产能力相比较。班、小时等时间单位一般用于计算流水线生产能力。

③企业的生产能力是指在一定的技术组织条件下生产产品的能力。一定的技术组织条件包含两方面含义:一是指由于产品结构发生变化,技术组织条件发生变化,相应的生产能力也会发生变化。因此,确定企业的生产能力,应以一定的技术组织条件为基础;二是指企业的生产能力,要按正常和充分利用各种生产条件来确定,即原材料、燃料、动力等供应正常,劳动力配备合理,机器设备和工装基本配套齐全,充分开工等。因为按照非正常条件(如停电、缺少原材料、设备不配套等)确定的生产能力不能反映固定资产的实际状况,因此,企业的生产能力应该在企业可能达到的技术组织条件下确定。

④企业的生产能力是指企业内部各生产环节、各种固定资产的综合生产能力。由于产品的生产要经过各个工艺阶段和各个生产环节才能完成,在此过程中需按一定比例在各工艺阶段和各生产环节配备不同的固定资产。企业产品的生产过程,就是通过劳动者的分工协作,运用这些相互联系的固定资产来完成的。所以,企业的生产能力是企业各个基本生产车间、辅助生产车间能力综合平衡的结果,是各个生产环节、各种固定资产按生产的要求所能达到的综合能力。

由此可见,企业生产能力具有时间性、动态性、条件性和综合性的特点。

9.2.2 生产能力的种类

(1)按用途分类

①设计能力。设计能力指企业筹建时,设计任务书和技术文件中所规定的生产能力。它是按照工厂设计中规定的产品方案、技术装备和各种设计参数计算出来的最大年产量。企业基建工程竣工后,需要经过一个熟悉和掌握技术的过程才能达到该能力水平。

②查定能力。查定能力指企业在没有设计能力,或虽有设计能力,但由于产品方案、协作关系和技术组织条件发生了很大的变化,原有的生产能力不能反映实际情况时,由企业重新调查核定的生产能力。该能力是以现有设备等条件为依据,根据查定年度内可能实现的先进技术组织措施来确定的。因此,只有当企业实现了先进的技术组织措施后,才能达到查定能力。

③现有能力。现有能力是指企业在计划年度内实际可能达到的生产能力。它根据企业现有条件,并考虑计划年度内所能实现的各种技术组织措施效果来计算。

以上 3 种生产能力在水平上是存在差异的,它们的用途也有所不同。设计能力和查定能力,可以作为确定企业生产规模,编制企业长远规划和扩建、改建方案,安排企业技术改造项目的依据;现有生产能力可以作为企业编制年度计划、确定生产指标的依据。

(2)按结构分类

①单机能力。是指某一单台设备所具有的生产能力。一般以设备品种为依据。特殊情况下需要进行专门测定。

②环节能力。是指企业某一生产环节或某一工艺过程所具备的生产能力。如毛坯生产阶段的模型制造、造型、熔炼、浇铸等生产环节的生产能力。

③综合能力。指企业各生产环节、生产单位和部门生产能力的综合。它是在一定时期内、一定的技术组织条件下,根据企业内部最薄弱环节或主导生产环节的生产能力确定的。

综合能力是各环节生产能力的综合反映,各环节的生产能力是单机能力在该环节工艺过程内的综合。在核算生产能力时,应从最基层即单机能力开始,通过逐级平衡,确定整个企业的生产能力。

9.2.3 生产能力的计算

(1)查定生产能力要考虑的因素

影响企业生产能力的因素很多,如产品品种多少,产品结构的复杂程度,零部件的标准化和通用化水平,技术质量要求,机器设备的数量、性能及成套性,工艺装备和工艺方法,职工队伍的素质,生产组织和劳动组织的形式等。但从查定生产能力的角度来看,上述因素可归纳为3大类,即固定资产的数量、固定资产的工作时间和固定资产的生产效率。

1)固定资产的数量

固定资产的数量是指在计划期内,用于生产的全部机器设备的数量、厂房和其他生产用建筑物面积的数量。其中机器设备的数量包括:①正在运转的设备;②正在检修、安装或准备检修、准备安装的设备;③因任务不饱满或其他不正常原因而暂时停用的设备。不包括已报废的设备和不配套的设备。

影响生产能力的因素还包括生产面积数量,生产面积数量主要是指受生产面积影响较大的铸造车间、铆焊车间、装配车间等生产部门的面积、堆放原材料和毛坯等辅助面积以及运输路线所占用的面积。

2)固定资产的工作时间

固定资产的工作时间是指按照企业现行工作制度计算的机器设备的全部有

效工作时间和生产面积的全部利用时间。固定资产的有效工作时间的计算方法为:在连续生产条件下,年有效工作时间可按全年日历天数(如无备用设备,要扣除检修天数),每日班次,每班工作时间来计算;季节性生产企业的有效工作时间应按全年可能的生产天数计算,或按其昼夜生产能力确定;在间断生产条件下,全年有效工作时间是从日历时间中扣除节假日时间,再扣除设备检修时间。计算公式为:

$$F_e = F_y H \eta_0 = F_y H(1-\theta)$$

$$\text{或}\quad F_e = F_y H - D$$

式中 F_e——设备全年有效工作时间,h;

F_y——设备全年制度工作日数;

H——每日制度工作小时数(即工作日长度);

η_0——工作时间利用系数;

θ——设备计划停修率;

D——设备计划停修小时数。

生产面积的时间利用总数,按照制度规定的工作时间来确定,计算公式为:

$$T_m = M\ t_m$$

式中 T_m——生产面积时间利用总数;

M——生产面积数;

t_m——生产面积利用的延续时间数。

3)固定资产的生产效率

固定资产的生产效率,亦称固定资产生产率定额。它包括机器设备的生产效率和生产面积的生产效率。

设备的生产效率有两种表示方式:一种是单台设备在单位时间内的产量定额;另一种是单台设备制造单位产品的时间消耗定额(台时定额),两者互为倒数关系。计算设备生产能力常用台时定额,它应是平均先进定额,即在一定的技术组织条件下,介于平均水平与最先进水平之间,在一定时期内经过努力大多数人可以达到的定额。随着技术的发展及工人技术熟练程度的提高,现行定额要定期修订。台时定额一般一年修订一次。只有这样,生产能力才能相应得到提高。

设备的生产率定额,是计算生产能力的最基本因素。在设备的数量及工作时间总数一定的条件下,定额水平对生产能力的大小起着决定性的作用,而设备生产率定额又受设备的性能,产品的品种、结构、技术质量要求,原材料,工艺方法,工人的素质,生产组织和劳动组织等一系列因素的影响,特别是人的素质,对设备生产率定额影响极大。因此,要提高设备的生产率定额,必须在提高人员素质上下功夫。

生产面积的生产效率也有两种表示:一种是单位面积单位时间的产量定额,另一种是单位面积单位产品的时间定额,两者也互为倒数关系。

从上述分析可以看出,固定资产的生产效率是一个综合性因素,它不仅受固定资产本身的技术条件影响,还受产品品种、质量、原材料、企业的生产组织以及职工素质等因素的影响。因此,为正确确定固定资产的生产效率,还须对各种影响因素进行客观分析。

(2)生产能力的计算

由于企业生产特点、生产类型及生产组织形式不同,计算生产能力的方法也有所不同。

1)流水生产企业生产能力的计算

对于采用流水线生产方式的大量生产企业,企业生产能力是按每条流水线核查的。先计算每条流水线的能力,再确定车间的生产能力,最后通过平衡,求出全厂的生产能力。

每条流水线生产能力的计算公式:

$$M_{流} = \frac{F_e}{r}$$

式中 $M_{流}$——流水线生产能力,件、个或台等;

F_e——计划期流水线有效工作时间,min;

r——流水线节拍,min/件。

车间生产能力的确定可分为以下两种情况。如果仅仅是零件加工车间,每个零件有一条专用生产线,而所有零件又都是为本厂的产品配套,那么该车间的生产能力取决于生产能力最小的那条生产线的能力;如果是一个部件制造车间,它既有零件加工流水生产线,又有部件装配线,这时它的生产能力应该由装配线的能力决定。即使有个别的零件加工能力低于装配流水线能力,也应该按照这个原则确定,零件加工能力的不足可以通过其他途径补充。

在确定车间生产能力的基础上,通过综合平衡的方法来确定企业的生产能力。第一步,对基本生产车间的能力作平衡。由于各车间之间加工对象和加工工艺差别较大,选用的设备是不一样的,性能差别很大,生产能力很难做到一致,因此,基本生产车间的生产能力通常按主导生产环节来确定。所谓主导生产环节是指产品加工的关键工艺或关键设备,这些生产环节的能力决定了某些基本生产车间的能力,同时也基本限定了工厂的生产能力。第二步,对基本生产车间与辅助生产部门的能力作平衡。当两者的能力不一致时，一般说来，工厂的生产能力主要由基本生产车间的能力决定。如果辅助部门的能力不足，可以采取各种措施来提高它的能力，以保证基本生产车间的能力得到充分利用。

2）设备组生产能力的计算

构成设备组的基本条件是生产中的互换性，即设备组中的任何设备通常在相同的时间内可以完成分配给该设备组加工的任何相同工序，并达到规定的质量标准，而且能使设备合理地使用。由于同类设备组存在着生产单一产品和多种产品的情况，因此，核算生产能力的方法有所不同。当设备组生产多种产品时，其生产能力一般按投入量计算；当设备组仅生产一种产品时，其生产能力可利用以下公式计算：

$$M = \frac{SF_e}{t} = \frac{SF_y H(1 - \theta)}{t}$$

式中 M——设备组生产能力；

S——设备组内设备的数量；

F_y——设备计划期制度工作日数；

H——设备每天制度工作小时数；

t——单位产品的台时定额；

θ——设备计划停修率。

对于生产能力取决于设备的车间（工段），在计算设备组生产能力的基础上，可确定车间（工段）的生产能力。一般情况下，各设备组的生产能力是不等的。因此，在确定车间（工段）生产能力时要进行综合平衡。在确定车间（工段）生产能力时，首先要抓住关键设备组的生产能力，然后使其他设备组的生产能力与之相适应。所谓关键设备组，是指完成劳动量比重最大或者需要较大投资才能提高其生产能力的设备组。确定过程中，对于生产能力不足的薄弱环节，要制订相应措施，加以改善；对生产能力过剩的富裕环节，也要采取措施，使之得到合理利用。经过平衡后的生产能力，就可作为车间（工段）的生产能力。

图9.1中，假定镗床是关键设备，因此应确定车间年生产能力为100台。能力不足的设备组，如插床组、钻床组、磨床组，都可以通过能力调整措施来解决，比如：可以让刨床组、车床组、铣床组的富裕能力加以支援，使车间生产能力得到综合平衡。

需要指出的是，车间（工段）生产能力的确定方法，并没有统一的规定。也有观点认为，应该以最小设备组生产能力，或者最小车间生产能力来确定，即遵循所谓的“木桶原理”。在确定车间或企业生产能力时，应具体问题需要作具体

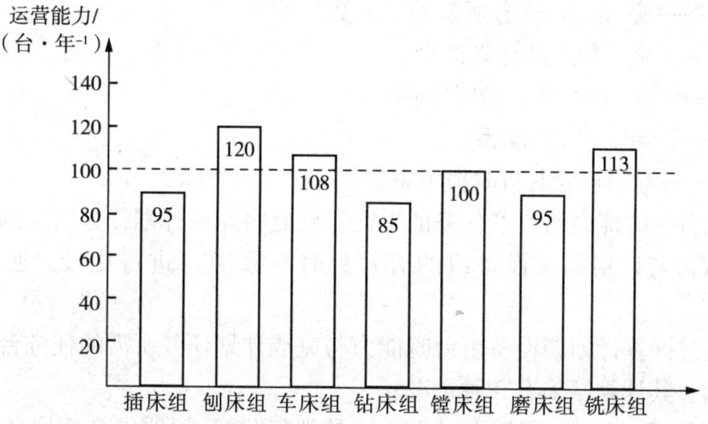

图9.1　车间生产能力平衡图

分析，以关键设备能力来确定，理由是关键设备价值高，企业不可能有备用的，也难以找到外协者，购置新的设备又可能因能力利用不足而不经济，所以生产能力只能受制于关键设备的能力。

对于铸造车间来说，其生产能力主要取决于熔炼设备、造型设备和造型面积的生产能力。

9.2.4　生产能力与生产任务的平衡

现有生产能力是编制年度生产计划的依据，因此，在编制年度生产计划时，需要将生产任务与生产计划进行平衡。生产能力与生产任务的平衡一般采取台时法。

台时法是将设备组能力与生产任务进行平衡，其方法就是将主要设备组的台时能力数与完成生产任务所需台时数比较。即先计算设备组在计划期内有效工作时间，然后根据单位产品的台时定额，计算完成计划产品所需要的台时总数，两者进行比较完成平衡工作。基本步骤为：

①计算计划期某设备组的有效台时数。计算公式为：

$$T_0 = SF_e = SF_y H(1-\theta)$$

式中　T_0——计划期某设备组的有效台时数；

其余符号含义与前述相同。

②计算完成计划任务所需的台时数。计算公式为：

$$T_1 = \sum_{i=1}^{n} N_i t_i \beta(1+\alpha)$$

式中 T_1——完成计划任务所需的台时数；

N_i——第 i 种产品计划产量；

t_i——第 i 种产品的台时定额；

β——台时定额压缩系数；

α——考虑补废的台时损失系数。

③设备台时能力与生产任务的平衡。就是将完成计划任务所需的某种设备台时数（T_1）与计划期该设备组的有效台时总数（T_0）进行比较。通常有两种方法：

a. 通过计算计划期设备组台时能力与完成计划任务所需的任务台时的差值进行平衡。其计算结果有 3 种情况：

第一种，$T_0-T_1=0$，即能力平衡。这是理想状况，说明设备组既能完成生产任务，生产能力又得到充分利用；

第二种，$T_0-T_1>0$，即能力富裕。说明设备组能完成生产任务，而且生产能力还有富裕，企业可以根据市场需求，考虑增加生产任务，或承揽零星加工任务使生产能力能被充分利用。

第三种，$T_0-T_1<0$，即能力不足。说明设备组不能完成生产任务，因此，必须挖掘潜力，采取有效措施，提高生产能力。若实在有困难，则只能考虑外协加工或减少生产任务。

台时法一般采用台时平衡表方式进行。如表 9.3 所示为 A，B 两个设备组加工 3 种产品的情况。多台设备组生产多种产品的情况与此类似。

表 9.3 台时平衡表

设备名称	设备能力/台时						计划期产品任务										平衡结果	
							甲产品			乙产品			丙产品			台时合计 T_1	T_0-T_1	
	设备数量	计划工作天数	日工作小时数	设备停修率	设备开动率	有效台时 T_0	台时定额	计划产量	所需台时	台时定额	计划产量	所需台时	台时定额	计划产量	所需台时		能力有余	能力不足
A	10	77	15.5	10%	90%	9 667	41	105	4 305	34	165	5 610	60	10	600	10 515		-848
B	7	77	15.5	10%	90%	6 767	18	105	1 890	24	165	3 960	27	10	270	6 120	647	

b. 通过计算设备组的负荷系数进行生产能力与生产任务的平衡。平衡结果表明：A 设备组能力缺 848 台时，负荷系数为 $\frac{10\ 515}{9\ 667}=1.08$，即设备超负荷工

作;B设备组能力富裕647台时,负荷系数为$\frac{6\,120}{6\,767}=0.90$,即设备低负荷工作。

9.3 生产能力的规划

生产能力规划是对企业满足目前和未来需求量的生产能力水平所作的抉择。生产能力规划包含两个层次,一是长期生产能力计划;二是短期生产能力计划。长期生产能力规划涉及新设施或新设备投资,需要进行投资决策。短期生产能力规划主要指一年以内的生产能力计划,它的最大特点是固定资产的数量是一定的,一般不涉及固定资产投资问题,年内生产能力规划的主要内容是将计划生产能力与生产计划对生产能力需求量之间进行平衡,平衡的措施基本上是非投资性的。这一部分在上一节中已阐述。本节主要讨论长期生产能力规划的内容。生产能力规划决策是否合理直接影响到企业的长期经营和发展。生产能力过大或过小对企业的生产都是不利的。生产能力计划的制订,应考虑生产能力发展策略,并思考相关的问题,诸如:是需要一个大规模设施还是若干个小规模设施?还是在需求刚出现时就扩大生产能力还是等到需求已经比较明显时再确定?对此,需要采用系统的方法来回答类似的问题,并制订适合于不同环境的生产能力发展策略。

9.3.1 生产能力运行水平的种类

(1)最佳运行生产能力

最佳运行生产能力一般是指设备除正常维修、保养时间以外连续运转的最大产出,通常人们关心的是单位成本的最小化。管理经济学告诉我们,生产成本是产量的函数,生产能力与单位成本之间的关系如图9.2所示。曲线的极值点表示的产品单位成本最小,除此之外,不管实际产量是大于这个数量(设备过度利用)还是小于它(设备利用不足),单位产品成本都不是最小的。因此,我们把此时的生产量就定义为最佳运行生产能力。这个概念的实际意义不在于引导我们去寻找成本曲线,而是提醒我们,在企业固定资产相对稳定的条件下,存在着一个使单位产品成本最小的生产量。因此在制订计划时,对计划方案要作成本测算。

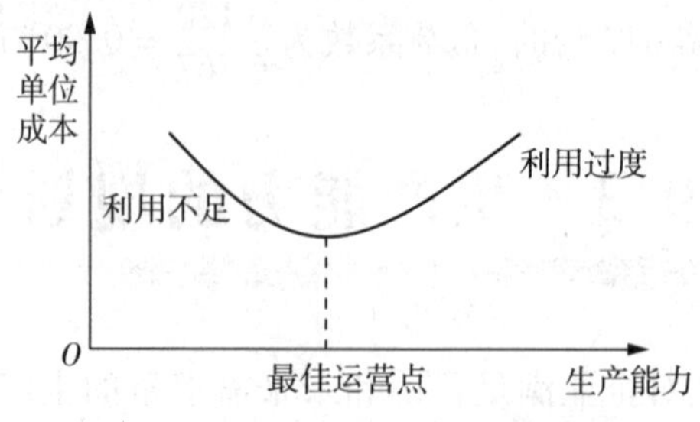

图 9.2　最佳生产状态

(2)经济规模运行能力

经济规模运行能力的基本含义是指:当一个企业的规模扩大时,由于产量的增加,会使平均成本降低,因此扩大规模是有利的。成本随产量增加而呈下降趋势的原因是多方面的,部分是因为分摊到每个产品的设备费用随产量的上升而下降。一台设备与另一台用途相同而能力大一倍的设备相比,它们的价格不是正比例增加的,能力虽然大一倍,而价格往往相差不大,即设备费用不变。此外,当产量足够大时,非制造成本,例如市场营销费用、研究与开发费用、企业管理费等,分摊到每件产品的份额会变得很小。再如,当企业规模扩大时,由于设备以及其他资源的充分利用而提高了资源的使用效率,从而使成本下降。

经济规模与最佳运行生产能力是两个不同的概念。最佳运行生产能力是在某一规模下单位成本最低的产出能力,而经济规模是指在不同规模的最佳运行能力中单位成本最低的生产规模。

但是,平均单位成本不可能无限制的减少,当生产规模扩大到一定程度时,管理的难度增加,系统效率反而会降低,虽然投入增加了,而产出没有成比例增加,这时企业达到了它的规模经济生产能力。经济规模与最佳运行生产能力之间的关系如图 9.3 所示。图中标出了企业的生产规模分别为 100 台,200 台,300 台,400 台时的单位成本曲线以及每一规模下的最佳运行生产能力。企业生产规模从 100 台到 200 台,再到 300 台,它的单位成本呈下降趋势,在 300 台时,单位产品成本达到最小,当生产规模再继续扩大到 400 台时,单位产品成本反而开始上升,因此,该厂的经济规模就是 300 台,此时的运行能力就是经济规模运行能力。要注意的是,仅仅依据一条曲线是无法判断经济规模的,因为它是在工厂规模不变的条件下取得的。只有通过扩大规模(需要有投资行为),当发现了一定规模的单位成本转向上升,如图 9.3 中达到 400 台规模,才能作出判断。

(3)柔性生产能力

生产能力的柔性是指生产能力的可变性与适应性。柔性生产能力是指当市

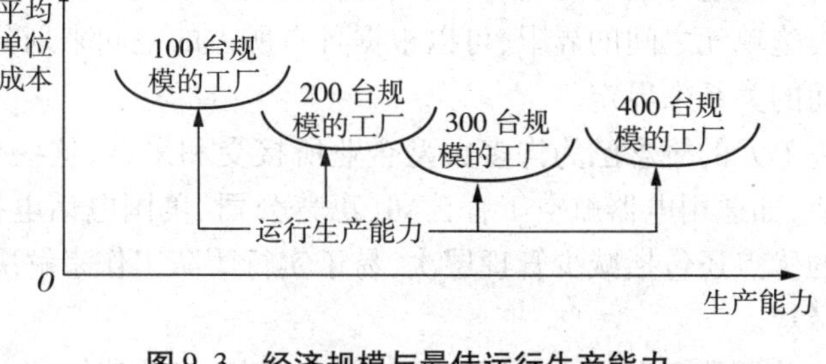

图9.3　经济规模与最佳运行生产能力

场需求波动幅度较大时,企业生产能力可以在调整费用很低的情况下迅速增加或减少的能力。或者,生产能力从加工一种产品迅速转移到生产另一种产品的能力。这种应变能力在市场需求多样化、个性化的时代,对于企业是非常重要的。它包括3层含义:柔性工厂、柔性生产过程和柔性工人。理想状态的柔性工厂转换产品的调整时间为零,它使用可移动设备,可装卸内墙,以及易于装配和重组的生产线,这样的工厂可以实现快速转换。柔性生产过程也具有快速转换特性,生产线可以从制造一种零件方便地调整到制造另一种零件,并且这种调整成本是非常低的。有时把具有这种特性的生产能力称作为范围经济,其含义是:与分别制造各种产品相比,多种产品被组合起来生产可以有更低的成本。柔性工人指的是生产工人掌握多种技能和能力,他可以很容易地适应从一种工作调换到另一种工作。与专业化的工人相比,他们需要得到更广泛的技能培训。此外,在生产现场需要管理者能够迅速调整工人的生产作业任务。

(4)单元生产能力

大规模生产虽然有助于降低生产成本,但存在着柔性低、应变能力差等缺点。随着市场竞争焦点的变化,仅仅只有经济生产规模已经不能确保竞争优势。技术的快速更新、产品生命周期的缩短对生产设施柔性方面提出了越来越高的要求,这使得维持具有大规模生产能力设施的经济性越来越困难,企业必须变大规模生产为一个个生产设施单元。

生产设施单元化是指企业通过小生产设施的规模及范围,在保持其柔性的同时,集中精力于优势产品或项目,提高生产经营绩效。自1970年起,许多企业开始从大规模生产设施转向生产设施单元化。例如,将原来生产各种类型产品的大型工厂重新组合成若干个专业技术性较强、分别只生产为数不多的几种产品的小型工厂或车间,以便将其精力集中在所生产的产品上,提高效率。即使是在一个大规模生产设施中,生产设施单元化可通过组建“厂中厂”来实现。在每一个“厂中厂”,即生产设施单元中,机器设备和人员配备、工艺技术和生产过程根据所生产的产品进行设计与组合，突出特点与竞争优势。某一生产设施单元与其他生产设施单元之间的界限，可以根据各自所占的空间来划分，也可以通过生产组织之间的关系来界定。

生产设施单元的概念已为许多大型企业所接受和采纳，这些企业中不乏世界级著名企业，如通用电器航空工程公司、惠普公司、美国电话电报公司等。生产设施单元的优点还包括减少管理层次，易于实行团队工作来解决问题，改善沟通方式和途径等。

生产设施单元的概念同样适用于服务行业，例如专业连锁店，在地处比较显眼的位置场所开设小型分店，充分利用自身特长，注重为特定顾客服务。

9.3.2 规划生产能力应考虑的因素

规划生产能力时需要考虑的因素有很多，尤其应重视以下 3 方面问题：备用生产能力的大小、扩展生产能力的时机与规模、备用生产能力与生产战略的关联性。

(1)备用生产能力的大小

一般来说，生产设施的平均利用率不应太高，如若太接近 100% 的话，就意味着需要增加生产能力，否则会因为生产能力不足而失去顾客订货反而使生产率下降。规划生产能力首先要考虑的因素是备用生产能力。备用生产能力是指生产设施的平均利用率低于 100% 的程度，亦即设计生产能力超出预计产出的程度，以百分比表示，可用下式表述：

$$C_b = 1 - \mu$$

式中　C_b——备用生产能力；

μ——生产设施(能力)平均利用率。

备用生产能力低意味着生产设施平均利用率高；备用生产能力高则意味着生产设施平均利用率低。不同行业和企业，其最佳备用生产能力的确定也有所差异。对于资本密集型行业，如造纸业，设备投资成本很高，备用生产能力以低于 10% 为宜。而对于供电企业，也属于资本密集型产业，但倾向于备用发电能力达 15% ~ 20%，以避免供电不足而影响对顾客的服务。对于服务行业来说，如一个银行职员，每天接待顾客的业务能力是一定的，但由于顾客的需求并非是均匀的，在一周内的某些天(如星期一)顾客的需求可能会高于一周中的其他天，甚至在一天中各时间段的顾客也会有较大的差别。诸如此类的需求，尤其是在服务性行业，不可能通过产品库存的方式或长时间等候使之均衡化，而要求在顾客到来之后为其尽快提供服务。为此，这种即时性服务的特点要求具备足够充裕的备用生产能力来应付高峰期的需求。人人都有这样的感觉，比如在超级市场购物，如果在出口处付款排队等候的时间稍长一点，即使只延长了几分钟，也会增加顾客的不耐烦情绪。

当未来需求不确定以及可供生产或服务调用的资源缺乏灵活性的情况下，需要较大的备用生产能力。另外，还应考虑到缺勤、假日和节日以及其他种种因素，留有一定余地，否则，会因加班或任务外包而导致生产成本增加。因此，必须慎重考虑和权衡备用生产能力的高低。

但是应注意到，对于资本密集型企业，由于生产设施昂贵，保持低水平备用生产能力是非常重要的。表9.4列出了根据阿贝尔(Abell)和哈芒德(Hammond)调查统计得到的在不同备用生产能力程度下资本密集型行业的投资回报率(ROI)。

表9.4 资本密集程度与投资回报率

资本密集程度(投资强度)	备用生产能力		
	较低水平(低于15%)	中等水平(15%~30%)	较高水平(高于30%)
	投资回报率(ROI)/%		
低	28	21	25
中等	24	17	20
高	17	11	7

* ROI=税前收益/平均投资额

由表中数据知，对于资本密集程度高的企业，备用生产能力高(大于30%)时，投资回报率只有7%；备用生产能力低(低于15%)时，投资回报率增至17%。可见，对于资本密集型产业，投资回报率与备用生产能力之间存在着较强的相关关系，保持低水平的备用生产能力对资本密集型高的企业来说是重要的。需要指出的是，这种较强的相关关系并不存在于劳动密集型企业之中。无论劳动密集型企业的生产能力利用程度如何，投资回报差别不大，这是因为在不同的劳动密集型企业中，生产设施所需投资差异不很大，生产设施利用率的高低对企业投资回报率的影响不大。低程度的备用生产能力还可以避免由于保持高程度备用生产能力而造成的成本耗费，即被高程度备用生产能力所隐藏的低效率乃至无效率。例如，缺勤或生产供应缺乏可靠性等问题被过多的备用生产能力所掩盖。因此，生产经理要善于发现和识别这类问题，并寻求解决的最佳途径。

(2)扩展生产能力的时机与规模

规划生产能力要考虑的第二个因素是,何时需要在现有生产能力基础上进行扩展以及用多大的规模进行扩展。图9.4给出了两种相对极端的策略。一种是进攻型策略(图9.4(a)),即生产能力扩展规模较大,持续时间较长,但扩展次数较少。进攻型策略下的生产能力通常超前于生产需求(即能力线在需求线的上方),拥有较多的备用生产能力,可减少因生产能力不足可能导致的销售损失。另一种是保守型策略(图9.4(b)),即生产能力每次扩展规模较小,持续时间较短,扩展次数相对频繁。保守型策略下的生产能力扩展滞后于生产需求(即能力线在需求线的下方),灵活性较强,通常可依赖短期措施以应付和弥补生产能力的不足,如:延长工作时间、雇佣临时员工、租赁设备、将工作任务外包、容忍缺货、延迟设备的防护性维修等。当然,这些短期措施也存在一定的弊端,如延长工作时间使工资成本增加,并有可能降低生产率。尽管如此,综合采用不同的短期措施,在某些场合下也不失为保守型策略的最佳选择。

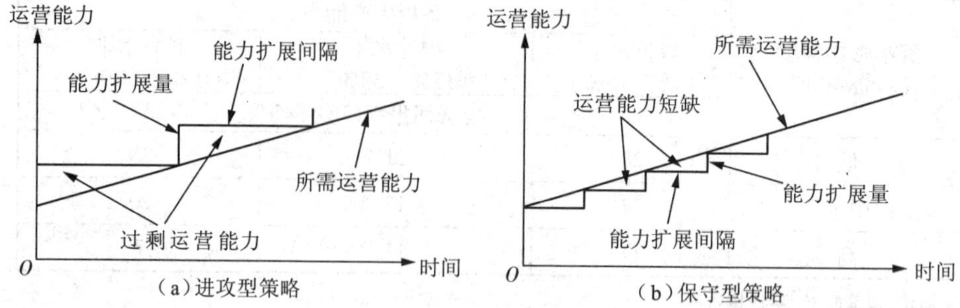

(a)进攻型策略 (b)保守型策略

图9.4 两种生产能力扩展策略

在经济规模效应和学习效应比较明显的情况下,实行进攻型策略是有利的。企业可降低生产成本和实行价格竞争策略,以强大的生产能力抢先占有市场,并以此作为竞争优势来扩大市场份额。保守型策略承受较低的风险在此策略下,企业生产能力的扩展可通过对生产设施的技术改造与革新来实现。企业对某一设施投资越多,它对该设施成功应用的依赖性就越大。采用保守型策略可以降低风险,这些风险可能来自对需求的预测过分乐观,技术进步导致现有设备过时,以及对竞争对手估计过低等。保守型策略具有短期行为特征,在短期间内以较低的资本投入来保持较高的投资回报率,但由于技术更新上的落后,会逐渐失去市场份额,与企业的长期经营目标和利益相违背。

需要指出的是,上述两种极端策略并不一定经济。就进攻型策略而言,生产能力大规模的扩展通常意味着昂贵的设备购买成本,并在一定期间内会形成过剩的生产能力,使生产成本增加。对于保守型策略,虽然设备购买成本相对较低,但较为频繁的设备更新会增加生产设施置更换成本和人员培训费,同时会使原有设备闲置而造成机会成本。

企业在生产能力规划决策中可以选择上述任何一种策略,也可以权衡利弊,对两者进行综合运用。比如,可以采取跟随进攻型的策略。当他人进攻型策略在实施中前景看好,企业也与之不相上下;当他人在进攻型策略中生产能力扩展过度,企业也与之同样,相互之间相差不大。此外,充分利用外部资源,如与他人共享某一生产能力资源(在不同时间段使用同一生产服务设施),也是常见的方式之一。这样不但解决了生产能力不足的缺陷,还可以节省扩展生产能力所需要的投资。

(3)备用生产能力与生产战略的关联性

备用生产能力与生产战略有着紧密联系。有关生产系统布局、资源灵活调用和库存等方面的决策通常都会影响到备用生产能力的确定。表9.5列举了生产战略决策与备用生产能力的关联性。

表9.5 备用生产能力与生产战略决策的关联性

生产战略决策	决策目的与效果	备用生产能力的调整
竞争优势(供货速度)	更加注重快速供货	在需求不稳定或不确定时,较大的备用生产能力可提供快速的市场应变能力
质量管理	减少原材料消耗	由于减少不可预见的产出损失,只需较低的备用生产能力
生产工艺流程设计(资本密集型)	提高生产过程自动化	保持较低的备用生产能力,以提高设备平均利用率,并获得较满意的投资回报率
生产资源灵活调用	员工作业相对稳定	较高的备用生产能力有助于减少超负荷生产,但通常会伴随着员工灵活性的降低
库存管理(低存货水平)	均衡生产依赖于库存水平	较高的备用生产能力有助于满足高峰期需求
生产作业计划	创造稳定的生产环境	由于生产作业计划安排相对稳定,只需较低的备用生产能力

从表9.6可知,企业竞争优势的保持与其备用生产能力的高低相关联,相对充裕的备用生产能力有助于提高企业的应变能力和供货速度。资本密集型企业的备用生产能力拥有较高的自动化水平,易于达到较高的生产能力平均利用程度,通用性程度较高的备用生产能力则更适用于满足顾客多样化需求。

191

9.4 服务能力的规划

9.4.1 服务能力与生产能力的比较

服务业的运营能力简称服务能力,它的规划在许多方面与制造业没什么本质区别,但有几个重要的特点:一是服务能力的时效性;二是服务能力的地域性;三是服务能力需求的易变性,这3个特点对服务能力规划具有特殊要求。

(1)时效性

服务业的产品不同于制造业产品,它不能被存储起来以备后用,所以,当一次服务需求到来时,必须要有运营能力去满足需求。例如,宾馆业的客房服务,顾客不可能将客房服务买回家放到以后消费,宾馆也不可能将淡季多余的床位(即多余的能力)存储起来,放到繁忙季节以补充能力不足。同样,当某次航班已经满员,航空公司不可能告诉顾客为他安排了上一航班中空出的座位。

(2)地域性

制造业可以在一个地方生产,然后把产品运到其他地方消费,运营与消费是可以分开的。与制造业不同,服务能力必须设置在顾客附近,服务与消费在同一地点同一时间发生。在服务以前,必须有足够的服务能力,才能提供顾客所需的服务。例如,在其他城市的空余客房是不能提供给本地顾客的。

(3)易变性

服务系统的需求表现出很高的易变性,其原因有三:其一,服务不能储存,这就意味着服务业不可能利用库存来满足顾客未来的需求变化。其二,顾客的不同个性会直接影响服务系统。每个顾客常常有不同的要求,对服务过程有不同程度的感受,需要有不同的服务员提供服务。这些因素会使得每个顾客的服务时间发生很大的差异,导致服务系统的最小服务能力很难确定。其三,顾客行为和社会环境的变化导致需求的易变性。例如,大学生毕业离校以前,学校附近的餐馆生意兴隆,而到了暑假,则生意清淡。在一天中,餐馆的生意也是不均衡的,服务业的短期服务能力计划常常以10~30 min这样的时间长度做计划。制造业的短期能力计划的时间跨度就比较长,可以是一周以上。

9.4.2 服务能力规划

为服务企业制订运营能力发展规划,无论是短期的还是长期的,都必须考虑日常的能力利用率与服务质量之间的关系。图9.5描述了排队服务系统的服务能力利用的一般规律。大多数服务企业属于排队服务系统,因而,该图具有普遍意义。

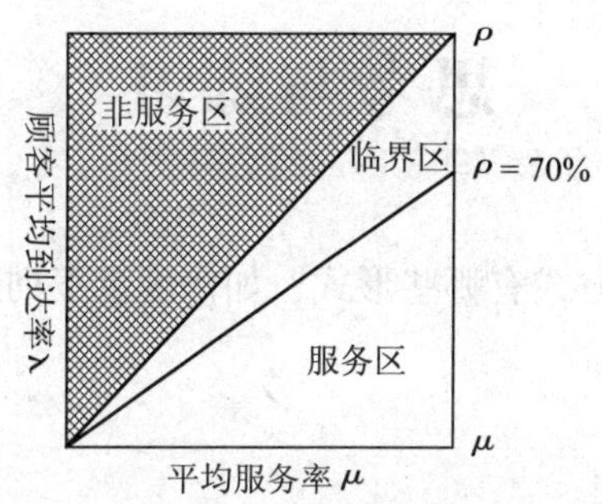

图9.5 能力利用率与服务质量的关系

关于服务系统能力利用率有两个基本参数:一个是顾客平均到达率λ,即平均每小时到达的顾客数;另一个是平均服务率μ,即平均每小时服务的顾客数。服务能力利用率ρ由以下公式给出:

$$\rho = \frac{\lambda}{\mu}$$

一般认为最合理的服务能力利用率在70%左右。在这个比率下,既可以使服务人员处于工作状态,没有过多的空闲时间,也可以使其从容地为顾客服务,同时,也有足够的备用能力。图中的临界区,表示顾客能够得到服务,但由于服务能力比较紧张,服务质量会下降。位于顶部的非服务区,表示进入服务系统的顾客太多,超出了服务系统的能力,部分顾客不可能得到服务。

对某一服务企业,最佳的服务能力利用率由自身的特点决定。当顾客到达时间与服务时间具有很大的不确定性,或者因能力不足不能及时提供服务会造成严重后果时,利用率应该定得低一些。例如,医院的急诊部,消防站等,它们的服务关系到人的生命与财产,必须保证随时有足够的力量投入抢救。反之,对那些计划性强的服务系统,如电脑训练班,或者不直接与顾客接触的系统,如邮件分拣,能力利用率可以定得高一些。有趣的是,还存在着另一类服务系统,希望达到百分之百的利用率。如体育比赛,希望门票供不应求,不仅每张门票能产生利润,而且爆满的运动场所创造出特殊的气氛,会刺激运动员表现得更为出色,令观众获得满足,进而能促进以后比赛门票的销售。戏院、酒吧都有这个特点。另外,百分之百的利用率也是航空公司所希望的,但顾客会因过分拥挤而感到不舒服,基于这个原因,航空公司可以安排更多的公务舱位。

服务能力规划通常涉及新的投资,具有较大的风险性,因此,对服务能力规划必须进行充分的调查、论证、多方案的评价选择及风险分析等,关于这部分内容在有关的学科中有详细介绍,限于篇幅,在此不作阐述。

思考与练习

1. 运营能力的度量方式有哪些形式?如何度量下列组织的运营能力?

(1)酒店

(2)运输公司

(3)冰箱制造公司

(4)模具制造公司

(5)软件开发公司

2. 影响企业运营能力的因素有哪些?

3. 如何查定(核定)制造型企业的生产能力?

4. 如何进行运营能力与生产任务的平衡?

5. 为什么要进行运营能力的规划?主要解决哪些问题?

6. 运营能力水平有哪些形式?它们之间有什么关系?

7. 在进行运营能力规划时要考虑哪些因素?

8. 服务能力利用率与服务质量之间的关系是什么?

9. 某车床组共有 4 台车床,在车床上加工甲产品的台时定额为 20 h。两班制生产(制度规定时间为 15.5 h),设备停修率为 10%,每个月按 22 d 计。试确定车床组的月运营能力。

10. 某公司生产一种面点食品供早餐用,其生产设施的使用效率为 90%,运营能力平均利用率为 80%。该公司有 3 条生产线用于运营此种早餐食品,每条生产线每周工作运转 7 d,每天 3 个班次,每班工作 8 h。每条生产线的设计运营能力为每小时可运营 120 份标准型早餐面点,试计算这 3 条生产线 1 周的额定运营能力。

11. 某写字楼的复印中心为两个部门 A 和 B 复印业务报告。每份报告的所需复印时间根据其页数、装订方式等不同而不同。表9.6给出了每个部门复印需求的有关信息。该中心每年的工作日为250 d,每天工作7 h。复印中心认为,它们需要保持15%的能力缓冲。该中心为了保证这两个部门的文件复制,至少需要几台复印机?

表9.6 A和B部门复印需求信息

	部分A	部门B
年需求(需复制报告数)	50	100
每种报告复制份数	40	60
每份报告复制时间/h	0.5	0.7
作业准备时间/h	5	8

第10章 综合计划与主生产计划

通过本章学习,应达到如下目的:

1. 了解企业的计划分层体系。
2. 明确生产运作计划的指标体系。
3. 掌握制造型企业综合计划和主生产计划的编制。
4. 理解服务业综合计划的特殊性。
5. 了解几种典型服务业的综合计划编制方法。

生产运作计划是企业生产运作管理的依据,也是生产运作管理的核心内容。在现代企业中,生产经营活动是社会化大生产,企业内部分工精细,相互协作,任何一个环节活动都不可能离开其他环节而单独进行。尤其是生产运作活动,它需要调配多种资源,在需要的时候,按需要的量,提供所需的产品或服务,这样就更离不开周密的计划。所以,计划是生产运作管理中的一个重要组成部分。无论是制造业还是服务业,均存在生产运作计划问题,但相比之下,制造型企业的生产计划更为复杂,本章重点介绍制造型企业生产综合计划和主生产计划的编制方法。最后,简单介绍几种典型服务系统的综合计划方案。

10.1 计划管理概述

10.1.1 企业计划分层体系

企业计划按计划跨度可以划分为长期计划、中期计划和短期计划3种层次。

长期计划一般一年做一次,即每年根据企业外部环境和内部条件的变化和实现执行的情况,对计划修订更新一次,即计划的计量单位为年。长期计划的计划跨度一般为一年以上,具体的计划跨度因行业的不同而不同。对于那些需要数年时间来规划和建造厂房以及安装特殊设备的行业(如大型化工企业),计划跨度一般是 5 ~ 10 年,或更长一些。而对于那些可以不断扩增能力的行业来说(如服装业和许多服务行业),计划跨度一般是 2 ~ 5 年,或更短一些。中期计划可涵盖 6 ~ 18 个月,故常称为年度计划,可以每隔一个月或一个季度滚动更新一次,即计划的计量单位为月或季度。短期计划的时间跨度在 6 个月以内,一般为月或跨月计划,通常每周滚动更新一次,即计划的计量单位为周。与长期计划一样,中期计划和短期计划的具体计划跨度了因行业的不同而不同。图 10.1 表示了企业的主要运营计划分层体系及综合计划相对于其他主要运营计划活动的地位。

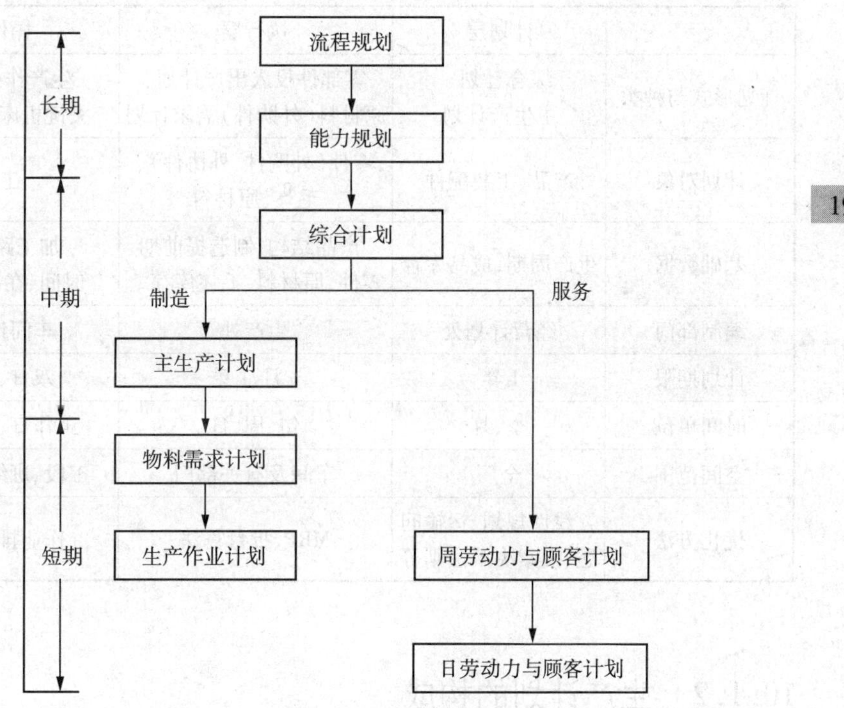

图 10.1　主要运营计划分层体系

流程规划是处理生产某种产品或提供某种服务所需的特定技术和程度,能力规划则是确定运营系统的长期能力(如大小、范围)。综合生产计划对于制造业和服务业大致相同,其主要区别在于:生产者是利用库存的增加与减少来稳定生产。在综合生产计划阶段后,生产与服务的计划活动则有相当大的区别。

在服务业中,一旦服务人员的数量确定了,工作的重点就落到了每周或每天以小时为单位的劳动力与顾客计划上。劳动力计划是计划顾客能获得的服务小时数、相关时间段内某一时间能得到的特殊服务技能等。许多服务工作有特定的时间和法律限制,这些限制影响着计划的制订,而典型的制造行业则没有这些限制。飞机机组人员就是一个很好的例子,他们的计划比生产人员的计划要复杂得多。顾客(需求)计划则处理顾客指定或预订的服务并当他们到达时为他们安排接受服务的先后顺序。当然这其中有正式预订系统,也有简单的签约单。本章重点研究制造业的计划编制问题。

生产计划体系还可以按其粗细程度不同分为计划层、执行层和操作层,各层次之间的特征比较见表10.1。

表10.1　生产计划各层次的特征比较

	计划层	执行层	操作层
计划形式与种类	综合计划、主生产计划	零部件投入出产计划、原材料(外购件)需求计划	生产作业计划、关键机床加工计划
计划对象	产品、工装配件	零件(外购件、外协件)、毛坯、原材料	工序
基础数据	生产周期、成品库存	产品结构、制造提前期、零件、原材料、毛坯库存	加工路线、加工时间、在制品库存
编制部门	经营计划处	生产处	车间计划科
计划期限	1年	1月、1季	双日、周、旬
时间单位	季、月	旬、周、日	工作日、小时、分
空间范围	全厂	车间及有关部门	工段、班组、工作地
优化方法	线性规划、运输问题、搜索决策法则等	MRP、批量算法	作业排序方法

10.1.2　生产计划的构成

制造业生产计划的构成可按不同的标志进行分类。按计划的对象可分为综合计划、主生产计划和物料需求计划;按计划的执行部门,可分为厂级生产计划、车间生产计划和班组生产计划;按照计划的时间单位长短可分为年度生产计划和生产作业计划。一般来说，综合生产计划、主生产计划和厂级生产计划属于年度生产计划，物料需求计划、车间生产计划和班组生产计划属于生产作业计划。

本教材按照综合生产计划、主生产计划和物料需求计划这一分类体系，介绍计划编制的方法。其中本章讨论综合生产计划和主生产计划，有关物料需求计划在第11章介绍。

(1)综合生产计划

综合生产计划(aggregate production planning，简称APP)是对企业未来较长一段时间内预计资源消耗量和市场需求量之间的平衡所做的概括性设想，是根据企业所拥有的生产能力和需求预测对企业未来较长一段时间内的产出内容、产出量等问题所做的概括性描述。主要包括以下指标：

①品种。按照产品的需求特征、加工特性、所需人员和设备的相似性等，将产品分为几大系列，根据产品系列来制订综合生产计划。其形式见表10.2。

表10.2　G公司的综合生产计划

产量/台	1月	2月	…	12月
产品系列A	2 000	3 000		4 000
产品系列B	6 000	6 000	…	6 000

②时间。综合生产计划的计划期通常是1年(有些生产周期较长的产品，如大型机床等，可能是2年、3年或5年)，因此有些企业也把综合生产计划称为年度生产计划或年度生产大纲。在该计划期内，使用的计划时间单位是月、双月或季。在滚动计划中，还有可能近期3个月的执行计划时间单位是月，而其他未来9个月的粗生产计划单位是季等。

③人员。综合生产计划可用几种不同方式来考虑人员安排问题，例如，将人员按照产品系列分成相应的组，分别考虑所需人员水平；或将人员根据产品的工艺特点和人员所需的技能水平分组，等等。综合生产计划还需要考虑需求变化引起的所需人员数量的变动，决定是采取加班方式，还是聘用更多人员等。

(2)主生产计划

主生产计划(master production schedule，MPS)，又称为产品出产计划，是确定各最终产品在每一具体时间段内的生产数量。这里的最终产品，主要指对于企业来说最终完成、要出厂的产成品，它可以是直接用于消费的消费品，也可以是供其他企业使用的部件或配件。主生产计划通常是以周为单位，在有些情况下，也可能是旬或月。根据表8.1的综合生产计划所制订的主生产计划见表10.3。

表 10.3　G 公司 A 产品系列的主生产计划　　单位:台

周次 / 产品	1 月				2 月				…	12 月			
	1	2	3	4	5	6	7	8	…	45	46	47	48
A1 型产量		320		320		480		480			640		640
A2 型产量	300	300	300	300	450	450	450	450		600	600	600	600
A3 型产量	80		80		120		120			160		160	
合　计	2 000				3 000					4 000			

(3)物料需求计划

在主生产计划确定之后,为了使之能顺利实施,下一步要做的工作是确保规定的最终产品所需的全部物料(原材料、零件、部件等)以及其他资源在需要的时候能及时供应。所谓物料需求计划(material requirement planning,MRP),就是制订企业生产所需的原材料、零件和部件的生产与采购计划,包括:采购什么?生产什么?用什么物料?必须在什么时候订货或开始生产?每次订货量是多少?生产量是多少?等等。物料需求计划要解决的是主生产计划规定的最终产品在生产过程中相关物料的需求问题,而不是这些物料独立的、随机的需求问题。这种相关需求的计划和管理比独立需求要复杂得多,对于一个企业来说也十分重要。这是因为只要在物料需求计划中漏掉或延误一个零件,就会导致整个产品的生产不能完成或延误。

综合生产计划(APP)、主生产计划(MPS)以及物料需求计划(MRP)之间的关系流程如图 10.2 所示。

10.1.3　生产计划的指标体系

生产计划最终要体现出企业在整个计划期生产什么?生产多少?如何生产?什么时候出产?这些内容是通过一系列指标反映出来的。生产计划的主要指标有品种、产量、质量、产值和出产期。

(1)品种指标

品种指标是企业在计划期内出产的产品品名、型号、规格和种类数,它涉及"生产什么"的决策。确定品种指标是编制生产计划的首要问题,它决定着企业的行业类型及产品方向。

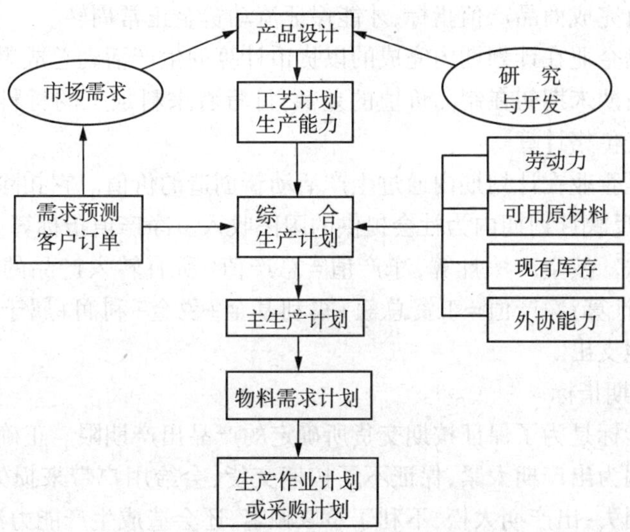

图 10.2 各生产计划之间的关系流程图

(2)产量指标

产量指标是企业在计划期内出产的合格产品的数量,包括成品及准备出售的半成品数量,它涉及“生产多少”的决策,关系到企业能获得多少利润。产量可以用台、件、套表示。有些产品用一种实物单位计量,不能充分表明其使用价值的大小,则用复式计量单位,如拖拉机用“台/马力”、电动机用“台/kW”等。

(3)质量指标

质量指标是企业在计划期内产品应达到的质量水平,它反映了企业生产的产品能够满足用户使用要求的程度,也反映了企业的生产技术水平和组织管理水平。常用的结合性质量指标有产品品级指标,它以企业在计划期内出产的各种质量等级产品产量在全部产品产量中应达到的百分比表示,如一等品率、合格品率、优等品率等;除了产品质量指标外,生产计划中还列有反映生产过程工作质量的指标,如废品率、返修率、成品交验一次合格率等。

(4)产值指标

产值指标是用货币表示的产量指标,它能综合反映企业生产经营活动的成果,便于不同行业经济效益的比较。根据其包括的具体内容与作用不同,产值指标可分为商品产值、总产值与净产值 3 种。

商品产值是企业在计划期内出产的可供销售的产品价值,它是编制成本计划、销售计划和利润计划的依据。商品产值的内容包括:本企业自备原材料生产的成品和半成品价值;外单位来料加工的产品加工价值;承担的工业性劳务的加工价值。只有完成商品产值指标,才能保证流动资金正常周转。

总产值是企业在计划期内完成的以货币计算的生产活动总成果。总产值包括:商品产值;期末期初在制品价值的差额;订货者来料加工的材料价值。总产值一般按不变价格计算。

净产值是企业在计划期内通过生产活动新创造的价值。它扣除了部门间的重复计算,能反映计划期内为社会提供的国民收入。净产值指标算法有两种:生产法和分配法。按生产法计算,净产值=总产值-所有转入产品的物化劳动价值;按分配法计算:净产值=工资总额+福利基金+税金+利润+属于国民收入初次分配的其他支出。

(5)出产期指标

出产期指标是为了保证按期交货所确定的产品出产期限。正确地决定出产期很重要。因为出产期太紧,保证不了按期交货,会给用户带来损失,也给企业的信誉带来损失;出产期太松,不利于争取顾客,还会造成生产能力浪费。

对以上的指标体系,需要做如下说明:

①不同企业编制生产计划时决策的重点不一样,指标的构成也不一样。比如,备货型企业主要确定品种和产量指标,而订货型企业,主要确定交货期和产品价格指标。

②生产计划指标体系的构成内容还必须满足国家宏观调控和国民经济核算的需要。比如,目前许多企业就按照要求计算“增加值”而不是“净产值”。

10.2 制造型企业的综合计划

10.2.1 综合计划的主要目标

综合计划是企业的整体计划,它不是一个部门计划,其目标与部门目标有时是矛盾的。因此,在综合计划的制订过程中必须处理好企业整体与部门之间的关系,妥善解决矛盾才能实现企业的整体经营目标。

综合计划的主要目标可概括如下:

①制造成本最小或利润最大;

②库存费用最小;

③生产率稳定(生产均衡化程度高);

④人员水平变动最小;

⑤设施、设备的有效利用率高;

⑥顾客满意度最大化。

很显然,这几个目标之间往往会发生冲突。例如,最大限度地满足顾客提出的快速、及时的交货要求,可以通过增加库存来实现,但这又与最小库存费用目标相矛盾。因此,在制订综合计划时,需要权衡这些目标因素,同时结合一些非定量因素进行决策。

10.2.2 综合计划的信息来源

综合计划是对企业未来较长一段时间内资源和需求之间的平衡所作的概括性的设想,它要根据企业所拥有的生产能力和需求预测对企业的产出内容、产出速度、劳动力水平、库存投资等问题作概括性的决策。这些决策,必须在与企业生产经营有关的多种信息基础上才能作出。这些信息需要企业不同的部门来提供。表 10.4 列出了企业综合计划的所需信息及其来源。

表 10.4 综合计划的信息来源

所需信息	信息来源
新产品开发情况 主要产品和工艺改变(对资源投入的影响) 工作标准(人员标准和设备标准)	技术部门
成本数据 企业财务状况	财务部门
劳动力市场状况 现有人力情况 培训能力	人事管理部门
现有设备能力 劳动生产率 现有人员水平 新设备计划	制造部门
市场需求预测 经济形势 竞争对手状况	市场营销部门

续表

所需信息	信息来源
原材料供应情况 现有库存水平 仓储能力 供应商能力	物料管理部门

由于综合计划对一个企业来说是非常重要的,因此各种信息应尽量正确,并保证及时提供。因此,每一个部门应有一个级别较高的人来负责此事,提供信息,并参与综合计划的制订。

10.2.3 综合计划指标的确定

综合计划并不具体制订每一品种的生产数量,生产时间,每一车间、人员的具体工作任务,而是按照以下方式对产品、时间和人员作安排。

(1)产品

按照产品的需求特性、加工特性、所需人员和设备上的相似性等,将产品综合为几大系列,以系列为单位来制订综合计划。例如,服装厂可根据产品的需求特性分为女装和男装两大系列,自行车厂可根据车轮大小分为24型和28型两大系列,空调可根据款式分为柜式和窗式两大系列。

(2)时间

综合计划的计划期通常为年(有些生产周期较长的产品,如大型机床等,可能是2年、3年或5年),在该计划期内,使用的计划单位是月、双月或季。对于采用滚动计划方式的企业,还有可能在执行期采用的计划时间单位是月,而滚动期的计划单位是季。

(3)人员

综合计划中人员数量的确定要需考虑到需求变化引起的变动,决定是采取加班,还是扩大聘用等基本方针。人员的安排方式常采用,将人员按照产品系列所需人员水平分成相应的组;或将人员根据产品的工艺特点和人员所需的技能水平分组等。

10.2.4 综合计划的制订步骤

计划管理是指按照计划来管理企业的生产经营活动。计划管理通常包括制订计划、执行计划、检查计划完成情况和制订改进措施 4 个阶段,科学合理的生产计划直接影响到企业的生产经营效果。为了实现上述目标,编制计划必须遵循一定的步骤。如图 10.3 所示。

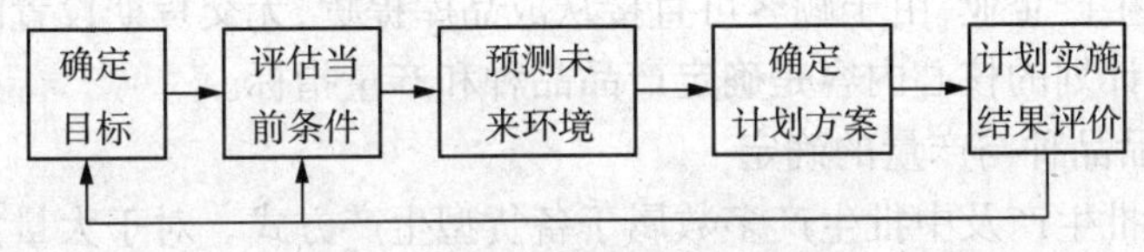

图 10.3 编制计划的一般步骤

(1)确定目标

根据上一期计划的情况执行,确定本期要实现的目标。目标要尽可能具体化、定量化,如利润、成本、市场占有率等。

(2)评估当前条件

当前条件分为外部环境与内部条件。外部环境主要包括:市场情况、原材料、燃料、动力、工具等供应,以及协作关系情况。内部条件包括:设备状况、工人状况、劳动状况、新产品研制及生产技术准备状况、各种物资库存及在制品占用量等情况。分析当前条件,目的是为了弄清楚现状与目标间的差距。

(3)预测未来环境

综合分析国内外政治、经济、社会和技术等因素,预测未来,把握现状,找出达到目标的有利因素及不利因素。

(4)编制计划方案

拟定实现目标的可行计划方案,并从中选择一个较优的计划方案。

(5)计划实施与结果评价

周密安排,监督计划的实施过程,并将实施结果与目标比较,检查目标是否达到,如未达到,要找出原因,修改计划,并提出改进措施等。

10.3 制造型企业的主生产计划

10.3.1 备货型企业的主生产计划

备货型生产企业,由于顾客可直接从成品库提货,无交货期设置问题,因此,编制主生产计划的核心内容是确定产品品种和产量指标。

(1)产品品种与产量的确定

大量大批生产及中批生产多数属于备货型生产方式。对于大量大批生产类型而言,所生产的产品品种少,市场需求量很大,产品需求和品种相对稳定,因此,品种的选择属于企业战略决策问题,在编制主生产计划时一般不进行品种的决策,产量的决策是核心内容,一般从外部和内部两个方面考虑。

从外部考虑,主要指生产的产品数量必须符合市场的需求。在企业的年度经营计划中,市场的需求主要体现在销售计划中,因此,企业只要按照"以销定产"的原则,根据销售计划确定生产的数量,就可满足市场需求。根据销售计划确定产量的公式如下:

计划生产量=计划销售量+期末库存量-期初库存量

从内部考虑,主要指生产的数量必须考虑企业规模经济的要求和生产要素(主要是生产能力)的限制。规模经济的要求主要指生产的数量至少要达到盈亏平衡点产量,而最佳的生产数量是实现目标利润必须达到的生产数量,即目标生产量。

产销平衡条件下,计算盈亏平衡点产量和目标生产量的公式分别为:

$$Q_0 = \frac{F}{P - V}$$

$$Q^* = \frac{F + E}{P - V}$$

式中 Q_0——盈亏平衡点产量;

Q^*——目标生产量;

E——目标利润;

F——固定成本;

P——单位产品价格;

V——单位产品变动成本。

考虑生产要素的限制确定生产数量,实际上就是反映企业内部条件,这也是确定生产计划时必须考虑的重要问题。生产要素包括了资金的供应、劳动力的结构和水平、生产能力水平、原材料与动力供应等。其中,生产能力是影响生产数量的主要因素,因为决定生产能力大小的主要因素是固定资产,固定资产在所有的生产要素中,投资额巨大,且水平比较稳定,从提高企业经济效益的要求看,必须充分利用固定资产,其余生产要素的数量相对来说容易改变。考虑生产能力大小对确定生产数量的影响,实际上就是生产能力与计划生产任务的平衡问题。

对于多品种批量生产企业而言,在编制主生产计划时,不仅有产量的选择,同时也有品种的选择。当然,产量和品种的选择不是战略性决策而是战术性决策。多品种批量生产条件下的品种和产量的确定,同样必须考虑销售计划和规模经济的要求,此外,在考虑内部条件时,要解决如何在各种产品间分配每一时期企业的有限资源,使得企业效益最好。

在多品种批量生产条件下,产量的优化问题可用线性规划方法。该方法可求得资源约束下(生产能力、原材料、动力等)各种产品的产量,使利润最大。

例如有 n 种产品,m 种资源约束,可采用以下线性规划模型进行优化:

目标函数: $$\text{Max}Z = \sum_{i=1}^{n}(r_i - c_i)x_i$$

约束条件: $$\sum_{i=1}^{n} a_{ik}x_i \leqslant b_k \quad k = 1,2,\cdots,m$$

$$x_i \leqslant U_i$$

$$x_i \geqslant L_i$$

$$x_i, L_i \geqslant 0 \quad i = 1,2,\cdots,n$$

式中 x_i——产品 i 的产量;

b_k——资源 k 的有限供给量;

a_{ik}——生产一个单位产品 i 需要资源 k 的数量;

U_i——产品 i 最大潜在销售量;

L_i——产品 i 的最小生产量(盈亏平衡产量);

r_i——产品 i 的单价;

c_i——产品 i 的单位可变成本。

此线性规划问题可用单纯形法求解。关于单纯形法,运筹学中已有详细介绍,本书不再赘述。

(2)主生产计划的编制

主生产计划是企业各部门、各生产环节的行动指南,它是把全年的任务,按品种、规格和数量具体地分配到各季、各月。编制主生产计划,是一项比较细致和复杂的工作,一般应符合下列要求:

①保证订货合同所规定的产品品种、数量、质量、交货期。

②合理组合与搭配各种产品的生产,确定各个时期产量的增长幅度,从而使企业各车间在全年各季、各月的生产设备负荷保持均衡。

③使原材料、外协件的供应时间和数量与生产进度安排协调一致。

④使生产技术准备工作与产品生产的安排在时间上紧密衔接,充分考虑生产技术准备周期。

⑤使生产任务的安排同各项技术组织措施付诸实施的时间结合起来,使各季、各月生产任务的完成有可靠的保证。

⑥要瞻前顾后,注意各生产环节的衔接。

安排主生产计划,必须考虑市场需求对出产计划的不同要求。市场需求分为均衡需求和非均衡需求。均衡需求是指市场需求在各个时期的需求数量是稳定的或均匀变化的,一般不出现季节性需求和需求大起大落的波动现象。非均衡需求则相反。

1)均衡需求条件下主生产计划的安排

由于不同生产类型有不同的特点,在编制主生产计划的方法上也有一定差别。

①大量生产企业主生产计划的安排。大量生产是典型的备货型生产,其生产的直接目的是补充成品库存,使生产率均匀,保证生产的节奏性。可以采用改变库存水平的策略,将市场与生产系统隔开,主生产计划的安排有 3 种方式:一是均匀分配方式,是将全年计划产量按平均日产量分配给各月,这种方式适用于需求稳定,生产自动化程度较高的情况;二是均匀递增分配方式,是将全年计划产量按每季(或每月)劳动生产率平均增长数,分配到各月生产,这种方式适用于需求逐步增加,企业劳动生产率稳定提高的情况;三是抛物线递增分配方式,将全年产量按开始增长较快,以后逐渐缓慢的递增方式安排各月任务。这种方式适宜于需求有限的情况。

②成批生产企业主生产计划的安排。由于成批生产企业品种较多,各种产品产量相差较大,不能采用大量生产企业的方式安排主生产计划,具体方法有:对于有订货合同的产品,要按合同规定的数量与交货期安排,以减少库存;对于产量大,季节性需求变动小的产品,可按“细水长流”方式安排;对于产量小的产

品,要权衡库存费用与生产准备费用,确定投产批量,做到经济合理。对于同一系列不同规格的产品,当产量较少时,尽可能安排在同一时期内生产,这样可以集中组织通用件的生产。

表10.5所示为某企业2007年A系列产品的生产主生产计划。

表10.5 某企业2007年成批生产产品主生产计划表

序号	产品名称	全年任务	第一季度			第二季度			第三季度			第四季度		
			1月	2月	3月	4月	5月	6月	7月	8月	9月	10月	11月	12月
1	A_1	600	40	40	40	40	50	60	50	50	50	60	60	60
2	A_2	420	30	30	30	30	35	35	35	35	40	40	40	40
3	A_3	100			40	20	20	20						
4	A_4	185		20	25	40	50	50						
5	A_5	55				25	30							
6	A_6	80						10	10	20		20	20	
7	A_7	75				15	10		15	20		15		
8	A_8	95			10	20	25	10	20	10				
9	A_9	105			20	20	25	25	15					
10	A_{10}	80				10		10			20	20		20

2)非均衡需求下工生产计划的安排

非均衡需求是一种最普遍的需求现象。如何在满足市场非均衡需求的前提下,保证企业生产过程的均衡性,是主生产计划要解决的核心问题。处理非均衡需求可采用改变库存水平、改变生产率和改变工人数量3种策略。

①改变库存水平。改变库存水平指通过库存来调节生产,维持生产率和工人数量不变。如图10.4所示,当需求不足时,由于生产率不变,库存量就会上升。当需求过大时,将消耗库存来满足需要,库存就会减少。这种策略可以不必按最高生产负荷配备生产能力,因而,节约了固定资产投资,是处理非均匀需求常用的策略。成品库存的作用好比是水库,可以蓄水和供水,既防旱又防涝,保证水位正常。但是,通过改变库存水平来适应市场的波动,会形成库存费。同时,库存也破坏了生产的准时性。对纯劳务性生产,不能采用这种策略。纯劳务

性生产只能通过价格折扣等方式来转移需求,使负荷高峰比较平缓。

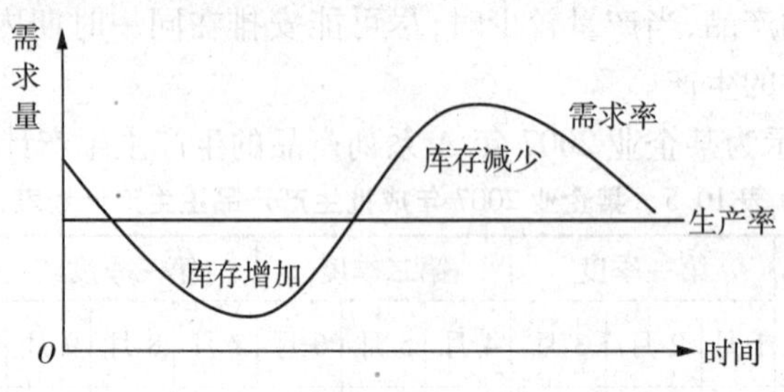

图 10.4　通过改变库存水平来吸收需求波动

②改变生产率。改变生产率指使生产率与需求率匹配。需要多少就生产多少,这是准时生产制(just-in-time)所采用的策略,它可以消除库存。生产任务紧时加班加点,松时把工人调到其他生产单元或做清理工作。当任务超出太多时,可以采取转包或外购的办法。这种策略引起的问题是生产不均衡,同时会多付出加班费。

③改变工人数量。在需求量大时多雇工人,在需求量小时裁减工人。这种做法不一定永远可行。对技术要求高的工种一般不能采取这种策略,因为技术工人不是随时可以雇到的。另外,工人队伍的不稳定会引起产品质量下降和一系列的管理问题。

以上 3 种策略也可以通过反复试验法(the trial-and-error method)任意组合,形成不同的混合策略。反复试验法可能是在管理实验中应用最广的方法。面对复杂的管理对象,人们很难找到最优的处理方法,可以通过直觉和经验得出一种方法,将这种方法用于实践,取得经验,发现问题,对方法做出改进,再用于实践,如此反复。虽然不一定能得到最优解,但是一定能得到可行且令人满意的结果。在制订主生产计划中,也可采用反复试验法。下面举例说明反复试验法的应用。

例 10.1　某公司将某一预测期的市场需求转化为生产需求,如表 10.6 所示。该产品单件加工时间 20 h,工人每天工作 8 h。招收工人需广告费、考试费和培训费,折合雇一个工人需 300 元,裁减一个工人需付解雇费 200 元。假设生产中无废品和返工。为了应付需求波动,有 1 000 件产品作为安全库存。每个月单位产品维持库存费为 6 元。设每年的需求类型相同,在计划年度开始时的工人数等于计划年度结束时的工人数,相应地,库存量也近似相等。现提出以下 3 种不同策略,进行比较分析,选择最佳方案。

表10.6 某公司产品预计月生产需要量计算表

月份	月需求量/件	累计月需求量/件	月工作日/d	累计月工作日/d
4	1 600	1 600	21	21
5	1 400	3 000	22	43
6	1 200	4 200	22	65
7	1 000	5 200	21	86
8	1 500	6 700	23	109
9	2 000	8 700	21	130
10	2 500	11 200	21	151
11	2 500	13 700	20	171
12	3 000	16 700	20	191
1	3 000	19 700	20	211
2	2 500	22 200	19	230
3	2 000	24 200	22	252

方法一:采取改变工人数量策略

假定该公司可以随时雇到他们所需要的工人,且工人的技术水平符合要求。若采取改变工人数量策略,总费用计算过程见表10.7。

表10.7 改变工人数量的策略的总费用计算表

月份(1)	预计月产量(2)/件	月所需生产小时(3)=20×(2)/h	月工作日(4)/d	每人每月生产小时(5)=8×(4)/h	每月所需工人数(6)=(3)÷(5)/人	月初增加工人数(7)/人	月初裁减工人数(8)/人	变更费(9)=300×(7)或200×(8)/元
4	1 600	32 000	21	168	190		37	7 400
5	1 400	28 000	22	176	159		31	6 200
6	1 200	24 000	22	176	136		23	4 600
7	1 000	20 000	21	168	119		17	3 400
8	1 500	30 000	23	184	163	44		13 200
9	2 000	40 000	21	168	238	75		22 500

续表

月份(1)	预计月产量(2)/件	月所需生产小时(3)=20×(2)/h	月工作日(4)/d	每人每月生产小时(5)=8×(4)/h	每月所需工人数(6)=(3)÷(5)/人	月初增加工人数(7)/人	月初裁减工人数(8)/人	变更费(9)=300×(7)或200×(8)/元
10	2 500	50 000	21	168	298	60		18 000
11	2 500	50 000	20	160	313	15		4 500
12	3 000	60 000	20	160	375	62		18 600
1	3 000	60 000	20	160	375			0
2	2 500	50 000	19	152	329		46	9 200
3	2 000	40 000	22	176	227		102	20 400
合计						256	256	128 000

维持1 000件安全库存,全年需库存费为:1 000×6×12 元=72 000 元

总费用=(128 000+72 000)元=200 000 元

方法二:采取改变库存水平策略

采用改变库存水平策略进行分析时,必须允许晚交货。由于252 d内需生产24 200件产品,则平均每个工作日生产96.03件,需(96.03×20)h=1 920.63 h,每天需工人(1 920.63÷8)人=240.08人,取241人,则每天平均生产(241×8÷20)件=96.4件产品。采取改变库存水平的策略,总费用计算过程如表10.8所示。

表10.8　改变库存水平策略的总费用计算表

月份(1)	累计月工作日(2)/d	累计月产量(3)=(2)×96.4/件	累计月需求量(4)/件	月末库存量(5)=(3)-(4)+1 000/件	维持库存费(6)/元
4	21	2 024	1 600	1 424	7 272
5	43	4 145	3 000	2 145	10 707
6	65	6 266	4 200	3 066	15 633
7	86	8 290	5 200	4 090	21 468
8	109	10 508	6 700	4 808	26 694
9	130	12 532	8 700	4 832	28 920

续表

月份(1)	累计月工作日(2)/d	累计月产量(3)=(2)×96.4/件	累计月需求量(4)/件	月末库存量(5)=(3)-(4)+1 000/件	维持库存费(6)/元
10	151	14 556	11 200	4 356	27 564
11	171	16 484	13 700	3 784	244 200
12	191	18 412	167 00	2 712	19 488
1	211	20 340	19 700	1 640	13 056
2	230	22 172	22 200	972	7 836
3	252	24 293	24 200	1 093	6 195
合计					209 253

注:维持库存费=单位产品维持费×(月初库存量+月末库存量)/2;

4 月初库存量为 1 000 件。

从表 10.8 可知,总费用计算结果为 209 253 元。

方法三:采取混合策略

本例按改变生产率与改变工人数量的混合策略进行分析。考虑到需求的变化,在前一段时间采取相对较低的均匀生产率,在后一段时间采取相对较高的均匀生产率。4 月初需生产 1 600 件,平均每天需生产 76.19 件。设 4—9 月份采用每天 80 件的生产率,则每天需工人 20×80÷8 人=200 人。生产到 8 月底,累计 109 d 生产了 109×80 件=8 720 件。在余下(252-109 d)=143 d 内,要生产(24 200- 8 720)件=15 480 件产品,平均每天生产(15 480÷143)件=108.25 件,需 108.25×20÷8 人=270.6 人,取 271 人。因此,9 月初要雇用 271-200=71 人,从 9 月份至第二年 3 月份每天安排生产 271×8÷20=108.4 件产品。并于第二年 3 月份末再裁减 71 人。这种混合策略的总费用计算过程见表 10.9。

表 10.9 混合策略的总费用计算表

月份(1)	累计月工作日(2)/d	生产数量(3)/件	累计月产量(4)=$\sum$(2)×(3)/件	累计需求量(5)/件	月末库存量(6)=(4)-(5)+1 000/件	库存费(7)元	工人变更费(8)元
4	21	80	1 680	1 600	1 080	6 240	
5	43	80	3 440	3 000	1 440	7 560	

续表

月份(1)	累计月工作日(2)/d	生产数量(3)/件	累计月产量(4)= $\sum$(2)×(3)/件	累计需求量(5)/件	月末库存量(6)=(4)-(5)+1 000/件	库存费(7)元	工人变更费(8)元
6	65	80	5 200	4 200	2 000	10 320	
7	86	80	6 880	5 200	2 680	14 040	
8	109	80	8 720	6 700	3 020	17 100	
9	130	108.4	10 996	8 700	3 296	18 948	21 300
10	151	108.4	13 273	11 200	3 073	19 107	
11	171	108.4	15 441	13 700	2 741	17 442	
12	191	108.4	17 609	16 700	1 909	13 950	
1	211	108.4	19 777	19 700	1 077	8 958	
2	230	108.4	21 836	22 200	636	5 139	
3	252	108.4	24 221	24 200	1 021	4 971	14 200
合计						143 775	35 500

表 10.9 说明如下:4 月初库存量为 1 000 件,库存费的算法与表 10.7 相同;第一年 9 月份至第二年 3 月份中每个月累计产量由两种生产率确定,应分别计算求合计。如:9 月份累计产量=8 720 件+(130-109)×108.4 件=10 996 件。9 月份和 3 月份工人数变更费用分别为:71×300=21 300 元;71×200=14 200 元;

因此,总费用=库存费+工人变更费=(143 775+35 500)元=179 275 元

上述 3 种不同方法下的总费用分别为:200 000 元、209 253 元和 179 275 元,可见方法三所描述的混合策略较优。反复试验法不能保证获得最优策略,但可以不断改善所采取的策略,读者还可选择其他混合策略来验证总费用是否可以减少。

从理论上讲,可以通过多种数学模型来求得上述问题的最优策略,最常用的数学模型就是线性规划,在线性规划模型中,约束条件表现为一个时期到另一个时期的存储的平衡、加班时间的使用、生产能力水平、劳动力数量等,其目标函数是使生产成本最小。但由于实际问题较复杂,线性规划模型的建立比较困难,因而,人们更愿意用试算法确定最优策略。

10.3.2 订货型企业的主生产计划

单件小批生产(job-shop production)属于典型的订货型生产方式,其特点是按用户订单的要求,生产出规格、质量、价格、交货期不同的专用产品。单件小批生产制造的产品大多为生产资料产品,如大型船舶、电站锅炉、化工炼油设备、汽车厂的流水线生产设备等,它们为其他生产活动提供劳动手段。对于单件小批生产,由于订单到达具有随机性,产品往往又是一次性需求,无法事先对计划期内的生产任务作总体安排,也就不能采用线性规划法进行品种和产量的优化。但是,单件小批生产仍需要编制综合计划。综合计划可以对计划年度内企业的生产经营活动和接受订货决策进行指导。一般来讲,编制综合计划时,企业可根据已有订货和市场行情,预测计划年度的任务,然后根据资源的限制进行优化。

综合计划是指导性的,主生产计划是按订单做出的。对于订货型生产企业来说,主生产计划的核心内容是否接受订货决策以及品种、价格与交货期的确定。

(1)是否接受订货决策

当用户订单到达时,企业要做出是否接受订货,接受多少,何时交货的决策。在进行这些决策时,不仅要考虑企业所能生产的产品品种,现已接受任务的工作量,生产能力与原材料、燃料、动力供应状况,交货期要求等,而且要考虑价格是否能接受。因此,这是一项十分复杂的决策。其决策过程如图10.5所示。

用户订货一般包括要订货的产品型号、规格、技术要求、数量、交货时间 D_c 和订货价格 P_c。在顾客心里可能还有一个最高可以接受的价格 P_{cmax} 和最迟的交货时间 D_{cmax}。超过此限度,顾客将另寻生产厂家。

对于订货型生产企业来说,它会根据顾客所订的产品和对产品性能的特殊要求以及市场行情,运用它的报价系统(计算机或人工系统)给出一个正常价格 P 和最低可接受的价格 P_{min},也会根据现有任务情况、生产能力和生产技术准备周期、产品制造周期,通过交货期设置系统(计算机和人工的),设置一个正常条件下的交货期 D 和赶工情况下最早的交货期 D_{min}。

在品种、数量等其他条件都满足条件的情况下,显然,当 $P_c \geqslant P$ 和 $D_c \geqslant D$ 时,订货一定会接受。接受的订货将列入主生产计划。当 $P_{min} > P_{cmax}$ 或者 $D_{min} > D_{cmax}$,订货一定会被拒绝。除了这两种情况以外的决策很复杂,其结果可能接受,也可能拒绝,需经双方协商解决。较紧的交货期和较高的价格,或者较松的交货期和较低的价格,都可能成交。符合企业产品优化组合的订单,可能在较低

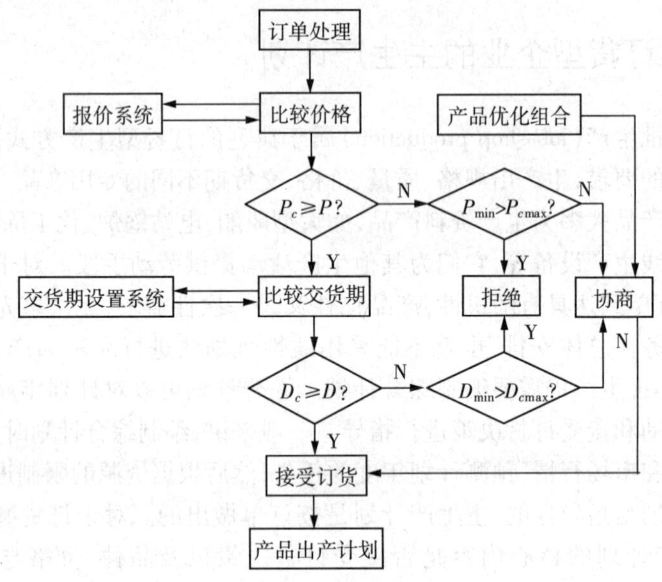

图 10.5 订货决策过程

价格下成交,不符合企业产品优化组合的订单可能在较高价格下成交。

从接受订货决策过程可以看出,品种、数量、价格与交货期的确定对订货型企业十分重要。

(2)品种、价格与交货期的确定

①品种的确定。对于订单的处理,除了前面讲的即时选择的方法之外,有时还可将一段时间内接到的订单累积起来再作处理,这样做的好处是,可以对订单进行优选。

小批生产企业也可用线性规划法确定品种与数量,单件生产企业无所谓产量问题,可采用0—1 型整数规划来确定产品品种。

例 10.2 已接到 A,B 和 C 三种订货任务,其加工时间和可获利润如表10.10所示,能力工时为 40 h 应该接受哪些品种最有利?

表 10.10 产品的加工时间和利润

产 品	A	B	C
加工时间/h	12	8	25
利 润/元	10	13	25

解:这是一个 0—1 型整数规划问题。决策变量取 0,表示不生产该产品,决

策变量取1,表示生产该产品。其数学模型为:

$$\text{Max}=10x_A+13x_B+25x_C$$

满足

$$12x_A+8x_B+25x_C\leqslant 40$$

$$x_A,x_B,x_C=0\text{ 或 }1$$

0—1型整数规划的解法十分复杂,对于n个品种,有2^n种组合。对于品种较多的情况,在正常的时间范围内是得不到最优解的。因此,需要采用启发式算法。有一种启发式算法是按利润与加工时间的比值从大到小排序,即优先考虑单位加工时间来实现利润最大的任务。

本例中,A:10/12=0.83　B:13/8=1.63　C:25/25=1

于是,得到优选顺序为B—C—A。先选择完成B,剩余能力为32 h;再选择完成C,剩余能力为8 h,不足以加工产品A。因此,只能选择完成B和C,这样,生产能力剩余8 h,企业获利38元。

②价格的确定。确定价格的方法很多,归纳起来有成本导向定价法、竞争导向定价法和市场导向定价法。成本导向定价法是以产品成本作为定价的基本依据;竞争导向定价法是以企业竞争战略目标的实现作为定价的前提;市场导向定价法是根据市场的竞争状况和供求关系等因素确定价格。在制订生产计划时的定价方法主要采用成本导向定价法和市场导向定价法。

成本导向定价法中的成本可以采用完全成本和变动成本。采用完全成本作为定价依据,必须使全部成本得到补偿并有一定的盈利。其计算公式如下:

价格=成本×(1+成本利润率)

其中,成本是单位产品的变动成本加上分摊的固定成本。成本利润率可参照行业的平均成本利润率水平确定。这种方法一般适用于定价的主动权在企业一方时的情况。

采用变动成本作为定价依据,至少必须使变动成本得到全部补偿,否则,企业生产和销售该种产品就不合算,其计算公式如下:

价格>单位产品的变动成本

只要价格大于单位产品的变动成本,生产和销售该产品就会有"贡献",即"边际贡献",它对企业的意义在于减少亏损或增加利润。这种方法一般适用于定价的主动权在客户一方的情况。

上述两种价格可作为正常价格P和最低可接受的价格$P_{\min}$。

市场导向定价法是按市场行情定价,然后再推算成本应控制的范围。按市场行情定价,主要是看具有同样或类似功能产品的价格分布情况,然后再根据本企业产品的特点,确定顾客可以接受的价格。按此价格来控制成本,使成本不超过某一限度,并尽可能小。

对于单件小批生产的机械产品,一般采用成本导向定价法。由于单件小批生产的产品的独特性,它们在市场上的可比性不是很强。因此,只要考虑少数几家竞争对手的类似产品的价格就可以了。而且,大量统计资料表明,机械产品原材料占成本比重的60% ~70%,按成本定价是比较科学的。

对于企业从未生产过的产品,由于在用户订货阶段,只知道产品的各项性能及参数要求,并无设计图纸和工艺,按原材料和人工的消耗来计算成本是不可能的。因此,往往采取类比的方法来定价。即按过去已生产的类似产品的价格,找出同一大类产品价格与性能参数之间的相关关系,来确定订货产品的价格。

③交货期的确定。出产期与交货期的确定对单件小批生产十分重要。产品出产后,经过发运,才能交到顾客手中。交货迅速而准时可以争取顾客。设置交货期是保证按期交货的前提条件。交货期设置过松,对顾客没有吸引力,还会增加成品库存;交货期设置过紧,超过了企业的生产能力,会造成误期交货,给企业带来经济损失和信誉损失。

交货期的确定主要考虑生产该产品的生产周期及发货周期。生产周期是指从接受订货后的生产技术准备工作开始一直到产品经过制造完工后进入成品库的时间,交货周期是指产品从成品库发出,经过发运,交到顾客手中的时间。其中,最主要的时间是产品生产周期,交货期的确定实质上就是正确计算产品生产周期。产品生产周期的确定一般可采用经验估计法、生产周期图表法等,这将在第10章中介绍。如果顾客要求的交货期比较紧,则可采用网络计划技术中的"时间优化"或"时间费用优化"的原理缩短生产周期(参见第12章)。在正常条件下确定的生产周期可作为正常交货期 D 的重要依据,在"时间优化"或"时间费用优化"的条件下确定的生产周期可作为最早交货期 $D_{\min}$ 的主要依据。

10.3.3 不同类型企业主生产计划的变型

主生产计划是要确定每一具体的最终产品在每一具体时间段内的生产数量。其中的最终产品是指对于企业来说最终完成的、要出厂的产品。不同生产类型的企业,最终产品的构成方式不同,因而MPS的形式也有所不同。

(1)备货型(make-to-stock)

其中的最终产品是对于企业来说最终完成的要出厂的产品,但实际上,这主要是指大多数"备货生产型"的企业而言。在这类企业中,虽然可能要用到多种原材料和零部件,但最终产品的种类一般较少,且大都是标准产品,这种产品的市场需求的可靠性也较高。通常是将最终产品预先生产出来，放置于仓库，随时准备交货。因此，MPS 一般是按较少的最终产品为对象编制。

(2)组装型(assemble-to-order)

在这种生产情况下，特别是随着市场需求的日益多样化，企业要生产的“变型”的最终产品是很多的。所谓变型产品，往往是若干标准模块的不同组合。例如，以汽车生产为例，传统的汽车生产是一种大批量备货生产类型，但在今天，一个汽车装配厂每天所生产的汽车可以说几乎没有两辆是一样的，因为顾客对汽车的车身颜色、驱动系统、方向盘、座椅、音响、空调系统等不同部件可以自由选择，最终产品的装配只能根据顾客的需求来决定，车的基本型号也是由若干不同部件组合而成的。例如，一个汽车厂生产的汽车，顾客可选的部分包括：3 种大小不同的发动机，4 种传动系统、2 种驱动系统、3 种方向盘、3 种轮胎尺寸、3 种车体、2 种平衡方式、4 种内装修风格、2 种制动系统。基于顾客的这些不同选择，可装配出的汽车种类有(3×4×2×3×3×3×2×4×2)种＝10 368 种，但主要部件和组件一共只要(3+4+2+3+3+3+2+4+2)种＝26 种，即使再加上对于每辆车来说都是相同的那些部件，部件种类的总数仍比最终产品种类的总数要少得多。因此，对于这类产品，一方面，对最终产品的需求是非常多样化和不稳定的，很难预测，因此保持最终产品的库存是一种很不经济的做法。而另一方面，由于构成最终产品的组合部件的种类较少，因此预测这些主要部件的需求要容易得多，也精确得多。所以，在这种情况下，通常只是持有主要部件和组件的库存，当最终产品的订货到达以后，才开始按订单生产。这种生产类型被称为“组装生产”(assemble-to-order)。这样，在这种生产类型中，若以要出厂的最终产品编制 MPS，则会由于最终产品的种类很多，该计划将大大复杂化，而且由于难以预测需求，计划的可靠性也难以保证。因此，在这种情况下，主生产计划(MPS)是以主要部件和组件为对象来制订的。例如，在上述汽车厂的例子中，只以 26 种主要部件为对象制定 MPS。当订单来了以后，只需将这些部件作适当组合，就可在很短的时间内提供顾客所需的特定产品。

(3)订货型(make-to-order)

对于订货型生产而言，企业的最终产品和主要部件、组件都是顾客订货的特殊产品，这些最终产品和主要部件、组件的种类比它们所需的主要原材料和基本零件的数量可能要多得多。如特殊医疗器械、模具等生产企业。在这种情况下，类似于组装生产，主生产计划(MPS)也可能是以主要原材料和基本零件为对象来制订的。

10.4 服务型企业的综合计划

10.4.1 服务型企业综合计划的特殊性

综合计划在服务业和制造业中虽然有某些相似之处,但也存在一些重要差异,主要表现为:

①服务计划的重点在于服务人员配备。服务业的综合计划要考虑目标顾客的需求、服务设施的能力以及劳动力的生产能力,由此产生的计划是一个以时间为基础的服务员工需求计划。而制造业生产计划的重点在于加工对象安排。

②服务中在提供时发生。服务系统也是根据订单生产或提供服务,而且生产和服务不可分离,因此,服务计划不涉及最终产品的库存问题。

③服务需求难以预计。服务需求的变化很大,有些情况下顾客需要即时服务(如警察、消防、医疗急诊等),而其他的时候顾客只是想要即时服务罢了,如果需要得不到满足,他们就会去别的地方。这些因素为服务提供者预料需求带来了更加沉重的负担。因而,服务提供者要特别注意必须根据顾客需求的变化规划服务能力,在较短的时间内确定服务作业,服务计划系统通常只是较短时间的计划。如每周、每天、甚至每小时。

④服务运作大多数是劳动密集型的。服务的消费与生产同时进行,服务的主要方法是通过个体行为进行。员工本人的业务水平、行为方式对于系统的成功更为重要。服务人员彬彬有礼、从容不迫的行为方式,会减轻顾客过长等待时间造成的压力,减少顾客的不满情绪。另外,对员工进行一种以上的职业培训可以提高服务系统的柔性,从这一点讲,服务业做计划比制造业容易。

10.4.2 服务型企业综合计划的编制

服务型企业综合计划有两种极端的情况。一种是对于规模较小的服务系统,几乎不需要制订正式的运作计划。如私人医生和规模较小的零售商等。他们经常采用事先安排和先到先服务的规则确定顾客服务的优先权,当遇到无法预料的高需求时,雇佣雇员和启用闲置的设备,以满足临时性需要。另一种是对于较为复杂的服务系统,其运作计划的复杂程度甚至超过了制造业计划。有些规模较大的服务系统,开发标准的服务运作计划,往往需要进行大量的工作,消耗大量的人力、资金和时间。例如,美国航空运输业目前所拥有的在线计算机服务系统。

尽管服务运作计划与制造生产计划存在上述不同,但是两者也有类似之处。对于标准化的服务企业,处理过程与制造业的生产线形式类似,服务过程一旦开始就按顺序完成,一般不会出现显著的延迟。这些服务组织一般只是编制综合运作计划,如:银行、航空公司、快餐店和货运公司等。而对于非标准化的服务系统,运作计划分为不同的层次,首先要制订全年、每个月以至每周的人员需求计划,然后在此基础上,通过作业排序方法,把这样的人员需求计划转换成为每一个人的日常排班计划。

根据所提供的服务类型不同,编制综合计划的方法也不同。下面简单介绍五种典型的服务系统的综合计划方案。

(1)餐饮业

这类高产出的商业综合运作计划要求生产能力平稳;可雇佣一定数目的劳动力;采取需求管理以保证设备及雇员持续正常工作。

综合计划方法通常要求在需求较少时增加库存,在需求高峰时期用尽库存。这类似于制造业,因此,传统的综合计划方法也适合于高产出服务业。需要指出的是,餐饮业与其他行业的差异在于其存货容易变质。除此之外,有关时间单位比制造业要“小”,例如,快餐店高峰与低谷时期可用小时数来衡量,且其“产品”可能仅能储存十几分钟。

(2)各种形式的服务业

大部分各式各样的服务业,如金融业、医疗业、运输业,还有许多通讯和娱乐业,都是提供一种数量大但不确定的产出。这些服务业的综合计划主要应付人力资源需求计划和管理市场需求。其目标是平衡高峰需求并设计一种方法来充分利用需求处于低谷时期的劳动力资源。

(3)零散服务商业的连锁经营

随着零散服务商业的全国连锁经营到来,像殡仪馆、快餐批发店、相片冲洗中心和电脑中心等这些商业网点的综合计划与各个独立计划之间的关系问题成为了焦点。服务业链的综合计划中的一个重要方面是集中购买,它有许多有利之处。当需求可由促销等方式影响时,产出也可集中计划。这种方式减少了广告费并且有助于各个网点现金正常周转。

(4)航空业

航空业是一项非常特殊的服务业。对于规模较大的航空公司,一般是将总部设在中心城市,在其他城市设立分公司,在全国机场设立许多办事处。其综合计划一般包括下列内容:进出各中心的航班次数;所有航线的航班次数;各次航班服务的乘客数;各中心与机场需要的空中及地面服务人员数。

(5)医院

医院综合计划面临的一个问题是如何分配资金、管理人员和服务供应以满足病人享受医疗服务的需要。例如,可以根据病人平均流量来预测医院负荷,从而来确定病床数量及全体服务人员数。其综合计划导致了一个新的服务业,即各护理点的流动服务人员群体的产生。

思考与练习

1. 叙述生产计划的构成。
2. 生产计划的主要指标有哪些?它们的经济含义是什么?
3. 备货型企业与订货型企业主生产计划的核心内容有何区别?
4. 试述备货型企业主生产计划的编制方法。
5. 处理非均匀需求有哪些策略,其应用条件及限制如何?
6. 某一生产微波炉的企业,下一计划年度的需求预测以及其他有关的资料如表 10.11 所示:

表 10.11 计划年度需求预测及有关资料

季度	需求量/千台	各种生产能力的最大产量/千台		
		正常生产	加班生产	外包生产
1	80	80	15	10
2	70	60	10	10
3	100	70	15	5
4	90	80	20	10

该产品期初库存为 10 000 台,要求到期末保持库存 30 000 台。各种能力的成本为:

正常班生产 = 50 元/台 加班生产 = 75 元/台

外包生产 = 130 元/台 库存成本 = 5 元/台 · 季

此外,季度产量水平每增加 1 000 台的变化劳力的成本为 1 200 元,每减少

1 000台的变化劳力成本为1 800元。期初的生产能力为9万台/季。试为该企业制订保证成本最低的生产计划方案。

7. 某公司预测下一年度内产品的月需求量如表10.12所示。

表10.12 产品的月需求量

月份	1	2	3	4	5	6	7	8	9	10	11	12	总计
需求量/件	418	414	395	381	372	359	386	398	409	417	421	425	4 795

现有40名工人,平均每人每月生产10件代表产品;若有10%的加班时间,则每月生产11件代表产品;若有20%的加班时间,则每月生产12件代表产品。聘用和解雇一名工人需分别支付500元和450元,正常工作时间每月支付员工1 250元,而加班时间则支付1.5倍的报酬。单位库存的成本为4元/月,现在库存为800件。要求:

①制订一个混合策略的生产计划来满足预测需求。

②这个策略的总成本是多少?

③请简要说明,还有没有使成本更低的策略?

8. 某公司生产A和B两种型号的电器,受焊接、装配、包装三个生车间生产能力的限制,公司每月有50 000 min的焊接能力,每件产品需要1 min焊接时间;该公司每月有200 000 min的装配能力,而每件A型产品需5 min装配,每件B型产品需2.5 min装配;该工厂每月有300 000 min的包装能力,每件A型产品需3 min包装,而每件B产品需要8 min包装;每件A型产品和B型产品的利润分别为10元和8元。请计算最佳的产量组合及总利润。

提示:可利用Excel软件求解最优化。

第 11 章 制造资源计划

通过本章学习,应达到如下目的:

1. 理解物料需求计划(MRP)的概念、基本原理。
2. 能够根据 BOM 进行物料需求计划(MRP)计算。
3. 能针对具体的生产计划问题编制 MRP 进度表。
4. 理解 MRPⅡ的概念、逻辑流程及其实施环境。
5. 了解 MRP 与 MRPⅡ之间的区别。

在生产计划系统中,综合计划和主生产计划(MPS)的对象都是指企业的最终产品,其需求属于独立需求,而在其以下的全部零部件或原材料的需求都是从属需求。从理论上讲,对于这类需求没有必要设置库存,但是由于生产工艺的不同特点以及经济、管理、市场等其他因素的影响,这种理想状态从整体上是很难实现的。另外,分析这类需求问题时,还要考虑需求的连续性和均衡性。可见,传统的库存管理方法具有一定的局限性,计算机技术的应用为解决从属需求资源问题提供了强有力的手段。本章分别介绍物料需求计划(MRP)和制造资源计划(MRPⅡ)的概念、功能、特点、逻辑流程及实施环境等。

11.1 物料需求计划(MRP)

11.1.1 物料需求计划概述

(1)物料需求计划的概念

物料需求计划(material requirements planning,MRP)是 20 世纪 60 年代发展

起来的一种将库存管理与生产进度计划结合为一体的计算机辅助生产管理系统。MRP 是一个符合逻辑的、容易理解的方法系统，它可以用来计算物料需求量和需求时间，从而降低库存量。MRP 还能提供各种物料、零部件何时订购或生产的时间计划表。

早在 19 世纪 70 年代，制造商们就已经认识到区分独立与非独立需求，以及对这两类需求采取不同控制方法的重要性。MRP 是基于计算机的方法。一方面，由于现代工业产品的结构极其复杂，一个产品常常由成千上万种零部件构成，用手工方法不能在短期内确定如此众多的零部件的需要数量和需要时间，据报道，在使用电子计算机以前，美国有些公司用手工计算各种零部件的需要数量和时间，一般需要 6 ~ 13 周时间，人们称这样编制生产作业计划的方式为"季度订货系统"。由于这样制订的计划只能每季度更新一次，计划不可能很细、很准，而且计划的应变性很差。另一方面，由于企业处于不断变化的环境之中，实际情况必然偏离计划的要求，其原因可能是对产品的需求预测不准确，引起产品的交货时间和交货数量的改变；也可能是外协件、外购件的原材料的供应不及时；还可能是其他一些偶然因素，如出废品、设备故障、工人缺勤等，使生产不能按计划进行。当计划与实际执行情况已经出现了较大偏差时，必须修改计划。但是修改计划和制订计划一样费事，计划制订得越细致，修改计划的工作量就越大、越困难。而且，修订计划要求在很短的时间内完成，否则，修订的计划跟不上变化。显然，手工方式是无法及时对计划作出修改和调整的。MRP 的出现，是电子计算机应用于生产管理的结果。

(2) 独立需求和非独立需求

存货的需求分为独立需求（dependent demand）和非独立需求（independent demand）。

非独立需求（independent demand），也称相关需求或从属需求，是指每一个物料项的需求都是由更高一层的物料项的需求所引发的。而独立需求（dependent demand），是指将被消费者消费或使用的最终产品。如汽车轮胎、轮轴和发动机都是由汽车需求决定的非独立需求物料项。相反，成品汽车的需求是独立需求——汽车并非其他任何物品的组成元件。

独立需求一旦随季节变化达到定量供应，就会相对稳定下来；而非独立需求则趋于偶发性或"成块"性，不需要的时候为零，一旦需要就是一批。例如，生产草坪和园艺设备的企业会储备较多的产成品，如修剪器、割草机以及小型拖拉机等。假设各种产品都是定期生产——这个月生产推式割草机，下个月生产覆盖式割草机，第三个月生产拖拉机。有些元件会用于绝大多数品项（如螺母、螺钉、螺杆等），由于经常使用，所以始终保持这些零部件库存很有意义。另一方面，还有些零部件只用于某一产品项，因而这些零部件的需求只发生于生产那种特定产品项之时。它们或许每隔八九周才能用到一次，其余时间的需求则是零。因此，需求是"块状"的。由于这种趋势的存在，独立需求的物料项必须经常持有，而非独立需求的物料项则只要在生产过程使用它之前存好就行了。另外，非独立需求特料项的可预知性意味着保持安全库存的必要性很小甚至没有。

图 11.1 表明了独立需求与非独立需求的区别。对产成品的需求（独立需求）由企业外部多个用户的需求所决定，如果对产品的需求比较均匀，那么产成品的库存水平变化的总轮廓呈锯齿状。而对原材料的需求（非独立需求）是由产成品的需求所决定的。没有组织产品生产前，原材料的需求维持高的水平，开始生产后要从原材料库中取出大批的原材料。此时，原材料的库存水平未降到订货点以下，所以不必提出订货。于是，原材料的库存水平又维持不变。随着时间的推移，当下一次组织产品的产品装配后，又要消耗一部分原材料库存。如果这时原材料的库存水平降到订货点以下，就要组织原材料的订购了。所以，即使产品的需求率均匀变化的条件下，由于采用订货点方法，造成对原材料的需求率不均匀，呈"块状"。

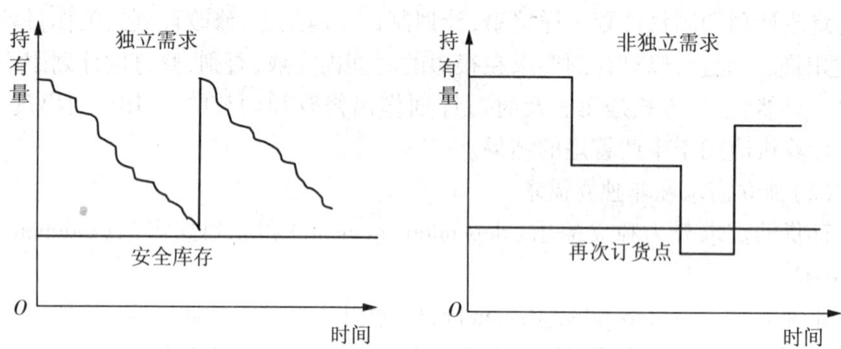

图 11.1　独立需求与非独立需求

(3) MRP 的基本思想

传统的存货控制方法只能用于处理独立需求问题。而 MRP 是基于非独立需求的，它的基本思想是：当物料短缺而影响整个生产计划时，应该很快提供物料；当主生产计划延迟且推迟物料需求时，物料也应该被延迟。传统的做法是，当订单落后于计划时，要花费很大的努力让其重新回到计划的控制之下。但是，反过来并不总是正确的。当订单由于某种原因完成时间延迟时，在计划中并未作适当的调整。结果导致单方面的效应——较晚的订单被加快，而较早的订单却不被重新计划而被推迟。除了尽可能地减少能力资源的利用,在真实需求之前最好不储存原材料和在制品,因为库存冻结了资金,占据了存放空间,妨碍设计变化,阻止取消和推迟订货。

MRP 按反工艺顺序来确定零部件、毛坯直到原材料的需要数量和需要时间。从预定日期开始,MRP 把产成品的生产计划向后转换成零部件与原材料的需求,用生产提前期及其他信息决定何时订货以及订多少货。因此,对最终产品的需求产生了对被计划分解开来的底层组件的需求,使订货、制造与装配过程都按确定的时间进度及时完成,并使存货保持在合理的水平上。

MRP 始于最终成品的时间进度安排,再由它转换为特定时间生产成品所需的部件、组件以及原材料的时间进度安排。因此,MRP 回答了 3 个问题:需要什么、需要多少以及何时需要?

(4)MRP 的作用

①向生产和供应部门提供准确和完整的物料清单,包括它们的需要期限。

②充分利用库存来控制进货量和进货时间,在保证满足生产需要的前提下最大限度地降低库存。

③按产品的出产进度要求,并根据零部件的工艺路线和定额工时,提出对各时间周期内有关生产单位的生产能力需要量计划。

④对物料项目做出优先顺序的安排,提出每一时间周期应予优先处理的项目,以保证生产活动始终按产品出产进度计划的要求进行。

⑤动态跟踪计划的实施。根据生产实际进度、生产能力及厂级计划的变化,更新物料需求计划。

11.1.2　MRP 的输入与输出

(1)MRP 的系统结构

MRP 系统的工作原理是:依据主生产计划(master production schedule, MPS)、物料清单(bill of material, BOM)、库存记录文件等资料,经过计算制订出物料生产与采购计划,同时提出各种订单补充建议。MRP 的系统结构可用图 11.2 表示。

从图 11.2 可知,MRP 系统的输入信息主要包括:物料清单文件(BOM),它表明了某产成品的主要组成部分;主生产计划(MPS),表明了产成品的需要数量与时间;库存记录文件(inventory file),表明了目前持有存货量、订货量。通过对这些信息进行比较,可以确定出计划期内各个时间点的净需求量。

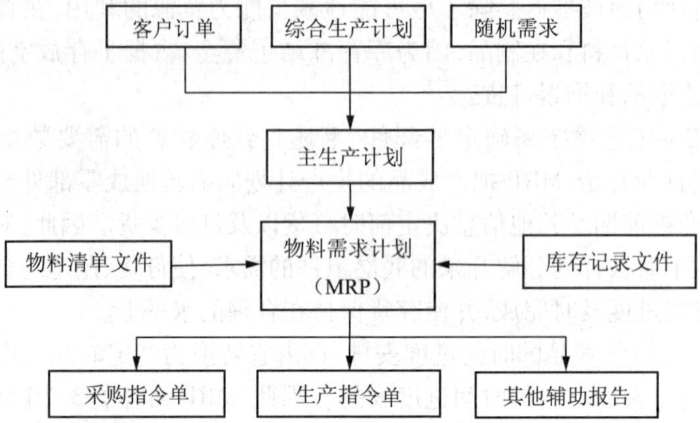

图 11.2　MRP 系统结构

MRP 系统的输出信息主要包括：采购指令单和生产指令单，统称为措施提示信息。

①采购指令单。指外购订单的应发出时间以及对预计入库量、入库时间的调整。例如，如果计划发出订货量是非零数值，MRP 系统就会给出“发出新订单”的提示信息。但是，MRP 系统虽然可以生成这样的提示信息，但有关这些提示信息的决策最后还是需要计划人员来做。计划人员看到这样的措施提示信息后，首先会查看所提示料项的全部 MRP 记录，以及构成该料项的全部“子项”的库存记录。如果这些子项的现有库存不足以支持提示信息中的新订货要求，计划人员就会按提示发出订货指令，然后更新相应的 MRP 记录。这个新订单在重新生成的 MRP 记录中将显示在计划订货入库量相应栏中。

②生产指令单。指加工工件应开始生产的时间。若措施提示信息的物料来自加工件，相应的指令将会送到车间，授权其领取所需的物料并开始生产；如果是外购件，相应的指令将变成向供应商订货的新订单。

除了这两项基本输出信息外，MRP 系统还可根据需要生成各种辅助报告，如库存和需求预测报告、生产绩效分析报告、反映严重偏差的例外报告，如超出某种范围的错误、过期的订单、过多的残料或所缺的零件表、近期关键任务表等。

(2) MRP 系统的输入信息

下面讨论 MRP 系统的 3 个主要输入信息：主生产计划、物料清单和库存记录文件。

1) 主生产计划

综合生产计划只确定某一产品类别的计划，没有确定具体的产品项目。综合生产计划的下一层次就是主生产计划。MPS 表明了企业生产哪些具体产品、何时生产以及生产多少等。有关主生产计划的详细介绍参见第 10 章。

主生产计划之后,进一步细化的计划过程就是 MRP。

2)物料清单

物料清单(bill of material,BOM),也称产品结构树图,用来说明一个最终产品是由哪些部件、组件、零件、原材料等物料构成,以及这些物料在时间和数量上的相互关系是什么。在 MRP 系统中,物料一词有着广泛的含义,它是所有产品、半成品、在制品、原材料、配套件、协作件、易耗品等与生产有关的物资的统称。BOM 不仅是 MRP 系统中重要的输入数据,而且是财务部门核算成本,制造部门组织生产等的重要依据。

编制 BOM 的步骤如下:

①将最终产品分解,对所需的全部物料项目(料项)进行分层编码。

②以最终产品为 0 层,与其有直接母子关系的料项为 1 层,以下依此类推。

③当同一料项出现在产品结构的不同层次时,则按照最低层次编码的原则逐级展开。

④根据 BOM 计算每一料项的需要数量和时间时,从上至下,n 层未处理完之前,不能处理 $n+1$ 层。

如图 11.3 所示是一个的物料清单示意图。图中括号内数字表示的是单位母物料所需子物料的数量,即:一件最终产品 A 由 2 个 B、3 个 C 和 1 个 D 组成,一个部件 B 由 2 个 U 和 1 个 D 组成,一个部件 D 由 1 个 V 和 2 个 W 组成。部件 D 既处于第 1 层上,又处于第 2 层上。这时,该部件就有几种不同的编码可供选择,按照最低层次编码原则,部件 D 的层次编码应为第 2 层次。若要生产 100 件 A,那么各料项的需要数量分别为:

部件 B:$2\times100=200$

部件 C:$3\times100=300$

部件 D:$1\times200+1\times100=300$

部件 U:$2\times200=400$

零件 V:$1\times300=300$

零件 W:$2\times300=600$

3)库存记录文件

库存记录文件记录所有产品、零部件、在制品、原材料的库存状态信息。库存记录文件内容包括项目的库存状态信息和计划参数。前者记录了库存量的动态变化过程,如库存量、可供应量、已分配量等;后者主要是一些用于订货的固定

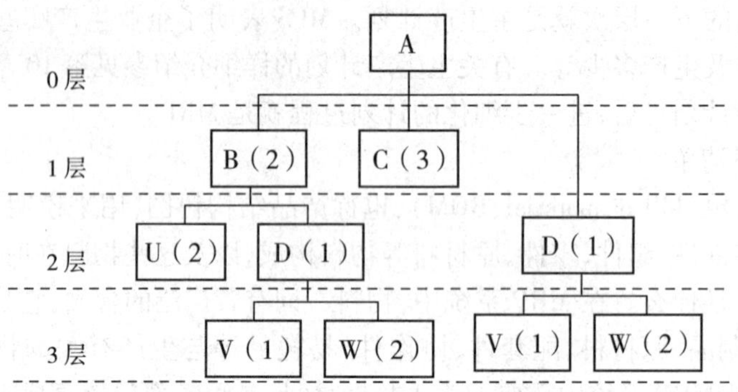

图 11.3 物料清单(BOM)示意图

数据,如订货提前期、安全库存、订货批量等。

产品结构文件是相对稳定的,库存记录文件却处于不断变动之中。MRP 系统每运行一次,它就发生一次大的变化。MRP 系统关于订什么、订多少、何时发出订货等重要信息,都存储在存储记录文件中。

11.1.3 MRP 的运行

(1)MRP 的逻辑处理

MRP 系统是通过计算机程序来实现的。MRP 程序对主生产计划、库存文件和物料清单的处理程序如下:由物料清单文件中列出所需的物料和零部件及其现有数量、已订货数量,MRP 程序处理库存文件(按时区分段),同时不断查询物料清单文件来计算每一物料需要量。然后,根据现有库存量对每一物料的需要量进行修正,再将所确定的净需要量按该物料的提前期推算出计划下达期计划投入量(或下达订单)。整个过程按反工艺顺序倒推,直到全部物料在订货周期内所有层次上的需要量算完为止。如图 11.4 所示。

(2)MRP 的计算项目

任何计划都包含两种基本的决策变量:数量和时间期限。MRP 也同样如此。具体地说,MRP 中共有 6 个计划项目:

①总需求量,又称毛需求量,它一般来自两个方面:一是经常订货,指为满足其父项物料需求而需要该项物料提供的数量。这种需要量是分时间周期(周)提出的,用 $G_j(t)$ 代表总需要量,其中:j 代表物料号,t 代表周期号。必须说明的是,总需求量来自该项物料的直接父项,而不是最终成品对它的需要量。零层物料,即产品的总需求量就是主生产计划的产品产量;二是不确定性订货,即当有

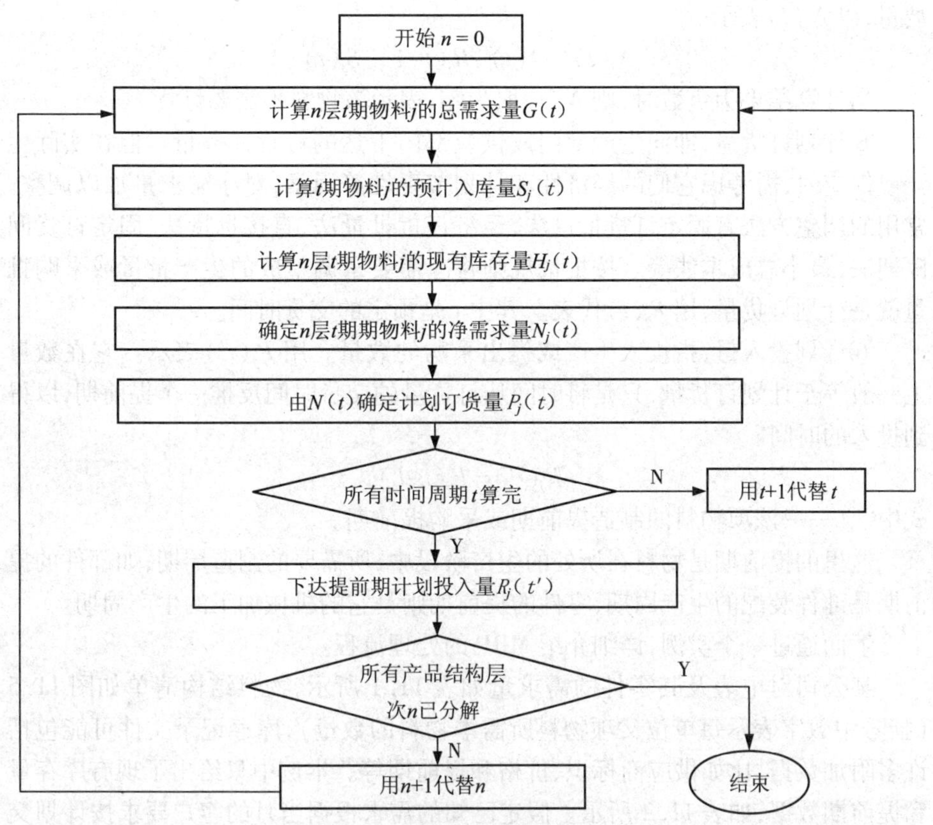

图 11.4 MRP 的计算程序图

临时订货任务时,所需零部件或物料的需求量。

毛需求量=非独立需求量+独立需求量

=上层物料计划订单的投入数量×物料清单中每个组装件的用量+独立需求量

②计划入库量,这是已经投产或已经订购,预计可在计划周期 t 到货入库的物料数量。该项变量用 $S_j(t)$ 表示。

③可用库存量,即在满足总需要量后尚剩余可供下个周期使用的存货量。习惯上,用周期末的库存量代表,以 $H_j(t)$ 表示。每期的可用库存量用下式计算:

$$H_j(t)=H_j(t-1)+S_j(t)-G_j(t)-A_j(t)$$

式中 $A_j(t)$——已预留给其他产品使用的数量,即预留库存量。

④净需求量,当可用库存量不足该期总需要量时,其短缺数量就转化为净需

要量，以 $N_j(t)$ 表示。

$$N_j(t)=G_j(t)-H_j(t-1)-S_j(t)$$

当计算结果为负数时，则 $N_j(t)$ 取为零，表示该物料不需要订货。

⑤计划订货量，即向生产部门或供应部门下达的订货任务量。但在实际生产或供应时，需考虑它们的经济性和计划节奏性等因素，对净需求量加以调整。常用的调整方法有固定订货批量法、经济订货批量法、直接批量法、固定订货间隔期法、最小总成本法等。按批量规则将净需要量调整成的生产批量或采购批量就是计划订货量，用 $P_j(t)$ 代表。其中 t 是预定的交货时间。

⑥计划投入量，指投入生产或提出采购的数量。用 $R_j(t')$ 表示。它在数量上一般等于计划订货量，只是将时间从订货量的交货时间反推一个提前期，以得到投入的时间。

$$R_j(t')=P_j(t-L)$$

式中 L——该项物料的制造提前期或采购提前期。

这里的提前期是物料在所处的生产阶段中，所需要的制造周期；如部件的提前期是部件装配的生产周期，零件的提前期则是它的机械加工的生产周期。

下面通过一个实例，详细介绍 MRP 的处理流程。

某公司对电表及其零件的需求量如表 11.1 所示，物料结构清单如图 11.5（括号中数字表示每单位父项物料所需本物料的数量），库存记录文件可能包括许多附加数据，比如供应商标识、价格和提前期等。本例中只给出了现有库存量和提前期数据，如表 11.2 所示。假定已知的需求根据当月的客户要求按计划交货，而满足随机需求的物料则必须在当月的第一周就可以交货。

试确定该产品的主生产计划；各种产品、部件和零件的需求计划。

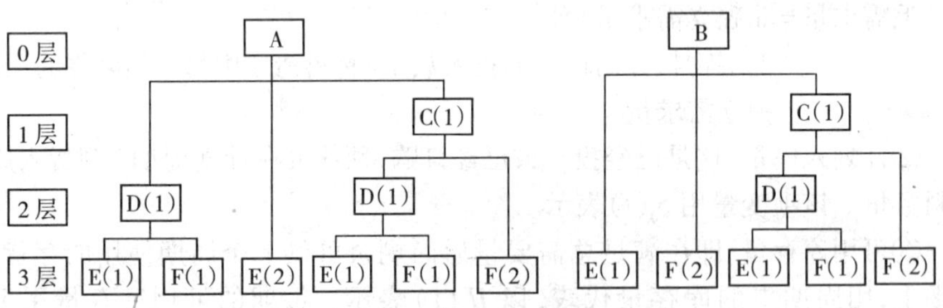

图 11.5 电表 A，B 的物料结构清单

表 11.1　电表 A,B 部件 D 和零件 E 的需求量

月份	电表 A 已知	电表 A 随机	电表 B 已知	电表 B 随机	部件 D 已知	部件 D 随机	零件 E 已知	零件 E 随机
3	1 000	250	400	60	200	70	300	80
4	600	250	300	60	180	70	350	80
5	300	250	500	60	250	70	300	80
6	700	250	400	60	200	70	250	80
7	600	250	300	60	150	70	200	80
8	700	250	700	60	160	70	200	80

表 11.2　库存记录文件相关数据

物　料	现有库存/单位	提前期 L/周
A	50	2
B	60	2
C	40	1
D	30	1
E	30	1
F	40	1

第一步,确定主生产计划。为简便起见,由表 11.1 可确定一个针对 3,4 月份的主生产计划,并将每个月的需求列在该月的第一周内。见表 11.3 所示。

表 11.3　公司电表的主生产计划

物　料	周次 9	10	11	12	13	14	15	16	17
电表 A	1 250				850				550
电表 B	460				360				560
部件 D	270				250				320
零件 E	380				430				380

第二步,编制物料需求计划。

由表 11.3 可知,第 9,13,17 周所需产品或零部件的总需求量(毛需求量),如第 9 周共需 1 250 单位的 A,460 单位的 B,270 单位的 D 和 380 单位的 E。按照逻辑运算流程,当一个物料要进行加工处理时,它的所有子项必须已准备就绪。因而父项物料计划投入量的日期就成了子项物料的毛需求日期。采用

MRP 软件处理结果见表 11.4 所示。

表 11.4　电表 A 和 B、部件 C 和 D、零件 E 和 F 的物料需求计划

物料		周次 4	5	6	7	8	9	10	11	12	13
A (*L*=2)	毛需求						1 250				850
	现有库存 50						50				
	净需求						1 200				
	计划订货量						1 200				
	计划投入量				1 200						
B (*L*=2)	毛需求						460				360
	现有库存 60						60				
	净需求						400				
	计划订货量						400				
	计划投入量				400						
C (*L*=1)	毛需求				400						
	现有库存 40				1 200						
	净需求				40						
	计划订货量				1 560						
	计划投入量			1 560	1 560						
D (*L*=1)	毛需求			1 560	1 200		270				250
	现有库存 30			30	0		0				
	净需求			1 530	1 200		270				
	计划订货量			1 530	1 200		270				
	计划投入量		1 530	1 200		270					
E (*L*=1)	毛需求		1 530	1 200	2 400 400	270	380				430
	现有库存 30		30	0	0	0	0				
	净需求		1 500	1 200	2 800	270	380				
	计划订货量		1 500	1 200	2 800	270	380				
	计划投入量	1 500	1 200	2 800	270	380					
F (*L*=1)	毛需求		1 530	3 120 1 200	800	270					
	现有库存 40		40	0	0	0					
	净需求		1 490	4 320	800	270					
	计划订货量		1 490	4 320	800	270					
	计划投入量	1 490	4 320	800	270						

注:表 11.4 只展开了第 9 周各项物料的需求情况,第 13 周及以后各周的物料需求情况均未列出。

下面对表11.4的逻辑流程解释如下：

由于A的现有库存量是50，所以A的净需求量1 200单位。为了在第9周生产出电表A，在提前期为2周的情况下，这个订单必须在第7周下达，产品B也经过同样的流程得到在第7周下达的400单位的订单。

从图11.5的第1层可知，每1单位的A和B均需1个单位的C，所以第7周关于C的毛需求量是1 600个单位(A需1 200单位，B需400单位)。由于有40单位的现有库存和1周的提前期，所以在第6周安排1 560单位C的订单。

从图11.5的第2层可知，每1单位的A和C均需1个单位的D，在第7周，A对C的毛需求量是1 200单位，第6周C对D的毛需求量是1 560单位。由于有现有库存可用和1周的提前期，所以在第5周应下达1 530单位的订单，第6周应下达1 200单位的订单。

第3层包括物料E和F，由于在多处用到了E和F，所以，表11.5更清晰地标识了父项以及每一父项的需求量和需求时间。每单位物料A需2个单位的物料E，因此在第7周的1 200单位的计划订单下达，将在同期产生2 400单位的物料E的毛需求，此外每1单位B要用到1单位E，所以在第7周，400单位B的计划订单下达就将在第7周产生400单位E的毛需求。物料E以1∶1的比例用于物料D中，因此D在第2周的1 530单位的计划订单将产生E在第5周的1 530单位的毛需求。考虑到E有30单位的现有库存和1周的提前期，所以E在第4周应有1 500单位的计划订单下达。同理，第6周物料D的1 200单位的计划订单会产生E在第6周的1 200单位的毛需求，因而在第5周E应有1 200单位的计划订单下达。

物料B，C，D均用到物料F。B，C，D计划订单的下达将产生同期对F的毛需求。由于使用比例为2∶1，所以400单位B和1 560单位C的计划订单下达分别产生800单位和3 210单位F毛需求。

第9周部件D的270单位的独立需求可被当作当期D的毛需求来处理，这又将分别产生物料E和F的270单位的毛需求，另外，380单位E的独立需求也将直接累加到E的毛需求上。

表11.5 物料C，D，E，F的父项，物料毛需求和需求时间

物 料	父 项	每单位父项需求量	毛需求	毛需求日期/周
C	A	1	1 200	7
C	B	1	400	7
D	A	1	1 200	7

续表

物　料	父　项	每单位父项需求量	毛需求	毛需求日期/周
D	C	1	1 560	6
E	A	2	2 400	7
E	B	1	400	7
E	D	1	1 530	5
E	D	1	1 200	6
F	B	2	800	7
F	C	2	3 120	6
F	D	1	1 200	6
F	D	1	1 530	5

表 11.4 中，每个物料的最低一行数据可作为生产系统的建议工作量，最终的生产计划是人工形成的或由公司的产品软件包产生。如果这个计划不可行或者工作量不能接受，那么主生产计划将作调整，而 MRP 要根据新的主生产计划重新运行。

(3)应用 MRP 应注意的问题

1)物料清单(BOM)

一般根据产品情况将物料清单(BOM)分为 4 类：

①从许多组件生产出几种重要产品；这类产品有船舶、公共汽车、大型机床、重型机械、建筑用起重机与卷扬机、电梯等。②从许多组件制造出许多系列产品，它们具有显著相似性；这类产品包括小型家庭用具、厨房与工场工具、电动机、食品、药品与化妆品。③从相对少数组件的子群可以装配出非常多的模块组合；这类产品包括汽车、计算机、机床、电动机、家用空调器、农机设备等产品。④从极少数组件或原料可制造出很多种成品，而且有多种不同的包装。除了第一类可以按每种具体产品绘绘制 BOM 外，其余 3 类如果按各具体产品分别画 BOM，则 BOM 的数量就会很多，且每种 BOM 中绝大部分料项是重复的。这将占用大量的时间和存贮空间。以小轿车为例，车身有 2 个门和 4 个门两种选择，发动机有 3 种选择，空调有 3 种选择，轮胎有 4 种选择，变速器有 3 种选择，颜色有 10 种选择，则共有(2×3×3×4×3×10)种 = 2 160 种变形产品。按各具体产品，则有 2 160 种 BOM。若以变型产品来为最终产品编制 MPS，则绘制 BOM 将会大大简化。因此，可用模块代替变形产品，建立模块物料清单(modular bill of materials)。对于本例，仅(2×3×3×4×3×10)种 = 2 160 种模块物料清单。只需将模块作适当组合，就可在短时间内提供顾客所需的特定产品。

2)批量规则

无论是物料采购还是生产,为了节省订货费用或生产调整准备费用,都要形成一定的批量。对于 MRP 系统,批量确定十分复杂。常用的批量规则有两大类:一类为静态批量规则,另一类为动态批量规则。

静态批量规则是指每次订货批量的大小都相同。典型的静态批量规则是采用"固定订货量(Fixed Order Quantity,FOQ)"。在这种规则之下,批量大小预先确定,例如,FOQ 可以是由设备能力上限所决定的量。对于外购件,FOQ 可以是可得到价格折扣的归小量、整车量,或被限定的最小购买量。MRP 零件层批量问题是离散型周期需求下的批量问题,它不同于连续均匀需求下的批量问题,因此不能用 EOQ 求解。

动态批量规则允许每次订货批量的大小可以不同,但至少要大到足以防止缺货发生。一种动态批量规则是采用"周期性批量规则"。在这种规则之下,批量大小等于未来 P 周(从收到货物的当周起)的粗需求加上安全库存量,再减去前一周的现有库存量。这样的批量可以保证安全库存量和充分保证 P 周的粗需求,但并不意味着每隔 P 周必须发出一次订单,而只是意味着,当确定批量时,其大小必须足以满足 P 周的需求。因此,在实际操作中,可首先根据理想的批量(例如:EOQ)除以每周的平均需求量来确定 P,然后,用 P 周的需求表示目标批量,并取与之最接近的整数。

3)安全库存

从理论上讲,相关需求库存不需要设置安全库存,因为一旦产品出产计划确定,对各料项的需要量就已经计算出来,无需设置安全库存。这是 MRP 的主要优点之一。然而,尽管是相关需求,仍有不确定性。比如,不合格品的出现、外购件交货延期、设备故障、停电、缺勤等。一般仅对产品结构中的最底层料项设置安全库存,不必对其他层次的料项设置安全库存。对零件可能迟到的情况,可设置安全期。

4)提前期

需要分外购件和自加工件两种情况考虑:对于外购件,提前期是指从订单发出直至物料验收入库的时间间隔。对于这类物料来说,如果所制订的提前期比实际所需的时间长,会导致库存费用的增加;反过来,如果提前期太短,会导致缺货发生,或产生催促费用,或两者同时出现。对于企业内的自加工件来说,提前期包括加工时间、作业交换时间、物料在不同工序间移动所需的时间以及等待时间等。

MRP 采用固定提前期,即不论批量如何变化,事先确定的提前期均不改变。

这实际上假设生产能力是无限的,这是 MRP 的一个根本缺陷。

11.1.4 闭环 MRP

(1)闭环 MRP 的提出

前面介绍的 MRP 只局限在物料需求方面,一般称为基本 MRP。基本 MRP 是为产品零部件配套服务的库存控制系统,主要功能是解决产品订货所需要物料项目、数量和供货时间等问题。但这类系统只是提出物料需求的任务,而没有考虑生产能力的约束条件。虽然它在主生产计划阶段作过能力平衡,却仅仅是粗略的平衡,只是按车间或设备组概算生产能力需求,又是在相当长的提前期之前做出的,因此没有考虑也考虑不到生产现场实际发生的生产能力的动态变化,因而使它们在物料生产的进度安排上缺乏可行性和可靠性。

20 世纪 70 年代中后期提出了能力计划的概念。能力计划不是用现有能力去限制需求,而是根据需求计划去预见未来各个时段能力的需求,进而对能力进行规划与调整,如合理组织生产,改善和提高工艺技术水平,进行外包、外协、分割任务等。MRP 与能力需求计划(CRP)一起形成计划管理的闭环系统,称为闭环 MRP 系统。该系统增加了生产能力需求计划和车间作业控制两个子系统,真正实现了生产任务与生产能力的统一计划与管理。

(2)闭环 MRP 的逻辑流程图

闭环 MRP 是在 MRP 生成物料需求计划后,进入生产能力需求计划的功能模块。在这里,首先利用工艺路线资料对生产这些物料所需要的生产能力进行计算,制订出生产能力需求计划。然后从工作中心取得它们在各时段可用能力的数据,将需用能力与可用能力比较,来检查这个计划的可行性。若需用能力与可用能力不平衡,就返回去修改生产能力需求计划。在需用能力与可用能力达到平衡后,进入车间作业控制子系统,监控计划的实施过程,即在实施计划的过程中仍要随时反馈实际进度的信息,使管理人员能根据情况的变化,进一步调整计划,来指导生产的进行。这样,使整个计划与控制工作形成有机的闭环回路系统,即所谓闭环 MRP。它的逻辑流程过程如图 11.6 所示。

(3)闭环 MRP 的扩展功能

与开环 MRP 系统的区别是,在生成物料需求计划后,依据生产工艺,推算出生产这些物料所需的生产能力。然后与现有的生产能力进行对比,检查该计划的可行性。若不可行,则返回修改物料需求计划或主生产计划,直至达到满意平衡。随后进入车间作业控制子系统,监控计划的实施情况。

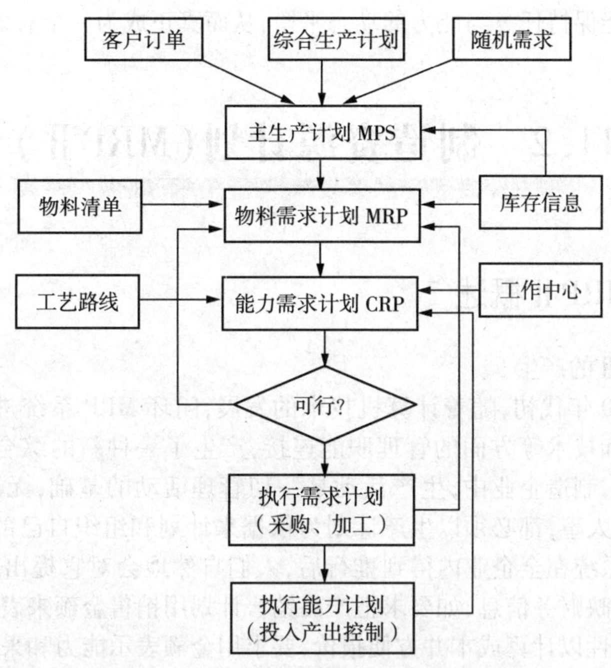

图 11.6 闭环 MRP 系统的逻辑流程图

1)能力需求计划子系统

它的计算流程是由物料需求计划取得物料任务的数量和需求时间,按照物料的工艺路线,计算出各个工艺的加工周期,推算出初始的工序进度计划,再分别按照工作中心汇总每个时间周期内所需的台时数量,即可得到生产能力需求计划。然后将各工作中心的生产能力与生产能力需求计划进行对比,如果生产能力不足,则返回,并采用适当的措施进行调整初始的工序进度计划,或物料需求计划,或主生产计划,重新计算生产能力需求计划,通过如此反复,直至生产任务与生产能力平衡。最后根据平衡结果,输出工序进度计划。

2)车间作业控制子系统

该子系统具备两个功能;一是作业分派;二是作业统计。作业分派是指为每个工作中心排出一个时间周期的任务计划,即根据工作中心当期的能力情况和在制任务的实际进度,确定应下达的任务量,然后按照优先规则进一步规定出任务的投入顺序和应完工的时限;作业统计的任务是监控计划的实施,采集生产现场的实际进度数据,以供查询和编制生产报告,同时提供给生产能力需求计划子系统与作业分派模块,用于下一周期计划的制订。

闭环 MRP 各功能子系统相互联系,构成一个有机整体,使其既能适应市场需求变化，又能保持任务与能力的动态平衡，从而真正成为一个有效的计划与控制系统。

11.2　制造资源计划(MRPⅡ)

11.2.1　MRPⅡ概述

(1)MRPⅡ的产生

20世纪80年代初，随着计算机技术的发展，闭环MRP系统进一步与企业的财务、经营和技术等方面的管理职能连接，产生了一种新的综合计划管理系统。众所周知，制造企业中，生产活动是一切管理活动的基础，无论是财务、销售，还是技术、人事，都必须以生产计划为依据来计划和组织自己的经营业务活动。当MRP系统在全企业内得到推行后，人们自然地会对它提出新的要求，希望它能同时反映财务信息，如要求把产品销售计划用销售金额来表示，要求对物料赋予货币属性以计算成本并方便报价，要求用金额表示能力和采购、外协计划以编制预算，要求用金额表示库存量以反映资金占用，等等。总之，要求财会部门能同步地从生产系统获得货币信息以加强财务管理。更进一步地，还要求这种货币信息反映的情况又必须符合企业长远经营目标，满足销售和利润规划的要求。这样，闭环MRP系统进一步发展，把物料流与资金流结合起来，使生产部门与销售经营部门取得沟通，又把日常的作业计划与控制同企业的长远规划结合起来，形成一个完整的经营生产管理计划系统。人们把这种计划系统定名为制造资源计划(manufacturing resources planning)，由于它的缩写也是MRP，加上尾缀Ⅱ，称为MRPⅡ。

MRPⅡ可以简单定义为：对企业的制造资源进行计划、控制和管理的系统。其中的制造资源分三类：一是生产资源，包括物料、人、设备等；二是市场资源，包括销售资源、供应资源等；三是财务资源，包括资金来源和支出以及工程制造资源，如工艺路线和产品结构等。

MRPⅡ最大的成就在于对企业经营的主要信息进行集成。在物料需求计划的基础上向物料管理延伸，实施对物料的采购管理，包括采购计划、进货管理、供应商账务管理及档案管理、库存账务管理等；由于系统已经记录了大量的制造信息：物料消耗、加工工时等，在此基础上扩展到产品成本的核算，成本分析；主生产计划和生产计划大纲的依据是客户订单，因此，向前又可以扩展到销售管理业务。因此已不能从字面上来理解“制造资源计划(MRPⅡ)”的含义。

(2) MRP Ⅱ的适应性

MRP Ⅱ对于制造业是普遍适用的。关于这一点，经常有人发生疑问。由于制造业有着众多的行业和数不清的产品，所以，发生这样的疑问是不奇怪的。要回答这个疑问必须从制造业生产管理的本质规律出发。从上面的介绍可以看出，制造企业的生产管理循环往复地回答以下 4 个问题，即：

A：我们将要生产什么？

B：我们用什么来生产？

C：我们有什么？

D：我们还应得到什么？

这 4 个问题可以分别由主生产计划、物料清单、库存记录和物料需求计划来回答，它们共同构成了一个基本方程式，称为制造业基本方程，这个方程可用以下的概念公式来表示：

$$A \times B - C = D$$

它对所有的制造企业都是适用的，因此是一种标准逻辑。MRP Ⅱ以现代计算机技术为工具，通过对大量数据进行及时处理来模拟制造企业的生产经营过程，亦即上述制造方程。由于制造业基本方程的普遍存在，MRP Ⅱ也是普遍适用的。

对 MRP 的适用性产生疑问的另一个原因是由于早期的 MRP 工作者所使用的习惯用语。在计算机时代的早期，制造业的标准逻辑尚未被普遍认识。特别是 MRP 起源于机械制造业，其早期工作者使用"零件"、"部件"等术语。因此，虽然在制造业的不同行业中都存在着制造基本方程，然而，人们往往只看到不同，认为他们面临的是与众不同的制造环境。当时只有专职的财务人员认识到有标准的财务管理工具，如应收账款、应付账款、总分类账、明细分类账、预算、标准成本等。一位专职的财务人员离开一家制造企业进入另一家企业，他不会看到"与众不同"的财务系统；而在制造业的其他环节上，则没有标准化的工具。

现在 MRP Ⅱ已向人们提供了制造业管理的标准工具和标准的知识体系，而且已经被广泛应用于实践。制造业企业的各级管理人员可以而且应当使用诸如销售与运作规划、主生产计划、物料需求计划、能力需求计划等工具来控制和管理自己的企业，这正如财务人员早已有的标准财务工具一样。

在 MRP 出现之前，人们希望情况保持不变，以使得生产订单和采购订单的日期保持有效。每逢出现变化，人们则陷入被动。现代的 MRP Ⅱ为管理人员提供了强有力的计划和控制的工具，使用这样的工具可以很好地应付生产制造环境中的变化。

(3) MRP Ⅱ的特点

MRP Ⅱ由闭环 MRP 系统发展而来，在技术上，它与闭环 MRP 并没有多大的区别。但它包括了财务管理和模拟的能力，这是本质的区别。

MRPⅡ系统的特点可从6个方面来说明，每一个特点都含有管理模式的变革和人员素质或行为规范的变革。

1）计划的一贯性和可行性

MRPⅡ系统是一种计划主导型的管理模式，计划层次从宏观到微观，从战略到战术，由粗略到逐层细化，但始终保持与企业经营战略目标一致。“一个计划”是MRPⅡ系统的原则精神，它把通常的三级计划管理统一起来，编制计划集中在厂级职能部门，车间班组只是执行计划、调度和反馈信息。计划下达前反复进行能力平衡，并根据反馈信息及时调整，处理好供需矛盾，保证计划的一贯性、有效性和可执行性。

2）管理的系统性

MRPⅡ系统是一种系统工程，它把企业所有与生产经营直接相关部门的工作联成一个整体，每个部门都从系统整体出发做好本岗位工作，每个人都清楚自己的工作同其他职能的关系。只有在“一个计划”下才能成为系统，条框分割各行其是的局面将被团队精神所取代。

3）数据共享性

MRPⅡ系统是一种管理信息系统，企业各部门都依据同一数据库的信息进行管理，任何一种数据变动都能及时地反映给所有部门，做到数据共享，在统一数据库支持下按照规范化的处理程序进行管理和决策，改变过去那种信息不通、情况不明、盲目决策、相互矛盾的现象。为此，要求企业员工用严肃的态度对待数据，专人负责维护，保证数据的及时、准确和完整。

4）动态应变性

MRPⅡ系统是一个闭环系统，它要求跟踪、控制和反馈瞬息万变的实际情况，管理人员可随时根据企业内外部环境条件的变化迅速做出响应，及时决策调整，保证生产计划正常进行。它可以保持较低的库存水平，缩短生产周期，及时掌握各种动态信息，因而有较强的应变能力。为了做到这一点，必须树立全员的信息意识，及时准确地把变动了的情况输入系统。

5）模拟预见性

MRPⅡ系统是生产经营管理客观规律的反映，按照规律建立的信息逻辑必然具有模拟功能。它可以预见在相当长的计划期内可能发生的问题，事先采取措施消除隐患，而不是等问题已经发生了再花几倍的精力去处理。这将使管理人员从忙忙碌碌的事物堆里解脱出来，致力于实质性的分析研究和改进管理工作。

6）物流、资金流的统一

MRPⅡ系统包括了成本会计和财务功能，可以由生产经营活动直接产生财务数据，把实物形态的物料流动直接转换为价值形态的资金流动，保证生产和财会数据一致。财会部门及时得到资金信息用来控制成本，通过资金流动状况反映物流和生产作业情况，随时分析企业的经济效益，参与决策，指导经营和生产活动，真正起到会计师和经济师的作用。同时也要求企业全体员工牢牢树立成本意识，把降低成本作为一项经常性的任务。

11.2.2　MRP Ⅱ 的逻辑流程

制造资源计划 MRP Ⅱ 的逻辑流程如图 11.7 所示。

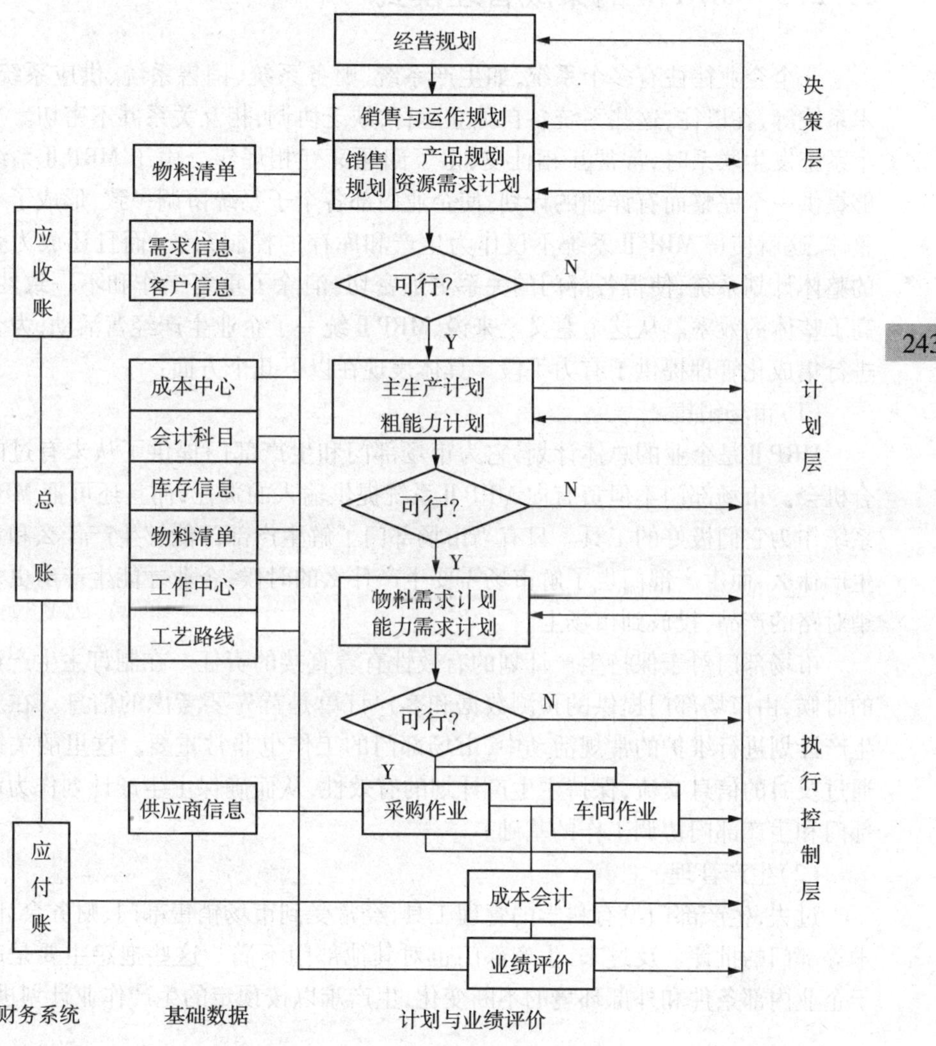

图 11.7　MRP Ⅱ 的逻辑流程图

在图11.7中，右侧是计划与控制的流程，它包括了经营战略决策层、经营计划层和计划执行控制层，这些功能系统构成了企业的经营计划管理流程。图的中间部分是基础数据，除了物料清单、库存信息、工艺路线、工作中心等数据之外，还包括会计科目和成本中心的数据。这些数据以数据库的形式储存在计算机数据库管理系统中，以便各部门沟通和共享，达到信息的集成。左侧是财务管理系统，有应收账管理、总账管理和应付账管理等。右侧是计划与业绩评价系统，即对MRPⅡ的业绩进行评议，以便进一步改进和提高。

11.2.3 MRPⅡ的集成管理模式

一个企业往往有多个系统，如生产系统、财务系统、销售系统、供应系统、技术系统等，在以往，这些系统各自独立运行，缺乏协调，相互关系并不密切。当各个系统发生联系时，常常互相扯皮，出了问题又互相埋怨。由于MRPⅡ系统能够提供一个完整而有详细的计划，使企业内部各个子系统协调一致，形成了一个整体，这就使得MRPⅡ系统不仅作为生产和库存的控制系统，而且还成为企业的整体计划系统，使得各部门的关系更加密切，消除了重复工作和不一致性，提高了整体的效率。从这个意义上来说，MRPⅡ统一了企业生产经营活动，为企业进行集成化管理提供了有力手段。具体表现在以下几个方面：

(1)市场销售

MRPⅡ是企业的总体计划，它为市场部门和生产部门提供了从未有过的联合机会。市场部门不但负有向MRPⅡ系统提供输入的责任，而且还可把MRPⅡ系统作为它们极好的工具。只有当市场部门了解生产部门能够生产什么和正在生产什么，而生产部门也了解市场需要生产什么的时候，企业才能生产出更多适销对路的产品，投放到市场上。

市场部门对于保持生产计划的有效性有着直接的责任。在制订主生产计划的时候，由市场部门提供的预测数据和客户订单是首先要考虑的信息。在对主生产计划进行维护的常规活动中，市场部门的工作也非常重要。这里的关键是通过及时的信息交流，保持主生产计划的有效性，从而确保主生产计划作为市场部门和生产部门协调工作的基础。

(2)生产管理

过去，生产部门没有科学的管理工具，经常受到市场销售部门、财务会计、技术等部门的批评。反过来，生产部门也对其他部门不满。这些抱怨主要是起因于企业内部条件和外部环境的不断变化，生产难以按预定的生产作业计划进行。

因此,一方面,生产计划部门无法提供给其他职能部门所需的准确信息;另一方面,第一线的生产管理人员也不相信计划,认为计划只是"理想化"的东西,永远跟不上变化。有了 MRP Ⅱ以后,计划的完整性、周密性和应变性大大加强,使调度工作大为简化,工作质量得到提高。总之,从 MRP Ⅱ得到的最大好处在于从经验管理走向科学管理,使生产部门走向正规化。

(3)采购管理

采购人员有一个最难处理的问题,被称为"提前期综合症"。一方面是供方要求提早订货;另一方面是本企业不能提早确定所需的物料的数量和交货期。这种情况促使他们早订货和多订货。有了 MRP Ⅱ系统,采购部门就有可能做到按时、按量地供应各种物料。而且,由于 MRP Ⅱ的计划期可以长达 1 ~ 2 年,产品所需的外购物料能提前相当长时间告诉采购部门,并能准确地提供各种物料的"期"和"量"方面的要求,避免了盲目多订和早订。同时,由于 MRP Ⅱ不是笼统地提供一个需求的总量,而是要求按计划分期分批地交货,也为供方组织均衡生产创造了条件。

(4)财务管理

实行 MRP Ⅱ,可使不同部门采用共同的数据。事实上,一些财务报告在生产报告的基础上是很容易做出的。例如,只要将生产计划中的产品单位转化为货币单位,就构成了经营计划。将实际销售、生产、库存与计划数相比较就会得出控制报告。当生产计划发生变更时,马上就可以反映到经营计划上,可以使决策者迅速了解这种变更在财务上造成的影响。

(5)技术管理

过去,技术部门并未从企业整体经营的角度来考虑自己的工作,似乎超脱于生产活动以外。但是,对于 MRP Ⅱ这样的正规系统来说,技术部门提供的却是该系统赖以运行的基本数据。它不再是一种参考性的信息,而是一种作控制用的信息。这就要求产品的物料清单必须正确,加工路线必须正确,而且不能有含糊之处。同时,修改设计和工艺文件也要经过严格的手续,避免造成混乱。

11.2.4　MRP Ⅱ的实施环境

前面已经讲过,制造企业的生产管理要循环往复地回答以下 4 个问题:

A:我们将要制造什么(主生产计划)

B:我们用什么来制造(物料清单)

C:我们有什么(库存记录)

D:我们还应得到什么?(MRP)

这4个问题构成了一个基本方程,称为生产基本方程,可以表示为:A×B-C=D。它对所有的制造企业均是相同的,是制造企业中普遍存在的本质规律,是一种标准逻辑。在MRP之前的生产库存管理方法往往是建立数学模型,而没有认识到生产库存管理是大量信息的处理问题。而MRPⅡ是以现代计算机为工具,通过对大量的数据进行及时的处理来模拟制造企业的生产经营过程。由于生产基本方程的普遍存在,MRPⅡ也是普遍适用的。

20世纪80年代后,开发出了大量的MRPⅡ软件,这些软件所含有的数据库基本上都有:客户数据、库存数据、工艺规程数据、BOM表、物料数据、主生产计划、加工中心数据、物料需求计划、能力需求计划、工厂日历、工作指令数据、车间控制数据、采购数据、成本数据。MRPⅡ软件所包含的功能模块也非常丰富,一般有销售管理、物料管理、财务管理、生产计划与控制,以及报表等模块。这些数据库和功能模块对于任何企业都是通用的。从这一点讲,MRPⅡ也具有普遍适用性。

但是,从实际应用效果看,MRPⅡ管理模式应用于具备下列特点的企业效果更为明显。

(1)产品的BOM层次较多,生产批量较大

由于MRPⅡ很好地解决了相关需求物料的管理问题,因此MRPⅡ首先在机械、电子等行业得到了应用,这些行业的产品其BOM层次一般较多。曾经有一个统计数字说,在使用MRPⅡ的企业,BOM的平均层次是6层以上。此外,当各种产品有一定批量时,MRPⅡ系统可发挥较大潜力,而对于单件生产或小批量生产,MRPⅡ就不一定能带来很大的效果。

(2)需求量预测有一定的可靠性,生产工艺、生产能力以及供应商有一定的稳定性

MRPⅡ的逻辑计算的另一个前提是,要求对需求的预测有一定的可靠性,同时,也要求生产工艺和生产能力有一定的稳定性,要求供应商的交货时间比较可靠。如果生产现场经常出现废品,生产能力经常出现卡壳的瓶颈环节,外购件经常不能按时交货,或经常出现质量问题,都会影响到MRPⅡ系统的正常运行。从这个意义上来说,企业要想实施MRPⅡ,首先需要建立企业的科学管理基础。

(3)采用混合生产组织方式

在生产组织方式上,混合生产组织方式的企业能够从MRPⅡ的实施中获得更大的益处。这种企业通常有多个品种,每一品种有一定的批量,采取轮番生产的方式。这些特点不是成功实施MRPⅡ系统所必需的,但在这种环境中,MRP

Ⅱ系统能够被最好的应用,发挥其最大的优势。而在工艺对象专业化和产品对象专业化这两种极端的组织方式之下,MRPⅡ的优势就不那么明显。

尽管MRPⅡ的管理思想和观念具有广泛的适用性,但在其具体方法的应用上,企业必须结合产品的工艺特点和需求特点来考虑,否则将会事倍功半。

思考与练习

1. MRP的基本思想是什么?

2. 物料清单的主要功能是什么?物料清单不准确会产生什么后果?

3. 简述MRP的三个主要输入信息?

4. MRPⅡ与MRP的区别?

5. 产品M由2个单位的N与3个单位的P制成。N由2个单位的R与4个单位的S制成。R由1个单位的S与3个单位的T制成。P由2个单位的T与4个单位的U制成。要求:

(1)画出产品M的物料清单(BOM)。

(2)如果需要200单位的M,每一种子项各需要多少?

6. 某产品X由2个单位的Y与3个单位的Z组成。Y由1个单位的A与2个单位的B组成。Z由2个单位的A与4个单位的C组成。它们的提前期分别为:X,1周;Y,2周;Z,3周;A,2周;B,1周;C,3周;要求:

(1)画出产品X的物料清单(BOM)。

(2)如果第10周需要100单位的X(假设这些物料目前无库存),试计算各项物料的净需求量、计划订货量、计划投入量及对应的时间。(可用EXCEL建模求解)

第12章 库存管理

通过本章学习,应达到如下目的:

1. 理解库存概念及分类。
2. 明确库存管理的目标。
3. 掌握不同情况下的库存决策方法。
4. 理解几种库存控制模式的特点及应用条件。

库存管理是对制造业或服务业生产、经营全过程的各种物料、零部件、产成品等资源所进行的管理和控制活动。根据资源需求性质不同,库存管理可划分为独立需求库存管理与从属需求库存管理。独立需求的库存项目受市场和用户需求的影响,其需求时间和数量具有很大的随机性,因而常见于单件小批生产企业和维修企业,以及大部分服务业。而从属需求的库存项目受另一库存项目或最终产品的影响,其需求时间和数量可以通过它们之间的从属关系确定下来,而不需要采用预测方法进行推算。习惯上,人们把从属需求的库存管理称为物料需求计划或制造资源计划,而将独立需求情况下的库存管理简称为库存管理。本章重点讨论独立需求情况下的库存管理问题,目的在于在保证企业生产、经营需求的前提下,适时、适量提出订货,避免超储或缺货,减少库存空间占用,降低库存总费用。

12.1 库存概述

12.1.1 库存的作用

“库存”(inventory)有时被译为“存储”或“储备”,它无论对制造业还是服务业都十分重要。从直观上理解,库存是指存放在仓库中以备后用的物品,这是对库存的狭义理解。现代意义上的库存不仅仅是指存放在仓库中的物品,还包括正处在转换系统中的所有资源,因为这些资源都处于资产状态,它们均占用了一定量的资金。从一般意义上来说,库存是为了满足未来需要而暂时闲置的资源。资源的闲置就是库存,与这种资源是否存放在仓库中没有关系,与资源是否处于运动状态也没有关系。汽车运输的货物处于运动状态,但这些货物是为了未来需要而暂时闲置的,即是库存,是一种在途库存。制造企业持有的原材料、部件、在制品、产成品,以及机器、工具的备用部件和其他物资,而且包括银行的现金。百货公司持有的服装、家具、文具、礼品和玩具,有些还持有运动商品、油漆等。医院贮存的药品药济、医疗器械和床位等。超级市场存储的新鲜食物、包装好的和冷冻的食品、家居用品、杂志及其他商品等。

一般地,人、财、物、信息各方面的资源都有库存问题。专门人才的储备就是人力资源的库存,计算机硬盘储存的大量信息就是信息的库存。

库存既然是资源的闲置,就一定会造成浪费,增加企业的开支。那么,为什么还要维持一定量的库存呢?这是因为库存有其特定的作用。

①缩短订货提前期。当制造厂维持一定量的成品库存时,顾客就可以很快采购到他们所需的物品,这样缩短了顾客的订货提前期,加快了生产的速度,也使供应厂商争取到了顾客。

②保证生产稳定性。处于激烈竞争的社会中,外部需求的不稳定性是正常现象。生产的均衡性又是企业内部组织生产的客观要求。外部需要的不稳定性与内部生产的均衡性是矛盾的。要保证满足需方的要求,又使供方的生产均衡,就需要维持一定量的成品库存。成品库存将外部需求和内部生产分隔开,像水库一样起着均衡作用。

③分摊订货费用。如果生产过程需要一件就采购一件,可以不设库存,但这样不一定经济。订货需要一笔费用,这笔费用若摊在一件物品上,将是很高的。

如果一次采购一批，分摊在每件物品上的订货费就少了，但这样会有一些物品暂时用不上，造成库存。同样，对生产过程采取批量加工，可以分摊调整准备费用，但批量生产又会造成在制品库存。

④防止短缺损失。维持一定量的库存可以防止短缺。为了应付自然灾害和战争，一个国家必须要有储备。为了防止因资源短缺而影响企业的生产经营活动，也需要一定的储备。

⑤防止生产过程的中断。在生产过程中维持一定量的在制品库存，可以防止生产中断。显然，当某道工序的加工设备发生故障时，如果工序间有在制品库存，其后续工序就不会中断。同样，在运输途中维持一定量的库存，可以保证供应，使生产正常进行。例如，某工厂每天需要 100 t 原料，供方到需方的运输时间为 2 d，则在途库存为 200 t，才能保证生产不中断。

尽管库存有如此重要的作用，但生产管理的努力方向不是增加库存，而是不断减少库存。实际上，正如准时生产制所主张的，库存掩盖了生产经营过程中的各种矛盾，是应该消除的。库存控制的难点在于充分发挥库存功能的同时，尽可能地降低库存成本。

12.1.2 库存的分类

(1)按库存物资在生产中的作用分类

①主要原材料。指直接用于生产过程，构成基本产品实体的原料或材料，如铸铁、铸钢、钢材、木材、塑料和有色金属等。

②辅助材料。辅助材料指用于生产过程，能够帮助产品生产，但本身并不加入产品，或者加入产品但并不构成产品实体的各种物资。辅助材料还可以进一步细分为工艺用辅助材料(如型砂等)，设备用辅助材料(如润滑油、皮带蜡)，工人劳动保护用具以及包装材料等。

③燃料和动力。燃料和动力指生产过程中耗费的能源与动力资源。通常包括石油、煤炭、木材、电力、蒸汽、压缩空气等。

④维修用备件。指设备维修中需要经常更换的易损零件，包括轴承、齿轮、丝杠等。

(2)按库存物资的存在状态分类

①原材料库存。指已购入尚未开始加工的原材料。

②成品库存。指已经生产完毕但尚未出售的产成品。

③零部件库存。指已经加工完毕但尚未组装的零部件。

④备件库存。指在设备维修中需要经常更换的易损零件。

⑤在制品库存。指生产过程中正处于加工、运输、装配或检验状态的工件。

(3)按库存用途分类

①经常性库存。指前后两次订货时间间隔期内,为保证正常生产所必须耗用的物资储备量。

②安全库存。指为防止由于物料供应可能出现的延误或其他无法预料事件发生而设置的物资储备量。

③季节性库存。指企业为防止物资季节性的变化影响进货或销售而设立的物资储备量。

(4)按库存的表现特征分类

1)单周期库存与多周期库存

根据对物品需求的重复次数不同可将物品需求分为单周期需求与多周期需求。单周期需求是指仅仅发生在比较短的一段时间内或库存时间不可能太长的需求,也被称作一次性需求。单周期需求出现在下面两种情况:一是偶尔发生的某种物品的需求;二是经常发生的某种生命周期短的物品的不定量需求。例如,奥运会纪念章或新年贺卡属于第一种情况;易腐物品(如鲜鱼)或易过时的商品(如日报和期刊)等属于第二种情况。对单周期需求物品的库存控制问题称为单周期库存问题。多周期需求则指在足够长的时间里对某种物品重复的、连续的需求,其库存需要不断地补充。与单周期需求的相比,多周期需求问题普遍得多。对多周期需求物品的库存控制问题称为多周期库存问题。

2)独立需求库存与从属需求库存

一个库存项目在数量与时间方面与其他库存项目的需求无关,而是取决于市场上用户的需求时,我们称之为独立需求。独立需求最明显的特征是需求的对象和数量不确定。比如服装的需求,受季节、消费者年龄、性别、气质、观念、流行趋势等因素影响,有很大的随机性。再如对于一个维修工厂来说,顾客送来维修的设备种类和数量等都是随机的,工厂对于各种维修设备用零配件与耗材的需要数量和时间事先无法预知,因此,对于这类需求,只能通过预测方法粗略地估计。

与独立需求不同,从属需求(或称非独立需求、相关需求)的库存项目在时间和数量上取决于另一项目,这种依赖关系可能是“纵向”的。例如,一个零件的需求量取决于其上属组件的需求量,组件的需求量又取决于其上属总成的需求量,总成的需求量又取决于最终产品的需求量;库存项目间的依赖关系也可能是“横向”的,如随同产品发货的附件,其需求量取决于产品的需求量。

12.2 库存控制模式

12.2.1 定量控制模式

(1)定量控制模式的含义

定量控制模式又称为 Q 模型或连续检查控制模式,指经常盘点库存物资,当现有库存量降到预先设定的订货点(re-order point,ROP)及以下时,便发出订货指令,每次订货量均为一个固定的量。由于从订货指令发出到所购物资到货入库,通常需要一段时间,在此期间库存储备不断减少,物资不断地投入生产环节,转换成产品,直到库存储备降到最低点。当订货物资到货时,库存储备得到补充,达到最大值。上述库存储备的变化周而复始,图 12.1 表明了定量控制模式下的库存变化状况。

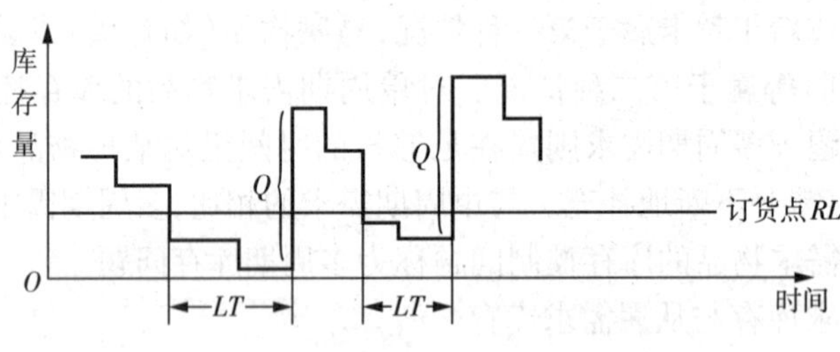

图 12.1 定量控制模式示意图

(2)定量控制模式的特点

从图 12.1 中可见,库存控制有如下特点:①每次订货批量 Q 是固定的。批量大小根据经济批量(总库存成本最低)的原则确定。②订货点储备量也是固定的。其大小等于平均需求量与订货提前期的乘积。③订货间隔期通常是变化的。订货间隔期是指相邻两批订货入库的时间间隔,其大小主要取决于需求量的变化情况,需求量大则时间间隔短,需求量小则时间间隔长。

订货提前期(lead time,LT)通常是一随机变量。订货提前期是指从提出订货(即订货点)到货物进厂验收入库为止所需的时间,它由供应商的生产与运输能力等外界因素决定的,与企业对物资的需求状况没有直接联系。

因此,在图 12.1 中,尽管每次发出订货指令时库存储备量基本相等,但由于需求(领用)的不稳定性,造成库存储备的实际最大量或最小量时高时低,并不稳定。基于上述特点,定量控制模式的库存控制重点在于订货批量与安全储备量的确定,前者影响整个库存平均水平,后者影响服务水平。

定量控制模式适用于需求量大且价格昂贵的重要物资及市场上随时可以采购到的物资的库存控制。为了简化库存管理,实际中常采用两箱法(也叫双堆法),将物资装成两箱,把相当于订货点的一部分存货放在第一只箱子或后备容器中隔离起来,然后加上封条。其他的物资装进第二只箱子,当第二只箱子中的全部存货被用完时,打开第一箱或后备容器并通知物料控制人员订货。这是对低值物品保持控制的实用方法。应用中最常遇的问题是:

①库存管理人员缺乏足够的训练或纪律不够严明时,效果差。不懂这种办法的人员将把后备存货用完也不通知任何人,或者收进补充物料而不正确地去区分开放存货与后备存货。

②订货点一旦被确定之后,永远不再去评审第一箱中存放的物料数量是否合理。随着该物品需求的改变,原订货点数量可能不再适合。

两箱法最好应用在补货与库存维护有专人可以委托的仓库管理中。若物料存放在开放环境下(如车间)使用,此法很难行得通。

12.2.2　定期控制模式

(1)定期控制模式的含义

定期控制模式又称为P模型或周期检查控制模式,指每经过一个事先规定的相同的时间间隔(周期可以是1周、2周或1个月,看情况而定),发出一次订货,订货量为将现有库存补充到一个最高目标水平所需的量。可见,每次订货量取决于需求大小,当需求增加或储备较少时,可以适当地增加订货批量,反之,则可以减少订货批量。图12.2表明了定期控制模式下库存储备的变化情况。

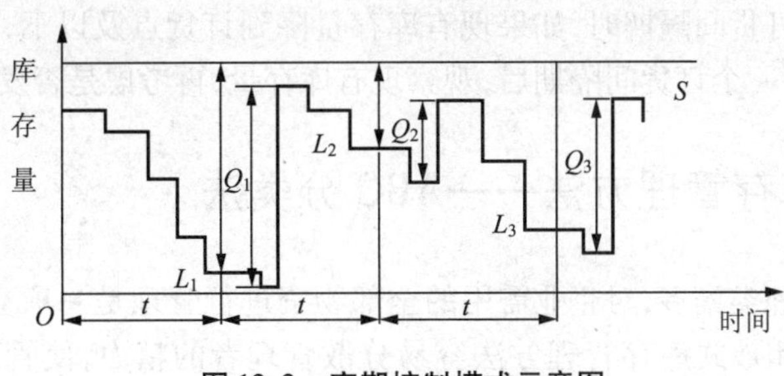

图12.2　定期控制模式示意图

(2)定期控制模式的特点

从图 12.2 可见,定期控制模式具有以下几个特点:①订货间隔期是固定的。通常按月或季来划分,有利于企业科学管理。例如,采用定期控制模式的企业,从客观上比较容易制订出统一的采购计划,将一段时间需要采购的物资汇总采购,更容易获得价格优惠。②每次订货批量通常是变化的(最高目标库存量是不变的)。每次订货批量为将现有库存补充到最高目标库存水平所需要的数量。③订货点储备量通常是变化的。由于需求快慢不同,每次提出订货时的再订货点储备量不一定相同。

定期控制模式的适用场合是:

①需多次小量从库存提货,以致每次提货都登入记录是不实际的。例如:电子与机械机器制造业中的服务零件业务,汽车零件供应店,食品超级市场以及类似的零售业属于这一类型。

②订货成本比较小。这发生在从一个来源收到许多不同物品的订单或写出了从一个中心仓库向分支仓库转移许多存货物品的订单的场合。

③多种物品可以合并订货的场合。例如,可使该系列物品的设备调整合并起来,或通过一个组合订单定期从某一供应商订货,等凑满一运输工具(车皮)后发货,以获得价格折扣,降低运费。

(3)最大最小控制模式

定期控制模式的缺点是:定量控制模式只需在订货提前期内防止缺货,而定期控制模式需要在提前期加上下一个同期防止缺货,因而需要较高的安全库存。另外,不论库存水平降到多少,都要按期发出订货。当现有库存量较多时,订货量是很少的,这样订货就不合算。为了克服这个缺点,就出现了最大最小控制模式。

最大最小控制模式是一种定期控制模式,只不过它需要确定一个订货点。当经过固定的订货间隔期时,如果现有库存量降到订货点及以下,则发出订货;否则,再经过下一个订货间隔期后,观察现有库存量,再考虑是否发出订货。

12.2.3 库存管理方法——ABC 分类法

库存物资种类繁多,对企业需用的全部物资进行管理是一项复杂而烦琐的工作。传统的粗放式库存管理方法容易分散管理者的精力,使管理效率下降。因此,在库存控制工作中,应该强调重点管理的原则,对重点物资加强管理。ABC 分类法便是实行库存重点控制的常用方法之一,它由意大利经济学家帕累托(Pareto)提出,他在调查19世纪意大利城市米兰的社会财富分配状况时发现,社会财富的90%被总人口中20%的少数人占有,而占人口50%的人仅占有10%的社会财富。从而提出了"关键的少数,次要的多数"的思想,帕累托将其统计结果,按照从富有到贫穷的顺序排列,绘制成管理界熟知的帕累托图(图12.3)。

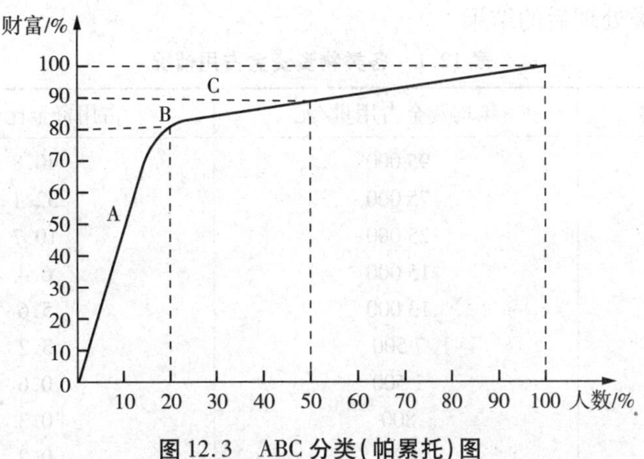

图12.3 ABC分类(帕累托)图

后人的研究发现,类似帕累托图所示的现象,不仅存在于社会财富的分配上,也普遍存在于社会经济生活中的许多方面。在库存方面,库存物资占用的资金分布情况,与帕累托图曲线分布非常相似。少数库存物资占用了大部分的流动资金,这些物资无疑应该是库存控制的要点,搞好这些重点物资的控制与管理,基本上就做好了整个企业的库存管理。基于上述认识,物资管理的ABC分析法应运而生。

ABC分类法的基本思路是,将企业的库存物资按其占用资金的多少,依次划分为A,B,C三大类,并通过对不同的库存物资采用不同的管理方法,以简化管理程序,增强管理的针对性,达到提高管理效率的目的。

通过对企业库存物资的研究发现,大多数企业的库存物资中各类物资可按如下比例分类:A类物资的品种数尽管只占库存物资总品种数的10%~20%,但其占用的库存资金通常可达到70%~80%;B类物资的品种数可占到库存物资总品种数的20%~25%,占用的库存资金通常在15%~20%;C类物资的品种数可占到库存物资总品种数的60%~65%,而占用的库存资金却仅为5%~10%。

按上述分类标准,进行ABC分类的具体步骤如下:

①根据企业的库存物资信息,按照占用资金由大到少的顺序列表。

②计算各类物资品种百分比、累计品种百分比及库存资金百分比、累计库存资金百分比。

③考虑各类物资占用资金情况，按 ABC 分类标准将各种物资归入相应的类别，完成分类。

表 12.1 是一家化纤生产企业的库存物资有关数据，表 12.2 是对表 12.1 的数据进行分类处理后的结果。

表 12.1 各类物资资金占用情况

物资编号	年均资金占用量/元	占用资金比例/%
22	95 000	40.8
68	75 000	32.1
27	25 000	10.7
03	15 000	6.4
82	13 000	5.6
54	7 500	3.2
36	1 500	0.6
19	800	0.3
23	425	0.2
41	225	0.1
合　计	233 450	100.0

表 12.2 各类物资资金占用情况

物资类型	物资编号	年均资金占用量/元	资金占用百分比/%
A	22,68	170 000	72.9
B	27,03,82	53 000	22.7
C	54,36,19,23,41	10 450	4.4
合　计		233 450	100.0

对库存物资进行 ABC 分类后，企业可以对不同类别的物资，视情况不同采取相应的控制策略。A 类物资是重点控制对象，应该严格控制其库存储备量、订货量、订货时间，在保证生产的前提下，尽可能地减少库存，节约流动资金。B 类物资可适当控制，在能力所及的范围内，适度地减少库存。C 类物资可以放宽控制，增加订货量，加大相邻两次订货的时间间隔，在不影响库存控制整体效果的同时，减少相关的工作量。

在对各类物资选择控制方式时,一般而言,A类物资采用连续检查控制方式较好,而周期检查控制方式较多地应用于C类物资的库存控制与管理。

需要指出的是,在实际的库存物资分类工作中,在考虑占用资金情况的同时,还需要兼顾供货以及物资重要程度等因素,一些特别关键或较难保障供应的物资,虽然占用资金较少,但必须按A类物资对待。例如,某些关键设备的备用件,尽管价值不高,但对维持企业正常运转非常重要,一旦没有保持足够的库存量,设备出现故障时将无法及时排除,造成企业重大经济损失。另外,对于一些供应过程较难控制的物资,管理者也必须保持足够的库存储备,控制好订货提前期,以防止供应出现问题时,企业停产。

12.3 库存决策

12.3.1 与库存量有关的费用

在进行库存决策时,需要对库存费用进行分析,明确其变化特征,判断其与库存决策的相关性。与库存有关的费用可分为两类:

(1)随库存量增加而增加的费用

这类费用的大小与库存量的变化方向相同,主要包括:①存货成本。库存资源本身有价值,占用了资金,这些资金本来可以用于其他活动创造新的价值,而库存使这部分资金闲置起来,造成机会损失。但存货成本是维持库存物品本身所必需的花费。②仓储空间费用。要维持库存必须建造仓库、配备设备,还要供暖、照明、修理、保管等,这些方面的开支都是维持仓储空间的费用。③物品变质和陈旧损失。在闲置过程中,物品会发生变质和陈旧,如金属生锈,药品过有效期,油漆褪色,鲜货变质,这会造成一部分损失。④税收和保险费。

(2)随库存量增加而减少的费用

这类费用的大小与库存量的变化方向相反,主要包括:①订货费。订货费与发出订单活动和收货活动有关,包括定价谈判、准备订单、通讯、收货检查等,它一般与订货次数有关,而与每次订货量多少无关。一次订货量越多,分摊在每项物资上的订货费就越少;反之亦然。②调整准备费。在生产过程中,准备图纸、工艺和工具,调整机床、安装工艺装备等都需要消耗一定的调整准备时间和费用。如果消耗一次调整准备时间加工的零件越多,则分摊在每个零件上的调整准备费就越少,但这又会使库存量增加,引起储存费用增加。③采购费和加工费。每次的采购量越大,可能会有价格折扣;每次加工的批量越大,可降低单位产品加工费用。④生产管理费。加工批量大,每批工件占用的管理工作量就少,分摊的生产管理费用就少。⑤缺货损失费。采购或生产批量越大,则发生缺货的可能性就少,缺货损失就少。

(3)库存总费用的计算

计算库存总费用一般以年为时间单位。归纳起来,年库存费用包括以下四项:

①年维持库存费(holding cost),以 C_H表示,是维持库存所必需的费用。包括存货成本、仓库及设备折旧、税收、保险、陈旧化损失等。这部分费用与物品价值和平均库存量有关。

②年补充订货费(reorder cost),以 C_R表示,与全年发生的订货次数有关,与每次订货量多少无关。

③年采购费(加工费)(purchasing cost),以 C_P表示,与订货价格和订货数量有关,一般情况全年需求量不变。

④年缺货损失费(shortage cost),以 C_S表示,反映失去销售带来的机会损失、信誉损失以及影响生产造成的损失。它与缺货多少、缺货次数有关。

若以 C_T表示年库存总费用,则:

$$C_T = C_H + C_R + C_P + C_S$$

对库存进行优化的目标就是要使 C_T最小。

12.3.2 库存决策方法

(1)经济订货批量模型

在前面的内容中,已经介绍了与订货决策相关的成本是订货成本和存储成本,增大每次的订货批量有利于减少订货次数,降低订货成本,但订货批量的增加通常会导致平均库存量的增加,引起存储成本的上升,此时的总库存成本与订货量的变化关系如图 12.4 所示。如何合理控制库存,使库存总成本最低,关键是兼顾订货成本和存储成本,寻求最佳的订货批量,又称其为经济订货批量。

设:Q 为订货批量,D 为全年需求量,S 为每次订货费,H 为单位维持库存费,C 为单位生产成本。

假设订货方式为整批订货在某一时刻同时到达,补充率为无限大。即满足即时入库,均匀消耗的条件,则有,年订货次数为 D/Q,平均库存量为 $Q/2$,年订

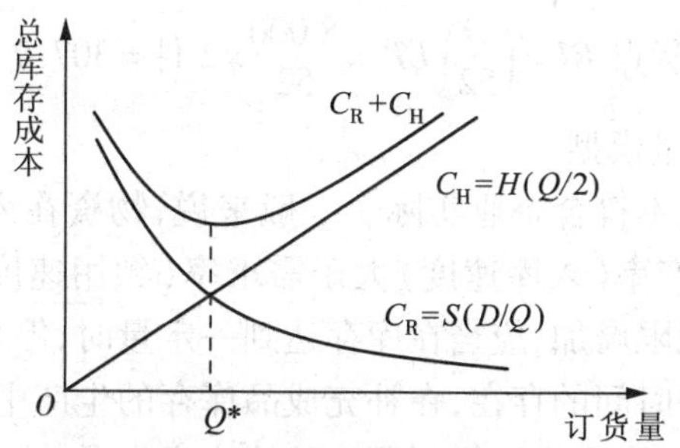

图12.4 年费用曲线

货成本 C_R 与年维持库存费 C_H 可用公式分别表述为:

$$C_R=\frac{D}{Q}S \quad 与 \quad C_H=\frac{Q}{2}H$$

则有:

$$C_T=C_R+C_H=\frac{D}{Q}S+\frac{Q}{2}H$$

对决策变量 Q 求解 C_T 的极值,可得到最优解:

$$Q^*=\sqrt{\frac{2DS}{H}}$$

式中 Q^*——最佳订货批量或经济订货批量。

例12.1 某公司以单价10元每年购入某种产品8 000件。每次订货费用为30元,资金年利息率为12%,单位维持库存费按该库存货物价值的18%计算。若每次订货的提前期为2周,试求经济订货批量、年最低总成本、年订购次数和订货点。

解:由题知,$p=10$ 元/件,$D=8\ 000$ 件/年,$S=30$ 元,$LT=2$ 周。H 由两部分组成:资金利息和仓储费用,即

$$H=10\times12\%+10\times18\%=3\ 元/(件·年)$$

因此,$Q^*=\sqrt{\frac{2DS}{H}}=\sqrt{\frac{2\times8\ 000\times30}{3}}$ 件 $=400$ 件

年最低总费用为:

$$C_T=p\cdot D+\left(\frac{D}{Q^*}\right)S+(Q^*2)H$$

$$=8\ 000\times10\ 元+\left(\frac{8\ 000}{400}\right)\times30\ 元+\left(\frac{400}{2}\right)\times3\ 元$$

$$=81\ 200\ 元$$

$$年订货次数\ n=\frac{D}{Q^*}=\frac{8\ 000}{400}=20$$

$$订货点\ RL=\left(\frac{D}{52}\right)LT=\frac{8\ 000}{52}\times 2\ 件=307.7\ 件$$

(2)经济生产批量模型

上述模型的假设不符合企业实际。一般来说,物资在入库后是被逐渐领用的。也就是说,当生产率(入库速度)大于需求率(领用速度)时,库存是逐渐增加的。要防止库存无限增加,应当在库存达到一定量时,停止生产一段时间。由于生产系统调整准备时间的存在,在补充成品库存的生产中,需要确定一个最佳的生产批量,这就是经济生产批量问题。经济生产批量(economic production lot, EPL)模型,又称经济生产量(economic production quantity, EPQ)模型。

图 12.5 描述了在经济生产批量模型下库存量随时间变化的规律。生产在库存量为 0 时开始进行,经过生产时间 t_p 结束,由于生产率 p 大于需求率 d,库存将以 $(p-d)$ 的速率上升。经过时间 t_p,库存达到最大量 I_{max}。生产停止后,库存按需求率 d 下降。当库存量减少到 0 时,又开始了新一轮生产。Q 是在 t_p 时间内的生产量,又是补充周期 T 内的消耗量。

图 12.5 中,p 为生产率(单位时间产量);d 为需求率(单位时间出库量),$d<p$;T_p 为生产时间;I_{max} 为最大库存量;Q 为生产批量;RL 为订货点;LT 为生产提前期。

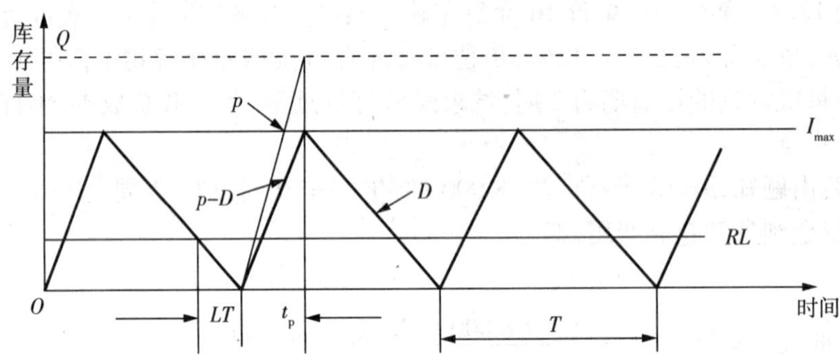

图 12.5 经济生产批量模型假设下的库存量变化示意图

在 EPL 模型的假设条件下,C_s 为零,C_p 与生产批量及大小无关,为常量。与 EOQ 模型不同的是,由于补充率不是无限大,这里平均库存量不是 $Q/2$,而是 $I_{max}/2$。于是:

$$C_T=C_H+C_R+C_P=H\left(\frac{I_{max}}{2}\right)+S\left(\frac{D}{Q}\right)+cD$$

由图 12.5 可以看出:

$$I_{max}=t_p(p-d)$$

由 $Q=pt_p$，可得 $t_p=Q/p$，故，

$$C_T=H\left(1-\frac{d}{p}\right)\frac{Q}{2}+S\left(\frac{D}{Q}\right)+cD$$

对决策变量 Q 求解 C_T 的极值，可得到最优解：

$$Q^*=\sqrt{\frac{2DS}{H\left(1-\frac{d}{p}\right)}}.$$

例 12.2 根据预测，市场每年对 X 公司的产品需求量为 20 000 台，一年按 250 个工作日计算。生产率为每天 100 台，生产提前期为 4 d。单位产品的生产成本为 50 元，单位产品的年维持库存费为 10 元，每次生产准备费用为 20 元。试求经济生产批量 Q^*、年生产次数、订货点和年最低总费用。

解：这是一个典型的 EPL 问题，由公式可得：

$$d=\frac{D}{N}=\frac{20\,000\text{ 台}}{250\text{ 日}}=80\text{ 台/日}$$

$$Q^*=\sqrt{\frac{2DS}{H\left(1-\frac{d}{p}\right)}}\text{ 台}=\sqrt{\frac{2\times 20\,000\times 20}{10\left(1-\frac{80}{100}\right)}}\text{ 台}=\sqrt{\frac{800\,000}{2}}\text{ 台}=632\text{ 台}$$

年生产次数： $n=\frac{D}{Q^*}=\frac{20\,000\text{ 台}}{632\text{ 台}}=31.6$

订货点： $RL=d\cdot LT=80\times 4\text{ 台}=320(\text{台})$

年最低库存费用： $C_T=H\left(1-\frac{d}{p}\right)\frac{Q}{2}+S\left(\frac{D}{Q}\right)+cD$

$=10\times(1-80/100)\times 632/2+20\times 20\,000/632\text{ 元}+50\times 20\,000\text{ 元}$

$=1\,001\,265\text{ 元}$

EPL 模型对分析问题十分有用。一般地，每次生产准备费 S 越大，则经济生产批量就应该大；单位维持库存费 H 越大，则经济生产批量应该小。例如，在机械加工行业，毛坯的生产批量通常大于零件的加工批量，是因为毛坯生产的准备工作比零件加工的准备工作复杂，而零件本身的价值又比毛坯高，从而单位维持库存费较高。

(3)价格折扣时的经济订货批量模型

在现实经济生活中，供应商为了刺激需求，对于大宗订货往往给予价格优惠。即：当订货数量大于某一数量时，产品（物料）售价随订货批量的增加而降低。订货量不同，产品单价也不同，且一次订货量越大，享受的折扣优惠也越大。

对于库存控制决策来说，如果每次订货量大于供应商规定的折扣限量，订货厂商自然乐于接受优惠价格。但是，当每次订货量小于供应商规定的折扣限量时，订货厂商要权衡考虑是否扩大订货量以便接受优惠价格。因为，购货厂商为争取折扣优惠，往往要扩大订货量，而扩大订货量，一方面使订货次数减少，订货总成本降低，缺货损失降低；但另一方面，又使平均库存增大，库存保管成本增大，并且减缓了流动资金周转，加大了利息支出等。因此，权衡的关键是，扩大订货量享受折扣优惠与经济订货批量相比，是否能取得净收益。即年库存总成本能否降低。

价格折扣模型的假设条件是允许有价格折扣。由于有价格折扣时，物资的单价不再是固定的，因而传统的经济订货模型公式不能简单地套用。

图 12.6 所示为有两个折扣点的价格折扣模型。年订货费 C_R 与价格折扣无关，其费用是一条连续的曲线，年维持库存费 C_H 和年购买费 C_p 都与价格折扣有关，两者的费用曲线均为不连续的折线。由这 3 条曲线叠加构成的总费用曲线也是一条不连续的曲线。最经济的订货批量仍然是总费用曲线 C_T 上最低点所对应的订货数量。由于价格折扣模型的总费用曲线不连续，因此，总成本最低点可能是曲线斜率为零的点，也可能是曲线的中断点。求有价格折扣的最优订货批量可按以下步骤进行：

①取最低价格代入无价格折扣情况下的基本公式，求出最佳订货批量 Q^*，若 Q^* 可行（即所求的点在曲线 C_T 上），则 Q^* 为最优订货批量，计算过程结束。否则，转入步骤②。

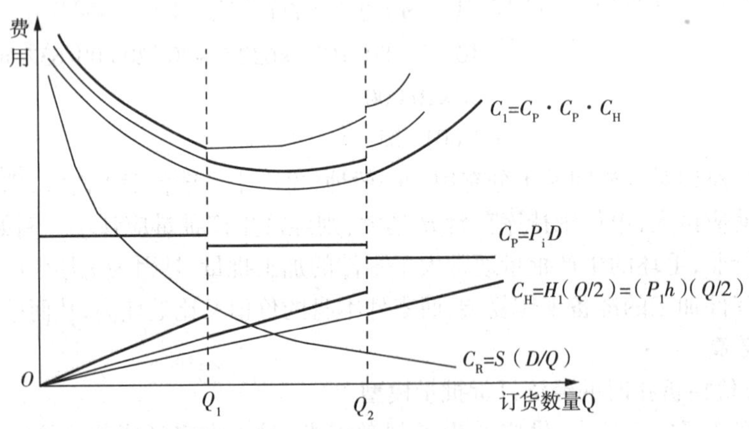

图 12.6　有两个折扣点的价格折扣模型

②取次低价格代入基本公式，求出 Q^*。如果 Q^* 可行，分别计算出订货量

为 Q^* 和所有大于 Q^* 的折扣点(曲线中断点)所对应的总费用,取其中最小总费用所对应的数量即为最优订货批量,计算过程结束。

③如果 Q^* 不可行,重复步骤②,直到找到一个可行的 Q^* 为止。

例 12.3 某产品对某种物料的年需求量 D 为 2 400 单位,一次订货成本 S 为 32 元,库存保管成本 H 为物料单价 P 的 20%,设供应商提供价格优惠的数量条件如表 12.3 所示。

表 12.3 价格折扣条件及其经济订货批量

一次订货数量	单价/元
200 单位以下	5.2
200 ~ 400	5.0
400 ~ 600	4.6
600 ~ 800	4.0

试求最佳订货批量及最小库存总成本。

解:由公式可得:

$$Q^* = \sqrt{\frac{2DS}{H}} = \sqrt{\frac{2DS}{0.2P}}$$

可求得各价格段的经济订货批量分别为

$$P_1 = 5.2 \quad Q_1^* = 384$$

$$P_2 = 5.0 \quad Q_2^* = 391$$

$$P_3 = 4.6 \quad Q_3^* = 408$$

$$P_4 = 4.0 \quad Q_4^* = 438$$

显然,第一、四价格段的订货批量 $Q_1^* = 384$ 和 $Q_4^* = 438$ 是不可行的。因为,按 $Q_1^* = 384$ 订货可以享受第二价格段的优惠即 5.0 元,而按 $Q_4^* = 438$ 订货不满足此价格段的优惠条件,实际只能享受 400 ~ 600 件的优惠价 4.6 元;第二、三价格段的订货批量 $Q_2^* = 391$ 和 $Q_3^* = 408$ 符合优惠条件。根据年库存总成本计算公式

$$C_{\mathrm{T}} = \frac{D}{Q}S + \frac{Q}{2}H + DP$$

分别计算 $Q_2^* = 391$、$Q_3^* = 408$ 及中断点 $Q_4 = 600$ 时的库存总成本,结果如下:

当 $Q_2^* = 391$;$P_2 = 5.0$ 时,$TC_2 = 12\,391.9$ 元

当 $Q_3^* = 408$;$P_3 = 4.6$ 时,$TC_3 = 11\,415.9$ 元

当 $Q_4=600$；$P_4=4.0$ 时，$TC_4=9\ 968.2$ 元

上述年库存总成本最低者为 $TC_4=9\ 968.2$ 元，因此，应选择每次订货量600单位作为最佳订货批量，享受4.0元的价格优惠。

12.4 随机需求库存控制

12.4.1 随机需求库存控制的含义

上一节介绍的库存决策模型都满足下列假设条件：年库存需求量、需求率（消耗率、领用速度）与生产率（供应率、入库速度）已知，且保持稳定。但是，在现实经济活动中，能够满足上述假设条件的库存决策模型只是一种简化的理想状态，完全均衡的、确定性的需求是极为少见甚至是不存在的。独立需求往往呈现出随机性、不确定性的特征，这类需求称为随机性需求。当需求率变化较小时，库存不会出现缺货；当需求率变化较大时，就有可能出现缺货。同时，供应商的交货时间，即订货提前期，也总是未知的、变动的，往往受到众多随机性因素的影响。当订货提前期出现变化时，订货提前到货，不会出现缺货；但延期交货，就有可能出现缺货。为避免缺货过多，将缺货损失控制在一定限度之内，可通过设置安全库存来缓冲需求率和订货提前期变化所带来的影响。

对于随机性需求库存控制，由于需求率和订货提前期呈现随机变动趋势，可采用概率论与数理统计方法研究。即：假定在一个较长的时间内需求总体服从某种统计规律，按这种规律均值是均衡或恒定的。

在随机性需求的库存控制模型中，库存由两部分构成：第一部分是经常性库存，用于满足订货间隔期内的正常（平均）需求。经常性库存量通常为经济订货批量。第二部分为安全库存。安全库存的设置，不是为了满足对库存物料的日常消耗或需求，而是用于预防随机性因素影响而造成的缺货现象。它是对订货提前期内实际需求量（率）超过期望需求量（率），或实际订货提前期超过期望订货提前期时，所产生的需求的一种供货保证。但是，安全库存的设置，在降低缺货损失的同时，却加大了库存保管成本。

综上所述，随机性需求库存控制模型的实质，是在确定性需求库存控制模型的基础上加上安全库存。将随机性的、不可控的需求控制问题转化为对安全库存的设置问题。通过经济订货批量的确定，满足随机性需求中的平均需求（需

求期望值);通过设置安全库存,解决随机性需求中的需求波动问题,预防或消除缺货损失。

12.4.2 随机需求定量控制模式

(1)订货批量的确定

在随机需求情况下,定量控制模式经常面临缺货问题,因此在确定其经济订货批量时,除需要考虑订货成本与存储成本外,还需要考虑缺货成本。图12.7表明了考虑缺货的前提下库存变化的情况。

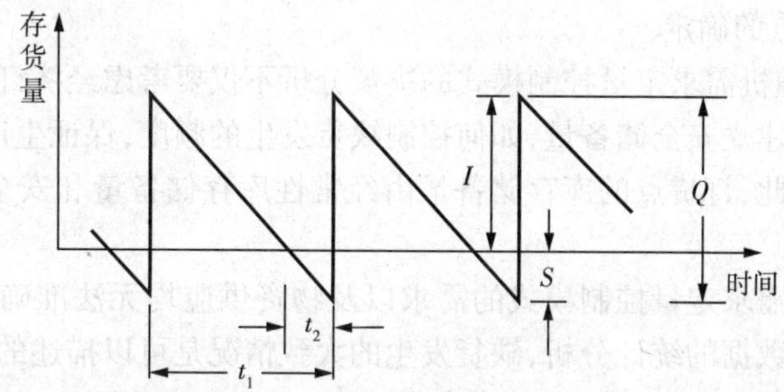

图12.7 考虑缺货情况下的库存变化情况

假定缺货成本与缺货数量以及时间成正比,则单一订货间隔期内的缺货成本和存储成本分别为:

$$缺货成本 = \frac{1}{2}\left(Q - I\right)t_2 C_S$$

$$存储成本 = \frac{1}{2}I\left(t_1 - t_2\right)H$$

式中 I——订货间隔期内最大库存量;

Q——每次订货量;

C_S——单件缺货成本;

H——单件存储成本;

t_1——进货间隔期;

t_2——缺货期。

考虑订货成本以及订货次数因素,并注意到 $t_1 = Q/D$, $t_2 = (Q-I)/D$,因此 $t_1 - t_2 = I/D$,故全年库存成本可表示如下:

$$TC = S\frac{D}{Q} + \frac{H}{2}\frac{I^2}{D} + \frac{C_S}{2}\frac{(Q-I)^2}{D}$$

可解得此时经济订货批量 Q^* 和最大库存量 I^* 的计算公式分别为:

$$Q^* = \sqrt{\frac{2SD}{H} \times \frac{C_S + H}{C_S}}$$

$$I^* = \sqrt{\frac{2SD}{H} \times \frac{C_S}{C_S + H}}$$

在综合考虑订货成本、存储成本、缺货成本的前提下,进行订货批量的决策分析,有助于解决随机需求定量控制模式的订货批量确定问题。但是,必须指出,此处的经济订货批量,只是在追求库存成本最低的目标下产生的,仅解决了经常性库存的进货量问题,尚没有考虑生产系统的服务水平问题。

(2)订货点的确定

事实上,随机需求定量控制模式的决策分析不仅要考虑经济订货批量问题,还要考虑通过建立安全储备量,如何控制缺货发生的频度,保证生产系统较高的服务水平。因此,订货点的库存储备量由经常性库存储备量和安全储备量共同组成。

尽管随机需求定量控制模式的需求以及物资供应均无法准确地提前预计,但通过对历史数据的统计分析,缺货发生的大致情况是可以描述的,下面举例说明随机需求定量控制模式订货点的确定。

例 12.4 表 12.4 给出了某一物资近 10 d 内的实际需求变化情况。已知该物资的经济订货批量为 50 件,订货提前期为 10 d,按平均需求量计算,应该在库存储备量为 40 件时开始订货,如果该生产系统要保证 95% 以上的服务水平,订货点库存量为多少?

表 12.4 实际需求情况

需求量	<37	37	38	39	40	41	42	43	44	>44
剩余库存	>3	3	2	1	0	−1	−2	−3	−4	<−4
发生概率	0.022	0.063	0.092	0.151	0.191	0.190	0.153	0.090	0.027	0.022
累计概率	0.022	0.085	0.177	0.328	0.519	0.709	0.862	0.952	0.978	1.000

分析:从表 12.4 中数据可知,需求量为 40 件或 41 件两种状态发生的概率最大,库存出现过多或过少的机会又基本上相等,故得知提前期的平均需求量为 40 件。但如果将订货点简单地定为 40 件,则只能有 51.9% 的把握保证不发生缺货问题,远未达到服务水平的要求,因此,必须考虑增设安全储备量,此时订货点的库存量=提前期平均库存量+安全库存量。

解:如果增设1件安全库存,加上经常性库存40件,订货点的库存量为41件,在此条件下,10 d内需求只要不超过41件均不会发生缺货。

但是,由表12.4可知,10 d当中需求量不超过41件的累计概率为70.9%,故此时的服务水平只有70.9%。同理可知,当安全储备量分别为2,3,4件时,生产系统的服务水平分别为86.2%、95.2%和97.8%。因此,安全储备量定为3件,既可满足服务水平的要求,同时也保证了较低的总库存水平,减少了库存总成本。此时,订货点的库存量=40+3=43(件)

研究发现,随机需求大多服从正态分布,因此,可以运用概率论的原理,通过查表的方式简化计算过程。当提前期内需求率的变化服从正态分布时,则保险储备量的确定取决于两个因素:一是需求分布的分散度,需求变化的分散度较大,必须设置较多的保险储备量。在正态分布中,用标准差表明它的分散度。于是,保险储备量应与标准差成正比关系。二是要求的服务水平。服务水平要求高,就意味着所设的保险储备量应覆盖较大的需求变化的累计概率密度,而正态分布的累计概率密度大小是由概率因子Z决定的,不同Z值下的累计概率密度值可由正态分布表查到。服务水平相当于累计概率密度。这样,保险储备量又与概率因子Z有关。于是,得到保险储备量I_S的计算公式如下:

$$I_S = ZS_L$$

式中 S_L——提前期内需求量变化的标准差。

若统计到的是每日需求量变化的标准差,则可用下式将它转化为提前期内的标准差:

$$S_L = S_0\sqrt{L}$$

式中 S_0——日标准差;

L——订货提前期。

例12.5 某商品的需求率服从正态分布,其日平均需求量为200件,标准差为25件。订购的提前期为5 d,要求的服务水平为95%。求该商品的订货点。

解:

(1)提前期内的平均需求量=200×5件=1 000件

(2)查正态分布表可得,与服务水平相应的Z值为1.65。

(3)保险储备量

$$I_s = 1.65\times25\times\sqrt{5}\text{ 件}=92\text{ 件}$$

(4)订货点R'=(1 000+92)件=1 092件

12.4.3 随机需求定期控制模式

(1)订货间隔期的确定

确定订货间隔期通常考虑生产经验,并尽可能与计划的周期同步,常见的订货间隔期是月或季度,以便于定期地进行盘点和采购物资。当然,根据经济订货批量计算出的经济订货次数也可以作为确定订货间隔期的参考因素。

$$经济订货次数=\frac{年需求量}{经济订货批量}$$

$$订货间隔期=\frac{1}{经济订货次数}$$

(2)目标库存水平的确定

由于定期控制模式的库存储备量的变化波动较大,因此,一旦订货间隔期确定后,日常的库存控制工作主要是确定每次的进货量和控制库存的总体水平。此时的订货批量,要满足两方面用途,一是满足订货间隔期与订货提前期内的平均需求量,另一部分满足保险储备的需要。具体的计算原则与非确定性固定订货量系统的订货点计算原则相似,例如,计算经常性库存量时,不仅要满足订货间隔期的平均需求量,还要加上订货提前期内的平均需求量。

$$M=(T+L)d+ZS_M$$

式中 M——目标库存水平;

T——订货间隔期;

L——订货提前期;

Z——概率因子;

D——日平均需求量;

S_M——订货间隔期和提前期内的需求变动标准差。若给出日需求变动标准差 S_0,则 $S_M=S_0\sqrt{T+L}$ 。

依据目标库存水平,可得到每次订货批量:

$$Q=M-I_J$$

式中 I_J——盘点库存量。

例 12.6 若例 12.3 的商品采用定期控制模式,它的检查周期为 24 d,本次盘点的库存量为 500 件。

解:

①计算($T+L$)期内的平均需求量:

$$(24+5)\times 200\ 件=5\ 800\ 件$$

②计算（$T+L$）期内的标准差：

$$S_M = 25\sqrt{24+5}\ 件 = 135\ 件$$

③计算目标库存水平，查正态分布表得，$Z=1.65$

$$M=5\ 800+1.65\times 135\ 件=6\ 022.75\ 件$$

④计算订货批量：

$$Q=(6\ 022-500)\ 件=5\ 522\ 件$$

从例 12.3 和例 12.4 的计算结果可以看出，在同样的服务水平下，定期控制模式的保险储备量和订货批量都比固定订货量系统的要大。这就是为什么对一些关键物资及价格昂贵的物资不用定期控制模式，而用固定订货量系统的缘故。

思考与练习

1. 什么是库存？怎样认识库存的作用？
2. 讨论独立需求和相对需求的本质，试举例说明。
3. 试区别在制品库存、安全库存和季节性库存。
4. 库存控制的基本模型分为哪几种？在什么条件下，企业的管理者会倾向于采用定量订货模型，而不用定期订货模型？使用定期订货系统有哪些缺点？
5. 简述 ABC 分析法的基本原理与具体分类方法。
6. 库存成本由哪几种成本组成？
7. 随机需求下的库存控制要解决什么问题？
8. 针对下列情况，你会采用哪种存储系统？
   (1) 为你家的厨房采购新鲜食品。
   (2) 订购日报。
   (3) 为汽车买汽油。
9. 某种时令产品在适销季节到来前一个月，批发单价为 26.95 元，如果该时令产品销售完了，当时是不能补充的。过时卖不出去的产品单价为 14.95 元，根据往年情况，该产品需求分布概率如表 12.5 所示。求使期望利润最大的订货量。

表 12.5　产品需求分布状况

需求 d/打	6	7	8	9	10	12	12	13	14	15
概率 $p(D=d)$	0.03	0.05	0.07	0.15	0.20	0.20	0.15	0.07	0.05	0.03

10. 四达设备公司每年要按单价 4 元购入 54 000 套轴承组合件。单位维持库存费为每年每套轴承 9 元，每次订货费用为 20 元，试求经济订货批量和年订货次数。

11. 某自行车公司计划下年度生产特种轮胎 40 000 只。生产率为每天 200 只，一年按 250 d 计算。一次生产准备费用为 200 元，提前期为 5 d。单位生产费用为 15 元，单位维持库存费为 11.50 元。试求经济生产批量和订货点。

12. 某公司电器门市部每年销售微波炉 680 台，每台微波炉的购买费用是 425 元，单位维持库存费是购买费的 26%，另外每次的订货费用是 100 元，求：

①经济订货批量；

②已知安全库存是 6 台，求年订货费用和年库存费用。

13. 某公司每年需用某元件 3 000 单位。每次订购的固定成本为 250 元，单位维持库存费为货物价值的 25%。现有三个货源可供选择。A：不论订购多少单价都为 10 元；B：订购量必须大于等于 600 单位，单价 9.50 元；C：订货起点为 800 单位，单价 9 元。试确定该公司的订货策略，并计算年最低库存费用。

14. 民用航空公司的某一航班有座位 100 个，根据经验，在知道大约有 100 位顾客订票的情况下，实际未购票人数达到或超过 3 人的概率为 0.1，达到或超过 2 人的概率为 0.40，达到或超过 1 人的概率为 0.2，全部购票的概率为 0.1。每卖一张机票的纯利润为 600 元，接收订票但不能售出票的赔偿为 1 000 元，问售票处应该接受多少订票最为经济？

第13章 作业排序管理

通过本章学习,应达到如下目的:

1. 了解作业计划与排序的区别。
2. 了解作业排序方案的评价标准。
3. 会进行制造业生产作业的排序。
4. 理解服务业作业排序的方法。

无论什么性质的组织,都应该有作业计划。例如,制造商必须做生产作业计划,即为工人、设备、采购、维修等做出时间安排。医院必须指派好门诊、急诊、外科、护理等,并安排好饮食、安全、维护、清洁等辅助性服务。教育机构必须对教室、教师和学生做好作业计划。此外,律师、理发师、咨询师、汽车修理行等都必须进行作业计划。作业计划的目的是为了使那些互相矛盾着的目标达到相对平衡,有效利用人员、设备、厂房以及使顾客等待时间、存货、加工时间降到最小。本章内容将对制造业与服务业环境中的排序问题做详细介绍。

13.1 作业计划中的排序问题

13.1.1 排序问题的分类

作业计划(scheduling)与排序(sequencing)存在一定的差异。排序只是确定工件在机器上的加工顺序或服务人员的工作顺序,而作业计划不仅包括确定工件的加工顺序或人员的服务顺序，而且还包括确定机器加工每个工件或人员服务的开始时间和完成时间。在编制作业计划过程中要用到排序技巧，只有作业计划才能指导每个工人的生产活动。由于编制作业计划的关键是解决排序问题，人们常常将排序与编制作业计划这两个术语不加区别地使用。另外，本章中所用的“工作地”、“机器”、“人员”等均抽象地表示“提供服务者”；而“工作”、“工件”、“顾客”等均抽象地表示“接受服务者”，这些名词不过是应用的场合不同而已。

在制造业和服务业领域中，有两种基本形式的作业排序：一种是生产作业排序，主要是将不同工件安排到不同设备上，或安排不同的人做不同的工作；另一种是劳动力作业排序，主要是确定服务人员何时工作。制造业和服务业企业中有时两种作业排序问题都可能存在，此时应集中精力注意其主要的、占主导地位的方面。在制造业中，生产作业排序是主要的，因为要加工的工件是关注的焦点。许多绩效度量标准，例如按时交货率、库存水平、制造周期、成本和质量都直接与排序方法有关，除非企业雇用了大量的临时工人或是企业一周七天都要运营，否则劳动力作业排序问题就是次要的。反过来，在服务业中，劳动力作业排序是主要的，因为服务的及时性是影响公司竞争力的主要因素。很多绩效标准，例如顾客等待时间、排队长度、设备（人员）利用情况、成本和服务质量等，都与服务的及时性有关。

制造业生产作业排序可以按机器、工件和目标函数的特征等进行分类。按机器的种类和数量不同，可以分为单台机器的排序问题和多台机器的排序问题。对于多台机器的排序问题，按工件加工路线的特征，可以分成非流水作业（或单件作业）排序问题和流水作业排序问题。工件加工路线不同，是非流水作业排序问题的基本特征；而所有工件的加工路线完全相同，则是流水作业排序问题的基本特征。

按工件到达车间的情况不同，可以分成静态排序问题和动态排序问题。当进行排序时，所有工件都已到达，可以一次对它们进行排序，这是静态排序问题；若工件是陆续到达，要随时安排它们的加工顺序，这是动态排序问题。

按目标函数的性质不同，也可划分不同的排序问题。譬如，同是单台机器的排序，目标是使平均流程时间最短和目标是使误期完工工件数量少，实质上是两种不同的排序问题。按目标函数的情况，还可以划分为单目标排序问题与多目标排序问题。以往研究的排序问题，大都属于单目标排序问题，而对多目标排序问题则很少研究。

按参数的性质不同，可以划分为确定型排序问题与随机型排序问题。所谓确定型排序问题,指加工时间和其他有关参数是已知确定的量;而随机型排序问题的加工时间和有关参数为随机变量。这两种排序问题的解法存在着本质上的不同。

13.1.2 影响作业排序的因素

(1)生产任务的到达方式

在实际生产过程中,尤其是在单件小批量生产的条件下,反映生产任务订单的到达方式有两种:一种是成批到达;另一种是在一段时间段中按统计分布规律到达。静态到达并不意味着用户同时提出订单,计划人员将一段时间内的订单汇总,一起安排作业计划。而在动态到达情况下,要求对生产作业计划不断进行修改,追加生产任务。

(2)设备种类和数量

设备数量的多少对作业排序有明显的影响,如果只有一台设备,作业排序问题将非常简单。当设备数量种类增多时,各种生产任务将在多台设备上加工,则问题将变得较为复杂,有时甚至找不到最佳的排序方法。

(3)工作人员数量

在进行生产作业任务的排序时,不仅要将生产任务分给设备,同时也要分给相应的操作人员。对于服务系统,当服务人员较少时,人员排序成为排序时必须考虑的关键资源。

(4)生产工艺流程方式

在单件小批量生产条件下,生产任务在车间内的流动路线是多种多样的。如果所有工件的流动路线相同,则称为流水线车间。如果所有工件的流动路线不完全相同,则称为非流水线车间。对于非流水线车间的排序问题,关键是按照概率分布从一台设备流向满足加工需要的另一台设备,将其转化为流水线车间或随即路线车间,这类排队服务系统在医院中是常见的。

13.1.3 作业排序的任务和目标

一个企业应该有一个行之有效的作业排序系统,这样才能保证生产计划的顺利执行。因此,在作业排序系统的设计中,必须满足各种不同功能活动的要求。有效的作业排序系统应能够做到:

①对将要做的工作进行优先权设定,以使工作任务按最有效顺序排列;

②针对具体设备分配任务及人力,通常以可利用和所需的能力为基础;

③为目标分配工作,使工作任务按期完成;

④不断监督以确保任务的完成;周期性检查是保证已分配的工作如期完成的最常用方法;

⑤对实施过程中出现的问题或异常情况进行辨识,这些问题或异常情况有可能改变已排序工作的状况,需要探索、运用其他解决问题的方法;

⑥基于现存状况或订单变化情况对目前的作业排序进行检查和修改。

作业排序系统的设计必须反映企业及运用该系统的工作过程的需要。许多组织运用各种作业排序技术的组合来管理所要进行的工作。如果一种作业排序系统没有跟踪监督体制,以确保所计划事件如期发生,以及一旦事件偏离了计划,可立即采取行动,该系统将是无效的。作业排序系统的设计应当能够处理计划的偏离、纠正操作中的问题,并尽快返回原计划状态,以便维护计划和作业排序过程的有效性。

13.2 制造业中的作业排序

13.2.1 排序问题的假设及表示方法

(1)排序问题的假设

为了便于分析研究,建立排序问题数学模型,有必要提出一些假设条件。

①一个工件不能同时在几台不同的机器上加工。

②每台机器同时只能加工一个工件。

③每道工序只在一台机器上完成。

④工件在加工过程中采取平行移动方式。

⑤工件在加工过程中不允许中断。即一个工件一旦开始加工,必须一直进行到完工,不得中途停止或插入其他工件。

⑥工件数、机器数和加工时间均已知,加工时间与加工顺序无关。

在下面的讨论中,如不作特别说明,都认为满足以上假设条件。

(2)排序问题的表示方法

为了便于排序问题的描述,下面对有关符号进行说明。

J_i——第 i 项加工任务($i=1,2,\cdots,n$);

M_j——第 j 台加工设备数($j=1,2,\cdots,m$);

t_{ij}——J_i在 M_j上的加工时间,J_i的总加工时间 $T_i=\sum t_{ij}$

r_i——J_i可以开始加工的最早时间;

d_i——J_i要求的交货期限;

W_{ij}——J_i在 M_j上加工之前的等待时间;

W_i——J_i在加工过程中总的等待时间;$W_i=\sum W_{ij}$;

C_i——J_i的完工时间,$C_i=r_i+\sum(W_{ij}+t_{ij})=r_i+W_i+T_i$;

F_i——J_i的总流程时间,即工件在加工过程中的实际停留时间,$F_i=C_i-r_i=W_i+T_i$;当该批任务开始加工的时间 r_i从零计时,$F_i=C_i$;

a_i——J_i的允许停留时间;

L_i——工件 J_i的延迟时间;$L_i=C_i-d_i=r_i+W_i+T_i-d_i=(W_i+T_i)-(d_i-r_i)=F_i-a_i$

$L_i>0$——正延迟,说明 J_i的实际完工时间超过了交货期限,任务拖期完成;$L_i<0$ 为负延迟,说明任务 J_i提前完成;$L_i=0$ 时为零延迟,说明任务 J_i准时完成。

$L_{\max}$——最长延迟时间,$L_{\max}=\max\{L_i\}$。

对于本章要讨论的排序问题,我们采用如下的表示方法:

加工设备数 m/工件数 n/排序问题类型 A/评价尺度 B

其中,在 A 的位置若标以“F”,则代表流水作业排序问题;若标以“R”,则表示非流水作业排序问题;若标以“G”,则表示一般单件作业排序问题。当 $m=1$ 时,则 A 处为空白。因为对于单台机器的排序问题来说,无所谓加工路线问题,当然也就谈不上是否为流水作业排序问题。B 为作业排序的优化目标,通常是使其值最小。

有了这 4 个符号,就可以简明地表示不同的排序问题。例如,$3/n/F/C_{\max}$表示 n 个工件经 3 台机器加工的流水作业排序问题,优化目标是使最长完工时间 $C_{\max}$最短。

13.2.2 作业排序方案的评价标准

不同的排序方案可导致不同的结果,在选择之前,首先需要确定评价的标准或优化目标。下面是一些最常用的标准。

①总流程时间最短。总流程时间是指一批工件从开始加工到这一批工件完成所经过的全部时间。一批工件在一台设备上的加工时间为一常数,因此,总流

程时间也为常数,与这批工件在该设备上的加工顺序无关。

②平均流程时间最短。平均流程时间指各种工件流程时间的平均值。

③最大延迟时间或最大误期最短。延迟实质上是工件的实际完工时间与预定交货期之间的差额。这里既包括实际完成时间比预定交货期晚,也包括实际完成时间比预定交货期早的情况。提前完成生产任务并不一定是好事,因为这意味着库存量的增加及生产资金被占用。

④平均延迟或平均误期最短。平均延迟或平均误期指各种工件误期时间的平均值。

⑤平均在制品占用量最小。平均在制品占用量与平均流程时间有密切的关系,平均流程时间越短,则平均在制品占用量越少。

⑥总调整时间最小。在工件加工过程中,每加工同一批工件,设备需要调整一次,每批工件的调整时间之和称为总调整时间。

除了上述标准之外,还有延期罚款最小,生产费用最小,总利润最大,设备利用率最大等标准。这些标准都能用具有平均值和偏差的统计分布来表示,但这些标准彼此之间并不完全独立。例如,使工件流程时间的平均值较小,也就是要减少在制品库存和提高利用率。在流水车间(所有工件和加工路线都一致)中,使一组工作的全部完工时间最小也就意味着要提高设备利用率。

13.2.3 作业排序的优先规则

在进行作业排序时,需用到优先规则。这些规则可能仅需根据一种数据信息对作业进行排序。这些数据可以是加工时间、交货日期或到达的顺序等。按照这些优先规则,可赋予不同工件不同的优先权,可以使生成的排序方案按预定目标优化。当然,这些优先规则的简单性掩饰了排序工作的复杂性。实际上,要将多种工件在多个工作地(机器)上的加工顺序决定下来是一件非常复杂的工作,需要有大量的信息和熟练的排序技巧。这些信息分为两大类:加工要求和现状信息。加工要求信息包括预定的完工期、工艺路线、标准的作业交换时间、加工时间、各工序的预计等。现状信息包括工件的现在位置(在某台设备前排序等待或正在被加工),现在完成了多少工序,每一工序的实际到达时间和离去时间,实际加工时间和作业交换时间,各工序所产生的废品以及其他的有关信息。优先规则就是利用上述的部分信息确定每个工件的加工顺序,其余的信息可以用来判断正在使用的机器是否需要被替代以及是否需要物料搬运等。这些优先规则主要有:

①FCFS(first come first served)规则:优先选择最早进入排序集合的工件。

②SPT(shortest processing time)规则:优先选择加工时间最短的工件。

③EDD(earliest due date)规则:优先选择完工期限要求最紧(交货期最短)的工件。

④SCR(smallest critical ratio):优先选择临界比最小的工件。临界比为工件允许停留时间和工件余下加工时间之比。

⑤MWKR(most work remaining)规则:优先选择余下加工时间最长的工件。

⑥LWKR(least most work remaining)规则:优先选择余下加工时间最短的工件。

⑦MOPNR(most operations remaining):优先选择余下工序数最多的工件。

上述的优先规则可以分为局部优先规则和整体优先规则两类。局部优先规则主要用于解决多个工件在单个工作地中的排序问题,如 FCFS、EDD、SPT 规则。另外,也可用于多工作地的排序问题。此时,每一个工作地被看作独立于其他工作地。当工作地空闲时,优先规则被应用于那些在此等待加工的工件,其中具有最高优先权的首先被加工。当加工结束后,该工件会按照工艺路线转向下一个工作地,等到具有该工作地的最高优先权时才能被加工。整体优先规则用于解决多个工件在多个工作地中的排序问题,它不仅要考虑正在排序的工作地,而且还要考虑到其他工作地的、信息。如 SCR、MWKR、LWKR 及 MOPNR 规则。

迄今为止,人类已提出了 100 多个优先排序规则,不同的规则有不同的特点。在具体排序时,应结合排序方案的标准进行选择,有时仅采用单一规则还不能完全确定加工顺序,需要采用优先规则的组合进行排序。

13.2.4　生产作业排序方法

(1)单台设备排序问题

单台设备排序是最简单的排序问题,它实质上是 n 项任务的一个全排列问题。在单台设备上不论作何种加工顺序的安排,n 项任务的最大流程时间总是一个固定数值。所以,排序的优化目标通常是使平均流程时间最短或使最大延期量最小,为此可采用 SPT 或 EDD 优先规则。现举例说明如下。

例 13.1　设某生产小组只有一台大型加工设备,计划期初接到 6 项任务,所需加工时间及预定交货期如表 13.1 所示,试确定最优加工顺序。

表 13.1 各项任务所需加工时间及预定交货期

生产任务编号 J_i	J_1	J_2	J_3	J_4	J_5	J_6
加工时间 t_i/d	4	8	2	5	9	3
预定交货期 d_i/d	24	23	8	6	32	13

解法一:按 SPT 优先规则排序。加工顺序为:

$$J_3—J_6—J_1—J_4—J_2—J_5$$

于是,各项任务的预计流程时间和交货延期量如表 13.2 所示:

表 13.2 各项任务流程时间及交货延期量

生产任务编号 J_i	J_3	J_6	J_1	J_4	J_2	J_5
完成时间 C_i/d	2	5	9	14	22	31
交货延期量 L_i/d	0	0	0	8	0	0

由表 13.2 可知,各项任务的最大延期量 $L_{\max}=8$ d,平均延期量为:8/6 = 1.33 d,平均流程时间为:$F=\frac{1}{6}\sum_{i=1}^{6}F_i=\frac{1}{6}(2+5+9+14+22+31)\text{d}=13.8\text{ d}$

解法二:按 EDD 优先规则排序。加工顺序为:$J_4—J_3—J_6—J_2—J_1—J_5$,各项任务的预计流程时间和交货延期量见表 13.3:

表 13.3 各项任务流程时间及交货延期量

生产任务编号 J_i	J_4	J_3	J_6	J_2	J_1	J_5
完成时间 C_i/d	5	7	10	18	22	31
交货延期量 L_i/d	0	0	0	0	0	0

由表 13.3 可知,各项任务的最大延期量和平均延期量均为零,而平均流程时间为:

$$F=\frac{1}{6}\sum_{i=1}^{6}F_i=\frac{1}{6}(5+7+10+18+22+31)\text{ d}=15.5\text{ d}$$

比较上述两种排序结果可知,分别应用 SPT 和 EDD 两种规划可以达到不同的优化目标。应用 SPT 规划可以使平均流程时间最短,使滞留在加工过程的平均在制品占用量最少,有利于节约流动资金,节约厂房、仓库面积和保管费用。但是,由于未考虑交货期,所以可能发生交货延期。而应用 EDD 规则,可以保证按期交货或使交货延期量最小,减少违约罚款损失,但缺点是平均流程时间的增加，不利于节约在制品占用资金。

(2)流水型排序问题

1)2/n/F 型排序问题及解法

n 种零件在两台设备上加工，它们的工艺顺序相同，即流水作业排序问题，此时可采用约翰逊—贝尔曼规则求解。

设零件 $J_i(i=1,2,\cdots,n)$ 的加工顺序是从设备 A 到设备 B，t_{iA} 和 t_{iB} 分别是零件 J_i 在 A 和 B 上的加工时间，则安排加工顺序的约翰逊—贝尔曼规则步骤如下：

①以零件编号为列，零件在机床上的加工时间为行列表(按加工顺序由上到下列表)检查表中 t_{iA} 和 t_{iB} 的各数值，找出其中最小值(如果有多个最小值，可任取一个)；

②如果上述最小值属于 t_{iA} 行，则对应零件应尽先安排；反之，如果上述最小值属于 t_{iB} 行，则对应零件应尽后安排；

③将已经排定的零件除去，再重复上述①、②两步，直到全部零件排完为止。

例 13.2 设有 5 种零件，均须先在车床 A 上加工，再到铣床 B 上加工，车床与铣床各有一台。各零件在机床上加工所需时间如表 13.4 所示。

表 13.4 各零件在 A,B 上的加工时间

加工时间/h \ 零件编号 J_i	J_1	J_2	J_3	J_4	J_5
t_{iA}	6	8	12	3	7
t_{iB}	11	9	5	3	4

按约翰逊—贝尔曼规则确定加工顺序如下：

$$J_4—J_1—J_2—J_3—J_5 \quad 或 \quad J_1—J_2—J_3—J_5—J_4$$

对于已排定的加工顺序，可绘制甘特图或采用矩阵表法确定总流程时间。对于第 1 种排序方案，采用矩阵法计算总流程时间为 40 h，见表 13.5。

表 13.5 各零件在 A,B 上的总流程时间矩阵表

加工时间/h \ 零件编号 J_i	J_4	J_1	J_2	J_3	J_5
t_{iA}	3 / 3	6 / 9	8 / 17	12 / 29	7 / 36

续表

零件编号 J_i / 加工时间/h	J_4	J_1	J_2	J_3	J_5
t_{iB}	3 / 6	11 / 20	9 / 29	5 / 34	4 / 40

注：表中每一格斜线左上方表示加工时间，右下方表示流程时间。

同样，可求得第 2 种排序方案的总流程时间也为 40 h。但不同之处在于，两种排序结果中机床 B 的加工、停歇时间不同，设备利用率不同。

2）3/n/F 型排序问题及解法

n 种零件在 3 台设备上加工，它们的工艺顺序相同，即流水作业排序问题，此时可采用约翰逊—贝尔曼规则的扩展方法求解。

设有 A,B,C 3 台加工设备，在符合 $\min t_{iA} \geqslant \max t_{kB}$ 或 $\min t_{iC} \geqslant \max t_{kB}$ 两条件之一的情况下，可将 3 台设备变换为两台假想设备 G 与 H，且：

$$t_{iG} = t_{iA} + t_{iB}; t_{iH} = t_{iB} + t_{iC}$$

于是问题转化为两台设备的流水作业排序问题，此时，可采用约翰逊—贝尔曼规则确定加工顺序。如果 3 台设备上的零件加工工时均不符合上述两条件，则此方法也可以得到近似最优方案。

例 13.3　设有 4 种零件在 3 台机床上加工，工艺顺序相同，各机床只有 1 台。各零件在机床 A,B 和 C 上加工所需时间如表 13.6 所示。

表 13.6　各零件在 A,B,C 上的加工时间

零件编号 J_i / 加工时间/h	J_1	J_2	J_3	J_4
t_{iA}	15	8	6	12
t_{iB}	3	1	5	6
t_{iC}	4	10	5	7

因为 $\min t_{iA}(=6) \geqslant \max t_{kB}(=6)$，符合条件 1，故可将可将 3 台设备变换为 2 台，假想设备 G 与 H，并求出各零件在上的加工时间，如表 13.7 所示。

表 13.7　各零件在 G,H 上的加工时间

零件编号 J_i / 加工时间/h	J_1	J_2	J_3	J_4
t_{iG}	18	9	11	18
t_{iH}	7	11	10	13

按约翰逊—贝尔曼规则确定加工顺序如下：

$$J_2—J_4—J_3—J_1$$

采用甘特图或矩阵表法可求得此方案总流程时间为 48 h。

3) $m/n/F$ 排序问题及解法

对于此类问题有多种求解方法。其中分支定界法是一种可以得到最优排序方案的解法。但是,当 m 和 n 较大时,计算过程很复杂,工作量大。较为简便的方法有:约翰逊—贝尔曼规则扩展法、关键零件法、最小排序系数法等,但这些方法只能得到近似最优排序方案。下面分别作以简述：

方法一:约翰逊—贝尔曼规则扩展法。

该方法的具体步骤如下：

第一步,将零件在第 1 台设备与第 m 台设备上的加工看作两台设备流水排序问题,按约翰逊—贝尔曼规则排出第 1 个加工顺序方案。

第二步,将零件在第 1 台与第 2 台设备上的加工时间合并、第(m-1)台与第 m 台设备上的加工时间合并,所得到的两组加工时间,按约翰逊—贝尔曼规则排出第 2 个加工顺序方案。

第三步,将零件在第 1 台、第 2 台、第 3 台设备上的加工时间合并、第(m-2)台、第(m-1)台、第 m 台设备上的加工时间合并,所得到的两组加工时间,按约翰逊—贝尔曼规则排出第 3 个加工顺序方案。

第四步,重复以上运算。最后将第 1,第 2,…,第(m-1)台共(m-1)台机床的加工时间合并,以及第 2,…,第 m 台共(m-1)台机床的加工时间合并,所得到的两组加工时间,按约翰逊—贝尔曼规则排出第(m-1)个加工顺序方案。

第五步,根据以上(m-1)个方案,分别作甘特图,求出它们的总流程时间,其中总流程时间最短者为最优或近似最优方案。

方法二:关键零件法。

关键零件法是把总工时最大的零件作为关键零件,其余零件按照一定规则排列在关键零件之前或之后,可得到近似最优的加工顺序安排方案。具体步骤

如下：

第一步，找出总工时最大的零件，作为关键零件 J_k。

第二步，除 J_k 之外，将满足 $t_{i1}<t_{im}$（i 为零件编号，m 为机床编号）的零件，按 t_{i1} 值的大小，由小到大排列在 J_k 之前。

第三步，除 J_k 之外，将满足 $t_{i1}>t_{im}$ 的零件，按 t_{im} 值的大小，由大到小排列在 J_k 之后。

第四步，若遇到 $t_{i1}=t_{im}$ 的情况，则相应的零件既可以排在 J_k 之前，也可以排在 J_k 之后。这样得到多个排序方案，选择其中总流程时间最小者为较优方案。

方法三：最小排序系数法。

最小排序系数法简单易行，能求得近似最优的排序方案。其步骤如下：

第一步，将各零件在机床上的加工工时排列成表，并确定中间机床或中间线。

第二步，计算排序系数。所谓排序系数，就是某种零件在前半部机床上加工工时与在后半部机床上加工工时的比值。若机床数为奇数，最中间机床的加工工时平分于前后两部分。

第三步，按照排序系数的值由小到大排列，得到相应的加工顺序安排方案。

（3）非流水作业排序

对于 $m/n/R$ 型排序，即 n 项任务在 m 台设备上的非流水作业排序问题，目前还没有很好的求解方法。下面仅就 $m/2/R$ 型排序，即 2 项任务在 m 台设备上的非流水作业排序问题，提出一种二维坐标图解的方法。举例说明如下。

例 13.4 设有 J_1，J_2 两种零件，在 A，B，C，D 4 种机床上加工，其工艺顺序及所需时间如表 13.8 所示，要求合理安排每台机床上零件的加工顺序，以便使总流程时间最短（A，B，C，D 4 种机床各一台）。

表 13.8 零件在 4 台机床上的加工顺序及时间

零件		机床
J_1	工艺顺序	A—B—C—D
	时间/h	2 1 8 2
J_2	工艺顺序	A—D—B—C
	时间/h	1 4 1 4

根据给定数据，绘制二维坐标图（图 13.1）。图中的 x 轴与 y 轴均以时间（h）为单位。沿 x 轴正向绘 J_1 的工艺顺序，沿 y 轴正向绘 J_2 的工艺顺序，由此将

坐标系分成许多小区域。如果遇到两种零件须同时使用一台机床的地方,因互相冲突,图中用阴影线表示。在确定总流程时间最短的加工顺序时,如果开始是未冲突区域,则由起点绘一条 45°斜线,如果遇到冲突区域,就只能沿该区域边线向垂直或水平方向前进,这表示一台机床仅能进行一种零件的加工。以此类推,画出两个零件在四台机床上加工过程的折线,符合该要求的最短折线就表示了最优的加工顺序。

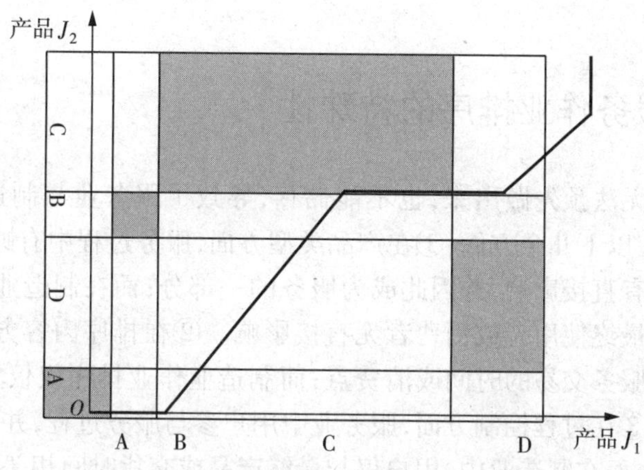

图 13.1 两种零件的非流水排序的图解

求解最短的总流程时间可采用最短折线上的时间之和。在本例中:

$$F=2+1+8+2+2=15\ \text{h}$$

式中,带括号数字表示单独加工零件 J_2 占用的时间。

本例除了图 13.1 中折线表示的加工顺序外,还可以绘出其他折线,但其总流程时间均不是最短,读者可自行验证。

(4)作业排序中的人员调度问题

上述介绍的排序问题,都符合这样的假设:设备数量有限,操作人员无限,即可利用的设备有限,但只要有空闲机器,工作就不会因操作人员短缺而等待。但在实际中,还有可能存在另外一种情况,即人员数量有限,设备数量无限,或者说实际人员数小于设备需要的人员数。这种约束条件给作业排序增加了又一决策内容。在这种作业排序中,当安排工件的下一台加工设备时,也必须同时安排相应的人员,此时可以用类似前面所讲的优先规则来做出人员安排决策,但应该注意到,在人员有限的条件下,除了培养“多面手”,使人员技能多样化来提高作业的灵活性之外,还可采用下列人员调度规则:

①把人员优先安排到已排队等待时间最长的工作地;

②把人员优先分配到等待工作数量最多的工作地；

③把人员优先分配到有最大标准工作量的工作地；

④把人员优先分配到需要最早完工的工作地。

13.3 服务业中的作业排序

13.3.1 服务作业排序的特殊性

由于服务无法预先做出来，也不能储存，导致了服务业与制造业的排序不同，具体表现在以下几个方面：①在产品类型方面，服务过程中有顾客的参与，作业排序对他们有直接影响，并因此成为服务的一部分；而在制造业中，生产作业排序对产品的最终使用者或消费者无直接影响。②在排序内容方面，服务业作业排序要定义服务交易的时间或消费点；而制造业作业排序仅仅定义产品生产的操作步骤。③在过程控制方面，服务业中用户参与服务过程，并且对全部操作时间施加影响；而在制造业中，用户仅与最终产品或交货时间相关。④在人员规模方面，顾客化的服务业输出与劳动力的最佳规模之间的关系很难确定；而在制造业中，两者之间有紧密联系，最优作业排序可以计算出来。

因此，服务作业的排序更为复杂，需要在有效地满足顾客需求的同时，实现不必要的劳动力成本最小化。

13.3.2 服务作业的排序准则

根据排队理论，服务系统排序应遵循下列准则：

(1)先到先服务(FCFS)准则

该准则依据顾客到达队列中的先后顺序来排序，顾客接受服务的次序与其他特征无关。

(2)顾客平均等待时间最短准则

可以通过确定服务台的数目，调整服务能力，从而保证预期的顾客等待时间。例如，一位饭店老板为了增加酒吧的销售收入，规定必须在顾客平均等待5 min之内上餐。之所以这么规定，是因为手表通常被分割为5 min一个刻度，排队等待的顾客只有在至少5 min之后才会意识到自己已经等了多久。

(3)响应顾客服务的概率最大准则

对于公共服务来说,必须保证指定的服务水平,这个服务水平表述为:顾客在规定时间内可以接受服务的可能性(响应服务的百分比)。例如,救护车、消防车、警车的反应时间一般为95%。

(4)总成本最小准则

在有些服务系统中,顾客和服务人员都是同一个组织中的成员,顾客等待成本和服务成本构成了服务系统的总成本。例如旅游公司或计算机中心,在这些例子中,当通过提高员工服务质量或增加服务台数目来提高服务能力时,服务成本就会上升,但是,这可以抵消部分等待成本,由此确定出使总成本最小的最佳服务能力。

(5)销售损失最小原则

这一准则更多地考虑等待区域的容纳能力,而非提供服务的能力。等待区域过小可能导致潜在顾客退出该系统,转向其他地方寻求服务。尤其在到达的顾客能够看到等待区域的情况下,经常要考虑这个问题。应估计出原有系统的容纳能力和退出系统的顾客数。

(6)预期利润最大准则

该准则不依赖于排队模型的运用,而是依赖于边际分析原理,使服务过程预期收入超过预期损失。这类能力问题通常发生在设施的设计阶段,当服务能力不足和过剩时,可以利用这种方法进行能力决策。例如,决定在饭店或电影院设置多少个座位的问题。边际分析除了需要估计每个顾客会带来的单位利润和可能的损失之外,还要用到服务需求的概率分布。

13.3.3 服务业运作计划的编制

各种服务组织所提供的服务可以分为两大类:标准化服务和顾客化服务。标准化服务主要借助设备、工具提供服务。如在交通运输业中,不考虑个别顾客的要求,事先规定好运行时刻表。而邮件分发、垃圾回收及清洁街道等服务,是根据路径计划以及最大限度地有效使用工具设备的目的来进行的。大多数服务组织向客户提供顾客化服务,服务系统既要与其所服务的顾客直接接触,同时又有许多设施单独处理有些服务项目,如银行或医院,分为前后和后台服务。顾客化服务的作业排序实际上是一个顾客参与决策的过程,在某种程度上,顾客也是作业排序过程中的一部分,而且常常是作为驱动者,这就给作业排序带来了很大的难度。

一般来说,服务作业排序应考虑 3 个因素:即需求变化、服务时间变化和提供服务人员的变化,据此提出以下几种服务业作业计划编制方法。

(1)预订系统

预订系统通常被用于顾客接收服务时需占据或使用相关的服务设施的情况。例如,顾客预订旅馆房间、火车票、飞机票、音乐会门票、体育比赛门票等都属于预订系统。预订系统的主要优点在于,它给予服务人员一段提前期,来规划设施的充分利用。而且这种方式通常要求预付一定款额,这样可减少违约损失。例如,许多旅馆在预约房间时,需预交一定的订金,学术会、展销会、交易会等,通常需要事先交纳一定注册费等。

(2)预约系统

预约系统是按照事先规定的优先准则排序的方法,主要用于协调顾客需求和服务能力的差异,优点在于顾客服务及时和服务人员效率高。医生、律师是使用预约系统提供服务的典型例子。采用这种方式容易出现两个问题,一是由于排序出错而使预约好的顾客需等待较长时间,为此,需要针对每个顾客的不同情况分别安排足够的时间,而不是让每位顾客的服务的时间相等。二是由于顾客迟到,或约好不来,预约系统的运作绩效也会受到很大影响。

使用预约系统需要事先约定排序的优先准则。先到先服务(FCFS)是最常用的优先准则,这一方法只根据顾客在队伍中的位置来决定下一位接受服务的顾客,不需要任何其他信息,因而是一种静态的排序规则,缺点是忽视了特殊顾客(如短时间服务的顾客、服务量较大的顾客及老顾客等)的服务需求。采用顾客平均等待时间最短准则可以缩短顾客在系统中的平均等待时间。例如,计算机设置总是对等待任务中运行时间最短的一项任务优先处理。这一准则一般很少单独使用,否则,需要较长服务时间的顾客就会不断让位于较后到达、但需要较短服务时间的顾客,从而导致前者过久等待,甚至有可能流出服务系统。

有些服务组织需要根据顾客的某些属性(特征)或等待排序的状况,自行确定排序的优先准则,进行动态排序。例如,医院确定病人就诊顺序时,可能使用先到先服务的优先准则,也可能根据病人症状决定优先准则。

在使用任何准则前必须考虑两大问题:一是确保顾客了解并遵守法则;二是保证有一个能使雇员对队列进行管理的系统。

(3)轮班排序

这种方法是指确定服务人员的数量以及他们的上班时间及休息时间,以适应服务需求的变化。下面分两种情况介绍其排序方法。

1)全部雇佣专职人员情况下的排序

它是指在专职服务员工数量一定的情况下,安排他们的工作顺序及时间。此时,如果每天安排固定数量的服务人员,并使他们在统一规定的时间上班及休息,即各服务人员每周工作 5 d,每天工作 8 h,则几乎不存在排序问题。但实际情况往往是,由于顾客需求的随机性服务系统,每周都需要工作 7 d,而且每天工作时间都超过 8 h,例如,商店每周 7 d 营业,一般每天营业 14 h;有多条运行路线的汽车运输公司,日运营 20 h,一年 365 d 都在运营;对于紧急性很强的服务系统,如救火和救护部门,每天必须提供 24 h 不间断的服务。

因此,服务系统人员排序的主要约束条件是服务人员的实际需求和精神需求。前者相对简单,一般表现为人员需求计划;而后者使得排序工作复杂化,尤其当这些精神需求在劳动合同中明确规定了的情况下。例如,员工可能要求每周有连续的休息日,或至少连续休息日不得少于百分之几,可能要求每年有一定天数的轮休,要求法定休息日全休等。解决这类要求的方法之一就是采用轮班排序计划,充分考虑每个人各自的工作日和休息日要求。这种轮班排序计划有三种形式:第一种是连续休息日下的人员安排,即确定一周内每一天人员的轮班顺序,实际中是以员工连续休息两天的五日工作制为前提,并使得所需雇员人数最少。第二种是日工作制下的人员安排,即确定每一天各项职能工作的人员需求量。第三种是小时工作制下的人员安排,即确定每一天每一小时内的人员需求量。由于篇幅原因,此部分仅介绍第一种形式的排序问题。

下面以娱乐业为例,介绍连续休息两天的五日工作制下的人员安排方法。

某健身俱乐部经理经过长期观察发现,每天早上前来健身的俱乐部会员较少,而下午会员较多。而且早上来俱乐部的会员经常参加正式的健身计划,需要较多的指导。而下午来的会员大多数是来消遣的,需要较少时间的服务与指导。因此,尽管每天需求不均,但是雇员的平均工作负荷基本一致。现该健身俱乐部希望安排一个连续休息两天的五日工作制员工轮班计划,以避免每周特定时间的需求过多现象,同时减少服务人员加班工作产生的附加成本。具体分析如下:

第一步,估计每天雇员人数;根据需求预测,一周内每天需要的雇员人数见表 13.9。

表 13.9 健身俱乐部一周内每天需要的雇员人数

星 期	一	二	三	四	五	六	日	轮班合计
雇员需求量	6	6	6	6	10	10	10	54

理论上,每日平均至少需要雇员 11 人,即:

$$雇员平均人数 = \frac{每周雇员工作轮班的总数量}{每个雇员每周的轮班数} = \frac{54}{5}人 = 10.08人 \approx 11人$$

但实际上,因为雇员每周有五个连续工作日、两个连续休息日,所以,每日所需的实际雇员人数不一定都是 11 人。

第二步,从每周的雇员需求量中,找出连续两日需求量之和最小者。如果有两个或多个连续两日的需求量之和相同,可任选取一组,或按照预先约定选择其一(如果有约定的话),一般优先选择周六和周日。表 10.10 中,周一至周四每日需要雇员人数最少,都为 6 人,因此可以任选连续两天,都能保证其所需雇员人数之和最小,即为 12 人,而其他连续两日雇员需求量之和都较大,如周四与周五连续两天所需雇员人数为 16 人,周五与周六、周六与周日连续两天所需雇员人数之和较大,都为 20 人。周一与周日尽管在日期排列中处于两端,但是也可以选作两个连续日,其雇员需求量之和为 16 人。

第三步,指定第一名雇员在上述找出的连续两日需求量之和最小的日期休息,这样做是为了保证对雇员需求量较大的工作日能分配到雇员;然后从其余准备安排该雇员工作的各日需求量中减去 1 人,得到新一轮每日雇员需求量,列在表的第二行,这表明这些工作日可少雇一人。因为第一名雇员已被分配到这些工作日休息。本例中,先安排雇员 1 在周一和周二休息,周三至周日工作。这样周三至周日 5 天所需雇员人数分别变为:5,5,9,9,9。

第四步,重复上述二、三两步,直至每日需求量全部被满足,或所有雇员的工作都被安排。本例中,在安排雇员 2 时,连续两日雇员量之和最少的周三和周四,可以在这两天安排雇员 2 休息。以此类推,可得出该健身俱乐部每位雇员的上班和休息时间,分析过程见表 13.10。

表 13.10　一周内雇员轮班安排过程　　单位:人

雇员编号	每日需要安排的雇员人数						
	周一	周二	周三	周四	周五	周六	周日
1	(6	6)	6	6	10	10	10
2	6	6	(5	5)	9	9	9
3	(5	5)	5	5	8	8	8
4	5	5	(4	4)	7	7	7
5	(4	4)	4	4	6	6	6
6	4	4	(3	3)	5	5	5

续表

雇员编号	每日需要安排的雇员人数						
	周一	周二	周三	周四	周五	周六	周日
7	(3	3)	3	3	4	4	4
8	3	3	(2	2)	3	3	3
9	(2	2)	2	2	2	2	2
10	2	2	(1	1)	1	1	1
11	1	1	1	1	(0	0)	0
上班人数	6	6	6	6	10	10	11
休息人数	5	5	5	5	1	1	0

注:括号表示雇员连续休息的两日,其中雇员 11 也可安排在周六到周日休息。

从表 13.10 可以看出,该健身俱乐部最少需雇佣专职人员 11 人,这样既适应了每日需求的变化,又不会造成太多的人员空闲,减少了运营成本。在此基础上,可编制出该健身俱乐部的雇员轮班计划,如表 13.11 所示。

表 13.11 健身俱乐部雇员轮班计划

雇员号	1	2	3	4	5	6	7	8	9	10	11
工作日	周三~周日	周五~周二	周三~周日	周五~周二	周三~周日	周五~周二	周三~周日	周五~周二	周三~周日	周五~周二	周日~周四
休息日	周一~周二	周三~周四	周一~周二	周三~周四	周一~周二	周三~周四	周一~周二	周三~周四	周一~周二	周三~周四	周五~周六

该方法同样适用于安排接受服务人员的约定计划。只是表中数字含义不同,在约定计划中此数据表示每日约定接受服务的顾客人数。

2)雇佣部分兼职人员情况下的排序

这种情况下的排序在人数安排上比较灵活,可以避免作业排序中雇员过多或过少的现象;另外,兼职人员不享受专职人员所拥有的额外福利,不用提供午餐,他们的劳动力成本低于专职人员,可以减少运营费用。使用该方法的前提是,这些兼职人员必须保证及时到位,并具有提供相同服务的能力。

解决这类排序问题的一种有效方法是线性规划法。例如银行员工的排序,在使用线性规划法时,需要考虑劳动力需求、专职员工可能被其他公司聘用,银行的经济性等多种限制条件,因此模型约束变量很多,计算很复杂。1991 年,美国航空公司耗费相当于一个人 15 年时间建立的线性规划模型,能在 12 个城市指派机组成员。计算该模型每月要消耗 500 个主机时,但每年可节约两千多万美元。作为此类问题的最佳排序方法,该线性规划模型被美国航空公司卖给了其他 10 家航空公司和一家铁路公司,均获得了显著的效果。

以上介绍了几种服务作业排序方法。在实际执行这些轮班计划时,服务管理人员还应采用一定的管理艺术与管理技巧,具体要注意以下几个问题:

①根据顾客愿意等待的时间范围,为顾客确定一个可接受的等待时间;

②在顾客等待过程中应尽可能分散他们的注意力。通过播放音乐、录像或使用其他娱乐形式,使顾客暂时淡忘其正在等待;

③及时告诉顾客有关服务情况。当顾客等待时间比通常情况要长时,必须告诉他们为什么要等待这么长的时间,以及服务系统将如何缓解这种情况;

④将顾客按某种特征进行灵活分类,决定适合自身特点的排序优先准则;

⑤决不能让顾客看到雇员并未工作。如果雇员本应该为顾客提供服务,但却没能做到,那么顾客将会感到非常恼怒,扫兴离去;

⑥对服务人员进行培训,使他们的服务态度更友好。问候一下顾客或给予特殊关照,可以在很大程度上消除长时间等待的负面影响;

⑦建议顾客在服务非高峰期到达。告诉顾客一般在哪些时间段不必排队等待就可享受服务,哪些时间是顾客到达的高峰期,这既有利于减少顾客等待时间,也有助于服务工作负荷均衡化;

⑧制订改善顾客服务的长期计划。

思考与练习

1. 讨论作业排序与作业计划的含义及其相互关系,试举生活中的事例说明。

2. 排序问题分为哪些类型?讨论在大学、医院、超市、铁路等行业的运作中会遇到哪些排序问题?

3. 作业排序方案的评价标准有哪些?

4. 流水型生产作业排序的方法有哪些?

5. 服务业与制造业排序有何区别?

6. 设某生产车间只有一台大型加工设备,计划期初接到 6 项任务,所需加工时间及预定交货期如表 13.12 所示,试分别按 SPT 和 EDD 优先规则确定最优加工顺序。

表 13.12 各项任务所需加工时间及预定交货期

生产任务编号 J_i	J_1	J_2	J_3	J_4	J_5	J_6
加工时间 t_i/d	8	9	4	5	3	2
预定交货期 d_i/d	32	23	13	24	6	8

7. 在某工作中心有 5 项等待加工的作业，需要进行加工的时间如表 13.13 所示。

表 13.13 各项作业所需加工时间

作 业	A	B	C	D	E
作业时间/h	10	14	6	5	12
预定交付期/h	25	12	20	9	15

试分别使用 SPT、EDD 和 SCR 优先规则确定作业顺序。

8. 设有 J_1，J_2，J_3，J_4 四种零件，工艺顺序均为车床—铣床—磨床，加工时间如表 13.14 所示。试按 Johnson 规则确定最优加工顺序？并计算最短总流程时间？

表 13.14 4 种零件在机床上的加工时间

零件编号 J_i / 加工时间/h	J_1	J_2	J_3	J_4
车床（t_{iA}）	7	8	6	5
铣床（t_{iB}）	3	4	5	6
磨床（t_{iC}）	8	10	6	7

9. 某会计事务所要确定一个员工轮班计划，使得连续休息两天的五日制工作所需员工数最少。请用表 13.15 给出的资料编排该计划。

表 13.15 会计事务所一周内每天需要的员工人数

星 期	一	二	三	四	五	六	日
所需人数/人	4	3	4	2	3	1	2

10. 已知某单位平均日需要 11 人当班，周末需要 7 人值班，试确定以下 4 种条件下的单班次计划：

①保证工人每周有两个休息日；

②保证工人每周的两个休息日为连休；

③除保证工人每周有两个休息日以外，在连续 2 周内每名工人有一周在周末休息；

④除保证工人每周的两个休息日为连休外，在连续 2 周内每名工人有一周在周末休息。

第14章 项目管理

通过本章学习,应达到如下目的:

1. 了解项目管理的定义。
2. 理解网络计划技术的基本原理。
3. 理解网络图的构成要素。
4. 理解网络图的绘制规则,掌握网络图绘制技巧。
5. 熟练掌握网络计划时间参数的计算及优化方法。

与重复性的生产运营活动不同,项目具有临时性、一次性和创造性特点。对项目的管理涉及九大知识体系,其中项目进度控制是项目管理的核心内容。本章重点介绍一种有效的项目进度计划编制方法——网络计划技术。作为项目的具体实施依据,网络计划通过各种时间参数的计算,以及网络计划的优化,可使各项资源(如资金、设备、材料及人数)得到最佳配置。当然,项目进度控制,也离不开项目管理人员对计划执行情况的有效管理,其中核心内容是对项目关键线路的集中控制。所有这些都直接影响着项目的完成效果。

14.1 项目管理概述

14.1.1 项目管理的定义

从技术角度看,项目可以定义为一系列相关性的工作或任务,这些工作或任务通常会有一些主要的产出,同时也需要一段时间去完成。项目管理则可定义为计划、组织和控制资源(人员、设备和物料),使其满足项目的技术、成本和方面的要求。

项目通常被认为是一次性的工作,但是事实上,很多项目在某些方面都是可以重复的,或者其经验又可以被类似背景的其他项目或产品所借鉴。一个项目的结果可能与另一个项目的产出相同,建造一幢大楼、生产定制化的产品或小批量产品的企业,如超级计算机、火车机车或线形加速器的企业,其每次的产出都可以视为一个项目。

一般业务流程管理与项目管理之间有着一些明显的不同。其一,是组织结构不同。与一般重复性业务流程管理采用的正式组织结构不同,项目管理需要由来自不同职能部门的不同专业人员组成一个项目团队共同完成一个项目,而当项目结束后项目团队也就解散了。项目管理这种临时性的组织结构形式,特别需要项目管理者的沟通技能,从而使团队成员建立能够配合默契、责任心强、积极性高的高效团队。其二,是管理的任务本身不同。项目的一次性和特殊性使得无法在项目开始之前就能够完整地理解和清晰地定义项目内容,因此项目计划就显得非常重要。有效的项目管理要求在项目生命周期内中不断地监控、更新或重新制订项目计划。

14.1.2 工作分解结构

项目以工作描述(statement of work,SOW)作为开始。工作描述可以是要达到目标的书面描述、要完成的工作描述,以及确定项目开始时间和完成时间的初步计划。它还可能包含预算和完工步骤形式的绩效评价指标以及要提交的书面报告。

如果计划完成的工作非常艰巨,通常称之为计划,不过人们常常将计划与项目这两个术语不加区别地使用。计划的组织复杂性高,时间跨度长达几年,需要由不同企业的不同专业人员共同来完成。譬如新型太空火箭系统的开发以及国家医疗保健系统的建立均可视为计划。

任务是项目的进一步细分,在时间跨度上一般不长于几个月,并且通常由一个小组来完成。如果需要的话,可以对任务进一步细分,即分成更有实际意义的子任务。

工作包是合并在一起分配给某一组织单元完成的一组活动。工作包提供了应该做什么、何时开始,何时结束,工作预算,操作评价指标以及某一特定时点所要达到的特定目标,这些特定目标称为项目的里程碑(project milestone)。典型的里程碑可以是设计工作的完成、样机的制成以及样机检测等。

工作分解结构(work breakdown structure,WBS)定义了项目任务的层次结构,从上到下依次分为任务、子任务和工作包。一个或多个工作包的完成结果是子任务的完成;一个或多个子任务的完成结果是任务的完成;最后所有任务的完成表示整个项目的完成。该结构可用图 14.1 表示。

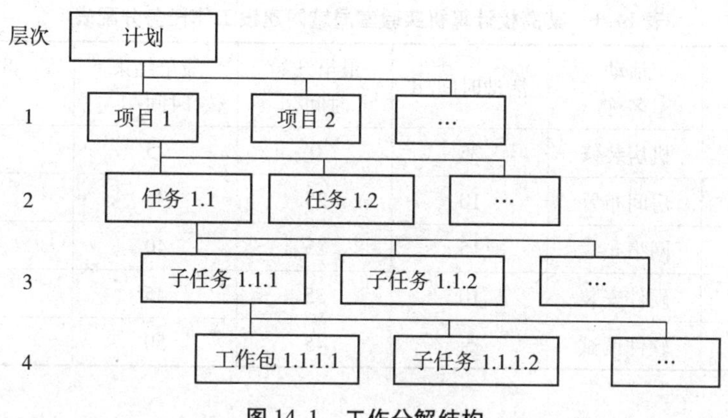

图 14.1　工作分解结构

14.1.3　项目计划

(1)项目计划的目的

项目计划实质上是规定项目活动的一系列时间计划,包括各项活动的作业时间、开工时间、完工时间,有时还需要确定各项活动所需要的资金、设备、材料及人数等资源状况。其主要目的如下:

①预测在不同时间所需的资金和资源的级别,以便赋予项目以不同的优先级;

②通过资源优化,使各项资源配置合理;

③保证各项资源按质、按时供给;

④满足所要求的完工时间约束;

⑤保证项目按期完工并获取盈利,以补偿项目实施过程中的资源消耗。

上述目的中,最为重要的是第一个,它是项目管理存在的目的,其次是第二个,它使项目可行的前提。第三和第四个目的只是第一个目的的具体化,第五个目的常常用于相同项目的费用和质量综合权衡。

(2)项目计划的表现形式

项目计划有两种形式:带日期的工作任务分配表和甘特图。

带日期的工作任务分配表。指在工作分解结构图的给定级别上,带有部分或全部时间日期的列表。进度计划的这种形式能够给出一个综合性的清单,但不够直观。表 14.1 是某高校计算机实验室局域网建设的工作任务分配表。尽管这个清单显示了时差,但是时差的具体体现不够直观。

表 14.1　某高校计算机实验室局域网建设工作任务分配表

活动代号	活动名称	活动时间/d	最早开始时间/d	最早结束时间/d	时差/d
A	机房装修	25	0	25	0
B	房间布置	10	25	35	0
C	网络布线	15	25	40	5
D	硬件安装	10	35	45	0
E	软件调试	5	45	50	0

甘特图(Gantt 图)。又称为横道图、条形图。它可使进度计划更为直观。图 14.2 是与上例对应的甘特图。有时,也可以在图中用箭线画出活动间的逻辑关系。

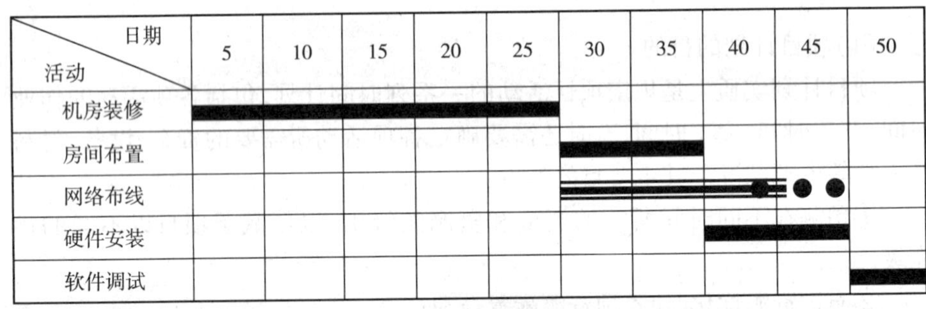

图 14.2　某高校计算机实验室局域网建设工作任务甘特图

(3)项目计划的编制方法

①关键日期法。又称里程碑系统,是一种最简单的进度计划和控制工具,它是根据项目的工作环节确定重大的关键事件,这些关键事件综合了各种因素,针对项目目标的重要性而定,它可能在网络图的关键线路上,也可能不在关键线路

上,其内容包括:项目的结束日期;主要工作环节的完成日期;保证项目成功的关键性决策的日期。在关键日期图中,还应标明关键事件必须完成的时间界限,任何关键事件不管采取什么措施都必须在里程碑所标的时间之前完成各项预定任务,否则就会影响整个项目的进度,甚至影响企业的整个战略。图14.3所示,有A、B、C、D、E五项关键事件,在时间坐标上,可以标出这些关键事件完成的截止时间。

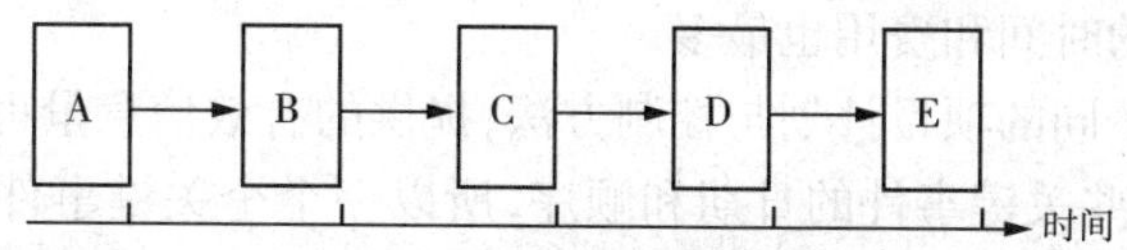

图14.3 里程碑系统示意图

②甘特图。又称条形图,是一种将各项工作环节与完成期限的关系表示成二维图形的技术,这种图形直观地表示了达到项目目标必须经历的各中间环节及每一环节所需的时间。具体地说,就是在纵坐标上标出项目的工作环节或工序,在横坐标上标出项目的持续时间,由纵横两坐标确定的条形线表示其起止时间。这种方法简单、直观、易于编制,因而成为小型项目管理中编制项目计划的主要工具。即使在大型工程项目中,它也是高级管理层了解全局、基层安排进度的有效工具。但是,由于甘特图不表示各项活动之间的相互关系,也不指出影响项目工期的关键所在,因此,对于复杂的项目来说,甘特图就显得不很适应。

③网络计划技术

网络计划技术是指通过绘制网络图和计算时间参数来反映项目全貌的一种有效的项目进程控制方法。关键路线法(CPM)和计划评审技术(PERT)是它的最早应用形式。CPM和PERT是20世纪50年代后期几乎同时出现的两种计划方法。随着科学技术和生产的迅速发展,出现了许多庞大而复杂的科研和工程项目,它们工序繁多,协作面广,常常需要动用大量人力、物力和财力。因此,如何合理有效地把它们组织起来,使之相互协调,在有限资源下,以最短的时间和最低费用,最好的完成整个项目,就成为一个突出的问题。CPM和PERT就是在这种背景下出现的。在上述方法基础上,后来还陆续提出了一些新的网络技术,如图示评审技术(graphical evaluation and review technique,GERT),风险评审技术(venture evaluation and review technique,VERT)等,使网络计划技术的应用更加广泛,适用性更强。

(4)项目计划的编制方法比较与选择

采用不同的项目计划与控制方法,所需的时间和费用是不同的。关键日期法在图中只列出关键事件,其他非关键事件均未考虑,因而编制时间最短,费用最低;甘特图法根据以往同类项目的资料与要求,直接在图中绘制所有活动,所需时间要稍长一些,费用也高一些;CPM 要把每个活动都加以分析,同时标明所需资源,如果活动数目较多,还需用计算机求出总工期和关键线路,因此花费的时间和费用将更多。PERT 法不仅需要各个专业和部门的专家对项目安排进行全面分析,还要进行各种复杂的计算。所以,它是制订项目计划方法中最复杂的一种,所以花费的时间和费用也最多。

另外,采用不同的项目计划与控制方法,提供的有效信息量也不同。关键日期法只安排了一些关键事件的日期和顺序,所以一个个关键事件只是阶段工作的进度目标,而不是完成项目任务的手段。网络图则提供了大量信息,既可用于宏观控制,也可用于微观管理,所以它是进行项目控制的最重要手段。甘特图则介于两者之间。提供信息量的多少与这一方法所需的时间和费用存在对应关系,时间越长,费用越高,提供的信息量越大。

一般情况下,在选择项目计划编制方法时,主要应考虑下列 6 种因素。

①项目规模。项目规模越大,一般所涉及的专业和领域越多,投资也较多,项目周期也会相对的较长。因此,在做进度安排时,需全面权衡和科学预测,尽量采用比较复杂的方法。如果项目规模小,工作内容少,任务容易实现,则可采用简单的方法。

②项目复杂程度。有时,项目规模大,复杂程度并不一定总是高;项目规模小,复杂程度反而较高。例如修一条公路,虽然规模不小,但内容单一、涉及面较窄,并不太复杂,可以用较简单的进度计划方法;而研制一个小型的电子仪器,要用到复杂的步骤和很多专业知识,需要进行综合分析,统筹协调各个方面,所以需要较复杂的进度计划方法。

③项目紧急性。在项目管理中,如果对工期没有特别要求,就应详细分析各种不确定因素,防止任何不正常的延误事件发生,这时,可选用网络计划方法,若用甘特图与之配合,效果会更好。如果对工期要求很强,在项目实施开始阶段,需要对各项工作发布指示,以便尽早开始工作,此时,如果用很长时间去编制进度计划,就会延误时间。

④对项目细节掌握的程度。在制订项目控制计划时,如果各工作环节都已确定,就可以用关键线路法和计划评审技术等先进的方法来编制进度计划。如果项目的各工作环节无法确定,CPM 和 PERT 法就无法应用,而只能粗略地安排。

⑤项目的创新程度。如果项目是从未实施过或具有很多新内容,就应充分

做好前期准备工作,充分考虑到各种可能发生的事件。这时宜综合采用 CPM 和 PERT 法安排进度。相反,若项目是非常熟悉的,凭经验就可安排得足够合理,就没有必要采用复杂的方法。

⑥资源的保证程度。项目所需资源包括人员、技术、设备、资金等。没有相应的设备,CPM 和 PERT 就难以应用;没有受过良好训练的合格技术人员,也无法胜任复杂的方法编制进度计划;没有充足的资金,就不可能编制复杂的进度计划。但是,为了保证项目目标的顺利实现,不管资金的紧缺程度如何,都应给计划工作留出足够的资金。

在进行项目计划与控制时,一般需要把几种方法组合使用,相互补充。仅使用一种方法,容易产生片面性,并给实际工作带来不便。以时间因素为例,在大多数项目中,项目晚几天完成只会减少收益,不会造成项目完全失败。只有少数项目具有严格的时间期限,如奥运会体育场馆工程、彗星科学观测项目等。因此,在项目计划与控制时,要防止只将时间管理作为主要内容的做法,把项目的完成时间与所需费用协调考虑,使项目实施达到综合最优。本章重点介绍网络计划技术。

14.2 网络计划技术

14.2.1 概述

(1)网络计划技术的基本原理

网络计划技术是以网络图的形式编制计划,以求得最优计划方案,并据以组织生产和控制进度,达到预定目标的一种科学的计划管理方法,用这种方法编制的计划称网络计划。

网络计划技术的基本原理是:利用网络图表达计划任务的进度安排及各项活动(工作)间的相互关系;在此基础上进行网络分析,计算网络时间参数,找出关键活动和关键线路;并利用时差不断改善网络计划,求得工期、资源与费用的优化方案。在计划执行过程中,通过信息反馈进行监督与控制,以保证达到预定的计划目标。

(2)网络图的种类

随着网络计划技术的广泛应用,出现了多种类型的网络图。主要有以下

几种:

①按结点与箭线所代表的含义不同,网络图可以分为箭线型和结点型两类。箭线型网络图用箭线代表活动,也可用箭线两端的一组结点编号代表活动,因此又称为双代号网络图。结点型网络图是以各结点代表每项活动,活动之间的相互联系则用箭线来表示,这种网络图又称为单代号网络图。在没有特别说明的情况下,本章所叙述的网络图都是指箭线型网络图。

②按作业时间估计方法不同,网络图可分为肯定型和非肯定型两类。肯定型网络图中各项活动的作业时间值是确定的,而非肯定型网络图中每项活动的作业时间是不确定的,可以有几个估计值。

③按网络图所包括对象的范围不同,网络图可分为网络总图和网络分图。网络总图一般由高层管理者使用,它是对一项大型工程的总体描述,网络总图经过细化可以分解为多个网络分图,便于基层管理者使用。

14.2.2 网络图的构成

网络计划技术的一个显著特点,就是借助网络图对项目的进展过程及其内在逻辑关系进行综合描述,它是进行网络时间参数计算的基础。因此,研究和应用网络计划技术首先要从网络图入手。网络图由活动、事项和线路三个要素组成。

(1)活动

活动指一项具体工作(作业或工序),它需要消耗一定的资源(人力、物力、财力),经过一段时间才能完成。在网络图中用箭线代表一项活动,活动包含的内容可多可少,范畴可大可小。例如,它可以是一项设计工作,或者是一个零件制造的全过程,也可以仅仅是零件加工过程中的某一道工序。箭线表示一项活动的作业过程,其中箭尾表示活动的开始,箭头表示活动的结束。通常把活动的代号和作业时间分别标在箭线的上方和下方,以便于识别和计算,在不附设时间坐标的网络图中,箭线的长短与活动所需消耗的时间长短无关。有时,在网络图中还需要引入虚箭线,虚箭线代表虚活动,它不消耗时间和资源,主要用于表明活动之间的相互关系,消除活动间模棱两可、含糊不清的现象,特别是在应用计算机求解时,便于判断运算。另外,根据活动的重要性可将活动分为关键活动和非关键活动。

(2)事项

事项指某一活动的开始或结束,它是网络图中两条或两条以上箭线的交接点，又叫节点或结点，用“○”表示。一项或几项活动完成的时刻，是后续活动的开始时刻。事项不消耗时间和资源。在网络图中事项可分为始点事项、中间事项和终点事项。第一个事项称为始点事项，它是一个工程项目或一项计划的开始，最后一个事项为终点事项，它是一个工程项目或一项计划的结束。除始点事项与终点事项外，其余事项均为中间事项，它们有双重含义，它既代表前项活动的结束，亦代表后项活动的开始。为了便于识别、研究、检查和计算机运算，事项要进行编号。编号可标在圆圈内，由小到大，可采用连续编号，也可采用非连续编号。把某项活动开始的事项用号码 i 表示，其结束事项用号码 j 表示。用一组编号 $(i-j)$ 表示相邻两个事项的对应活动，且满足 $i<j$ 。

(3)线路

线路指从网络的始点事项开始，顺着箭线方向，连续不断到达终点事项的一条通道。线路中各项活动的作业时间之和就是该线路所需要的时间。在一个网络图中，可能有多条线路，每条线路所需要的时间有长有短。其中时间最长的一条线路称为关键线路，关键线路上的活动称为关键活动，关键线路所需要的时间就是完成整个计划任务所需要的时间。

下面以某一设备的维修为例，说明活动、事项及线路的含义。网络图见图14.4。

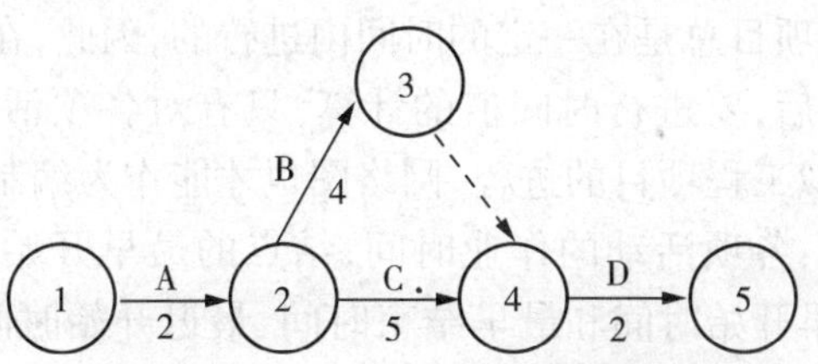

图14.4　某一设备维修网络图

在图14.3中，A表示设备拆卸；B表示电器部分修理；C表示机械部分修理；D表示设备安装调试。活动A完成后，B，C才能开始，B，C都结束后，D方可开始。结点2既表示A的结束，同时又可表示B，C的开始，但B，C不一定同时开始。另外，图中的虚箭线仅为了表明活动间的相互关系。

14.2.3　网络图的绘制规则

规范化、标准化的网络图表现形式，便于项目管理人员的使用。为此，必须遵循下列规则。

①网络图是有向图,图中不能出现回路,即箭线从某一结点出发,只能从左向右前进,不能出现回路。

②活动与箭线应保持一一对应,每项活动在网络图上必须用、且只能用一条箭线来表示。

③相邻两个结点间只允许有一条箭线直接相连,但进入某一结点的箭线可以有很多条。当两个相邻结点出现多项活动需平行进行时,其中一项活动可用实箭线表示,其余活动的表示均应增加结点,引入虚箭线。

④箭线的首尾必须有结点,不能从一条箭线中间引出另一条箭线,一条箭线的箭头也不能直接指到某一箭线上,一条箭线必须从一个结点开始,到另一个结点结束。

⑤每个网络图必须也只能有一个始点事项和一个终点事项。不允许出现没有先行事项或没有后续事项的中间事项。如果在实际工作中发生这种情况,可以将没有先行活动的事项同网络始点事项连接起来,将没有后续活动的事项同网络终点事项连接起来。

14.2.4 网络计划时间参数的计算

任何一个工程项目总是在一定的时间内进行的,因此,在把工程项目的各项活动绘制成网络图后,要进行时间值的计算,只有对各项活动赋予一定的时间值,才能动态地模拟工程项目的进程,网络图也才能作为编制计划的依据。网络计划的时间值包括:各项活动的作业时间;结点的最早开始时间和最迟结束时间;各项活动的最早开始时间和最早结束时间、最迟开始时间和最迟结束时间;时差和线路持续时间。

(1)活动作业时间

作业时间是指在一定的生产技术组织条件下,完成一项活动所需的时间。用"$T_{i,j}$"表示完成活动(i-j)所需的时间。作业时间的单位一般采用日或周,也可用小时或月。由于网络图中各项活动的性质和所包括的工作内容不同,所以在确定作业时间值时,要弄清活动的全部工作内容。若活动是某零件的加工过程,则作业时间即为该零件的生产周期,它应包括零件的工艺工序时间、工序间检验、运输、等待加工的时间以及不可避免的生产中断时间等。由于网络计划技术多用于一次性的工程项目,如新产品研制、设备大修等,其作业时间值的确定通常采用两种估计方法。

①单值估计法。指对各项活动的作业时间仅估计一个时间值。估计时,应

以完成各项活动可能性最大的时间为准。这种方法适用于有类似的工时资料或经验数据可借鉴、且完成活动的各有关因素比较确定的情况。

②三点估计法。指对活动的作业时间预计3个时间值,据此确定该项活动的作业时间。这3个估计分别为:

最乐观时间:指在顺利情况下,完成某项活动可能需要的最短时间,以 a 表示。

最保守时间:指在不利情况下,完成某项活动可能需要的最长时间,以 b 表示。

最可能时间:指在正常情况下,完成某项活动最可能需要的时间,以 m 表示。

用三点估计法确定时间值时,要对设备、人员、组织及技术条件等因素进行综合考虑。根据统计规律,m 发生的可能性是 a 及 b 的两倍,则作业时间 T 的加权平均值计算公式为:

$$T=\frac{a+4m+b}{6}$$

又由于作业时间受多种因素的影响,各项活动作业时间值的变动遵循概率法则,可用方差反映作业时间概率分布的离散程度,其计算的公式为:

$$\text{方差 } \sigma^2=\left(\frac{b-a}{6}\right)^2 \qquad \text{标准差 } \sigma=\frac{b-a}{6}$$

上式中,σ 的数值愈大,表明作业时间概率分布的离散程度愈大,平均作业时间 T 的代表性就愈差;反之,σ 愈小,则 T 的代表性愈好。计算出方差和标准差后,由此可得出整个计划任务按规定日期完成的可能性。

用三点估计法确定作业时间的网络图为非肯定型网络图,它适用于无先例可循、不可控制因素较多的项目,如研究与试制工程,新开发项目等。

(2)结点时间参数

①结点的最早开始时间(T_E^i)。指从该结点开始的各项活动最早可能开始进行的时间,在此时刻之前,各项活动不具备开始工作的条件。

计算各结点最早开始时间,应从网络图的始点事项开始,自左向右,按结点编号由小到大的顺序来确定其他结点的最早开始时间,直至终点事项。因终点事项无后续活动,所以它的最早开始时间也就是它的结束时间。通常将网络始点事项的最早开始时间规定为零,当某工程项目有具体规定的开工时间时,始点事项的最早开始时间应取这一规定时间。

箭尾结点 i 的最早开始时间加上活动作业时间,就是该项活动箭头结点 j 的最早可能开始时间。当到达结点 j 的箭线不止一条时，应分别计算每个结点 i 的最早开始时间，并加上其相应活动的作业时间，然后从中选择一个最大值作为该箭头结点 j 的最早开始时间。选择最大值是由于 j 的后续活动必须等它前面所有活动完成（只要它前面延续时间最长的活动完工）后才能开始工作。计算结点最早开始时间的公式为：

$$T_E^j = \max\{T_E^i + T_{i,j}\} \quad (i<j)$$

式中 T_E^i——箭尾结点 i 的最早开始时间；

T_E^j——箭头结点 j 的最早开始时间；

$T_{i,j}$——活动 $(i-j)$ 的作业时间。

②结点最迟完工时间（$T_L^{\ i}$）。指到达该结点为结束的各项活动最迟必须完工的时间。

计算各结点的最迟完工时间应从网络图终点事项开始，自右向左，逆着箭线方向确定其他结点的最迟完工时间，直至始点事项。网络终点事项的最迟结束时间一般即为其最早开始时间，但如果上级部门或合同中有特别规定的工期要求，则应以规定的工期作为最迟完工时间。

箭头结点 j 的最迟完工时间减去活动作业时间，就是该项活动箭尾结点 i 的

最迟完工时间。如果从结点 i 引出的箭线不止一条时，就会有多个箭头结点 j，这时应分别计算每个结点 j 的最迟完工时间，并减去相应活动的作业时间，然后从中选择一个最小值作为该箭尾结点 i 的最迟完工时间。选择最小值是由于先行活动必须保证其各后续活动最早开工的需要。计算结点最迟完工时间的公式为：

$$T_L^i = \min\{T_L^j - T_{i,j}\} \quad (i<j)$$

式中 T_L^j——箭头结点 j 的最迟完工时间；

T_L^i——箭尾结点 i 的最迟完工时间；

$T_{i,j}$——活动 $i-j$ 的作业时间。

结点时间参数的计算方法有图上计算法和矩阵法两种，图上计算法是直接计算各结点的时间参数，将计算出的结点最早开工时间和最迟完工时间分别填写在“□”和“△”内，并标在相应结点的旁边，而矩阵法则是通过编制结点矩阵表进行计算的一种方法。

（3）活动时间参数

①活动的最早开工时间（ES）。指某项活动最早可能开始的时间。它等于代表该活动的箭线的箭尾结点的最早开工时间，其计算公式为：

$$ES_{i,j}=T_E^i$$

②活动的最早完工时间(EF)。指活动最早可能完工的时间。它等于该活动最早开工时间加上其作业时间,其计算公式为:

$$EF_{i,j}=ES_{i,j}+T_{i,j}=T_E^i+T_{i,j}$$

③活动的最迟完工时间(LF)。指为了不影响紧后活动的按期开工,某项活动最迟必须完工的时间。等于代表该活动的箭线的箭头结点最迟完工时间。其计算公式为:

$$LF_{i,j}=T_L^j$$

④活动的最迟开工时间(LS)。指为了不影响紧后活动的按期开工,某项活动最迟必须开工的时间。它等于该活动箭头结点的最迟完工时间减去该活动的作业时间,其计算公式为:

$$LS_{i,j}=LF_{i,j}-T_{i,j}=T_L^j-T_{i,j}$$

由此可见,在已知结点时间参数的条件下,可以计算出各项活动的最早开工与完工时间、最迟开工与完工时间。以便分析和找出各项活动在时间衔接上是否合理,是否有潜力可挖。这一问题的判断,取决于时差的计算。

(4)时差

活动的时差是指在不影响整个工程工期的条件下,某项活动在开工时间安排上可以机动使用的一段时间,时差又称为宽裕时间或缓冲时间。计算和利用时差是网络计划技术中的一个重要问题,它既是确定关键线路的依据,又为计划进度的安排提供了机动性,时差越大,机动时间就越多,潜力也就越大。利用时差可以求得计划安排和资源分配的较优方案。时差可分为活动总时差、结点时差和线路时差3种。

①活动总时差($S_{i,j}$):活动总时差是指在不影响整个工程周期的前提下,某项活动最迟开工时间与最早开工时间之差,它表明该项活动在开工时间上允许推迟的最大限度,也可以用活动的最迟完工时间与最早完工时间之差求得,其计算式为:

$$\begin{aligned}S_{i,j}&=LS_{i,j}-ES_{i,j}\\&=LF_{i,j}-EF_{i,j}\\&=T_L^j-T_E^i-T_{i,j}\end{aligned}$$

式中　$S_{i,j}$——活动(i-j)的总时差。

②结点时差(R_i)。指某一结点最迟完工时间与最早开工时间之差,其计算公式为:

$$R_i=T_L^{\,i}-T_E^{\,i}$$

③线路时差(L)。指在一个网络图中,关键线路持续时间与非关键线路持续时间之差。

(5)关键线路的确定

①最长线路法。在网络图中,从始点事项顺着箭头方向到终点事项,有许多可行线路,其中持续时间最长的线路就是关键线路。

②关键结点法。在一个网络图中,如果结点时差为零,则该结点为关键结点。从关键结点连接成的箭线中,持续时间最长的线路就是关键线路。

③时差法。总时差为零的活动为关键活动,由关键活动所组成的线路就是关键线路。

上述3种确定关键线路的方法中,在未进行结点和活动时间参数计算时,可选用最长线路法;若只计算出结点时间参数,可选用关键结点法;若既计算了结点参数又计算出了活动时间参数和时差,则选用时差法较为方便。如果网络图涉及的结点多、活动多且关系复杂,用人工计算不仅费时还容易出错,这时就有必要用计算机进行计算。确定出关键线路后,一般要用粗箭线或红箭线表示,以示区别。关键线路决定着整个项目的工期,要想缩短整个项目的工期,必须在关键线路上想办法,即压缩关键线路上的作业时间。反之,若关键线路工期延长,则整个项目完工期就拖长。

下面举例说明网络时间参数的计算及关键线路的确定方法。

例14.1 已知某工程项目各项活动时间及活动间的关系如表14.2所示。试绘制网络图,计算各项时间参数,并确定关键线路。

表14.2 某工程项目活动明细表

活动代号	活动时间/d	紧前活动
A	2	—
B	4	A
C	4	A
D	3	A
E	5	B
F	5	D
G	4	D
H	2	C,E,F
I	6	C,F
J	1	G

解:根据给出的活动明细表,绘制工程项目网络图,如图14.5所示。其中结

点时间参数已采用标号法在图中标出。

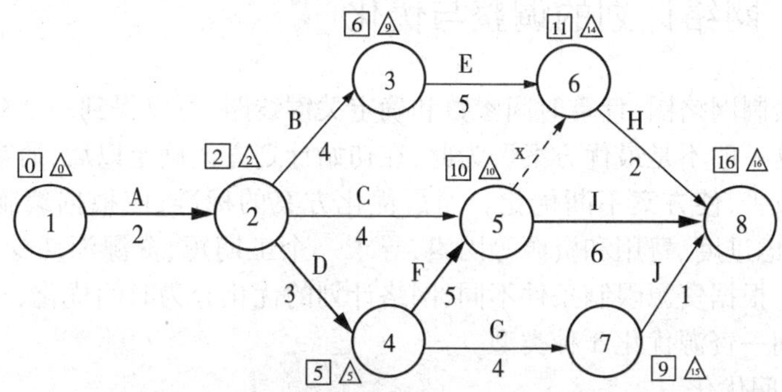

图 14.5　工程项目网络图

采用列表法计算活动时间参数及时差，要注意表中活动的顺序应按照结点编号由小到大排列。本例中，各项活动的最早开工时间、最迟开工时间、最早完工时间、最迟完工时间及时差的计算结果如下表 14.3 所示。

表 14.3　活动时间参数计算表

活动代号	结点编号		$T_{i,j}$	$ES_{i,j}$	$EF_{i,j}$	$LS_{i,j}$	$LF_{i,j}$	$S_{i,j}$	关键活动
	i	j							
A	1	2	2	0	2	0	2	0	√
B	2	3	4	2	6	5	9	3	
D	2	4	3	2	5	2	5	0	√
C	2	5	4	2	6	6	10	4	
E	3	6	5	6	11	9	14	3	
F	4	5	5	5	10	5	10	0	√
G	4	7	4	5	9	11	15	6	
x	5	6	0	10	10	14	14	4	
I	5	8	6	10	16	10	16	0	√
H	6	8	2	11	13	14	16	3	
J	7	8	1	9	10	15	16	6	

从计算结果可知，活动 A，D，F，I 的时差均为零，因此均为关键活动，由此组成的关键线路为：

①→②→④→⑤→⑧

14.2.5 网络计划的调整与优化

通过绘制网络图、计算时间参数和确定关键线路，可以得到一个初始的计划方案。但这一般不是最优方案。为此，在初始计划方案确定以后，通常都需要进行调整与改善，使方案不断优化。而最优化方案的标准，应根据编制计划的要求，综合考虑进度、费用和资源等因素，寻求一个工期短、资源消耗少、成本低的计划方案。根据资源限制条件不同，网络计划的优化分为时间优化、时间—费用优化和时间—资源优化3种类型。

(1)时间优化

时间优化就是在人力、物力、财力等条件基本上有保证的前提下，寻求缩短工程周期的措施，使工程周期符合目标工期的要求。在计划任务比较紧急，目标工期小于关键线路持续时间的情况下，需要进行时间优化。为了争取某项新产品早日试制成功投放市场，以提高其市场占有率，有必要对网络计划进行，调整和优化，着眼点是缩短产品的研制周期。

首先，根据目标工期，计算出各条线路的线路时差，即用目标工期减去各条线路的持续时间，线路时差为负者必须进行调整。调整应从关键线路入手，因为其线路持续时间最长，线路时差的负值也最大。为了缩短线路的持续时间，可采用以下主要措施：

①压缩活动时间，采取技术革新，采用新技术、新工艺，增加班次等措施，缩短活动作业时间。

②进行活动分解，改变活动的衔接关系，尽量组织平行交叉作业，以提高活动之间的平行性程度。

③利用时差，从非关键线路上抽调适当的人力、物力集中于关键线路上的某些活动，以缩短其作业时间及关键线路的持续时间。

在关键线路消除负线路时差后，再解决其他非关键线路的负线路时差。必须注意，由于活动分解及作业时间值的变动，网络图上的结点编号、活动及线路的各项时间值都将随之变动，因此，在调整过程中，要根据变动情况重新计算各项时间值。

例 14.2 某一工程网络图如图 14.6 所示，从设计到投产顺序进行共需 19 个月，若要求一年内完成，试问原计划应如何调整?

显然，订货工作不必等基建全部完成以后再进行，可与基建工作同时进行，这样周期缩短 2 个月，但仍未达到一年的期限要求。再进一步分析，把基建分为 A,B 两个阶段进行，并与安装周密组织，在基建 A 完成后，便可投入安装，这样

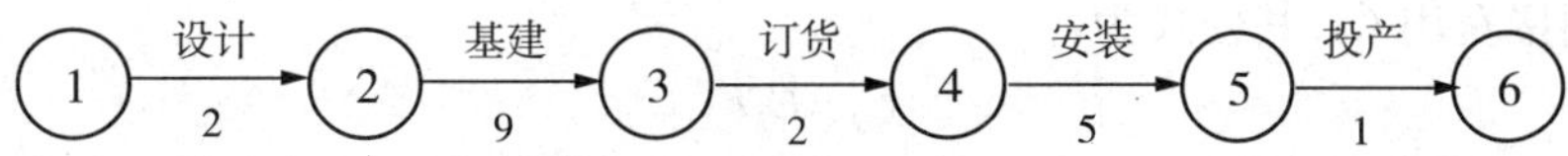

图 14.6　工程初始网络图

工程周期就有可能在 12 个月内完成，优化后的网络计划见图 14.7 所示。

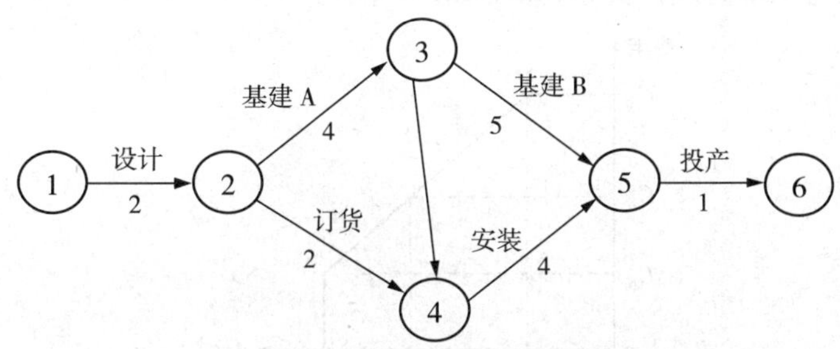

图 14.7　优化后的工程网络图

(2)时间—费用优化

在编制网络计划中，需要计算项目不同完工时间所对应的总费用。网络的时间—费用优化，就是找出一个缩短项目工期的方案，使得为完成项目任务所需的总费用最低。能使项目总费用最低的完工时间，称为最低费用工期。工程项目的总费用可分为直接费用和间接费用。直接费用是指人工、材料、能源等与各项活动直接有关的费用。活动作业时间越短，直接费用就越大。如为了缩短作业时间采用先进工艺，就会增加设备投资；间接费用是指管理费用，销售费用等其他费用，它与各项活动时间无直接关系，而与工程周期长短直接相关。一般来说，缩短工期会引起间接费用的减少，而延长工期会引起间接费用的增加。工程费用与工期的变化关系如图 14.8 所示。 309

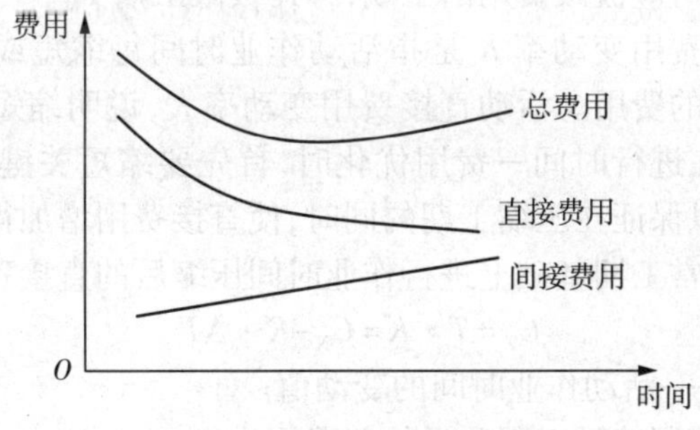

图 14.8　费用与时间关系

经分析表明，间接费用大致与工程周期成正比关系，在时间—费用坐标图上表现为一条直线。当给出单位时间间接费用额 C_j 时，可以计算出任一工期 T_x 对

应的间接费用 C_J，其公式为：

$$C_J = C_j T_x$$

从图中还可以看出，直接费用对工期的增减反应灵敏，间接费用的影响较小，因而，在网络计划中，着重分析的是直接费用与工期的关系。为简化计算，假定直接费用与工期为线性关系，如图 14.9 所示。

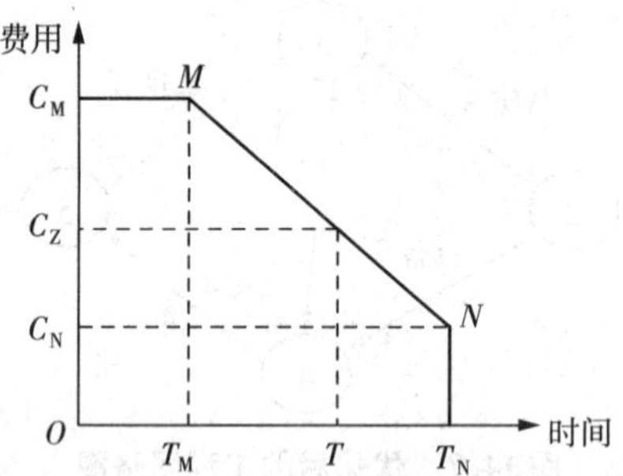

C_M—极限费用；C_N—正常费用；T_M—极限工期；T_N—正常工期；

T—压缩后的作业时间；C_Z—作业时间压缩后的直接费用

图 14.9　直接费用与时间关系

图中 M 与 N 两点间为一直线，由此可得到某项活动单位时间直接费用变动率 K 的计算公式如下：

$$K = \frac{C_M - C_N}{T_N - T_M}$$

在上式中，正常费用 C_N 指当工期延长到一定程度，直接费用不能再随之下降时的费用。对应正常费用的工期，称作正常工期 T_N。

极限费用 C_M 指当工期缩短到一定程度，即使再增加直接费用，工期也不能再缩短时的费用。对应极限费用的工期，称作极限工期 T_M。

单位时间直接费用变动率 K 是指活动作业时间每缩短或延长一个单位时间所需增加或减少的费用。活动直接费用变动率大，说明缩短工期而增加的直接费用多。因此，在进行时间—费用优化时，首先要缩短关键线路上 K 值最小的活动作业时间，以保证在压缩工期的同时，使直接费用增加得最少。

某项活动在正常工期基础上进行作业时间压缩后的直接费用 C_Z 为：

$$C_Z = T \cdot K = C_N - K \cdot \Delta T$$

式中　$\Delta T = T_N - T$——活动作业时间的变动值。

由此可得，每次调整后工程项目的总费用为：

$$C = \sum C_Z + C_J$$

式中　$\sum C_Z$——每次优化后各项活动直接费用之和。

为了找到使总费用最低的项目计划方案，目前已有多种方法，如手算法、线性规划法等。手算法的基本思路是通过压缩关键活动的作业时间来取得不同方案的总费用与总工期，从中比较，选出最优方案。网络计划进行时间—费用优化的基本原则如下：

①关键线路上的活动优先；

②直接费用变化率小的活动优先；

③逐次压缩活动的作业时间以不超过赶工时间为限。

具体步骤如下为，首先，确定初始计划方案。用正常作业时间计算网络结点参数、活动时间参数、活动直接费用变化率及工程周期。其次，计算正常作业时间条件下的工程总费用。最后，以正常工期计划方案为基础，按时间—费用优化的基本原则逐渐压缩关键线路的延续时间，进行逐步优化。每次优化以后，会引起关键线路的变化，因而，需要重新绘制网络图，寻找出关键线路，看它是否达到预期的目标。

下面举例说明时间—费用优化的方法。

例 14.3　仍以例 14.1 的工程项目为例，设该项工程的间接费用每天 110 元，直接费用资料如表 14.4 所示。试进行网络时间—费用优化。

表 14.4　工程项目的有关资料

活动代号	结点编号		正常情况		极限情况		相差数		直接费用变动率
	i	j	时　间	费　用	时　间	费　用	时　间	费　用	
A	1	2	2	2 000	1	2 100	1	100	100
B	2	3	4	1 400	3	1 500	1	150	100
D	2	4	3	700	1	860	2	160	80
C	2	5	4	800	3	950	1	150	150
E	3	6	5	1 200	4	1 400	1	200	200
F	4	5	5	2 000	3	2 200	2	200	100
G	4	7	4	800	2	900	2	100	90
I	5	8	6	900	3	1 350	3	450	150
H	6	8	2	700	1	850	1	150	150
J	7	8	1	950	0.5	1 150	0.5	200	400

首先，计算正常工期网络计划方案。由图 14.4 可知，该工程正常工期为 16 d。根据表 14.4 资料可算出该方案此时的直接费用总额为 11 450 元，间接费

用为 110×16 元=1 760 元,总费用为(11 450+1 760)元=13 210 元。

然后,以正常工期计划方案为基础,按照压缩作业时间的优先原则,整个优化过程用到 7 个不同方案来表示,如表 14.5 所示。

表 14.5 工程项目时间—费用优化过程

计划方案	较前方案变动点	总工期/d	直接费用/元	间接费用/元	总费用/元	关键线路
Ⅰ	—	16	11 450	1 760	13 210	①→②→④→⑤→⑧
Ⅱ	工序 D 压缩两天	14	11 450+160=11 610	14×110=1 540	13 150	同上
Ⅲ	工序 A 压缩一天	13	11 610+100=11 710	13×110=1 430	13 140	同上
Ⅳ	工序 F 压缩一天	12	11 710+100=11 810	12×110=1 320	13 130	①→②→④→⑤→⑧ ①→②→③→⑥→⑧
Ⅴ	工序 B 压缩一天 工序 F 压缩一天	11	11 810+200=12 010	11×110=1 210	13 220	①→②→④→⑤→⑧ ①→②→③→⑥→⑧ ①→②→⑤→⑧
Ⅵ	工序 H 压缩一天 工序 I 压缩一天	10	12 010+300=12 310	10×110=1 100	13 410	同上
Ⅶ	工序 E 和 I 各压缩一天	9	12 310+350=12 660	9×110=990	13 650	同上

在表 14.5 所示的各方案中,方案 Ⅳ 的总费用最低,相应的工期为最佳工期。由此求得该工程的最佳工期为 12 d,最低成本为 13 130 元。(如果只要求找出最低直接费用,则优化过程到方案Ⅴ即可结束。)

(3)时间—资源优化

资源常常是影响项目进度的主要因素,时间—资源优化就是在一定的资源条件下,使工程周期最短,或在一定的周期条件下,使投入的资源量最小。这里所说的资源包括人力、物力及财力。一定的资源条件通常是指单位时间或某一时段内的资源供应量。工程项目每项活动的进行都要消耗一定量的资源,增加资源,可以加快项目进度,缩短工期;减少资源,则会延缓项目进度,延长工程工期。一个工程项目在一定时间内所得到的资源,总是有一定限度的。资源有保证,网络计划才能落实。资源利用得好,分配合理,就能带来好的经济效益。网络计划初始方案的资源需要量是不均衡的,在某些时段内超过了规定的限量,而在另外一些时段资源却有富裕,这就需要对工程项目的工期与资源需要状况进行结合考虑,进行计划的调整和优化。

在大型复杂项目中,时间—资源优化中的变量和约束条件变化会很大,通常要综合考虑以下因素：

①活动的作业时间；

②活动的最早开始、最迟开始、最早完工和最迟完工时间；

③活动的时差，包括总时差、自由时差；

④紧前活动或紧后活动的数量；

⑤最长活动序列的持续时间；

⑥具有最大资源需求的活动序列。

网络计划的时间—资源优化分为两种情况：一种是在资源一定的条件下，寻求最短工期。另一种是在工期一定的条件下，通过平衡资源，求得工期与资源的最佳结合。在这种情况下，通常是按照每天的需要量，根据资源对完成项目计划的重要性，对不同资源分别进行安排与调配。下面以某项目所需人力资源的安排与调整为例，说明在资源有限情况下合理安排项目进度的一般方法。

例 14.4　某项目各项活动的作业时间及每天所需的人力资源如图 14.10(a)所示。图中箭线上方括号中数字为作业时间，下方数字为所需人数，粗箭线表示关键线路，下面对其进行资源优化分析。

按各项活动的最早开工时间安排进度，项目工期为 11 d，项目每天所需人数如图 14.10(b)所示，此图称为资源负荷图。

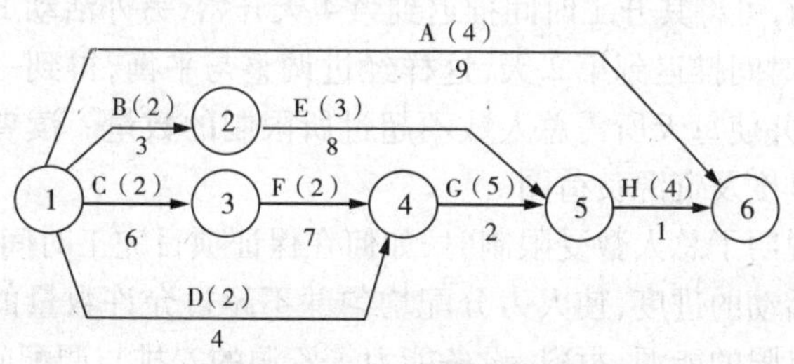

(a)项目初始计划网络图

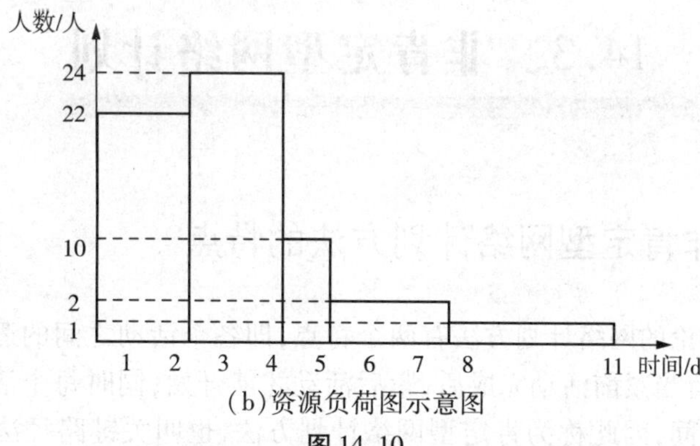

(b)资源负荷图示意图

图 14.10

现假定人力资源的限制为每天工作人数不超过 10 人,所有人都可以被指派完成任意一项工作。从图 14.10(b)可以看出,如按各项活动的最早开工时间安排人员,则项目前期所需人数过多,超过限制;而后期所需人数较少,人员有富裕,整个周期内人力分配很不均匀。这就需要考虑在保证项目完工时间不变的条件下,调整各项活动的时间安排,使每天使用人数既满足限量要求又尽量保持均匀。

进行项目资源优化的一般步骤是,先假设没有资源使用方面的限制,从关键线路着手进行分析;然后检查资源分配结果是否可行。如果出现资源的需求量超过可供利用的资源量的情况,就应按照资源分配的优先原则,将项目中具有最低优先权的活动向后延期,一直到有了充足的可供使用的资源为止。资源分配的优先原则有:

①首先保证各项关键活动的资源需要量。

②利用非关键线路上各项活动的时差,调整各项非关键活动的开工时间与完工时间。

从图 14.10(a)可以看出,A 为非关键活动,时差为 7 d,且无紧前活动,根据 A 活动的时差尽可能推迟开工,即从第 8 天开工;在第 3 天和第 4 天进行的活动 E 为非关键活动,可将其开工时间推迟到第 4 天开始,另外活动 B 处于非关键线路上,将其开工时间推迟到第 2 天,这样经过调整与平衡,得到一个比较均匀的人力分配方案,并使每天所需总人数不超过所限制的数量。读者可以验证绘制调整后的项目进度及资源负荷图。

以上简要说明了总人数受限制时,如何在保证项目完工时间不变的前提下,合理安排各项活动的进度,使人力分配均匀并不超过允许数量的方法。这种方法同样适用于有限的能源、材料、设备能力等资源的安排与调配问题。

14.3 非肯定型网络计划

14.3.1 非肯定型网络计划方法的特点

前面所讨论的网络计划方法有两个特点,即各个活动之间的逻辑关系是确定不变的,只有当紧前活动完成后,紧后活动才能开始;同时每个活动都有一个确定的完成时间,因此称为肯定型网络计划方法,也叫关键路径法(CPM)。然而,活动间的逻辑关系和活动持续时间往往受各种随机因素的影响而是不确定的。为了满足计划编制的需要,人们提出了各种非肯定型网络计划方法,其中应用最广的是计划评审技术(PERT)和图示评审技术(GERT)。它们与肯定型网络计划方法区别见表14.6。

表14.6 不同网络计划方法比较表

计划方法	类 型	活动的作业时间	活动的流向	逻辑关系
关键路径法(CPM)	肯定型	t为确定值(肯定型)	所有活动均由始点流向终点,不允许有环路	所有节点及活动都必须实现(完成)
计划评审法(PERT)	概率型	t为概率型,用期望值表示	同上	同上,但条件改变时,可预测实现概率
图示评审法(GERT)	随机型	t为概率型,按随机变量分析	活动的流向不受限制,允许有环路存在	节点与活动有不同的逻辑关系,不一定都实现

从表14.6可以看出,CPM及PERT实际上都是GERT的特殊情况。当所有活动的流向都一致沿着从起点到终点的方向,没有环路存在,而且所有活动都要实现时,GERT就变为PERT。如果每个活动的作业时间等参数值确定不变,那么PERT就变成CPM。本节只讲PERT法。

14.3.2 工程项目完成概率分析

前面计算各项时间值时,所利用的作业时间都假定为 确定的数值,因此,所得到的工程工期也是一个确定值。但实际上各项活动的作业时间可能是用三点估计法求出的平均作业时间,亦即它是一个符合正态分布的随机变量,因此,可以认为计算所得的工期也是符合正态分布的变量。为了保证工程项目的按期完工,必须考虑工程在规定时间内完成的概率,这是计划评审技术的特殊性质,它能使计划人员估计不确定性对完成项目时间的影响,从而为计划管理提供重要的决策资料。

工程项目完成概率分析的步骤如下:

①计算各项活动作业时间及标准差。

②计算工程总周期的标准偏差。为了估算整个工程按规定日期完成的概率,需要计算工程总周期的标准偏差。其计算公式如下:

$$\sigma_0 = \sum \sigma$$

式中 σ_0——工程总周期的标准偏差；

σ——关键活动的标准偏差。

③计算工程完成的概率系数。工程按规定日期完成的概率系数，可以通过下面的公式求得。

$$T_S = T_K + \lambda \sum \sigma$$

式中 T_S——工程规定的完工日期或目标工期；

T_K——工程项目最早可能完成的工期，即关键线路上各项活动平均作业时间的总和；

λ——概率系数。

若网络图中关键线路有多条，则 $\sum \sigma$ 不止一个，这时应按下列原则选用：

当 $T_S - T_K > 0$ 时，则选 $\sum \sigma$ 中最大者；

当 $T_S - T_K < 0$ 时，则选 $\sum \sigma$ 中最小者。

④查正态分布函数表，求工程按规定时间完成的概率 $P(\lambda)$。计算结果可能出现以下3种情况：

当 $P(\lambda) = 0$ 时，表明工程在指定时间内不可能完成，应采取措施压缩作业时间，或者改变规定的完工时间；

当 $P(\lambda) = 1$ 时，表明工程在指定时间内是可以完成的，而且留有较大余地，即计划工期可以压缩；

当 $0.30 \leqslant P(\lambda) \leqslant 0.70$ 时，表明工程在指定时间内完成是可能的，而且计划工期规定得比较合适。

例 14.5 仍以网络图 14.1 为例，表 14.7 给出了该网络图中关键线路上各项活动的3种时间估计值及方差，①计算该工程项目在 17 d 完成的概率？②若要求工程完成的概率为 94.5%，则工期应规定为多少天？

表 14.7 网络图中关键活动3种时间估计值及方差

活动代号	活动编号		3种时间估计值			平均时间 $T=\frac{(a+4m+b)}{6}$	方差 $\sigma^2=\left(\frac{b-a}{6}\right)^2$
	i	j	a	m	b		
A	1	2	1	2.1	2.6	2	2.56/36
D	2	4	1	2.6	6.6	3	31.36/36
F	4	5	3	5.2	6.2	5	10.24/36

续表

活动代号	活动编号		3 种时间估计值			平均时间 $T=\frac{(a+4m+b)}{6}$	方差 $\sigma^2=\left(\frac{b-a}{6}\right)^2$
	i	j	a	m	b		
I	5	8	3	6.2	8.2	6	27.04/36
						$T_K=16$	$\sum\sigma^2=\frac{71.2}{36}$

解:(1)计算可知,关键线路各项活动平均作业时间之和 T_K 为 16 d, $\sum\sigma=\sqrt{\frac{71.2}{36}}=1.4$,该项目规定完工期限 T_S 为 17 d,因此,概率系数为:

$$\lambda=\frac{T_S-T_K}{\sum\sigma}=\frac{17-16}{1.4}=0.76$$

按 $\lambda=0.76$,查正态分布函数表,求得 $P(\lambda)=76.1\%$,即该工程项目按 17 d 完成的概率为 76.1%。

(2)按 $P(\lambda)=94.5\%$,查正态分布函数表,得系数 $\lambda=1.6$,代入公式即可求得:

$$T_S=T_K+\lambda\sum\sigma=16\text{ d}+1.6\times1.4\text{ d}=18.24\text{ d}\approx19\text{ d}$$

即该工程要按 94.5% 的概率完工,则工期应规定为 19 d。

14.4 网络计划执行中的管理

14.4.1 网络计划技术的应用步骤

任何计划在执行过程中都会因受外界各种因素的影响而需要不断修正与调整,网络计划也是如此,在执行过程中,人员、物资供应及生产设备等资源状况的变化,都将改变原计划执行结果。因此,在计划执行过程中采取相应措施来进行管理,是非常重要性的,不但要随时掌握项目实施动态,检查计划的执行情况,更应随环境因素的变化对计划进行调整,这对保证计划目标的顺利实现有决定性的意义。

(1)确定目标,进行准备工作

确定目标,指决定将网络计划技术应用于哪一工程项目,并提出对工程项目和有关技术经济指标的具体要求。如在工期、费用、资源方面要满足什么要求。如何依据企业现有的管理水平、技术水平和资源状况,利用网络计划技术,寻求实现工程项目最合适的方案。

目标确定以后,对与完成该工程项目有关的人力、物力、财力等资源情况作充分的调查了解和估计,收集有关资料,为编制网络图及进行时间值的计算做好准备工作。

(2)分解工程项目,列出活动明细表

一个工程项目是由许多活动组成的,在绘制网络图前,要将工程项目分解成各项活动。活动划分的粗细程度视工程项目应用范围以及不同单位要求而定,通常情况下,若工程项目所包含的内容多、范围大可划分粗些,反之则细些。项目分解得越细,网络图的结点和箭线就越多。对于上层领导机关,网络图可绘制得粗些,主要是通观全局,分析矛盾,掌握关键,协调工作进行决策;对于基层单位,网络图就要绘制得细些,以便具体组织和指导工作。

对于一个大型工程项目,往往可以分成若干个子项目,则相应的网络图就可以有总图和分图。总图的活动可以分得粗一些,分图则可分得细一些;这样有粗有细,由粗到细,粗细结合,使用效果更好。

把工程项目分解成活动后,还要对活动进行以下分析:

①该项活动开始前,有哪些先行活动?

②该项活动在进行时,有哪些活动可以与之平行进行?

③该项活动完工后,有哪些活动应接着开始?

通过上述分析,明确各项活动之间的先后逻辑关系,在此基础上,估算每项活动作业时间及所需的人力、物力的资源,列出活动明细表。活动明细表包括的内容有:活动名称、活动代号、作业时间、紧前(紧后)活动等。它是绘制网络图的依据。

(3)绘制网络图,进行结点编号

根据活动明细表,可绘制网络图。网络图的绘制方法有顺推法和逆推法两种。

①顺推法。即从始点时间开始,根据每项活动的直接紧后活动,逐一绘出各项活动的箭线,直至终点事项为止。

②逆推法。即从终点事项开始,根据每项活动的直接紧前活动,逆箭头方向逐一绘出各项活动的箭线,直至始点事项为止。

同一工程项目用上述两种方法画出的网络图是相同的。一般对于按反工艺顺序安排计划的企业,如机器制造企业,采用逆推法较方便;而建筑安装等企业,则大多采用顺推法。

按照各项活动之间的关系绘制网络图后,要进行结点的编号。编号方法是从左至右,采用连续或不连续方式编号。

(4)计算网络时间参数,确定关键线路

根据网络图和各项活动的作业时间,可计算出网络全部时间参数,并根据时差确定关键线路。

(5)进行网络计划的优化

找出关键路线,也就初步确定了完成整个计划任务所需要的工期,这一工期是否符合合同或计划规定的时间要求,是否与计划期的劳动力、物资供应、费用等计划指标相适应,需要进一步综合平衡,通过优化,选取最优方案。然后绘制正式网络图,编制各种进度表,以及工程预算等各种计划文件。在实际工作中,由于影响每项活动及计划执行的因素多、且大多是变化的,因此,需要采用计算机进行计划的调整与优化,目前,这方面的软件产品越来越多,为网络计划技术的推广应用提供了便利条件。

(6)网络计划的执行与控制

执行网络计划,定期对实际进展情况做出报告和分析,必要时修改和更新网络图,决定新的措施和行动方案,以指导生产实际。

14.4.2 计划执行中的检查与调整

网络计划的定期检查是监督计划执行的最有效的方法。调整的目的是根据实际进度情况,对网络计划作必要的修正,使之符合变化的实际情况,以保证其顺利实现。具体检查与调整的内容有:

(1)对关键活动的检查与调整

对于关键线路上的活动必须集中精力,经常分析、研究是否有可能提前或拖后,并找出原因,采取对策。当关键线路上的活动作业时间缩短了,则有可能出现关键线路转移,后续活动的最早可能开始时间,最迟必须开始时间以及时差的大小都有可能发生变化,因此,对后续活动的作业时间也可能需要进行必要的修正,并重新计算时间参数;当关键线路上的活动作业时间延长了,势必影响整个项目进度,为确保按期完工,计划也必须进行调整。

调整的方法有两种:一是在原网络计划的基础上,采取组织措施或技术措施缩短关键线路上后续活动的作业时间，以弥补前面的时间损失；二是重新安排活动次序，调整力量，重新编制网络计划。

(2)对非关键线路上工作的检查与调整

当非关键线路上某些活动的作业时间延长了，但不超过时差范围时，则不致影响整个项目进度，计划也就不必调整了。当非关键线路上某些活动的作业时间延长了，而且超过了时差范围时，则势必影响整个项目进度，关键线路就会转移。这时，调整方法就与关键线路的调整方法相同了。

(3)网络逻辑关系的检查与调整

有时，由于编制网络计划时，活动间的逻辑关系考虑欠妥，或因其他原因需要增加某些活动时，就需要重新调整网络逻辑和检查网络编号，计算调整后的各时间参数、关键线路和工期。考虑到活动间逻辑关系调整的需要，一般在原始网络图中结点编号采用不连续编号的方式，以便增加结点后，不至于影响原结点的编号。

总之，在计划执行中的调整，归纳起来有以下三种情况：

①将因某种原因需要取消的活动从原网络图中删除；

②由于编制网络计划时考虑不周或因设计变更，需要在网络图上增添的新活动；

③由于实际项目进度有提前或脱期的现象，要修正某些活动的作业时间。

14.4.3 网络计划的执行与管理

(1)执行网络计划

网络计划执行的主要依据就是网络计划，在网络计划执行之前，必须花一定时间和精力，核实网络计划的完整性、合理性和可行性，检查计划实施所需的资源是否有保证，以及项目组拥有的权限是否已经得到各方承认等。另外，还需要对项目组负责人、参与人及相关人员进行宣传、说服和动员，营造有利于计划实施的气氛和环境，激发项目组各成员的热情和斗志。

(2)做好调度工作

在网络计划执行过程中，项目经理必须充分发挥技术和组织管理职能，较好地掌握内外环境条件的变化，及时发现和处理网络计划执行过程中出现的各种问题，及时提出相应的解决对策和改进措施。

实际中，对于执行过程中出现的偏差可采用调度工作的方法解决，主要任务包括：落实材料和加工订货，保证资源供应；落实劳动力，组织劳动力资源平衡工作;检查计划执行情况,掌握计划进展情况;预测计划执行中可能出现的问题;及时采取措施,扫除实施过程中的一切障碍,保证计划实现;召开调度会议,必要时使用调度手段,下达调度命令。

(3)加强项目组成员的沟通

在网络计划执行过程中,要保证所有项目参与人之间的信息畅通,需要进行信息分发和编写进展报告。

信息分发就是把信息及时地分发给有关计划执行者。分发信息时要保证信息完整、清楚、不含糊,使信息正确无误地到达接收者手中。分发信息的对象可以是组织内从上到下、从下到上的垂直方向和同级之间的水平方向。信息分发的方式可采取的方式有:口头、书面、报告、情况介绍、备忘录或谈话等。

进展报告是各参与人之间沟通的重要资料。其内容是同计划进展情况有关的资料,说明计划的执行情况,已经达到了进度计划中的哪个阶段;哪些活动已经完成,哪些还没有完成;剩余资源如何使用;进展报告要依据网络计划和实际工作结果编写。有关工作结果的信息要准确、一致,只有这样才能使进展报告真正发挥作用。进展报告的内容要有收集到的有关资料以及分析结果。报告的详略程度应适合报告使用者的要求。报告进展情况时,有多种方法,最常用的就是横道图,CPM 网络图以及里程碑竣工表;报告费用情况时,也有多种方法,最常用的是开支表,直方图和 S 曲线。计划执行者在阅读进度报告之后,要对计划某些方面提出修改,以便网络计划更科学合理。

思考与练习

1. 简述 PERT 与 CPM 的区别?
2. 网络图由哪些要素构成?绘制网络图应遵循哪些规则?
3. 网络图中为什么要引入虚活动?
4. 什么是关键线路?找到关键线路在管理上有什么重要意义?
5. 简述时差的作用及计算方法?
6. 进行时间—费用优化的优化原则是什么?
7. 如何进行时间—资源的优化?
8. 怎样计算工程项目在一定期限内的完成概率?
9. 根据表 14.8 给出的工程项目作业明细表,绘制网络图?

表 14.8　工程项目的作业明细表

活动代号	A	B	C	D	E	F	G	H
紧前活动	—	A	A	B	B	C	D	E,F

10. 根据表 14.9 给出的项目作业明细表，绘制网络图，并计算网络图的时间参数，找出网络图的关键路线，并求出该项目的期望完成时间。

表 14.9　项目的作业明细表

活　动	A	B	C	D	E	F	G	H	I	J	K
紧后活动	C,B	D	I	I	F	M	M	—	H	K	—
期望时间/d	5	8	2	6	3	5	4	11	3	9	15

11. 表 14.10 给出了某工程项目各活动间的相互关系、作业时间及费用资料。要求：

①绘制工程项目网络图。

②计算各结点最早开工时间和最迟完工时间？

③计算各项活动的最早开工时间和最迟开工时间？最早完工时间和最迟完工时间？时差？

④确定关键线路及总工期？

⑤进行网络时间—费用优化？

表 14.10　工程项目活动明细表

活动代号	紧前活动	作业时间/d		直接费用/元	
		正常时间	极限时间	正常费用	极限费用
A	—	5	1	3	5
B	—	6	3	4	5
C	A	6	2	4	7
D	B	7	5	4	10
E	B	5	2	3	6
F	C,D	6	4	3	6
G	C,D	9	5	6	11
H	F	2	1	2	4
I	G,E	4	1	2	5

12. 某企业进行一项工厂扩建项目,其各作业的顺序、正常与赶工情况下的费用见表 14.11,项目的间接成本为 1 500 元/周。试进行该项目的时间—费用优化,确定最低的项目费用及其对应的工期。

表 14.11 工厂扩建项目的活动明细表

活动代号	A	B	C	D	E	F	G	H
紧前活动	—	—	A	A,B	C	D	B	E
正常时间/周	5	14	13	10	5	8	12	16
赶工时间/周	3	12	10	9	5	7	11	14
正常费用/元	600	2 500	1 800	2 000	1 800	2 600	3 200	1 500
赶工费用/元	800	2 900	3 000	2 500	1 800	2 900	3 500	2 800

13. 表 14.12 给出了项目的活动明细表,要求:

①绘制网络图?

②找出关键线路和项目完成时间?

③计算项目在 49 d 后完成的概率?

表 14.12 工程项目活动明细表

活动代号	预期时间/d	方 差	紧前活动
A	7	2	—
B	3	1	A
C	9	3	A
D	4	1	B,C
E	5	1	B,C
F	8	2	E
G	8	1	D,F
H	6	2	G

14. 如图 14.11 所示,每条箭线上分别标出了作业的最乐观天数、最可能时间和最悲观天数,请找出关键路径和每个作业的时差;计算工程预期总耗费时间天数;计算关键路径在 45 d 内完工的概率。

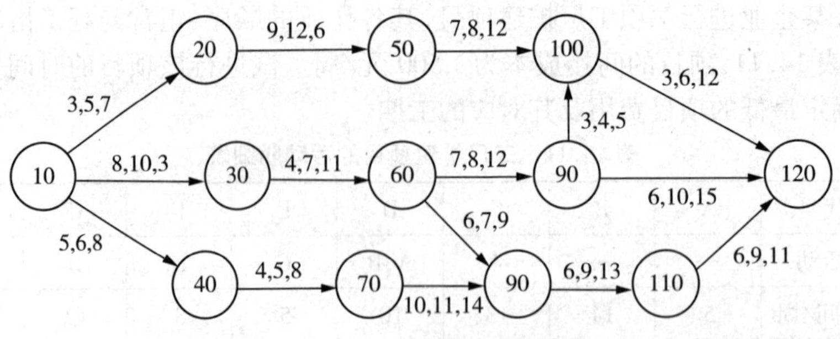

图 14.11　工程项目的网络图

第 15 章　先进生产运作管理模式

通过本章学习,应达到如下目的:

1. 理解精益生产的基本原理。
2. 理解大规模定制化生产的含义。
3. 了解敏捷制造的基本特征。
4. 理解供应链管理的概念、目标和组成要素。

人类社会进入工业化以来,生产运作管理经历了"两次革命"。"第一次革命"是在劳动分工论的指导下,对手工场式制造及单件小批机器生产的否定而产生的大量生产管理模式;"第二次革命"是在资源集成理念的指导下,对大量生产管理模式的否定之否定而产生的先进生产管理模式,如精益生产、大规模定制、敏捷制造、供应链管理等,它们共同面对复杂的制造系统和多变的市场需求,突出了"集成"的特性,目的在于通过整体优化配置企业各种资源,降低交易成本,提高经济效益,因此,正在被越来越多的国内外许多著名公司所采用。

15.1　精益生产

15.1.1　精益生产方式的形成

进入 20 世纪 80 年代,由于经济的发展和科学技术飞速进步,市场需求更加迅速地朝着多样化、个性化的方向发展,人们对产品的质量及交货期要求越来越高，产品的寿命周期变得越来越短，产品的更新换代日益频繁，加之资源日趋短缺与价格继续飞涨，使得企业生产经营更加困难。在这种情况下，JIT 生产方式是否在全球范围内具有普遍意义，并且最终给企业带来效益？带着这样的疑问，美国麻省理工学院国际汽车项目组，在全面研究以 JIT 生产方式为代表的日本式生产方式在西方发达国家以及发展中国家应用情况的基础上，于 1990 年提出了一种较完整的生产经营理论——精益生产（lean production，LP）。该理论的研究用了 5 年时间，耗费了 500 万美元的巨资，调查了全世界 15 个国家的 90 个汽车制造厂，对大量生产方式和精益生产方式作了详尽的实证性研究，得出如下结论：

在精益生产中：

①所需人力资源——无论是在产品开发、生产系统还是工厂的其他部门，与大量生产方式下的工厂相比，均能减至 1/2；

②新产品开发周期可减至 1/2 或 2/3；

③生产过程中的在制品库存可减至大量生产方式下一般水平的 1/10；

④工厂占用空间可减至采用大量生产方式工厂的 1/2；

⑤成品库存可减至大量生产方式下工厂平均库存的 1/4；

⑥产品质量可提高 3 倍。

由此可见，精益生产既是一种原理，又是一种新的生产方式，它是继大量生产方式之后，对人类社会和人们的生活方式影响最大的一种生产方式，它所强调的彻底排除浪费，最大限度地发挥“命运共同体”中每一组织、每一成员的能力和积极性，以及不断改善等思想以及诸多方法，都是超越国界、具有普遍意义的，能够广泛适用于世界各个国家的各种制造企业。

15.1.2 精益生产的基本原理

精益生产的基本原理是：消除浪费；协同工作；沟通；适当柔性；不断改进。消除浪费是精益生产的目标，力求在大量生产中实现多品种、高质量的低成本生产；协同工作和沟通是实现精益生产的保证；企业只有具备高度灵活性、高效率的生产系统，才能在当今环境下取得新的、强有力的竞争实力。不断改进是精益生产的指导思想，强调从企业活动的整体上去追求高效率、低成本、高质量，同时也必须在企业组织、人力资源的利用、充分调动人的积极性等企业行为中谋求经营效率的提高。

（1）取消一切不增值的工作，彻底消除浪费精益生产方式把生产中的无效劳动和提前进入库存的过剩劳动都视为浪费。为杜绝这些浪费,它要求毫不留情地撤掉不直接为产品增值的环节和工作岗位。在物料的生产和供应中严格实行准时生产制,做到按需要的时间和需要的数量,向需要的部门或岗位提供所需要的物料,即进行零库存和零缺陷管理。双零使得改进永无止境。只有达到双零,才能从质量与库存方面完全消除了浪费。

(2)协同工作,充分发挥人的潜力

协同工作是将职业、专长不同的人组织到一起,以小组的形式完成特定任务的工作方式。协同工作可使协调简化,从而提高工作质量和工作效率。精益生产方式把工作任务和责任最大限度地转移到直接为产品增值的工人身上。而且任务分到小组,由小组内的工人协作承担。为此,要求工人精通多种工作,减少不直接增值的工人,并加大了工人对生产的自主权。当生产线发生故障时,工人有权使生产线停下来,查找原因,做出决策。操作工人、维修工人、工业工程师和管理人员协同工作,可使生产现场出现的问题迅速解决;设计人员、工艺人员、生产人员和销售人员协同工作,才使并行工程得以实现,才使新产品开发周期大大缩短。另外,企业要对市场作出快速响应,不仅企业内部要协同工作,本企业还必须与供应厂家、顾客协同工作。

(3)加强沟通,促成相互了解

企业内部各部门之间、人员之间、本企业与顾客、供应商之间都需要沟通,及时传递信息,以使相互了解。没有沟通,谈不上协同工作。为此,小组的每个成员都必须了解其他成员的专业和工作内容。这样,才能有共同语言,才能将自己的工作放到全局中去考虑,才能避免片面性。沟通可以面对面进行,也可通过种通讯手段来实现,现代化的通讯手段是实现组织之间沟通的物质条件。

(4)不断改进,以尽善尽美为最终目标

精益生产把尽善尽美作为不懈追求的方向,即持续不断地改进生产,消除废品,降低库存,降低成本和使产品品种多样化。精益生产方式并不追求制造设备的高度自动化和现代化,而强调对现有设备的改造和根据实际需要采用先进技术。按此原则来提高设备的效率和柔性。例如,在采用柔性制造系统时,应让它的柔性与市场需求所要求的柔性相一致,不追求过强的柔性,以避免技术和资金的浪费。上述各项措施,都是达到尽善尽美状态的人员和组织管理的保证,这就要求企业永远致力于改进和不断进步。

15.1.3 精益生产的主要内容

精益生产是对 JIT 生产方式的进一步提炼和理论总结，是一种扩大了的生产管理理念与方法，其内容范围不仅只是生产系统内部的运营与管理方法，而是包括从产品开发、生产计划与控制、物资供应、质量管理、人力资源管理、产品销售直到售后服务等企业的一系列活动。

(1)产品开发过程管理

精益生产在产品研究与开发上，以"主查"负责制为领导方式，以并行工程和团队工作为研究开发队伍的主要组织形式和工作方式。新产品开发项目负责人具有很大的权力，领导新产品开发小组一直工作到新产品开发完成。小组成员来自不同的职能部门，包括市场评估、生产计划、设计、工艺、生产管理各部门的人员。虽然，小组成员保持与各自的职能部门的联系，但他们的工作完全在项目负责人的控制之下，工作业绩也由项目负责人考核，项目负责人还可决定小组成员今后能否参加新项目的工作。在一系列开发过程中，强调产品开发、设计、工艺、制造等不同部门之间的信息沟通和同时并行开发。这种并行开发依靠一个由设计、工艺、制造等各专业部门技术人员、各市场营销人员甚至包括用户和供应厂家在内的有关人员组成的团队，大家一起并行协同工作，及时发现各种可能存在的问题和隐患，尽早排除。这样就消除了传统"串行开发"中"尝试法"的费用损失和时间浪费。

(2)生产计划与库存管理

精益生产方式最大的特点之一便是其生产计划与库存管理模式采用准时生产制。在计划的一开始，制订 3 个阶段的生产计划，包括年度计划、季度计划和月度计划。而对于日程计划和投产顺序计划，只下达到最后一道工序，其余工序没有任何有关生产计划或生产指令的标识物，这些工序的生产操作完全由其后工序向该工序传递生产指令。也就是说，当某一工序生产的产品或零件被其后一道工序需要而取走后，为了补充生产被领取走的数量，该工序必然会向前一道工序去领取所需零部件，使得前一工序继续生产。这样，从装配线最后一道工序一层一层向前工序领取，直到原材料供应部门，把各个工序连接起来，而中间不存在任何库存缓冲环节，形成"拉式"管理模式，与传统"推式"计划管理模式刚好相反。

(3)零部件供应管理

在如何处理装配厂与零件供应厂家的关系方面，精益生产与大量生产也有很大不同。对于大量生产，以加工装配型企业为例，装配厂与零件供应厂之间是一种主仆关系。当装配厂的一种新产品的零件图出来之后，才开始选择供应厂家。选择的标准是谁要价低，就选谁。当然要求供应厂家保证达到设计要求并按期交货。由于供应厂家不了解整个产品，甚至也不了解与他们制造的零件相关的部件，它们不知如何保证整个产品质量，也不知从何处改进。多个供应厂家生产的零件往往难以装配到一起。供应厂家也没有改进工作的积极性。装配厂为了获取更多利润，采取让供应厂之间竞争的办法来降低成本。在利润分配上，绝大部分利润归装配厂，供应厂不仅得利很少，而且还可能像一个雇工一样被解雇。因此，它们没有长期合作的打算，也没有改进质量的积极性。

而在精益生产方式下，供应厂则是通过合作优选出来的。按承担的任务不同，将供应厂家按不同层次组织起来。每一层厂家都只与其下一层的供应厂直接发生联系，每一层供应厂一般承包一个独立部件的设计与制造。在决定零部件的价格时，各合作厂家按市场行情确定产品的目标价格和目标利润，推算各部分的目标成本，以便供应厂家进一步降低成本，给它们带来更多利润。另外，在精益生产方式下，这种合作关系还包括资金合作、技术合作以及人员合作，形成一种"命运共同体"，注重培养和提高零部件供应厂家的技术能力和技术开发能力，使零部件供应系统也能够灵活敏捷地适应产品的设计变更以及产品变换。进一步，通过管理信息系统的技术，使零部件供应厂家也共享企业的生产管理信息，从而保证及时、准确地交货。

(4)营销管理

在短缺经济时代的大量生产方式中，制造厂不过多考虑产品的销售，只是将产品批发给很多小的中间商，顾客到中间商那里去购买产品。为了减少库存资金，制造厂将成品卖给中间商，将收回的资金用于购买原材料和零件。使制造厂与用户完全隔离。在制造厂内部，产品开发部门不能从销售部门那里得到任何有关用户需求方面的信息，改进产品也就没有依据。中间商只顾多赚钱，没有动因收集用户的意见。由于供不应求，销售部门成了一个官僚机构，它与中间商形一种敌对关系。制造厂由于生产单一产品，对用户的特殊要求一概拒之于门外。

产生于过剩经济时代的精益生产，在产品营销方面，总厂将顾客和各级销售商的订货与工厂的生产系统直接挂钩，与顾客以及零售商、批发商建立一种长期而稳定的合作关系，在销售上提倡主动销售(agreessive selling)，即销售人员深入到各地区各用户进行调查，了解他们的各种需求并考虑到设计中去。同时竭诚做好各种售后服务工作，这样有利于形成长期稳定的销售服务网络。

(5)质量管理

精益生产的质量管理贯穿于从设计到生产的全过程中,由所有生产人员直接参与进行。他们认为只有直接从事生产的人员才会最懂得如何保证质量。因此,采用全面质量管理方法。同时,把生产小组看成是质量控制小组(QC小组),小组成员在发现问题时能迅速处理和排除故障。由于每个小组都是自己检验自己的产品,取消了昂贵的专用检验场所和修补加工区,既保证了质量又降低了成本。

(6)人力资源管理

精益生产方式在人力资源管理方面,首先,强调一线员工的作用和团队工作。认为他们最了解生产现场的情况,只有他们才能真正使产品增值,他们的积极性、主动性直接影响着企业生产系统的运行效果。因此,它赋予生产一线工人较大的工作任务和权力,并采用团队组织和团队工作方式来调动各方的积极性和创造性。其次,培养“多面手”的员工。在精益生产中,员工是以团队为单位进行组织,每个工人都是多面手,他们会做小组内的所有工作,如从事机械加工的,还会机器修理、产品检验等。这样,不但可以大量减少多余人员,还可以使大家相互交流,共同解决可能出现的各种问题。再次,强调企业内的信息沟通及全员参与管理。鼓励员工对企业所有工作提出合理化建议,并给予奖励措施,领导也经常到基层听取员工对各项工作的要求。另外,还鼓励员工参与民主管理,共同协商,自下而上进行决策,即由基层团队员工提出并讨论一致后才报送上一级管理部门,这种双向的信息沟通渠道和全员参与民主管理是精益生产取得成功的重要因素。最后,实行工作的“终身雇用制”和待遇的“年功序列制”,即工资待遇和职务地位随着工龄增加而增加。而工人一旦跳槽,工龄便从零开始计算。所以员工不愿意这么做,企业也不希望这样。可以说,“年功序列制”必然导致“终身雇用制”,它能使员工把自己同企业的强盛兴衰和荣誉联系在一起,能够以一种主人翁的态度和热情来参与企业管理,为企业的全方面发展献计献策。

15.2 大规模定制化生产

15.2.1 概述

(1)大规模定制生产方式的形成

1980年,美国著名的未来学家阿文·托夫勒(Alvin Toffler)在他的《第三次浪潮》中首次提出了一种理想化的生产系统，并称之为“非大量化”，该观点引起了许多读者特别是企业经营管理者和学者的关注。1990年，戴维斯(S. Davis)写了《未来完美的震荡》(*The Future Shock Perfect*)一书，其中提到了托夫勒的观点和概念，对其进行了更具体的发展，提出了一种新的说法，并命名为“大规模定制生产(mass customization, MC)”。1993年，美国工程师David M. Anderson在《大规模定制》中，对大批量定制生产的内容进行了完整的描述。目前，美欧日等工业发达国家的学术界正兴起一股研究MC的热潮，很多著名的大公司也开始这方面的尝试，如惠普公司、丰田汽车公司、摩托罗拉公司、Benetton制衣公司等，都在采用各种方式实施MC，以提高其国际竞争力。据有关资料统计，美国和欧洲70%的大公司正在按这种生产方式重新经营和规划其生产系统，已收到了明显的成效。

(2)大规模定制化生产方式的特征

大规模定制化生产是指既具有大批量生产方式下的高效率、低成本，又能像定制生产方式那样满足单个顾客需求一种全新型的生产模式，它将定制产品的生产问题，通过产品结构和制造过程重组，全部或部分转化为批量化生产。对客户而言，所得到的产品是定制的、个性化的；对企业而言，该产品是采用大批量生产方式制造的成熟产品，能够满足交货期短、顾客满意度高、价格合理、售后服务好和无环境污染的要求，是目前最具竞争力的生产方式。

在大批量生产方式中，企业出于规模经济的考虑，组织单一产品生产，制造费用低，而产品多样化程度差。而在定制生产方式中，企业通过定制设计，改变或修改标准的设计和工艺，增加定制过程来为客户提供多样化的产品，但这样却增大了定制成本，牺牲了成本和时间。而大规模定制生产的企业，基于定制生产和大批量生产两种生产方式，产品制造过程吸取了大批量生产下的规模经济优势，产品销售活动借鉴了定制生产的多品种营销思想，在生产经营目标、原则、模式、控制等方面表现出明显的特征(见表15.1)。

表15.1 大批量定制生产方式特征分析

项　目	特征分析
经营目标	以足够的变异性和定制化程度为每个客户提供正想要的产品和服务
竞争要素	时间、价格、客户满意
制造哲理	环境友好型、绿色制造与可持续发展相结合
制造模式	柔性化、敏捷化

续表

项　目	特征分析
制造原则	强调人、技术和组织管理的有机集成
制造技术	基于信息技术的可靠性、可重构性、可重用性

15.2.2　定制过程的确定

大规模定制化生产方式能存在的一个最重要原因是,人们对产品功能的需求尽管有差别,但也有共性。究竟在产品生命周期的哪个阶段实施定制生产,关键在于从本质上分清顾客的个性化需求和共性化需求。只有这样,才能有针对性的进行产品设计和生产流程总体规划,从而决定在产品生命周期的哪个阶段应采取措施满足顾客的个性化需求,在哪些阶段又可沿用批量生产的方式,从而达到满足定制化需求和一定规模下低成本两者的统一。

这里,我们将产品生命周期划分为设计、制造、装配、供应及销售服务 5 个主要阶段。根据产品整个阶段中定制化环节的数量及不同组合,可以确定出可供选择的定制生产总数为:

$$N=C_5^0+C_5^1+C_5^2+C_5^3+C_5^4+C_5^5=1+5+10+10+5+1=32$$

按产品整个阶段中定制环节的数量不同,可以将这 32 种模式分为 A,B,C,D,E,F 6 种类型,每一类可分别细分为 1,5,10,10,5,1 种具体模式,如表 15.2 所示。

表 15.2　大规模定制化生产的模式

定制化模式		产品生产周期不同阶段					特征
		设　计	制　造	装　配	供　应	销　售	
A 类	A1	□	□	□	□	□	无定制化
B 类	B1	■	□	□	□	□	对整个周期内的任意一个阶段定制化
	B2	□	■	□	□	□	
	B3	□	□	■	□	□	
	B4	□	□	□	■	□	
	B5 *	□	□	□	□	■	

续表

定制化模式		产品生产周期不同阶段					特征
		设计	制造	装配	供应	销售	
C 类	C1	■	■	□	□	□	对整个周期内的任意两个阶段定制化
	C2	■	□	■	□	□	
	C3	■	□	□	■	□	
	C4	■	□	□	□	■	
	C5	□	■	■	□	□	
	C6	□	■	□	■	□	
	C7	□	■	□	□	■	
	C8	□	□	■	■	□	
	C9	□	□	■	□	■	
	C10 *	□	□	□	■	■	
D 类	D1	■	■	■	□	□	对整个周期内的任意三个阶段定制化
	D2	■	■	□	■	□	
	D3	■	■	□	□	■	
	D4	■	□	■	■	□	
	D5	■	□	■	□	■	
	D6	■	□	□	■	■	
	D7	□	■	■	■	□	
	D8	□	■	■	□	■	
	D9	□	■	□	■	■	
	D10 *	□	□	■	■	■	
E 类	E1	■	■	■	■	□	对整个周期内的任意四个阶段定制化
	E2	■	■	■	□	■	
	E3	■	■	□	■	■	
	E4	■	□	■	■	■	
	E5 *	□	■	■	■	■	
F 类	F1 *	■	■	■	■	■	完全定制化

■表示定制化　　□表示批量化　　＊表示典型模式

可以看出,这 32 种模式中,A1 没有进行定制化,属于大批量生产方式;F1 进行生产周期全阶段的定制化,属于完全定制化生产方式;B1 到 E5 属于部分定制化生产方式,A 到 F 构成了从完全的大批量生产方式向完全的定制化生产方式的过渡过程。

大规模定制化生产实质上是通过增加库存量,将定制化环节——客户订单分离点(customer order discoupling point,CODP)尽可能向生产过程的下游移动,以减少为满足定制化的特殊需求而增加设计、制造及装配等环节中的各项费用。因此,表 15.2 中的 B5,C10,D10,E5,F1 5 种模式为大规模定制化生产的典型模式,一般情况下,企业都是在这 5 种模式中进行选择。

以上分析把产品阶段生命周期划分为 5 个阶段,简单介绍了大批量定制模式的基本框架。在实际中,如果把产品的整个生产阶段划分得再细一些,那么,大规模定制化生产模式的数量将会更多。

15.2.3 大批量定制化生产的实施

(1)实施大批量定制化生产的技术方法

企业确定了大批量定制化的具体环节,接下来就应该采用相应的技术方法,组织定制化生产。下面介绍几种在产品设计、制造、装配、供应链及销售服务各阶段实施定制化生产的方法。

1)产品设计阶段

①参数化产品设计。对于很多产品(如信息用品,包括移动电话、VCD 机、DVD 机、数字照相机、电子游戏机、汽车驾驶系统等),企业都是采用参数化产品设计方法,使这些产品本身具有许多可供使用者选择的功能,从而满足不同客户的需要。在实际生产制造中,制造商所要做的是以高的产量来维持合理的价格,特别是对其中关键的零部件要采用大量生产的模式。参数化产品设计是最常用的一种定制化方法,但其缺点是,当产品的功能选项太多时,常常会使用户感到无所适从,许多功能用不上。他们会抱怨为这些不必要的功能多花了钱。实际上,用户最需要的是那种“唯我适合”的产品。

②模块化产品设计。指企业在产品设计中将很多零部件模块化,建立产品族和零部件族。当某种特定的用户产品订单来时,企业可以通过零部件和产品模块的组合来满足顾客的需要。惠普公司就是采用这种模块化产品设计方法来满足顾客需要的。对于一些信息系统产品,有些公司则采用硬件大量生产而软件定制化生产的方式。

这种模块化产品设计实际上类似德国公司提出的合理化工程方法。其主要思想是:对合同生产型企业的产品设计过程进行重组,即将原先的产品设计工作按内容分为全新设计和合同产品设计两大部分。其中,全新设计负责新产品系列的设计和标准模块的设计,这部分的工作具有一定的创新性;合同产品设计的主要工作是根据合同中顾客的具体要求选择恰当的标准件和外购件,并按合同的要求选择标准模块的尺寸,即进行常规的变型设计。这种变型设计所采用的各种数据(如零件基本数据和标准模块的特征数据)大多已经存放在公司的设计数据库中,设计人员可以很方便地调用。另外,合理化工程方法还强调要采用集成软件系统提高变型设计的自动化程度,并通过标准化和信息技术的支持减少产品的类型和零部件的数量,提高设计开发速度。一些国内外公司的实践表明,采用合理化工程方法可以有效地缩短开发周期,降低整个产品成本,提高竞争力。

③顾客参与式产品设计。当今,信息技术的高度发展使顾客参与设计越来越容易。虚拟现实技术可以使生产厂家更能满足顾客的需求。譬如,在服装设计时,可应用计算机模拟出服装穿在顾客身上的效果,顾客可以通过计算机从各个角度看到服装穿在自己身上的情形,提出要求和建议,并随时进行调整,直到满意为止。用户订购汽车时也可以在虚拟现实环境下根据其喜好、家庭成员个数等参与和修改设计。公司开发新车型时还可以在计算机上模拟撞车试验和各种检测,发现问题马上改进,直到基本符合要求后才生产样车进行真车碰撞。这样,开发出一种新车型只需生产 3 ~ 4 辆样车,大大减少了设计过程中的成本。企业还可以通过网络系统让顾客参与设计,并建立顾客档案信息系统。

2)零部件制造阶段

①制造流程重构。延迟制造是客户化生产中典型的方式之一,它是指只有到最接近顾客需求的时间和地点才进行某一环节的生产。譬如,对于毛衣而言,顾客需求变化最快的主要是衣服的花色,而尺寸变化则相对较小。所以美国 Benetton 制衣公司在生产毛绒衫时,先将其制成白毛衣,到投放市场之前再染色(而不是先染色再针织),以保证衣服的花色符合潮流。该例子实际上也可以说是通过对生产经营过程的重构来实现的。

②模块化、参数化生产系统。建立模块化、可插接、可重构(re-configurable)的生产线(如摩托罗拉公司生产手机、BP 机)以及快速换模技术(如日本丰田公司生产汽车)等,都是实现 MC 的重要手段。

3)装配阶段

很多产品在零部件生产阶段是标准化大量生产的,而到了装配阶段则可以实现定制化。如很多电子产品,组成它的基本元器件(如电阻、电容、印刷电路板等)都是大批量生产出来的,而最终电子装置则可以通过不同元器件组装而成,形成满足不同客户需要的产品。模块化、参数化的装配工具和生产线则是实现 MC 的重要手段。

4)供应链阶段

在供应链阶段,定制化生产可以通过增值储运(value-added warhousing)来实现。譬如,惠普公司给不同国家生产打印机时,考虑到各国电源和插头型式的不同,就将打印机插头的生产以及打印机与插头的装配放在最接近该国客户的时间和地点进行。这时,产品的储存和运输就与传统上单纯的储存和运输不同,这里的储运是增值的,因为定制化是在这个阶段完成的。

5)销售服务阶段

定制化有时是在产品的销售服务阶段完成的。以生产圆领衫为例:在大量生产模式下,圆领衫的生产是采用同一花色、大量生产不同型号大小的衣服。其结果是,在街上人们所穿的圆领衫几乎都是千篇一律,没有新鲜感。而实际上,人们对圆领衫型号的要求只有大、中、小几种型号,而上面所印的花色、图案和文字才真正反映了人们不同的兴趣和爱好。因此可以在服装厂用批量生产方式生产出不同型号、但没有印花的圆领衫,而将印花工序推迟到销售服务阶段,即顾客相接触的时候,这时可根据顾客的不同要求,现场将顾客喜爱的图案和文字印在圆领衫上(可采用一种新的、廉价的速印花技术),甚至还可以印上本人的照片。这样,顾客拿到的就是一件既满足了其个性化需要,而又接近批量生产成本的圆领衫。从这里可以看出,定制化生产是在销售服务阶段完成的。

这里还有我们非常熟悉的例子。现在,当顾客去商场买裤子时,对于某一腰围的裤子,厂家大量生产时做的裤长一般是要超出正常需要而且是一样长的。由于顾客的肥瘦高矮不同,所以即使其腰围一样,但所需的裤长也可能不同。因此,商家一般会在商场柜台旁边备有裁缝,可以现场为顾客裁剪,以满足顾客的需要。还有一个典型的例子是,我们去中药铺买药。一般来说,我们先到医院看病,大夫根据病人的病情以及严重程度决定给病人不同的中成药的组成成分,以及每种成分的多少,这种服务显然是定制化的。而对中药厂家而言,它们生产不同种类的中成药则是大量生产的。

另外,在计算机生产和销售上也有类似的情况。计算机厂家生产计算机是大量生产的,但当用户去买计算机时,可以根据自己的需要选取合适配置,如内存大小、显示器分辨率、各种多媒体卡(如声卡)、驱动器(光驱等)种类,当然还可以选择配置相应的软件。这种定制化也是在销售的时候完成的。

(2)实施大规模定制化生产的基本对策

1)重塑经营理念

实现大规模定制化生产方式,第一是要求企业真正建立顾客至上的经营理念,时刻考虑顾客的各种需要(尤其是个性化需求),将"全面顾客满意"作为自己的经营目标。在当代中国出现"买方市场",技术、经济以及人们的各种思想和消费观念不断变化,顾客越来越追求个性化的环境下,企业更是要密切关注这些变化,与消费者之间建立一种更为密切而广泛的联系,以充分掌握市场发展的动态和走向,并采用各种方法充分予以满足。总之,使顾客满意应该成为企业的一种文化和生活方式,并根植于企业领导者和员工的心中,"将顾客视为上帝"。然而,"视顾客为上帝"不能只是企业挂在嘴边的华丽词藻,真正要把顾客当作上帝,企业就必须从心底承认并且欣赏顾客的个性和自我表现欲望,并让员工在每日的工作中用心思考并采取各种措施去满足。这才是真正把顾客当作上帝的行为。例如,惠普公司中的每个员工经常问下面一些问题来检查各自的工作。这些问题包括:"谁是我的顾客?"、"顾客的需要是什么?"、"我的产品或服务是什么?"、"顾客对产品或服务的衡量标准以及期望是什么?"、"我实现顾客需要的过程是什么?"、"我的产品或服务满足顾客的需要或期望了吗?"、"改进我的过程的方法是什么?"而摩托罗拉公司也类似地让员工明确下列问题:"我所做的工作","我工作所面向的顾客",等等。这些都是值得我国企业学习和借鉴的。

另一方面,大规模定制化生产方式又要求企业在考虑外部客户需要的同时,还要考虑企业自身的生产经营成本。企业不能不顾成本而盲目追求定制化。总之,这种生产方式需要企业经营者建立定制化需要和经营成本平衡兼顾的理念,选择适合于自己企业情况的大规模定制化生产模式,只有这样才能使企业保持强大的竞争力。

2)建立企业内各部门以及企业之间的合作机制

①企业内各部门之间的合作机制。大规模定制化生产方式要求企业各部门(如设计、制造、装配、供应和销售服务等)都能够站在企业整体利益和如何满足客户需求这样一个战略高度上,根据顾客个性化的需求和企业具体情况,从产品设计、制造、装配、供应链以及销售服务等产品整个生命周期和活动环节上进行总体规划,重新决定应该在哪些环节上按定制化需求进行运作、而在哪些环节上沿用规模批量生产方式。这实际上是一个企业经营运作过程重构的问题,显然会涉及各部门责权利的变化,因此需要各部门能克服部门和本位主义,密切合作和协调,从企业利益的整体优化上考虑问题。譬如,市场和销售部门要负责了解

顾客的需求，从而决定用户需要定制的产品，研究开发部门需重新设计产品以使其能在供应网络的最佳时点进行定制，生产和分销部门则需要决定最优的生产分销地点和设计合适的制造流程及系统，财务部门则要给设计开发人员提供及时的成本信息和财务分析。

当然，要达到这一目的，就要求企业的最上层要建立利于各部门合作的绩效评价和责权利分配分担机制。传统的机制是不适合于这种合作的，原因是各部门具有不同的绩效评估标准。譬如，销售部门的评估标准是销售收入的增长，研究开发部门是产品的新颖性和开发的频率，生产和供应部门则是制造成本及分销成本。不同的评估标准使得各部门追求的目标各不相同，销售部门希望提供更多的产品选择以吸引顾客，而生产部门却希望产品变化小、采用大量生产方式以降低制造成本。因此，企业的高层管理必须改变这些不一致甚至冲突的评价目标，建立面向整体优化和基于总体成果的绩效评价和责权利分配分担机制。除此之外，企业领导者还必须进行协调和沟通工作，避免内部矛盾导致产品的高成本和生产的低效率。

②企业之间的合作机制。从前面的论述中可以看出，在大规模定制化生产方式中，满足定制化需要的环节常常转移到了企业下游的分销运输商和商场中，为了达到共同满足顾客需要的目标，这就需要企业与其分销运输商和经销商场之间相互协调、共同合作。另外，企业为了充分而迅速地满足顾客需要，除了要充分利用本企业的资源外，还必须充分利用外部生产企业的资源。这就是1988年美国通用汽车公司和利海大学共同研究提出的敏捷制造的基本思想。它认为，当企业得知用户对某一个产品或服务的需求时，便迅速通过全国或全球信息网络，迅速从本公司和其他公司选出各种优势力量，形成一个临时的经营实体即虚拟公司，来共同完成这一个产品或项目。而一旦所承接的产品或项目完成，虚拟公司即自行解体，各个公司又会不断地转入到其他项目中去。这些虚拟公司既可以是由企业与供货厂家组成的，也可以是由相互竞争的公司共同组成的临时机构。显然这是在全球经济一体化和信息技术高度发达的时代实现大规模定制化生产的最高形式。对于企业之间的这些合作，建立它们之间一种互信互利、利润共享的机制则是达到这一目标的根本所在。

3）建立灵活的企业组织结构

大规模定制化生产方式是以充分满足顾客各种不同的需要为目标的。定制化程度越高，产品多样化程度也就越高。为了适应企业产品和生产的多样性并及时对顾客需求作出反应，企业需要改变传统的、层层叠叠的、金字塔式的组织结构，而要建立灵活的、网络式的组织结构（如各种灵活机动的跨部门团队），使得企业可以随时根据顾客的要求而有效地组织开发、生产、供应和销售活动,从而以最快的速度来满足顾客的需要。

4)建立良好的技术支撑体系

①企业可以利用计算机和信息网络技术与顾客建立更为直接和密切的联系,有利于顾客与企业的沟通,顾客参与设计也越来越容易。譬如,当顾客将其脚放在某种特制的扫描仪或摄像机前时,就会很快形成脚的所有三维尺寸,使定制成为可能。虚拟现实技术可在服装设计时,用计算机模拟出服装穿在顾客身上的效果,提出要求和建议,并随时进行调整,直到顾客满意为止。用户订购汽车时也可以在虚拟现实环境下根据其喜好、家庭成员个数等参与设计。企业还可以通过网络系统让顾客参与设计,并建立顾客档案信息系统,或可以通过电话读出某人的衣服尺寸。这些手段都有利于顾客的参与设计,使快速和低成本的现代"量体裁衣"真正成为可能。另外,信息技术还可以使厂家及时了解掌握产品被消费者购买的情况。如,通过 EPOS——销售点信息获取(electric point of sale)系统,商场的销售信息可以直接迅速传递到生产部门,将顾客与生产系统联系到一起。销售点信息是通过红外线灯光传感器从条形码中获取的,每天、每小时或更短的时间,这些信息都会不断地传送给生产厂商,以使厂商可以更好地预测消费者的需要。

②各种先进的加工方法和柔性的制造技术使得定制化生产、满足客户特有的需求越来越成为可能。再拿衣服作例子,工业革命前,人们做衣服是裁缝手拿剪刀和缝纫完成的。在大规模生产方式中,工人是把衣料一层层叠好,在它的上面放一张纸样,用电剪沿边切好,裁出大量同样的衣服裁片,然后进行统一加工,这样就产生了尺寸、式样、颜色以及其他等方面完全一样的服装。而现在,新的激光加工方法则在完全不同的情况下进行操作。它不是一次裁剪10件、100件衣服,而是一次只裁一件。然而它实际上比迄今仍然采用的大量生产的方法要快,而且还便宜。它减少了浪费,而且不需库存。由于这些原因,据美国最大的服装制造商——吉纳斯柯公司的董事长称,"激光机器可以使用计算机编制程序,定做一件衣服很经济"。而各种模块化、参数化、可插接、可重构的制造加工和装配生产线,以及快速换模技术等,都是实现大规模定制化生产方式的重要手段。

③信息技术的发展使企业内各部门之间,以及企业与企业之间的沟通、协调和合作得到更进一步加强,从而使所有这些内外合作伙伴能够在产品全生产周期中共同满足客户的需要。企业内的管理信息系统和 Intranet 是企业内各部门之间信息传递和合作的有利手段。信息技术还有助于企业经营过程的重构。这

些都有利于实现大规模定制化生产方式。信息技术(如Internet、EDI、无线数据通信系统和便携式计算机)还可以加强企业与其供应商、分销商以及销售商场之间的信息沟通,加强整个供应链系统中的合作关系。特别是有助于企业之间进行动态联盟、组建虚拟公司,不仅能满足顾客的需要,还可以降低生产和管理成本。

5)建立良好的员工队伍

人是企业中最重要的资源。为了成功地实施大规模定制化生产方式,企业必须花力气建立和培养这样一支知识化、多技能、具有合作和团队精神的员工队伍。而这必须采取合理的员工选拔与教育培训相结合的措施来实现。

对员工的选拔应根据本人的素质、技能以及工作态度、工作能力水平来确定,采用适当的方法或工具进行测试。例如:个人资料审查法、推荐法、面试法、模拟法、性格和态度测试法、能力测试法以及综合法等。

员工的教育培训的内容主要包括:"知识"培训。即信息技术、先进制造技术以及各种新的管理理论、观念和方法;"技能"培训。即各项先进的操作技能,人际沟通技能;"态度"培训。即员工对团队工作的态度在企业内与人共事和交流的态度以及对待顾客的态度等;"文化"培训。即企业创业史、企业文化、经营理念等;培训的方式主要有在岗培训和离岗培训两种,另外,还要加强对培训工作的管理,建立一套培训评估体系,真正建立一支知识化、多技能、高能力水平的员工队伍。

15.3 敏捷制造

15.3.1 敏捷制造的产生

进入20世纪90年代以来,随着科学技术不断进步和经济的不断发展、全球化信息网络和全球化市场的形成及人们对新产品的不断追求,使得企业面临的市场环境发生了很大的变化,主要表现出以下特点:

(1)信息爆炸的压力

从信息时代演进到信息经济时代,新的经济体系正以史无前例的惊人速度产生信息,并在业务伙伴、员工及顾客间传递。这就迫切需要企业增强辨别信息的能力,将工作重心从如何迅速地获得信息转到如何准确地过滤和有效地利用各种信息。

(2)技术进步越来越快

新技术、新产品的不断涌现,一方面使企业受到空前未有的压力,另一方面也使每个企业员工受到巨大的挑战。有些公司预测它们将以每年20%的速率淘汰它们的员工,因为他们掌握的技能过时了。

(3)高新技术的使用范围越来越大

全球高速信息网使所有的信息都极易获得,高频宽数据传输技术使信息的交互运作和处理能力不断提高。面对一个机遇,可以参与同一竞争的企业越来越多,这也大大加剧了国际竞争的激烈性。

(4)市场和商务竞争的全球化

信息技术已成为企业再造的动力,将彻底改变经营理念和方法。目前出现的供应链管理、电子商务、虚拟公司以及其他许多观念和想法,使得企业在提高自身竞争力的同时,在全球范围内造就了更多的竞争者。

(5)国际化的劳务市场

商品市场国际化的同时也创造了一个国际化的劳动力市场。教育的发展使得原本相对专门的工作技能成为大众化的普通技能,从而使工人的工资不得不从他们原有的水平上降下来以维持他们同外来劳工的竞争优势。

(6)可持续发展的要求

在全球制造和国际化经营趋势日益明显的今天,维持生态平衡和环境保护的呼声越来越高。原材料、能源、淡水资源、技术工人、资金及其他资源的短缺,对企业的经营行为形成了很大的制约,而且这种影响在将来会越加严重。

(7)全球性技术支持和售后服务

赢得用户依赖是企业保持长盛不衰的竞争力的重要因素之一。赢得用户不仅要靠具有吸引力的产品质量,而且还要靠销售后的技术支持和服务。许多世界著名企业在全球拥有健全而有效的服务网就是最好的印证。

(8)日益增长的客户期望

经济的发展,大众知识水平的提高和激烈竞争带给市场的产品越来越多、越来越好,使客户的要求和期望也越来越高,消费者的价值观发生了显著变化,需求结构普遍向多样化、个性化的高层次发展,给企业的产品开发提出了更高的要求。

为了响应上述市场挑战,抓住市场机遇,振兴美国经济,1991年,美国里海大学的亚科卡等几位教授首次提出了敏捷制造(agile manufacturing,AM)的概念。他们在美国国会和国防部的支持下,建立了以13家大公司为核心的,有

100多家公司参加的联合研究组,并由通用汽车公司、波音公司、IBM、德州仪器公司、AT&T、摩托罗拉等15家著名的大公司和美国国防部代表共20人组成了核心队伍,经过3年时间,花费了500万美元,研究了美国工业界近期的400多篇优秀报告,于1994年向美国国会提交了一份"美国21世纪制造战略报告",在这份报告中,作者建议通过综合运用近年来在计算机技术基础上迅猛发展的产品制造、信息集成和通讯技术来构造一个全新的竞争系统。在这个系统中,最基本的目标是把产品生产所需的所有资源(包括企业内部的和分布在全球各地合作企业的),通过计算机和通讯技术联系在一起进行集中管理,优化利用。报告从这点出发,提出了一个崭新的工业生产模式——以虚拟企业(virtual enterprise)或动态联盟为基础的敏捷制造模式。

15.3.2 敏捷制造系统的基本要素

敏捷制造的目的可概括为:"将柔性生产技术,有技术、有知识的劳动力与能够促进企业内部和企业之间合作的灵活管理集成在一起,通过所建立的共同基础结构,对迅速改变的市场需求和市场实际做出快速响应"。从这一目标中可以看出,敏捷制造系统实际上主要包括三个要素:生产技术、管理技术和人力资源。

(1)敏捷制造的生产技术

敏捷性是通过将技术、管理和人员3种资源集成为一个协调的、相互关联的系统来实现的。首先,具有高度柔性的生产设备是创建敏捷制造企业的必要条件(但不是充分条件)。所必需的生产技术在设备上的具体体现是:由可改变结构、可测量的模块化制造单元构成的可编程的柔性机床组;"智能"制造过程控制装置;用传感器、采样器、分析仪与智能诊断软件相配合,对制造过程进行闭环监视,等等。

其次,在产品开发和制造过程中,能运用计算机能力和制造过程的知识基础,用数字计算方法设计复杂产品;可靠地模拟产品的特性和状态,精确地模拟产品制造过程。各项工作是同时进行的,而不是按顺序进行的。同时开发新产品,编制生产工艺规程,进行产品销售。设计工作不仅仅属于工程领域,也不只是工程与制造的结合。从用材料制造成品到产品最终报废的整个产品生命周期内,每一个阶段的代表都要参加产品设计。技术在缩短新产品的开发与生产周期上可充分发挥作用。

再次,敏捷制造企业是一种高度集成的组织。信息在制造、工程、市场研究、采购、财务、仓储、销售、研究等部门之间连续地流动，而且还要在敏捷制造企业与其供应厂家之间连续流动。在敏捷制造系统中，用户和供应厂家在产品设计和开发中都应起到积极作用。每一个产品都可能要使用具有高度交互性的网络。同一家公司的、在实际上分散、在组织上分离的人员可以彼此合作，并且可以与其他公司的人员合作。

最后，把企业中分散的各个部门集中在一起，靠的是严密的通用数据交换标准、坚固的"组件"（许多人能够同时使用同一文件的软件）、宽带通信信道（传递需要交换的大量信息）。把所有这些技术综合到现有的企业集成软件和硬件中去，这标志着敏捷制造时代的开始。敏捷制造企业将普遍使用可靠的集成技术，进行可靠的、不中断系统运行的大规模软件的更换，这些都将成为正常现象。

（2）敏捷制造的管理技术

"虚拟公司"是敏捷制造在管理上所提出的最创新思想之一。敏捷制造认为，新产品投放市场的速度是当今最重要的竞争优势。推出新产品最快的办法是利用不同公司的资源，使分布在不同公司内的人力资源和物资资源能随意互换，然后把它们综合成单一的靠电子手段联系的经营实体——虚拟公司，以完成特定的任务。也就是说，虚拟公司就像专门完成特定计划的一家公司一样，只要市场机会存在，虚拟公司就存在；该计划完成了，市场机会消失了，虚拟公司就解体。

多功能团队形式是敏捷制造企业具有的高度柔性的动态组织结构。因为，先进工业产品及服务的激烈竞争环境已经开始形成，越来越多的产品要投入瞬息万变的世界市场上去参与竞争。产品的设计、制造、分配、服务将用分布在世界各地的资源（公司、人才、设备、物料等）来完成。制造公司日益需要满足各个地区的客观条件。这些客观条件不仅反映社会、政治和经济价值，而且还反映人们对环境安全、能源供应能力等问题的关心。在这种环境中，采用传统的纵向集成形式是注定要失败的，必须采用具有高度柔性的动态组织结构。根据工作任务的不同，除了采用与其他公司合作，组建虚拟公司形式以外，还可以采取内部多功能团队形式，请供应者和用户参加团队，充分利用公司的各种资源。

（3）敏捷制造的人力资源

柔性可以使企业转变为一种通用工具，这种工具的应用仅仅取决于人们的想象力、创造性和技能，而不受设备限制。因此，在敏捷制造企业中唯一最宝贵的财富不是技术、不是厂房、也不是设备，而是人。只要有钱，设备、技术总是可以买到的，但是人，特别是知识渊博、有熟练技能、有突出的开创精神和有强烈的主人翁责任感的人，却不是一朝一夕所能培养起来的。一个企业内部的雇员消化吸收信息、对信息做出创造性响应的能力越强,成功的可能性就越大。因此,敏捷制造企业应该把不断对人员进行教育,提高人员素质,看作是企业管理层应该积极支持的一项长期任务,彻底克服大量生产企业在人员管理上把管理者与雇员之间看作是一种敌对关系的态度,积极探索和实施激励人的主动性和创造性的措施,为他们的发明和合理化建议能够得以实现创造条件。当然,作为敏捷制造企业的每个员工,也要不断学习、不断充实自己,学会从全局需要来考虑问题,把自己看作厂主,承担起为顾客服务的责任和义务,为企业的成功共同分忧和共担风险。

15.3.3 敏捷制造的基本特征

敏捷制造的基本特征可概括为:通过先进的柔性生产技术与动态的组织结构和高素质人员的集成,着眼于获取企业的长期经济效益;用全新的产品设计和产品生产的组织管理方法,对市场需求和用户要求做出灵敏和有效的响应。具体表现在以下几个方面:

(1)产品全生命周期的管理

敏捷制造采用柔性化、模块化的产品设计方法和可重组的工艺设备,使产品的功能和性能可根据用户的具体需要进行改变,并借助仿真技术让用户很方便地参与设计,从而很快地生产出满足用户需要的产品。另外,它还特别注重产品使用过程的管理,它对产品质量的理解是,保证在整个产品生产周期内达到用户满意;企业的质量跟踪将持续到产品报废,甚至直到产品的更新换代。

(2)多变的动态组织结构

敏捷制造以虚拟公司为基础,利用信息技术以最快的速度把供货商、销售商、设计单位或设计师,甚至用户联结在一起,形成企业联合体,充分利用企业内部优势和企业外部不同公司的优势来完成一定的任务项目。选择这些合作伙伴的依据是他们的专长、竞争能力和商誉。虚拟公司能把与任务项目有关的各领域的精华力量集中起来,形成单个公司所无法比拟的绝对优势。当既定任务一旦完成,公司即行解体。当出现新的市场机会时,再重新组建新的虚拟公司。虚拟公司这种动态组织结构,大大缩短了产品上市时间,加速产品的改进,使产品质量不断提高,也能大大降低公司开支,增加收益。

(3)长远的战略着眼点

敏捷制造采用先进制造技术和具有高度柔性的设备进行生产,这些具有高柔性、可重组的设备可用于多种产品,不需要像大批量生产那样,要求在短期内回收专用设备费用。而且这些设备容易变换,可在一段较长的时间内获取经济效益,所以它可以使生产成本与批量无关,做到完全按订单生产,充分把握市场中的每一个获利时机,使企业长期获取经济效益。

(4)基于互联网的信息开放、共享和集成

敏捷制造企业需要充分利用分布在各地的各种资源,要把这些资源集中在一起,以及把企业中的生产技术、管理和人集成到一个相互协调的系统中。为此,必须强调基于互联网的信息开放、共享和集成,建立新的标准结构来支持这一集成。这些标准结构包括大范围的通讯基础结构、信息交换标准等的硬件和软件。

(5)最大限度地调动和发挥人的潜能

敏捷制造提倡以"人"为中心的管理。强调用分散决策代替集中控制,用协商机制代替递阶控制机制。它的基础组织是"多学科群体"(multi-decision team),是以任务为中心的一种动态组合。也就是把权力下放到项目组,提倡"基于统观全局的管理"模式,要求各个项目组都能了解全局的远景,胸怀企业全局,明确工作目标和任务的时间要求,但完成任务的中间过程则由项目组自主决定。以此来发挥人的主动性和积极性。

显然,敏捷制造方式把企业的生产与管理的集成提高到一个更高的发展阶段。它把有关生产过程的各种功能和信息集成扩展到企业与企业之间的不同系统的集成。当然,这种集成将在很大程度上依赖于国家和全球信息基础设施。

15.3.4 敏捷制造的实施

(1)员工培训

将继续教育放在实现敏捷制造的首位,高度重视并尽可能创造条件使雇员能获取最新的信息和知识。今后的竞争,归根结底是人才的竞争,是人才所掌握的知识和创造力的竞争。有知识的人员是敏捷制造企业中最宝贵的财富。

(2)虚拟企业的组成和工作

从竞争走向合作,从互相保密走向信息交流,以全球通讯网络为基础,在互联网上了解到有专长的合作伙伴,在网络通讯中确定合作关系,又通过网络实施敏捷制造,实现最快速和高质量的新产品开发。

(3)计算机技术和人工智能技术的广泛应用

未来制造业中强调人的作用,丝毫没有贬低技术所起的作用。计算机辅助设计、辅助制造,计算机仿真与建模分析技术,都应在敏捷企业中加以应用。另外，还要提到“团件”（group ware），这是近来研究比较多的一种计算机支持协同工作（computer supported cooperative work，CSCW）的软件，称为 Group ware 是强调作为分布式群决策软件系统，它可以支持两个以上用户以紧密方式共同完成一项任务，例如有同样想法而又同时工作的人所用的文章大纲编辑器。人工智能在生产和经营过程中的应用，是另一个重要的先进技术的标志。从底层原始数据检测和收集的传感器，到过程控制的机理以至辅助决策的知识库，都需要应用人工智能技术。

（4）方法论的指导

所谓“方法论”，就是在实现某一目标，完成某一项大工程时，所需要使用的一整套方法的集合。我们强调，实现全企业的整体集成，是一项十分复杂的任务。对每一时期的每一项具体任务，都应该有明确的规定和指导方法，这些方法的集合就叫“集成方法论”。这样的方法论能帮助人们少走弯路，避免损失。这种效益，比一台新设备，一个新软件所能产生的有形的经济效益，要巨大得多，重要得多。

（5）环境美化

环境美化工作不仅仅指企业范围内的绿化，更主要是对废弃物的处理，主动地、有专门的组织积极地开展对废物的利用或妥善的销毁。

（6）绩效测量与评价

传统的企业评价总是着眼于可计量的经济效益，而对生产活动的评价，则看一些具体的技术指标。这种方法基本上属于短期行为的做法。对于敏捷制造、系统集成所提出的战略考虑，如缩短提前期对竞争能力有多少好处？如何度量企业柔性？企业对产品变异的适应能力会导致怎样的经济效益？如何检测雇员和工作小组的技能？技能标准对企业柔性又会有什么影响……这一系列问题都是在新形势、新环境下提出来需要解决的。又如会计核算方法，传统的会计核算主要适合于静态产品和大批量生产过程，用核算结果来控制成本，压缩原材料和直接劳动力的使用，是一种消极防御式的核算方法。这些都是不适应敏捷企业需要的，当前要采用一种支持这些变化的核算方法。如作业成本法（activity based costing）把成本计算与各种形式的经营活动相关联，是未来企业中很有希望的一种核算方法。合作伙伴资格预评是另一种评价问题，因为虚拟企业的成功必须要合作伙伴确有所长，而且应有很好的合作信誉。

（7）加强标准化和法律化建设步伐

目前产品和生产过程的各种标准还不统一，而未来的制造业的产品变异又非常突出，如果没有标准，不论对国家、对企业、对企业间的合作、对用户都非常不利。因此必须要强化标准化组织,使其工作能不断跟上环境和市场的改变,各种标准能及时演进。现行法规也应该随着国际市场和竞争环境的变化而演进,其中包括政府贷款、技术政策、反垄断法规、税法、税率、进出口法、国际贸易协定,等等。

(8)组织实践工作

外部形势要求在改变,内部条件也可以变,这时的关键就在于领导能否下决心组织变革,引进新技术,实现组织改革,实现放权,进行与其他企业的新形式的合作。现在不仅要求富于革新精神和善于根据敏捷制造的概念进行变革的个人,更需要而且是必然需要这样的小组,才能推动企业的变革。

敏捷制造面对的是全球化激烈竞争的买方市场,采用可以快速重构的生产单元构成的扁平组织结构,以充分自治的、分布式的协同工作代替金字塔式的多层管理结构,注重发挥人的创造性,变企业之间你死我活的竞争关系为既有竞争又有合作的"共赢"(win—win)关系。应该说,敏捷制造是美国众多学者、企业家、政府官员在美国企业面临的竞争压力下,正确总结和预测经济发展客观规律的产物,它是一次战略高度的变革,必将成为21世纪企业的最具竞争力的崭新生产方式。

15.4 供应链管理

15.4.1 供应链的概念及特征

(1)供应链的概念

传统的供应链概念局限于企业的内部操作层上,注重企业自身的资源利用,认为供应链是制造企业中的一个内部过程,它是指把从企业外部采购的原材料和零部件,通过生产转换和销售等活动,再传递到零售商和用户的一个过程。后来供应链的概念注意了与其他企业的联系,注意了供应链的外部环境,认为它应是一个"通过链中不同企业的制造、组装、分销、零售等过程将原材料转换成产品,再到最终用户的转换过程",这是更大范围、更为系统的概念。

近年来,供应链的概念更加注重围绕核心企业的网链关系,如核心企业与供应商、供应商的供应商乃至与一切前向的关系,与用户、用户的用户及一切后向的关系。此时对供应链的认识形成了一个网链的概念,像丰田、耐克、尼桑、麦当劳和苹果等公司的供应链管理都从网链的角度来实施。这些概念同时强调供应链的战略伙伴关系问题。

综合上述理解,可对供应链作如下定义:供应链是围绕核心企业,通过对信息流、物流、资金流的控制,从采购原材料开始,制成中间产品以及最终产品,最后由销售网络把产品送到消费者手中的将供应商、制造商、分销商、零售商、直到最终用户连成一个整体的功能网链结构。

根据这一定义,供应链是一个范围更广的企业结构模式,它包含所有加盟的节点企业,从原材料的供应开始,经过供应链中不同企业的制造加工、组装、分销等过程直到最终用户。它不仅是一条连接供应商到用户的物料链、信息链、资金链,而且是一条增值链,物料在供应链上因加工、包装、运输等过程而增加其价值,给相关企业带来收益。

根据以上供应链的定义,其结构可以简单地归纳为如图 15.1 所示的模型。

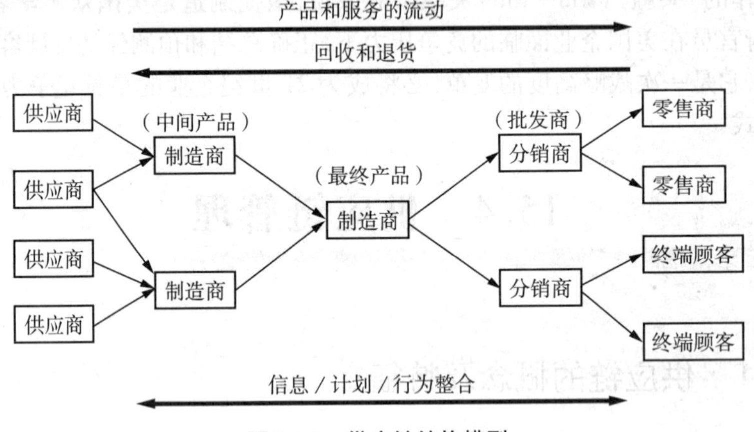

图 15.1　供应链结构模型

从图 15.1 中可以看出,供应链是一个网链结构,由围绕核心企业的供应商、供应商的供应商和用户、用户的用户组成,核心企业可以是产品制造企业,也可以是大型零售企业(如美国的沃尔玛等),一个企业是一个节点,节点企业和节点企业之间是一种需求与供应关系。节点企业在需求信息的驱动下,通过供应链的职能分工与合作(生产、分销、零售等),以资金流、物流或/和服务流为媒介实现整个供应链的不断增值。

(2)供应链的特征

供应链主要具有以下特征:

①复杂性。因为供应链节点企业组成的跨度(层次)不同,供应链往往由多

个、多类型甚至多国企业构成,所以供应链结构模式比一般单个企业的结构模式更为复杂。

②动态性。供应链管理因企业战略和适应市场需求变化的需要,其中节点企业需要动态地更新,这就使得供应链具有明显的动态性。

③面向用户需求。供应链的形成、存在、重构,都是基于一定的市场需求而发生,并且在供应链的运作过程中,用户的需求拉动是供应链中信息流、产品/服务流、资金流运作的驱动源。

④交叉性。节点企业可以是这个供应链的成员,同时又是另一个供应链的成员,众多的供应链形成交叉结构,增加了协调管理的难度。

15.4.2　供应链管理的概念及要素

(1)供应链管理的概念

供应链管理是对供应链中从供应商到最终用户的物流、信息流、资金流进行集成化管理的思想和方法。例如,美国生产和库存控制协会(APICS)认为:“供应链管理是计划,组织和控制从最初原材料到最终产品及其消费的整个业务流程,这些流程链接了从供应商到顾客的所有企业。供应链包含了由企业内部和外部为顾客制造产品和提供服务的各职能部门所形成的价值链”。美国供应链协会(SCC)认为:“管理供给与需求,采购原材料和零部件,生产与组装,跟踪仓储与库存,订单录入与管理,通过各种渠道分销,最后运送给客户”。全球著名的供应链管理学者李效良(Hau L. Lee)博士则认为:“发生在企业网络之间的整合行为,包括获取原材料,将它们转变成中间产品然后是成品,通过一个配送系统将商品运送给客户。”

在这些定义中,贯穿始终的思想就是在供应链参与者之间协作或整合与产品相关的行为来提高运营效率、质量与客户服务,为所有协作的成员企业创造竞争优势。因此,为了实现成功的供应链管理,企业之间必须通过信息共享开展合作,共享的信息包括需求预测、生产计划、产能的变化、新的市场战略、新的产品和服务、新技术、采购计划、装运日期以及其他任何影响企业采购、生产和配送计划的信息。

供应链中的企业可以相对自由地进入或离开供应链,这取决于供应链是否能给它们带来利益。正是这种市场化的组织形式使得供应链管理比纵向一体化管理模式更加有效。例如,当某种物料或产品供应短缺同时价格上涨时,一家公司就会发现与这样的供应商建立联盟比较有利,可以保证短缺物品的持续供应。

这种联盟对双方都有利,对供应商来说,它们得到了新的市场并导致新的、未来产品的销售机会;对采购方来说,它们得到了长期的供货及稳定的价格。此后,当新的竞争者生产这种短缺的产品或需求下降时,供应商对采购方来说或许就不再有价值。采购方反而会发现与其他潜在的供应商磋商会带来更大的利益,这样它会决定与原有供应商取消联盟关系。由此可以看出,供应链是经常变动的,会给有效管理带来很一定的问题。

(2)供应链管理的要素

供应链管理的几个重要因素包括采购、运营、配送和整合,这些要素构成了供应链管理的重要内容,见表15.3。

表15.3 供应链管理的要素

供应链要素	重要内容
采 购	供应商联盟、供应商管理、战略采购
运 营	需求管理、MRP、ERP、JIT、TQM
配 送	运输管理、CRM、网络设计、服务化物流
整 合	协作/整合行为、全球整合问题、供应链评估

1)采购要素

传统的买方—供应商关系注重多重采购、竞标,使用短期合同;这些相互冲突的关系导致买方与供应商之间经常处于敌对关系,买方只关心采购价格,而不是供应商的能力和它对买家长期竞争力的贡献。近来,为了获得竞争优势,出现与供应商建立长期关系的趋势。采购是供应链管理中一项极其重要的因素,因为买方—供应商关系以及供应商的能力决定着进货物料质量、送达时间、采购价格等因素。供应商的问题最终会导致最终消费品的客户付出的多而得到的少。例如,TaylorMade Golf是一家一流高尔夫球俱乐部的产品制造商,它们在几年前就给供应商制定了严格的规定,因为那时客户经常抱怨订单延迟交付。“我们公司有足够规模来规划供应链及其如何运行”,该公司全球运营副总裁说,“但是我们仍然为我们共同利益而工作的供应商建立合作伙伴关系”。

在采购中一项至关重要的问题就是供应商管理(supplier management)。简单地说,就是采用一些办法让供应商做企业想要的事情,包括评估供应商现有能力,然后列出如何提高它们的措施。因此,供应商管理中一项重要的工作就是供应商评估(supplier evaluation)。这种评估或是针对将来发生采购的潜在供应商,或是对现有供应商执行能力的阶段评估。另一项密切相关的工作是供应商认证(supplier certification)。认证项目可以是公司自己制定并执行的,也可以是国际公认的标准程序,如ISO 9000系列认证。供应商认证使得买方假设供应商符合产品质量和服务的要求,因此减少买方重复的测试、监督和更深入的评估。

经过一段时间,认真有效的供应商管理会使企业淘汰掉绩效差的供应商,与那些绩效最好的供应商建立成功的、相互信任的关系。这样的供应商会给买方和供应链带来最大的好处,有利于提高买方的竞争力。而供应商也会从这种长期的、大批量的采购和约中受益。这样的交易关系被称为战略合作伙伴关系(strategic partnership),它是供应链管理的基础。

2)运营要素

当物料、零部件和其他采购的产品被运到买方,在组装或者将零部件成品化的过程中,一系列的内部运营工作变得十分重要,以确保所生产的产品数量准确,并满足特定的质量、成本和客户服务的要求。

在一年中需求经常发生季节性的变化。根据历史需求模型,公司可以预测这种变化何时发生,并利用预测技术指导周(月)生产计划。如果需求与预测不相符,那么企业要么是出现大量库存(或服务能力过剩),要么是无法满足需求。这两种情况都会导致公司资金损失甚至永久丢失将来的生意。为使这些损失最小化,企业依靠需求管理战略和系统,以生产能力和需求相匹配为目标,或者是改进生产计划、压缩需求、延期交货,或者是增加生产能力。

控制或管理库存是运营管理的一个重要方面,对公司有重要价值。企业一般都使用MRP软件系统管理库存。这个系统可以通过ERP贯穿整个企业并连接供应链伙伴,为供应链成员提供实时销售数据、库存和生产信息。这些系统的结构根据产品的复杂程度和供应链的设计可以有很多变化。零售商(如沃尔玛)扫描顾客所购商品的条形码,引发本地MRP系统从库存数据中减掉所购商品的数量,直到触发再订货的规定条件。当这种情况发生时,本地计算机系统会自动通知配送中心的MRP系统并生产一份订单。在配送中心,订单得到执行并根据相同的目的地进行汇总,然后送到每家沃尔玛门店。最后,当配送中心的库存需要补货时,配送中心的MRP系统会自动生成标有制造商名单的订单。这种订单的沟通和库存可视化(inventory visibility)会向供应链的后端延伸,从而减少类似的缺货和超额库存问题。

库存管理的另一种形式是应用准时制生产系统(JIT production system)。与MRP相反,其目的是建立快速、灵活的系统,以便能够延迟最后的组装,直到接到下游客户的订单才开始。戴尔公司就是如此,客户可以通过电话、互联网来定制他需要的计算机,一旦订单生成,戴尔马上将现货和零部件进行组装并在几天之内送货。因此,戴尔可以大批量生产电脑同时提供给客户定制化的产品。

JIT生产的一个重要方面是,必须保证所采购物品的质量以及它们通过各种生产过程中的组装件的质量。这是由采购物品及在制品的低库存所决定的。因此,应用 JIT 的企业和供应链会采取 TQM 战略来保证供应商和内部生产的持续质量稳定。在设计供应链的时候,考虑使用哪种类型(MRP 还是 JIT)的库存控制系统非常重要(如在什么地方建配送中心,使用什么样的运输服务,各种生产设备和仓库建多大)。

3)配送要素

当产品完成以后,它们通过各种运输方式被送到客户手中。按照规定的时间、质量和数量将产品运送给客户,需要公司和客户之间高水平的计划与协作,涉及各种配送要素和服务(如运输、仓储、拆分和再包装服务)。许多情况下服务是在同一时间被生产和传递给客户的,所以服务非常依赖服务者的能力和成功的服务传递以满足客户要求。

运输管理决策一般会涉及成本与运送时间或客户服务水平的取舍问题。汽车运输比铁路运输成本高,但速度和机动性更强,特别是针对短途运输。航空运输最贵,但比其他任何一种运输方式都快。水运是最慢的运输方式同时也最便宜。最后,管道运输用来运送石油、水、天然气和煤浆。许多运输服务提供多种运输方式的组合,同时提供仓储和清关服务。在一个 JIT 运输成为标准的整合的供应链环境中,运输服务对于整个供应链的成功至关重要。在许多企业案例中,这些服务提供商被视为供应链的合作伙伴并增强了供应链的核心价值。

配送需要输出的是客户服务。为了向客户提供他们所急需的服务,企业必须明确客户的需求,并提供运输、仓储、包装和信息服务的正确组合,成功地满足客户的要求。通过与客户经常性的联系,企业总结出客户关系管理(CRM)战略,包括:如何满足预定日期的送货?如何成功地解决客户投诉?如何与客户沟通?如何决定所需要的配送服务?从供应链管理的角度,这些应对客户的行为都增添了配送的重要性,因为在供应链中第二级、第三级和最终产品的客户都直接受益于供应链内部各个阶段配送的效率。

设计和建立配送网络是保证成功实现商品运送的一种方法。这同样涉及两方面的取舍问题,一方面是设计配送系统的成本,一方面是客户服务。例如,一家企业为了将产品迅速送到客户手中,可能会利用数量众多的区域或本地仓库。从工厂到仓库的运输成本、仓库的维护成本、建设和运营仓库的成本都将非常高,而换回来的是更好更灵活的客户服务。另一种情况,企业可能只选择几家高度分散的仓库,节约输入成本、仓库维护成本、仓库的建设和运营成本,但这种情况下只具备有限的客户服务能力。因此,在设计配送网络的时候,客户的要求和市场竞争程度扮演着重要的角色。

对于服务产品而言,物理的配送问题一般不太复杂。确保服务及时地提供是服务化物流的主题。在许多情况下,服务就是当客户提出需求后由服务者提供的。例如,设想一位客户走进银行为一辆二手车申请贷款。在这笔交易中他可能会接触到三名银行职员,但最终他会完成贷款申请、贷款批准、收到贷款,假设它的贷款获得批准。之后他对服务感到满意并离开。这一过程中,该客户得到了他想要的东西(贷款),得到了他所预期的服务(合理的等候时间、专业知识精通的服务者),并以某种价格得到他所需要的产品(一段时间内的一个很好的利率)。

所以,成功的服务应依靠提供服务的地点(服务的提供者必须靠近他们想提供服务的客户)、提供服务的能力(如果等候时间太长客户就会离开)、服务的技能(客户信任他们被告知的服务内容)。耐用消费品的生产厂家必须关注他们随商品提供的服务,如提供保修和信息、理财、保险、设备问题检修和操作培训。所有的企业都必须认识到服务的地点、能力和技能对客户满意度的影响。

4)整合要素

最后一个要素,当然也是最困难的一个要素就是在供应链成员之间相互协作,希望做到无缝整合前面各种要素。

供应链中的各种行为需要协同运作,因为当供应链的成员一起工作,制定生产、仓储、运送和采购决策时会影响供应链利润。如果其中的一个行为失败或运转很差的话,链条的供应就会中断,危及整个供应链的效率。成功的供应链整合(supply chain integration)需要参与者意识到供应链管理必须成为所有公司战略计划过程的一部分,其中的目标和决策都是以终端客户的需求和供应链整体的良性运转为出发点而联合制定的。最终,企业协同工作制定在供应链各级的最佳采购数量、产品实用性、服务水平、交货时间、生产数量以及技术和产品支持,实现供应链整体效益最大化。

在这个过程中也需要成员企业更好的内部职能整合,这样供应链才会成为一个整体。这种供应链整合的观念同原有各家公司追求本公司利润最大化的目标常常相反,致使在许多供应商—买家—客户的关系中,供应链整合很难被接受。因此,持续的努力要求我们打破障碍、转变观念、改变敌对关系、减少冲突、在企业内部和企业之间的各种障碍之间架设桥梁,直至供应链整合成为现实。

如果一家企业是全球经营,那么它的供应链会非常复杂,使得它的供应链整合也更加困难。国外和新兴市场增长的产品需求、国内市场增长的外国竞争以及在一些国家较低的生产成本,使得海外业务对许多公司来说都是很平常的事情。企业应该明白在全球范围内经营的风险和优势,以及这些对其全球供应链的影响。一些优势包括:更大的产品销售市场;在采购和生产实现的规模经济效益,可以减少成本;更低的劳动力成本;进入国外供应基础,得到低价、高质量的海外供应商;得到国外雇员;来自于这些海外供应商和雇员有关新产品的设想。一些风险包括:汇率的变动会影响生产、仓储、采购和销售价格,即经营风险暴露;政府的干预和政策不确定性导致补助金、关税、税收或企业经营法律的改变;错误地判断海外客户特有的需求以及对产品的当地反应。

企业可以通过建立灵活的全球供应链来应对这些问题,例如可以在不同国家地区选用一批供应商、制造商和仓储企业。随着产品需求和经济环境发生变化,供应链会做出相应变化并从机会和成本变化中获取最大的效益。

供应商绩效评估(supply chain performance measurement)系统的应用是供应链整合过程中非常重要的工作。绩效评估可以帮助企业制定短期策略,确定采购、运营、仓储和整合环节的重点。绩效评估应该围绕短期策略进行设计,而不只是一些销售数据和库存水平。

只有各家公司的战略都能很好地适应整个供应链战略,才会有高水平的供应链运转。因此,每位供应链成员都要知道自身在供应链中的角色、终端客户对它的需求、直接客户对它的需求,并将这些需求转化为公司内部运营的要求和对供应商的需求。当这些需求以及产品和服务可以在供应链中有效地沟通和传递时,成功的供应链及其效益就可以实现。

15.4.3 供应链合作伙伴关系的建立

(1)供应链合作关系的含义

供应链合作关系,也就是供应商—制造商(supplier—manufacturer)关系,或称为供应商—买方(supplier—buyer)关系、供应商关系(supplier partnership)。供应链合作关系可以定义为供应商与制造商之间,在一定时期内的共享信息、共担风险、共同获利的协议关系。

从企业发展的历史上看,企业关系大致经历了3个发展阶段。从传统的企业关系过渡到创新的合作企业关系模式,经历了从以生产物流相结合为特征的物流关系,到以战略协作为特征的合作伙伴关系的过程。

在20世纪70年代以前的传统企业关系中,供应管理就是物流管理,企业关系主要是以生产为中心的买卖关系。基于这种企业关系,企业的管理理念是以生产为中心的,供销处于次要的、附属的地位。企业间很少沟通与合作,更谈不上企业间的战略联盟与协作。

从20世纪70年代到80年代传统的企业关系向物流关系转化,JIT和TQM等管理思想起到了推动作用。为了达到生产的均衡化和物流同步化,必须加强部门间、企业间的合作与沟通。但是,基于简单物流关系的企业合作关系,可以认为是一种处于作业层和技术层的合作。在信息共享、协作性、同步性、群体决策、柔性等方面都不能很好地适应越来越激烈的市场竞争,企业需要更高层次的合作与集成,于是产生了基于战略伙伴关系的企业模型。

从20世纪90年代开始,出现了具有战略合作伙伴关系的企业,体现了企业内外资源集成与优化利用的思想。基于这种企业运作环境的产品制造过程,从产品的研究开发到投放市场,周期大大地缩短了,而且顾客定制化(customization)程度更高,模块化、标准化的生产模式使企业在多变的市场中柔性和敏捷性显著增强,虚拟制造与动态联盟加强了业务外包这种策略的利用。企业集成即从原来的中低层次的内部业务流程重组(BPR)上升到企业间的协作。在这种企业关系中,市场竞争的策略最明显的变化就是基于时间的竞争(time-based)和基于价值的供应链管理。

供应链合作关系的形成在于降低供应链总成本,增强信息共享、供应链成员之间操作的一贯性,以实现供应链节点企业的财务状况、质量、产量、交货期、用户满意度和业绩的改善和提高。显然,战略合作关系必然要求强调合作和信任。

(2)供应链合作伙伴的类型

出于成本最小化需要,供应链合作关系的建立需要尽可能减少供应商数量,在全球市场范围内寻找最杰出的合作伙伴。这样可以把合作伙伴分为两个层次:重要合作伙伴和次要合作伙伴。重要合作伙伴是少而精的、与制造商关系密切的合作伙伴,而次要合作伙伴是相对多的、与制造商关系不很密切的合作伙伴。供应链合作关系的变化主要影响重要合作伙伴,而对次要合作伙伴的影响较小。

根据合作伙伴在供应链中的增值作用和他的竞争实力,可将合作伙伴分成不同的类别,分类矩阵见图15.2。

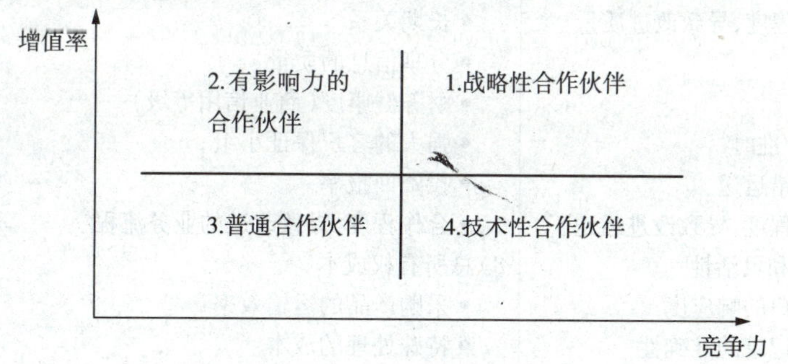

图15.2 合作伙伴分类矩阵

纵轴代表合作伙伴在供应链中增值的作用,对于一个合作伙伴来说,如果他不能对增值做出贡献,他对供应链的其他企业就没有吸引力。横轴代表某个合作伙伴与其他合作伙伴之间的区别,主要是设计能力、特殊工艺能力、柔性、项目管理能力等方面的竞争力的区别。

在实际运作中,应根据不同的目标选择不同类型的合作伙伴。对于长期需求而言,要求合作伙伴能保持较高的竞争力和增值率,因此最好选择战略性合作伙伴;对于短期或某一短暂市场需求而言,只需选择普通合作伙伴满足需求则可,以保证成本最小化;对于中期需求而言,可根据竞争力和增值率对供应链的重要程度的不同,选择不同类型的合作伙伴。

(3)供应链合作伙伴的选择

为了鉴别出最好的和值得信赖的合作伙伴,建立供应链战略合作伙伴关系,需要一套有效的评价体系。表15.4列出了合作伙伴常用的评价指标。

表15.4　合作伙伴的评价指标

1)成本/价格	• 运送时间表的变化
• 有竞争力的价格	• 新产品开发的参与程度
• 降低成本的有效性	• 对合作伙伴的接纳
• 减少成本计划	5)环境
• 愿意商讨价格	• 对环境的责任
• 库存成本	• 环境保护认证如 ISO 14000
• 运输成本	• 合作程度,导致环境问题的改进
• 合作程度,导致改进成本	6)技术
2)质量	• 应用经证实的生产技术加以改进
• 统计过程控制	• 领先产品和服务的设计
• 持续过程改进	• 合作程度,导致技术提高
• 认证的质量计划,如 ISO 9000	7)商业指标
• 担保	• 在行业内的商誉和领导地位
• 合作程度,导致改进质量	• 长期关系
3)送货	• 分享信息的质量
• 迅速	• 财务健康度(商业信用等级)
• 可靠/准时	• 强大的客户保证小组
• 无差错运送	• 投资回报率
• 合作程度,导致改进运送	• 合作程度,导致改进的业务流程
4)响应度和灵活性	8)总所有权成本
• 对客户的响应度	• 采购产品的运输效率
• 保持记录的准确性	• 特殊处理的成本
• 团队工作的效率	• 为满足买方时间表和运输需求,发生的额外成本
• 针对需求短期变化的灵活性	• 缺陷的成本、返工的成本、解决与采购相关问题的成本

选择合作伙伴的方法较多，一般要根据供应商的多少、对供应商的了解程度以及对物资需要的紧迫性等要求来确定。常用的方法有以下几种。

1）直观判断法

直观判断法是根据征询和调查所得的资料并结合人的分析判断，对合作伙伴进行分析、评价的一种方法。这种方法主要是倾听和采纳有经验的采购人员意见，或者直接由采购人员凭经验作出判断。常用于选择企业非主要原材料的合作伙伴。

2）招标法

当订购数量大、合作伙伴竞争激烈时，可采用招标法来选择适当的合作伙伴。它是由企业提出招标条件，各招标合作伙伴进行竞标，然后由企业决标，与提出最有利条件的合作伙伴签订合同或协议。招标法可以是公开招标，也可以是指定竞级招标。公开招标对投标者的资格不予限制；指定竞标则由企业预先选择若干个可能的合作伙伴，再进行竞标和决标。招标方法竞争性强，企业能在更广泛的范围内选择适当的合作伙伴，以获得供应条件有利的、便宜而适用的物资。但招标法手续较繁杂，时间长，不能适应紧急订购的需要；订购机动性差，有时订购者对投标者了解不够，双方未能充分协商，造成货不对路或不能按时到货。

3）协商选择法

在供货方较多、企业难以抉择时，也可以采用协商选择的方法，即由企业先选出供应条件较为有利的几个合作伙伴，同他们分别进行协商，再确定适当的合作伙伴。与招标法相比，协商方法由于供需双方能充分协商，在物资质量、交货日期和售后服务等方面较有保证。但由于选择范围有限，不一定能得到价格最合理、供应条件最有利的供应来源。当采购时间紧迫、投标单位少、竞争程度小，订购物资规格和技术条件复杂时，协商选择方法比招标法更为合适。

4）采购成本比较法

对质量和交货期都能满足要求的合作伙伴，则需要通过计算采购成本来进行比较分析。采购成本一般包括售价、采购费用、运输费用等各项支出的总和。采购成本比较法是通过计算分析针对各个不同合作伙伴的采购成本，选择采购成本较低的合作伙伴的一种方法。

5）ABC 分析法

鲁德霍夫（Roodhooft）和科林斯（Jozef Konings）在 1996 年提出基于活动的成本（activity based costing approach）分析法，通过计算合作伙伴的总成本来选择合作伙伴，他们提出的总成本模型为：

$$S_i = (p_i - p_{\min}) \times q + \sum_j c_j \times D_{ij}$$

式中 S_i——第 i 个合作伙伴的成本值；

P_i——第 i 个合作伙伴的单位销售价格；

$p_{\min}$——合作伙伴中单位销售价格的最小值；

q——采购量；

c_j——因企业采购相关活动导致的成本因子 j 的单位成本；

D_{ij}——因合作伙伴 i 导致的在采购企业内部的成本因子 j 的单位成本。

这个成本模型用于分析企业因采购活动而产生的直接和间接的成本的大小。企业将选择 S_i 值最小的合作伙伴。

6)层次分析法(AHP)

该方法是 20 世纪 70 年代由运筹学家 Satty 教授提出的,它的基本原理是根据具有递阶结构的目标、子目标(准则)、约束条件、部门等来评价方案,采用两两比较的方法确定判断矩阵,然后把判断矩阵的最大特征相对应的特征向量的分量作为相应的系数,最后综合给出各方案的权重(优先程度)。由于该方法让评价者对照相对重要性函数表,给出因素两两比较的重要性等级,因而可靠性高、误差小,不足之处是遇到因素众多、规模较大的问题时,该方法容易出现问题,如判断矩阵难以满足一致性要求,往往难于进一步对其分组。它作为一种定性和定量相结合的工具,目前已在许多领域得到了广泛的应用。

(4)建立供应链战略合作伙伴关系的步骤

供应链战略合作关系的建立是一个复杂的过程,涉及企业结构、观念的改变。建立供应链战略合作关系一般要经过如下步骤:

①建立供应链战略合作关系的需求分析。在合作关系的需求分析阶段,必须得到最高管理层的支持,并且合作企业之间要保持良好的沟通,建立相互信任的关系。高层需要了解相互的企业结构和文化,解决社会、文化和态度之间的障碍,并适当地改变企业的结构和文化,同时在企业之间建立统一的运作模式,解决业务流程和结构上存在的障碍。

②选择供应链合作伙伴。在供应商评价和选择阶段,总成本和利润的分配、文化兼容性、财务稳定性、合作伙伴的能力和定位(自然地理位置分布)、管理的兼容性等将影响合作关系的建立。必须增加与主要供应商和用户的联系,增进相互之间的了解(对产品、工艺、组织、企业文化等),相互之间保持一定的一致性。

③建立战略合作关系。到了供应链战略合作关系建立的实质阶段,需要进

行期望和需求分析，相互之间需要紧密合作，加强信息共享相互进行技术交流和提供设计支持。

④实施和加强战略合作关系。在实施阶段，相互之间的信任最为重要，良好愿望、柔性、解决矛盾冲突的技能、业绩评价（评估）、有效的技术方法和资源支持等都很重要。

建立真正的战略合作伙伴关系是一件不容易的事。根据美国企业家联合会2000年针对455名CEO进行的调查，导致供应链战略联盟失败的主要原因有：①过于乐观；②沟通不利；③缺少利益共享；④见效慢；⑤缺少财务支持；⑥对运营原则理解错误；⑦文化交流有障碍；⑧缺少联盟的经验。

思考与练习

1. 精益生产的基本原理是什么？
2. 精益生产的主要内容包括哪几个方面？
3. 大规模定制化生产与大批量生产方式有何区别？
4. 大规模定制化生产常用的定制方法有哪些？
5. 敏捷制造的基本特征是什么？它的三要素是什么？
6. 供应链合作关系的含义是什么？
7. 供应链管理的要素有哪些？
8. 供应链合作伙伴的类型与选择方法有哪些？

附录 A 课程实验

1 前 言

1.1 实验教学的重要性

加强实验教学是运营管理课程的特点之一,也是该课程的教学难点。虽然在理论课上已讲授了生产与运作管理的概念和理论、原理和方法等知识,但实际上并不能使学生对运营管理产生足够的认识,真正的领悟只能来自于第一手经验。对课程的教学内容,有一定实践经验的人会比较容易理解,而缺乏社会实践和作业实践的学生却常常视为空洞的教条。加强实验和课程设计等实践环节,可以缩短理论与实践的距离,在生产与运作管理的教学过程中起着重的作用。

1.2 实验设备配备

在生产与运作管理实验室中,应配备一台数据库服务器、一台 Web 应用服务器和根据学生人数确定的一定数量的学生用计算机。并且以 TCP/IP 协议互联成局域网,同时每台机器均可连接 Internet。

数据库服务器应安装 Windows 2000 Server 操作系统和 SQL 2000 Server 数据库管理系统,主要提供网络服务和数据库服务。Web 应用服务器安装 Windows 2000 Server 操作系统和服务组件,主要为客户端提供程序调用的业务逻辑规则,以完成其业务操作并提供 Web 服务,同时负责连接数据库服务器中的数据库。

学生机安装 Windows XP 操作系统、生产系统建模与控制仿真 Witness 软件以及 Office 2003 系列办公自动化软件。办公自动化软件中包括 Excel 2003、Project 2003、Visio 2003 等必要的计算、项目管理和制图工具。

适量的桌椅,其他模拟道具(如纸杯、扑克、棋子等)。

1.3 实验建议

①本教材提供的实验项目,教师可以根据课时选择使用,有多种方案的实验也可选择其中一种方案。

②实验中的实例,作为学生验证实验参考,学生应在验证实验基础上再完成类似问题的设计或综合性实验。

③为保证规定的时间内完成实验,教师应提醒学生实验前认真阅读"准备知识",熟悉实验的内容和过程。

2 实验项目

2.1 用 Excel 解决运营管理中的线性规划问题

2.1.1 实验目的

①了解微软 Excel 的高级功能,熟悉其基本操作。

②会用微软 Excel 解决运营管理中线性规划问题。

2.1.2 准备知识

1)了解运营管理中的线性规划问题,见表 A.1。

表 A.1 运营管理中的线性规划问题

项　目	问题求解
总生产计划	找出成本最小的生产方案,包括生产率转换成本、给定的劳动力水平和存货水平。
产品组合计划	找出不同成本和不同原料需求的集中产品的最优组合,使能力利用最大化。

续表

项　目	问题求解
服务生产率分析	比较不同的服务模式的效率。
工厂选址	通过对自身、供应源、需求源之间运输成本的不断评估找出最优的新厂地址。
过程控制	从一卷或一张原料上裁减时使废弃材料最小化。
库存控制	找到仓库库存的最优组合。
运输方案	找出从工厂到仓库或仓库到零售商的为分销产品而采用的最优的运输方案。
原料处理	找出工厂内不同部门原料处理设备的安排，以及将原料用不同容量和不同能力的运输工具，从供应地到工作地行程安排，使成本最小化。

2）熟悉 Excel 软件提供的最优化算法，会创建规划求解报表。

①定义和解决问题的操作。

②求解并创建规划求解报表。

2.1.3　实验内容与步骤

基本资料：某公司生产 R 和 E 产品，每件 R 产品利润为 3 元，E 产品利润为 6 元。每件 R 产品在 A 车间生产 4 h，B 车间生产 2 h。每件 E 产品在 A 车间生产 6 h，B 车间生产 6 h，C 车间生产 1 h。A 车间每天可用生产能力 120 h，B 车间每天可用生产能力 72 h，C 车间每天可用生产能力 10 h。如果希望利润最大化，每天怎样安排 R，E 产品生产数量。

实验任务：

①建立规划问题的电子表格。

②定义和求解此问题。

③创建规划求解报表。

2.1.4　实验报告的要求

①完成用 Word 编辑文稿的实验报告。

②实验报告内容包括：实验目的、实验内容与步骤、实验结果（用图表的形式）、实验体会。

2.1.5 问题思考

在运营管理中还有那些问题,可用Excel软件来计算。

实例来源:蔡斯,等,著. 运营管理[M]. 任建标,等,译. 北京:机械工业出版社,2003.

2.2 流水生产系统仿真实验

2.2.1 实验目的

①掌握Witness软件的基本使用方法。

②能够就简单的生产系统进行建模仿真。

2.2.2 准备知识

(1)Witness仿真软件认知

Witness是Lanner Group公司主要针对离散事件系统的可视化交互型仿真软件。其功能包括投资项目评估、现有设备改进、参数变化管理等。Witness使用简单,模型可分阶段建立,而且在模型运行时可随时改变。它广泛应用于制造业、服务业建模与控制仿真。

Witness主要特点:交互式面向对象的建模环境;实时的彩色动画演示;直观灵活的报告输出;建模、仿真运行可交叉进行;丰富的模型元素(物理元素、逻辑元素);友好的交互界面。

(2)Witness的模型建立

1)建立步骤:

①确定目标;②决定模型中细节的范围和等级;③收集数据;④构造模型;⑤运行模型;⑥测试模型;⑦显示结果。

2)构造模型:

①Witness的元素;②离散元素的建立、定义与连接。

2.2.3 实验内容与步骤

基本资料:某公司有一条加工零件(widget)的生产线,需要经过称重(weigh)、冲洗(wash)、加工(produce)和检测(inspect)4个工序的操作。各工序时间分布特征为:称重工序时间服从均值为5 min的负指数分布;清洗工序时间服从均值为4.5 min的负指数分布；加工工序时间服从均值为4 min的负指数分布；检测工序时间服从均值为3 min的负指数分布。每道工序的每台机器上每次只能加工一个零件，工序之间零件依靠输送链运输，零件通过每条输送链的时间为10 min。其中加工工序的机器每运行50 min，就需要一个工人来进行一次检修，检修时间长短服从均值为10 min的负指数分布；同时该工序每加工完10件产品，就需要调整一次刀具，调整刀具同样需要一名工人工作，调整刀具时间长短服从均值为8 min的负指数分布。

实验任务：

假设零件数量足够多，试建立该系统的仿真模型，模拟在一天时间，并解决下列问题：

①获取每台机器的利用率、输送链的物流量、生产线的产量。

②对上述数据进行分析，发现生产或物流运输瓶颈，提出改善方案(注：可以采取添加机器、工人、输送链等方法)；然后根据改善方案，对原模型进行修改，仿真运行同样的时间长度，获得统计数据。

③比较分析原系统和改善后的系统运行结果。

2.2.4 实验报告的要求

①撰写实验报告，并用Word编辑文稿。

②实验报告内容包括：实验目的、实验内容与步骤、实验结果(模型的不同参数运行得出的结果进行对比，找出影响流水生产线效率的因素)、实验体会和实验中存在的问题。

2.2.5 思考题

①流水生产线的主要特点是什么，有何缺点？

②影响流水生产线效率的因素是什么，如何改进？

实例来源：北京威特尼斯科技中心相关资料 http://www.witness-china.com/.

2.3 物料需求计划(MRP)的编制

2.3.1 实验目的

①理解物料清单的概念。

②掌握MPS，MRP的展开运算。

③掌握 MRP 的编制方法。

2.3.2 准备知识

①熟悉相关软件(或 EXCEL)的基本功能及使用方法。

②掌握物料清单的构造方法和查询技巧。

③掌握主生产计划的编制流程和方法。

④掌握物料需求计划的算法并能灵活运用。

2.3.3 实验内容与步骤

基本资料:一家生产木制百叶窗的工厂收到两份百叶窗订单:一份为100件,要求在本年度第4周生产完毕;另一份为150件,要求第8周开始发货。每件百叶窗包括4个木制板条部分和2个框架。木制部分是工厂自制的,制作过程需耗时一周,框架需要订购,订货提前期是2周。组装百叶窗需要1周。木制部分现有库存70件。相关数据如下:

表 A.2 百叶窗主生产计划

周 数	1	2	3	4	5	6	7	8
生产数量/件				100				150

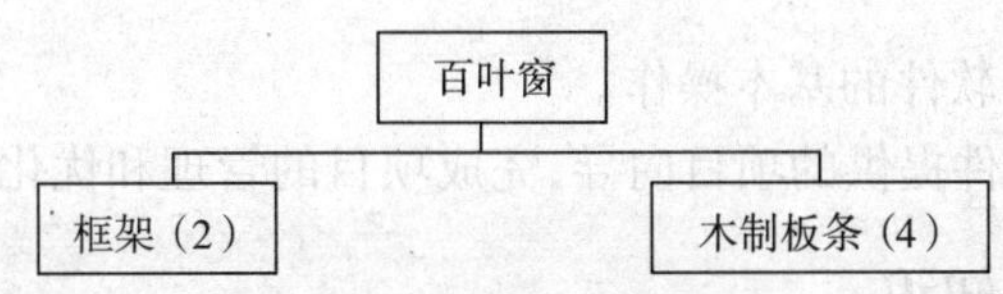

图 A.1 百叶窗产品结构树

表 A.3 各物料提前期、现有库存量和安全库存

物料名称	提前期/周	现有库存/件	安全库存/件	废品率/%
百叶窗	1	0	0	0
框 架	2	0	0	0
木制板条	1	70	0	0

实验任务:

根据给出的产品主生产计划、BOM结构、库存情况等基础资料,完成下列实验任务:

①建立物料清单。

②MPS 与 MRP 展开,编制物料需求计划。

③若第二份订单追加订货量 50 个,交货期允许延长一周,其他条件不变,重新编制物料需求计划(可选择自己熟悉的 MRP 软件,也可利用 EXCEL 软件完成设计任务)。

2.3.4 实验报告的要求

①撰写实验报告,并用 Word 编辑文稿。

②实验报告内容包括:实验目的、实验内容与步骤、实验结果(不同参数运行得出的结果进行对比)、实验体会和实验中存在的问题。

2.3.5 思考题

①物料需求计划的主要输出信息有哪些?

②在物料需求计划基础上编制制造资源计划时,需要考虑哪些因素?

2.4 网络计划的编制

2.4.1 实验目的

①掌握 Project 软件的基本操作。

②用 Project 软件提供的项目向导,完成项目的管理和优化。

2.4.2 准备知识

1)项目管理和网络计划技术。

了解项目管理的知识体系;熟悉网络图的绘制,网络时间参数的计算,掌握网络计划的优化技术。

2)掌握 Project 软件的使用技巧。

①Project 软件的组成:由网络计划、资源安排与优化、成本管理和报表输出 4 个子系统组成。

②Project 软件的基本功能:制订项目计划、管理工作数据;资源管理;成本累计;查询功能;报表功能;用户化功能等。

③Project 软件基本操作。

2.4.3 实验内容与步骤

基本资料:某企业有一机床大修项目计划,工期需要26 d,项目经费预计5 000元,工人工资为5元/工时,加班费为8元/工时。项目的详细信息如表A.4所示。

表A.4 项目活动明细表

任务序号	任务名称	工期/d	前置任务/d	资源名称
1	拆 卸	2		组装工
2	清 洗	2	1	清洁工
3	检 查	3	2	质检员
4	电器检修	2	1	维修工
5	床身与工作台研合	5	3	维修工
6	零部件修理	3	3	维修工
7	零件加工	8	3	操作工
8	变速箱组装	3	6,7	组装工
9	部件组装	4	5,8	组装工
10	总装和试车	4	4,9	组装工

实验任务:

①在Project软件中输入项目的基本信息,如项目名称、起止日期等。

②输入资源数据、建立资源数据库。

③输入工作数据、建立工作数据库。

④编制基本日历与资源日历。

⑤调整项目相应的参数,观察对项目总工期和总成本的影响。

2.4.4 实验报告的要求

①完成用Word编辑文稿的实验报告。

②实验报告内容包括:实验目的、实验内容与步骤、实验结果(用图表的形式)、实验体会和实验中存在的问题。

2.4.5 问题思考

①Project 软件在项目管理中的作用?

②目前有代表性的项目管理软件有哪些?各有何特点?

实例来源:http://www.ieren.org/project/gainian.htm

2.5 准时运营过程模拟实验

2.5.1 实验目的

①理解准时运营过程,理解准时生产的管理理念。

②加深理解牵引式运营过程中的物流、信息流和在制品库存等管理原理。

2.5.2 准备知识

①准时生产与运营过程的相关概念。

②牵引式运营过程中的物流、信息流和在制品库存等管理原理。

2.5.3 实验内容与步骤

(1)运营流程组织

①设定有3种产品,其产品颜色不同而结构相同。运营工作地及流程如图A.2所示。

运营由5道工序构成,分为A,B,C 3道工序分别加工3种不同原材料、一道工序D为部件装配,一道工序E为总装配;每个生产阶段需要一个单位时间,3个生产阶段为一个产品生产周期。每道工序设有初始缓冲库存为9个单位产品量的原材料或半成品。

②将学生每3~6人为一组,分别在5道工序和仓库中承担不同工作任务,并推选一名生产总监负责安排小组运营。

③原材料可由棋子、扑克、纸杯、牙签、橡胶圈等组成,相同材料可染成3种颜色来区别成不同原材料。

(2)运作方式

①推动式:由各小组的生产总监在市场管理员(教师或学生担任),随机抽签决定一个季度(3个运营单位时间)产品的订单,生产小组按市场要求的品种和数量订单组织生产,每一个季度向市场订单交货。生产1年(或2~3年)后,

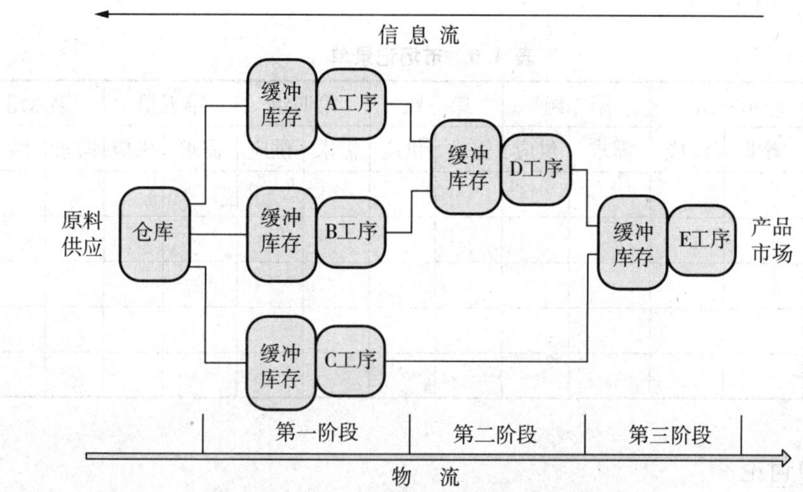

图 A.2 产品运营工作地及流程图

进行小组之间在完成订单总数,订单完成率;缺货总数、缺货率;库存总量,总成本的比较,评选出优胜小组。

②拉动式:由各小组的生产总监在市场管理员(教师或学生担任),随机抽签决定当月向市场销售品种和数量,生产小组按市场销售品种和数量估计并组织未来3个月的原料投入和生产。生产1年(或2~3年)后,进行小组之间完成订单总数,订单完成率;缺货总数、缺货率;库存总量,总成本的比较。评出优胜小组。

③运作中的记录单

运作中的记录单分为小组记录单和市场记录单。分别见表 A.5,表 A.6。

表 A.5 小组记录单

小组名称: 生产组织形式:□推动式 □拉动式

月份	市场需求	销售量	缺货量	成本	月份	市场需求	销售量	缺货量	成本
1					7				
2					8				
3					9				
4					10				
5					11				
6					12				
合计					合计				

表 A.6 市场记录单

市场需求次数	第一组		第二组		第三组		第四组		第五组		第六组	
	需求	供应	需求	供应	需求	供应	需求	供应	需求	供应	需求	供应
1												
2												
⋮												
12												
总计												

(3)讨论

运作过程中每小组要讨论每个步骤的运营安排,锻炼团队合作精神,最后由生产总监决策。运作结束组织全班讨论:拉动式组织运营与推动式组织运营的不同点。

2.5.4 实验报告的要求

①完成用 Word 编辑文稿的实验报告。

②实验报告内容包括:实验目的、实验内容与步骤、实验结果(用图表的形式)、实验体会和实验中存在的问题。

2.5.5 问题思考

如果逐渐减少缓冲库存为单位产品量,生产系统将会发生怎样的问题?

来源:詹姆斯·P. 沃麦克,丹尼尔·T. 精益思想——消灭浪费,创造财富[M]. 北京:商务印书馆,1999:293-297.

2.6 供应链物流波动模拟实验

2.6.1 实验目的

①理解现代企业竞争方式的变化。

②理解成本和响应速度如何影响整个供应链的竞争优势。

2.6.2 准备知识

①库存管理的基本原理。

②物流与供应链管理的概念与基本原理。

2.6.3 实验内容与步骤

(1)供应链设置

1)供应链由供应商、制造商、分销商、批发商以及零售商5个企业五环节组成,每个部门上下游之间由两个运输延迟相联结,5个企业分别由2~4人小组构成,每个小组设一主管,全班可设2~3条供应链。每条供应链设1市场管理员,任务是随机产生一次市场需求数量。

2)库存初始设置

供应商、制造商、分销商、批发商以及零售商库存分别为5个单位产品。运输在制品为每个环节4个单位产品,供应链如图A.3所示。

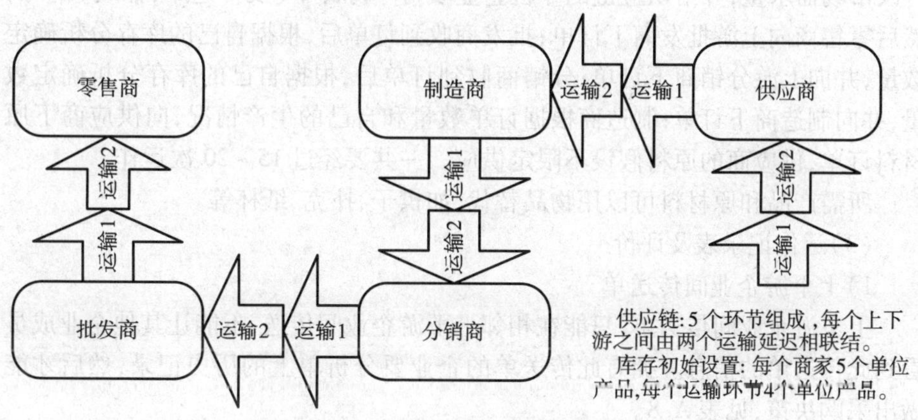

图A.3 供应链流程图

(2)运作步骤

1)每个环节的企业都遵守下列步骤操作,见表A.7。

表A.7 供应链上企业工艺流程

步 骤	操 作
1	移动在途制品一个环节
2	收在途制品

续表

步　骤	操　作
3	查看收到的订单和上一期的缺货量
4	记录库存量或缺货量
5	在下游企业传来的传送单上填写可提供的产品数量
6	把传送单还给下游企业
7	做出采购数量决策
8	记录订单数量
9	把采购单传给上游企业
10	回到第一步

2)每一轮运作由一位同学(市场用户)随机(在1~10个单位产品内)产生一次市场需求量,并给供应链的零售企业填写一份订单(及传送单,如表X.Y),然后零售商向上游批发商下订单;批发商收到订单后,根据自己的库存分析确定数量,并向上游分销商下订单;分销商收到订单后,根据自己的库存分析确定数量,并向制造商下订单;制造商根据订单数量和自己的生产情况,向供应商下原材料订单,供应商的原料假设不限定供应。一共要经过15~20次运作。

所需产品和原材料可以用物品替代,如棋子、扑克、纸杯等。

(3)运作记录表及评价

1)上下游企业间传送单

上下游企业间传送单,只能在相邻上下游企业间传送,不能让其他企业成员看到此传送单的信息。拥有此传送单的企业要分析单上的历史记录,然后才能做出采购决策,见表A.8。

表A.8　上下游企业间传送单

小组名称:　　　　　所属企业:□零售商 □批发商 □分销商 □制造商

周	采购数量	能供应数量	缺货	累计缺货	周	采购数量	能供应数量	缺货	累计缺货
1					11				
2					12				
⋮					⋮				
10					20				

2）企业记录单

企业记录单是企业每次运作的货物记录，不能在小组之间传递，见表 A.9。

表 A.9 企业记录单

小组名称： 所属企业：□零售商 □批发商 □分销商 □制造商

周	存货量	缺货量	采购数量	周	存货量	缺货量	采购数量
1				11			
2				12			
⋮				⋮			
10				20			
合计				合计			

3）订单预测与实际对照图

订单预测与实际对照图在每次做出订购数量决策时画出，它可能会帮助你做出正确的采购决策，如图 A.4 所示。

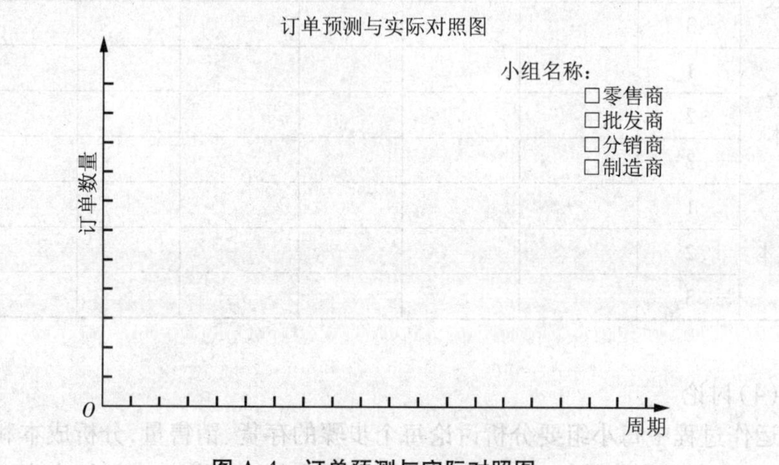

图 A.4 订单预测与实际对照图

4）运作统计表

设单位货物成本为 C 元，缺货成本为 C 元×缺货量，存货的成本为 $C/2$ 元×存货量，总成本 $=C/2\times$存货量$+C\times$缺货量，如表 A.10 所示。

表 A.10　运作统计表

班级：＿＿＿＿　时间：＿＿＿＿

	供应链	零售商	批发商	分销商	制造商	供应商	合计(供应链)
订单完成率	1						
	2						
	3						
存货总数	1						
	2						
	3						
存货成本	1						
	2						
	3						
缺货总数	1						
	2						
	3						
缺货成本	1						
	2						
	3						
总成本	1						
	2						
	3						

(4)讨论

运作过程中每小组要分析讨论每个步骤的存货、销售量,分析成本和预测订购量,锻炼团队合作精神,由生产总监作最后决策。运作结束组织全班讨论:

①时间滞延、信息不充足对供应、生产、销售系统的影响。

②从供应链系统的结构思考,分析改善的可能性。

2.6.4　实验报告的要求

①完成用 Word 编辑文稿的实验报告。

②实验报告内容包括:实验目的、实验内容与步骤、实验结果(用图表的形

式)、实验体会和实验中存在的问题。

2.6.5 思考题

①如果市场需求变动幅度更大,在制造企业订单将会怎样变化?

②如果同一条供应链中的企业在信息共享(数据公开)的状态下展开运作,情况会怎样?

来源:任建标,季建华.运营管理案例[M].北京:机械工业出版社,2002.

附录 B 课程设计

1 前 言

1.1 课程设计的目的

运营管理课程设计是管理类学生的重要教学环节之一,通过课程设计可以使学生了解企业实际生产与运营状况,进一步理解和掌握设施布局、生产流程设计、生产计划与控制、仓库管理等的基本原理与方法,提高学生对专业知识的综合应用能力。

1.2 课程设计的任务

按生产与运作管理课程教学大纲要求,围绕企业生产系统的规划、设计、运行、控制与改进等各个阶段所涉及的主要理论与方法,编制设计任务,做到密切联系企业实际,并具有一定的综合性,从而达到锻炼学生实际应用能力的目的。

1.3 课程设计任务的完成形式

①针对设计任务要求,提交一份课程设计报告。内容包括:设计目的、设计思想、设计依据、基本原理、指标分析与计算、结果分析及有关说明。报告应做到理论联系实际,具有一定的针对性。设计方案应有一定的可操作性。

②相关报表或设计图纸(可选)。

③计算机软件(可选)。

1.4 有关说明

①教师可根据教学大纲及课时情况,选择适当题目安排课程设计。

课程设计可采取指导教师课堂集中辅导、学生自主设计的方式进行。课程设计的考核可要求学生对课程设计方案进行演示和答辩,评出若干优秀设计成果。

②课程设计的进度安排根据各学院教学方案确定。

③课程设计报告的格式按各学校规定执行。

2 课程设计任务书

2.1 企业运营管理认知实践

2.1.1 基本资料

选择一家制造业企业或服务性企业,通过现场参观、查阅资料,考察了解该企业的基本情况(产品、效益、规模、组织机构、历史沿革等)。

2.1.2 设计任务

①分析企业的运营类型。

②分析企业运营系统的主要输入输出要素。

③叙述企业的选址、车间布置,生产(服务)类型、工艺流程、各车间作业基本情况等。

④叙述企业运营管理部门的主要职能及其效果。

⑤讨论企业运营管理部门与其他职能管理部门之间的关系。

⑥指出企业运营管理中存在的问题。

2.2 W 硬水软化器公司设施选址

2.2.1 基本资料

W 公司是一家制造硬水软化器的公司。近年来,由于市场对其产品的需求增加,该公司想要扩大生产规模。W 公司现有两个工厂,一个在杭州,一个在洛阳。但在这两个地方,工厂已没有再扩大的可能,必须另寻新址建厂。公司在北京、兰州、长春、成都以及杭州 5 个地方有配送中心(distribution center),产品出厂后首先送往这些地方,然后再送至零售店或用户手中。公司认为,如果把新工厂选在杭州、洛阳以外的地方,也许可以减少运输费用。

现在的市场需求量只需把生产能力再增加 10% 即可。但是根据对未来 10 年的长期预测,市场需求将增加至现有产量的两倍。然后将趋于稳定。考虑到该产品的生产需要大量的非技术工人以及劳动力的相对稳定,公司希望把新工厂建在农村地区,而不是大城市。现有的市场通过几个配送中心均匀地分布在全国,各配送中心的预测需求增长率与市场总需求基本一致。原材料供应在任何地方都不成问题。运输成本只与运输距离和运输量成正比,而与配送中心的位置无关。

工厂的现有生产能力为:洛阳厂 6 000 个/月,杭州厂 6 500 个/月。各配送中心的现有需求及工厂向配送中心的供货方式如表 B.1 所示。这种供货方式是历史遗留下来的做法,公司已感到不太合理,觉得有必要调整。公司现有的两个工厂规模较小,新工厂可扩至现有工厂的两倍,仍不失规模效益。从资金能力上来说,公司具备使生产能力扩大一倍的实力。

有人向 W 公司建议选择在张家口或赤峰建厂,理由是这两个地区地价和劳动力价格都比较便宜。还有人建议选址长春,因为长春需求量较大,但长春的地价和劳动力价格明显比前两个地区高。经测算,各地区单位产品生产成本及单位平均运费如表 B.2 所示。

W 公司请 C 咨询公司帮助他们寻找合适的厂址。除上述信息外,W 公司还将随时提供 C 咨询公司需要的其他信息。

表 B.1　现有需求及供货方式

现有厂址	成都/(个·月$^{-1}$)	北京/(个·月$^{-1}$)	兰州/(个·月$^{-1}$)	长春/(个·月$^{-1}$)	杭州/(个·月$^{-1}$)
洛阳	2 500	1 500	2 000		
杭州		1 500		3 500	1 500

表 B.2　各城市生产成本及单位运费

备选厂址	单位生产成本/元	单位运费				
		成都/元	北京/元	兰州/元	长春/元	杭州/元
洛阳	72	23	18	19	37	
杭州	75	38	28	40	48	0
张家口	71	34	4	27	22	
赤峰	70	48	8	36	13	
长春	75	59	21	51	0	

2.2.2 设计任务

①分析该设施选址决策应考虑的因素?

②改进公司现有的供货方式,提出更合理的供货方式。

③提出你的选址方案?说明你所采取的方法和论证过程。

④计算你的方案运输成本和总成本,验证合理性。

2.3 K企业生产能力规划

2.3.1 基本资料

南滨器件公司始建于1982年,在最初的两年里经历了一些困难,但公司管理者经营有方,使公司保持了稳定的发展,1992年公司的销售额超过了1 200万元。南滨器件公司生产各种中小型金属器件供当地其他制造厂商用。其中50%的客户订单都属于单件或小批量种类,订货数量从1件到500件不等,平均每次订货数量为35件。南滨公司的订单一般是通过参与竞争投标来获得。

南滨公司的生产厂内采用工艺专业化设施布置,共有32台机器设备,价值为280万元。生产过程具有一定的灵活性,大部分工人都经过技能培训,可以操作几种不同的机器设备。根据技能水平不同,工人工资每小时56元到112元不等。工厂目前采用每天工作1个班次,每周工作5 d。在夏季,公司放假2周,在此期间工厂停止生产。就生产运作管理而言,机器设备的生产能力是主要的限制性因素,生产任务繁重时,通常利用加班延长工作时间来弥补生产能力的不足。

生产运作中存在有瓶颈作业环节,这是一个具有4台机器设备的加工中心,每台设备运转时需要配备有1人看管操作。操作工人的工资是每小时80元。由于该加工中心设备利用率高,公司管理者给这4台机器设备均配置了固定操作员工,这样工人操作更趋于专业化,可以提高生产效率。

根据对市场需求的预测,公司管理者认为该加工中心机器设备的生产需求还将增加。预计下一年度该加工中心要完成生产需求,按每台设备年运转时间为200 h考虑,将需要设备4~10台。根据销售增长趋势和经济环境变化,公司管理者对生产设备的需求程度做了概率预测,结果见表B.3。

表B.3 设备需求程度概率预测

所需设备数	4	6	8	10
概　率	0.10	0.25	0.50	0.15

新设备从订购直到交货大约需要6个月的时间,为此,公司管理者必须决定需要购买几台新设备供明年生产使用。1台机器设备的购买成本和安装费用合计为24.8万元,设备采用直线折旧,所得税率是25%。要求设备投资最低回报率为14%。每台设备的经济寿命是10年,使用8年后设备残值为零。

运作加工中心最经济的方法是采用正常工作时间。利用机器设备加工产品部件的标准时间是每件10 h,这意味着在每天1班工作制的情况下,1台机器设备每年可生产加工200个产品部件。此外,生产加工每一个产品部件需花费的直接人工成本、原材料成本和间接变动成本共计960元。当由于缺少设备而使得生产能力不够时,公司管理者给出以下4种解决办法:

第一种办法是利用加班,所支付的加班工资是正常时间工作工资的1.5倍。工人在某种程度上也愿意加班,因为这可增加工资收入,但他们并不希望加班过多,所以每周加班时间最长不得超过15 h。另外,加班过于频繁,时间过长,反而可能会降低生产效率,也许产品部件的加工时间会上升到每件11 h。

第二种办法是将生产任务外包,委托其他零部件制造商加工产品部件。产品部件外包加工的数量不超过100件时,每件加工成本是2 480元,高于100件时加工成本是2 360元。通过外包加工可利用的生产能力足以容纳南滨公司可能提供的需要外包加工的产品部件数量。

第三种办法是当现有生产能力满负荷运转时,公司不再投标获取更多的生产订单。但这不仅使公司会失去可能获得的利润(该加工中心产品部件的销售价格是2 800元),并且可能会失去未来潜在的客户订单。

第四种办法是增加工作班次,实行两班甚至三班制生产。在过去的生产经营中,公司管理者曾拒绝过此种途径。因为这需要增加生产管理人员,雇佣到好的夜班工人也不很容易。增设夜班,生产效率可能不会高,并且产品质量控制也不一定能够得到保障。另外,还需要支付夜班费等。作为管理者需要考虑的另一个重要方面是,如果生产需要不能达到预期水平,可能不得不解聘已接受过培训的新员工,而这并不是公司管理者所期望的。

如果购买的机器设备数量超过了明年实际所需,则公司管理者不得不面临生产能力过剩的问题。若所有的机器设备不能得到充分利用,则操作这些机器设备的员工岗位将不再固定,有些员工会被调配到工厂的其他岗位工作。然而,通过这种方式来消化富余劳动力的程度是有限的。如果生产需求过低,有些新增员工不得不被解聘,而面临的问题与前述类似。对此,一种解决的途径是出售一些过剩的机器设备,另一种是维持现状,期待今后年度的生产需求会尽快再次回升。

2.3.2 设计任务

①制订南滨公司的生产能力计划。处于瓶颈状态的加工中心应当购买多少台机器设备？说明制订计划所需的假设条件，并解释所提出建议（购买机器数量）的合理性。

②就所提出的建议而言，如果实际需求超过生产能力，或实际需求低于生产能力，公司管理者对此将做出什么样的决策？

2.4 福达电子公司流水线的组织设计

2.4.1 基本资料

1993年春节刚过，福达电子公司的工业工程师唐丰年就开始筹划如何改进集成电路板装配线上检验工序的物流，使之流动得更平稳均衡。长期以来，检验工序一直被看作是影响工厂生产率的一个主要瓶颈环节。工厂目前有4条装配线，在每条装配线上，装配好的产品都要通过检验工序进行最终的检验和调试。唐工程师选择了其中一条装配线的检验工序作为改进试点，如果改进效果显著，所取得的经验可以推广应用于其他装配线检验工序的改进。

集成电路板装配线的节拍是事先经过确定的，每15 min完成一件产品，产品通过传送带从装配线上送过来，依次经过3个检验站，然后传送到包装发运部门。按规定每个检验员检验一件产品的时间不超过15 min，包括完成规定的检验程序和进行必要的调试。3个检验员各自的分工不同，如果任何一个检验员不能在规定时间内完成规定的一组检验和调试，则该检验员将未完成的检验或调试项目，记录在说明标签上并挂在该产品上，然后将其传送到一个装配线外专设的检验员处，而这位专设的检验员继续完成全部剩余的检验和调试工作。专设检验员完成剩余检验和调试项目的时间平均为15～16 min。图B.1给出了整个检验工序的流程图。

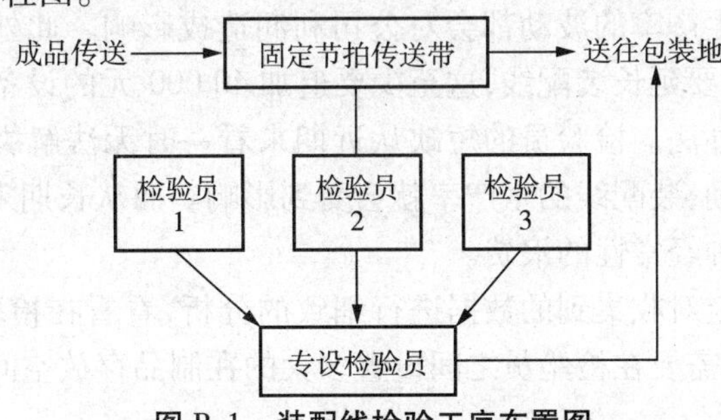

图B.1 装配线检验工序布置图

虽然装配线的节拍是 15 min，但每个检验员的平均检验时间约为 10 min，唐工程师所做的时间研究的观察数据表明，在大部分情况下，各个检验员可以在 10 min 内完成分派的任务。表 B.4 给出了每个检验员和专设检验员检验时间的频率分布，这些数据是在装配线运作在自由节拍条件下观察收集的。

表 B.4 各检验员检验时间频率分布表

时间区分/min	检验员 1	检验员 2	检验员 3	专设检验员
1 ~ 3	20	15	15	9
3 ~ 5	17	20	14	19
5 ~ 7	21	21	16	13
7 ~ 9	11	8	10	13
9 ~ 11	15	12	11	8
11 ~ 13	16	9	5	10
13 ~ 15	9	9	8	7
15 ~ 18	6	5	3	7
18 ~ 22	6	2	3	8
22 ~ 26	1	4	4	7
26 ~ 30	5	7	9	10
30 ~ 34	1	0	0	9
34 ~ 38	0	1	3	7
38 ~ 42	2	1	0	5

现行的装配线检验工序的定员是 4 个检验员，由于对检验员的技术水平要求较高，故培养一个合格的检验员要花费较长的时间和较多的培训费用，这使得检验员的人手紧缺。因此管理部门关心是否能够减少每条装配线上检验员的数量，同时又不影响装配线的生产率。唐工程师提出了一个替代方案，其设想是，在检验工序采用自由节拍流水线，省去专设检验员，在流水线上的每位检验员之间设置缓冲在制品存放地，存放地的大小限制在现有检验员之间的空间范围内。

新方案可能带来的问题是，当在制品存放地放满时，前面的检验员会出于没有存放在制品的空间而无法继续检验和调试下一个产品，不得不停下手中的工作，这就会影响装配线的生产率。由于每个集成电路板价格为 3 000 元，故任何在制品的积压和生产率的波动都会对公司利润造成影响。此外，如果扩展检验员之间的空间，需要延长装配线，这至少要追加 40 000 元的设备投资，显然不是一个可行的解决办法。检验员的短缺从近期来看一时无法解决，这使得如果某个检验员因故缺勤，装配线的生产率就会受到影响。而从长期来看，增加后备的检验人员又是一种经常性的浪费。

唐工程师决定对收集到的数据进行细致的分析，看看在检验工序采用自由节拍流水线，到底需要在检验员之间设置多大的在制品存放空间，它是不是超出了现有空间的限制。

2.4.2 设计任务

①试定量评价自由节拍流水线设计方案,它的优点和缺点是什么?

②假定检验员之间在制品存放数量最大为50件,新方案对装配线生产率的影响程度如何?

2.5 某汽车制造公司网络计划编制

2.5.1 基本资料

某汽车公司生产的K型汽车是一定制车型,公司根据汽车制造工艺流程,进行生产任务分解,得出表B.5所示的活动明细表。

表B.5 K型汽车生产活动明细表

活动代号	内容描述	紧前活动	正常时间/d
A	开 始	—	0
B	设 计	A	8
C	订购特殊零件	B	0.1
D	制作框架	B	1
E	做 门	B	1
F	安装车轴、车轮、油箱	D	1
G	生产车身	B	2
H	生产变速器和动力传动系统	B	3
I	将门装到车身上	G,E	1
J	生产引擎	B	4
K	台上试验引擎	J	2
L	组装底盘	F,H,K	1
M	底盘道路试验	L	0.5
N	漆车身	I	2
O	安装线路	N	1
P	安装内部设施	N	1.5
Q	接收特殊零件	C	5

续表

活动代号	内容描述	紧前活动	正常时间/d
R	将车身和零件安装到底盘上	M,O,P,Q	1
S	汽车道路测验	R	0.5
T	安装外表装饰	S	1
U	结　束	T	0

2.5.2 设计任务

(1)为该公司汽车生产编制初始网络计划。

(2)如果要求提前两天完成该汽车的组装。下列活动的改变是否会起作用?

①购买预先组装的变速器和动力传动系统?

②改进机器利用,将引擎生产时间减半?

③将特殊零件的运送时间提前 3 d?

(3)怎样借助非关键路径上的活动所需资源从而加快关键路径上的活动?

(4)理解网络图和甘特图两种不同的表达方式的异同,指出它们的优缺点。

2.6 点验钞机生产系统设计

2.6.1 基本资料

据报道,国家将在钞票中加入某种先进的防伪标志,该防伪标志现已由国家科技部门研制出相应的防伪验钞技术。该项防伪技术属于国际前沿技术,其他企业很难仿制。为保证点验钞机的质量,国家确定两家企业为新型点验钞机的指定生产企业:一家为广东的某公司,一家为天津的某公司。这两家公司可以根据需要在全国任何地方建立点验钞机生产厂。点验钞机的大小与目前银行使用的点验钞机相似,其特点是:机电一体化、高新技术产品、加工制造及水平要求高、小巧玲珑。另外,企业可以根据用户的要求将点验钞机喷涂成用户喜爱的颜色。据预测,全国对点验钞机的市场年需求量为 10 万台,每台价格在 1.4 万元左右。

点验钞机的产品结构、装配工艺及工时资料如下:

(1)产品零部件明细,如表 B.6 所示。

表 B.6 产品零部件明细表

序号	类别	构成	序号	类别	构成
1	结构主板部分	底脚	6	出钞轮轴部件	出钞轮轴
		侧板			出钞齿轮
		横板			镶轴出钞轮
		前壳			出钞轴套
		后壳	7	主电机部件	主电机
		上盖			主电机底板
		压簧			电磁铁支架
2	上导钞板部件	上导钞板压轮轴承			电机上罩板
		上导钞板轮胶套			电机屏蔽板
		上导钞板压轮轴	8	接钞部件	叶轮电机
		上左导钞板			叶轮轴
		上右导钞板			叶轮架
3	下导钞板部件	下导钞板压轮轴承			接钞轮套
		下导钞板轮胶套			接钞轮芯
		下导钞板压轮轴	9	压钞部件	压钞轴支架
		下左导钞板			压钞轮支架轴
		下右导钞板			主压钞轮轴
4	导钞轴部件	送钞轮			主压钞轮
		送钞块	10	光码板部件	光码盘
		送钞轮轴			光码连接件
		引钞轮主动轴			其他
		引钞轮从动轴	11	通用件部分	
5	捻钞轮轴部件	捻钞轮	12	紧固件及标准件部分	
		捻钞块			
		捻钞中轮			
		捻钞轮轴			
		捻钞轴套			

(2)产品部件装配工艺

点验钞机共有 9 大部件，每个部件的构成见产品明细表，各部件装配时间见表 B.7。

表 B.7　点钞机零部件装配时间表

序　号	部件名称	节拍/min	序　号	部件名称	节拍/min
1	上导钞板部件	3.8	6	出钞轮轴部件	6
2	下导钞板部件	4	7	主电机部件	8
3	导钞轴部件	5	8	接钞部件	4
4	捻钞轮轴部件	8.5	9	压钞部件	9.5
5	光码板部件	4			

(3)产品装配工艺及工时

①产品装配工艺图如图 B.2 所示。

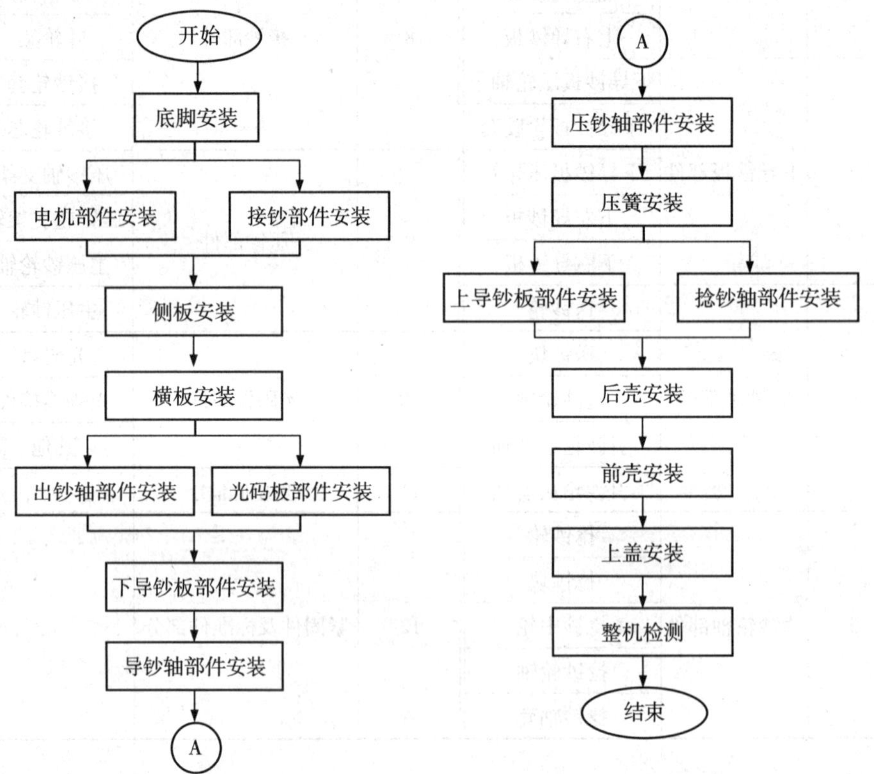

图 B.2　产品装配工艺图

②产品装配工时如表B.8所示。

表B.8 产品装配工时

序 号	名 称	工 时	序 号	名 称	工时
1	底脚安装	1	10	压钞轴部件安装	1.6
2	电机部件安装	2	11	压簧安装	1.2
3	接钞部件安装	0.8	12	上导钞板部件安装	0.2
4	侧板安装	0.1	13	捻钞轴部件安装	1.5
5	横板安装	0.8	14	后壳安装	0.5
6	出钞轴部件安装	1	15	前壳安装	0.8
7	光码板部件安装	1	16	上盖安装	0.7
8	下导钞板部件安装	0.1	17	整机检测	1.7
9	导钞轴部件安装	0.7	18		

(4)原材料来源

点验钞机的主要零部件均为塑料制品,其原料为聚碳酸酯,注塑车间利用聚碳酸酯可以生产出各种形状的塑料零件(该车间生产会对环境产生一定的影响)。另外还包括一些金属件(可以自己生产一部分,外协一部分)、标准件和通用件(通过外购得到)。

2.6.2 设计任务

①确定企业的目标和功能。根据点验钞机的特点及国内市场需求状况确定企业的目标及功能(包括企业的规模,今后的发展方向等问题)。

②选择厂址。根据产品特点以及影响厂址选择的因素,在全国范围内选择厂址,遵循先选择地区,再选择城市或乡村,最后确定厂址具体位置的思路,同时还可考虑是否需要建立分厂。

③确定企业的生产单位。根据产品特点、企业生产规模、零部件明细等资料确定企业的生产单位(即确定需要设立的车间和库存)。

④绘制企业的组织结构图。在已确定的生产单位的基础上,根据已给资料确定相应的职能部门,并绘制企业的组织结构图。

⑤进行总平面布置。根据各生产单位、职能部门之间的关系以及影响总平面布置的因素,确定各部门的相互位置,进行总平面布置。

⑥装配线平衡。a.根据产品零部件明细、产品部件装配工艺、产品总装工艺

及工时，对点验钞机的总装作业过程进行作业元素的顺序分析，按照给出的各作业元素工时定额，运用分支定界法求最佳工作地方案；计算装配线的时间损失系数和平滑系数；对总装车间进行总平面布置（假设总装配线的节拍为2 min，为一班制生产）。b. 各部件装配在总装配线以外完成。为了保证总装配线的节拍，根据各部件的装配时间，确定应如何组织各部件的装配生产。

⑦企业计划系统设计。a. 根据企业的规模、产品特点、生产特点、生产部门和职能部门的设置设计企业的计划系统；b. 自己设定某月的需求量，用设计的计划方法制订企业的生产计划和装配车间的作业计划。

⑧确定库存管理方式。根据所学库存管理方法和模型，确定企业的库存管理方式。

2.7 螺杆泵生产组织与计划管理设计

2.7.1 基本资料

某制造企业生产的螺杆泵产品的基本资料如下：

[资料1] 螺杆泵产品品种、结构与零件明细

①产品品种：A—1，A—2，A—3，B—1，B—2，C—1，C—2，C—3

②产品基本结构：（8种产品结构相同，零件具体形状不同）

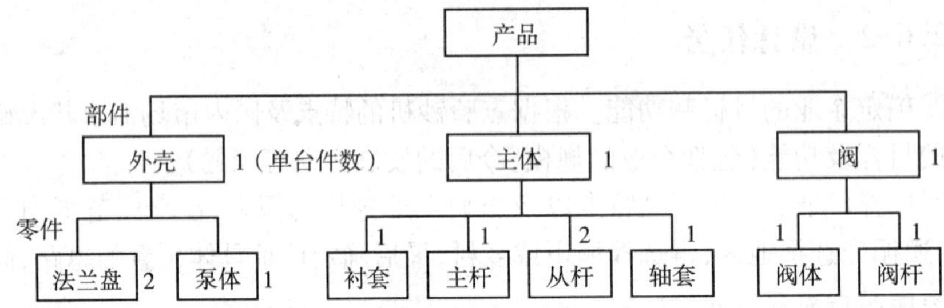

③各种产品自制零部件明细

	外壳	法兰盘	泵体	主体	衬套	主杆	从杆	轴套	阀	阀体	阀杆
A—1	a-11	a-111	a-112	a-12	a-121	a-122	a-123	a-124	a-13	a-131	a-132
A—2	a-21	a-211	a-212	a-22	a-221	a-122	a-123	a-124	a-13	a-131	a-132
A—3	a-31	a-311	a-312	a-32	a-321	a-122	a-123	a-124	a-13	a-131	a-132
B—1	b-11	b-111	b-112	b-12	b-121	b-122	b-123	b-124	b-13	b-131	b-132

续表

	外壳	法兰盘	泵体	主体	衬套	主杆	从杆	轴套	阀	阀体	阀杆
B—2	b-21	b-211	b-212	b-22	b-221	b-122	b-123	b-124	b-13	b-131	b-132
C—1	c-11	c-111	c-112	c-12	c-121	c-122	c-123	c-124	c-13	c-131	c-132
C—2	c-21	c-211	c-212	c-22	c-221	c-122	c-123	c-124	c-13	c-131	c-132
C—3	c-31	c-311	c-312	c-32	c-321	c-122	c-123	c-124	c-13	c-131	c-132

［资料2］ 零件工艺过程，工时定额及设备类型

①泵体工艺

工序号	1	2	3	4	5	6
工序名	粗车	精车	钻孔	粗铣	精铣	检验
设备	立车	立车-1	摇臂孔	立铣	立铣-1	检验台-1
工时	4	9	2	4	5	3

②衬套工艺

工序号	1	2	3	4	5	6	7	8
工序名	热处理	粗车	精车	粗镗侧孔	半精镗三孔	精镗三孔	钻攻螺纹	检验
设备	热处理炉	普车	普车	专用镗床-1	镗床-2	专用镗床-2	车	检验台-2
工时	30	3	3	13	14	14	4	4

③主杆工艺

工序号	1	2	3	4	5	6	7	8	9	10
工序名	调质	开坯	粗精车	钻深孔	磨外圆	粗铣螺纹	精铣螺纹	调直	铣槽	检验
设备	热处理炉	车	车	深钻孔	外圆磨	数控铣-1	数控铣-1	专用调直仪	立铣	检验台-3
工时	20	2	3	3	4	5	5	4	3	4

④从杆工艺

工序号	1	2	3	4	5	6
工序名	开坯	粗铣螺纹	精铣螺纹	调直	粗车	检验
设备	车	数控纹-2	数控铣-2	调直仪	车	检验台-4
工时	2	5	5	4	2	4

⑤阀体工艺

工序号	1	2	3	4	5
工序名	车成活	铣	钻孔	钳工	检验
设备	普车	铣床	立钻	钳工台	检验台-5
工时	2	1	1	3	0.5

⑥阀杆工艺

工序号	1	2	3	4
工序名	车	攻螺纹	钳	检验
设备	普车	普车	钳工台	检验台-5
工时	1	2	2	0.5

⑦法兰盘工艺

工序号	1	2	3
工序名	车	钻孔	检验
设备	普车	立钻	检验台-5
工时	2	2	0.5

⑧轴套工艺

工序号	1	2	3
工序名	车	磨孔	检验
设备	普车	内圆磨	检验台-5
工时	1	3	1

［资料3］ 生产能力设计规模

台份能力:2 000 台(混合品种)。

易损件(主杆、从杆、轴套)能力,2 500 ~3 000 件(注:在原2 000 台的基础上增加该能力)。

［资料4］ 某月订货情况

产品品种	A—1	A—2	A—3	B—2	C—2	C—3
数量/件	450	400	350	200	120	100
交货期	11	11	22	22	22	22

配件品种	a-122	a-123	a-124
数量/件	100	100	100
交货期	22	22	22

［资料5］ 其他参考资料

①生产间隔期、设备调整费用、平行系数。

②保险占用量、期初盘点占用量。

2.7.2 设计任务

①设置生产单位。根据资料给出的情况,设置与产品生产直接相关的职能科室,生产车间及有关的中间库、生产车间要求进一步设置内部生产单位。

②设计生产车间生产组织方案。采用适当的方法,确定生产车间或生产环节的生产类型,确定各类生产设备需要量,列出车间设备明细,选择合理的生产组织形式(流水线、生产线、设备组)进行组织设计,画出加工车间平面布置示意图。

③编制作业计划。依据资料中给出的某月订货情况,运用所学的加工排序方法对该月排出较优的投产顺序、编制产品进度计划。选择合理的生产作业计划编制方法:a. 在制品定额法;b. MRP 法;c. JIT 法。编制厂级生产作业计划(加工车间及装配车间),加工车间要求进一步编制车间内部作业计划(各工段或设备组的进度与负荷平衡图)。

④设计生产进度及在制品控制信息反馈系统。选用并设计恰当的生产原始凭证,设计相应的统计信息、种类、统计要求(时间、质量、方式),信息处理及报表等,为生产调度提供有效依据。

附录 C　案例学习

案例 1　海尔公司

应用领域:全球运营,业务流程再造

背景资料:

国际化不仅是市场的国际化,管理也必须国际化。位于中国青岛的海尔总部就像全球海尔的心脏,在国际化的进程中,它时刻与外界保持同样的脉搏,随时在调整自己。

海尔作为一个在 160 多个国家的建立了营销网点的大公司,怎样避免臃肿和迟钝? 2001 年,海尔对自身进行了一场“革命”:把原来的组织结构由过去的直线职能式的金字塔结构改革为扁平化的组织结构,将职能变为流程,形成以订单信息流为中心,带动物流和资金流的运行,实施业务流程再造。

(1)革仓库的命,让物流成为“第三利润源泉”

齐思佳夫妇精心布置了自己的房间,在添加冰箱时,他们突发奇想,把冰箱的表面想象成了蓝天白云的景象。抱着试试看的想法,他们点击了海尔的网上订购单。他们想可能得等待挺长时间,没想到 10 多天后,海尔公司就给齐思佳打电话,说冰箱已经做好了,要给他送货。齐思佳十分惊讶:“怎么这么快?!”

这×几天,对海尔是一场考验。过去的海尔根本生产不出这种个性化的冰箱。但物流的变革,使它有了可能。在海尔搭建的网络化的平台上,齐思佳的订单被海尔的各个部门同时看到,最重要的是全球的供货商第一时间洞察到了海尔的需求。日本一家供货商主动承担了钢板前期设计的任务,在短短几天时间里,这种特殊的钢板就空运到了青岛本部,成本仅仅增加了 100 元。

张瑞敏在很多场合举过这样的例子:用户要一个三角形的冰箱,海尔也能生产出来。快速地满足全球用户个性化的需求,正是物流带来的强大动力。海尔国际物流中心在2001年3月正式起动,这个高22 m的立体仓库相当于40多个同样大小的普通仓库,采用世界上最先进的激光导引技术开发的激光导引无人运输车系统、巷道堆垛机、机器人、穿梭车等,全部实现现代物流的自动化和智能化,使得订单采购的原料在4 h里即可送达生产。一杯静止的水变成一条流动的河。张瑞敏将这比喻成"卖海鲜",卖的东西必须是活蹦乱跳的,要是搁一宿,肯定是不值钱了。

新成立的物流本部部长梁海山说:对物流的整合,犹如在高速公路上实现从慢车到快车惊险的一跳。从前的海尔,每个分厂,都有独立的采购权,那时的供货商达到了2 336家,供货速度不能保障,质量参差不齐,最后经过筛选和优化,精简到了900家。

断了1 000多家供货商的财路,这种大手术对于一个30岁的年轻人来说,是承担着巨大风险的。梁海山眼睛盯着全球的供货商,就是要做到从货比三家到万里挑一的转变。海尔的采购周期从10 d压到了3 d,同时国际供货商的比例达到了67.5%,比整合前上升了20%,其中的世界500强企业占到了44家,如GE、埃莫生、巴斯夫等。

在网上招标中,价格低并不是最重要的,海尔提出分供方要参与产品的前期设计。目前可以参与前期开发的供货商比例已高达32.5%,韩国LG公司与海尔合作已长达10年之久,面对越来越挑剔的海尔,他们丝毫不敢掉以轻心。的确,海尔的供应链随时都会优胜劣汰,每家供货商每走一步,都要小心翼翼。

建立一套目前国内自动化程度最高的物流系统,海尔只用了不到两年的时间。谈到海尔的物流建设,海尔集团总裁杨绵绵女士说,最关键的是不能要仓库。现在,我们全是根据订单来采购原材料,根据订单来生产产品,把仓库改造成一个立体配送中心,所有的东西在配送中心停留的时间只有3~7 d。

物流成了海尔的"第三利润源泉"。

(2)创造性破坏,把组织机构的金字塔"压扁"

曾经有人说过,创新有两个层次,一种是从无到有,一种是有创造性的破坏。相比较而言,创造性的破坏更加有难度。尤其是一些已经取得成功的一些管理理念和制度要打破重来,更需要勇气和智慧。我国的一些企业产品和资本都很有竞争力,却缺乏适应全球市场竞争的现代企业制度,正是这个差距拉低了我国企业国际竞争力的分值。海尔在走出去的同时,对内部的管理和结构进行全新的调整和改造,来适应国际化的需要。

采访时,在冰箱二厂的办公室里,没有见到李清君厂长。这里的人说,冰箱二厂开始实施了流程再造,厂长的办公地点搬到了生产现场。在车间里,没有人再叫李清君为“厂长”,而是叫“李经理”。李清君说,这种转变主要体现在组织结构上。

冰箱二厂原来一共有六级管理程序,厂长下面还有生产厂长、生产调度、车间主任、大组长和工人;现在管理程序减为两级,经理直接对着操作工。这样一来,原来的23个管理人员减成了9个,结构一下子扁平化了。

李清君从1997年开始在一厂当厂长,中间也有过几起几落。每一次变化都像是从零开始。这一次实施扁平化的结构,开始时他感到过失落、心里没底。“一开始说心里话是挺忙的,比以前责任要大了,因为我原来从厂长到工人有六级管理人员,出了问题我可以把责任推给他们。原来一个问题层层上报,到我这里可能就变味了,走样了。”

过去海尔是一种金字塔式的组织结构,员工应对的是层层的上级。现在改造成了一种扁平化的组织结构。原来再造前的订单流程是:供货公司把订单先传到集团的市场部,经过事业部、企划处到生产分厂,分厂做一个计划,再发到车间。现在没有了这些中转站,工人和市场需求的距离一下子被拉近了,每个部门每个员工直接对市场负责。今年2月7日,一位法国经销商订购3 000台节能冰箱,当天,冰箱二厂就在计算机ERP窗口上得到了订货信息,并立即安排了生产。可在流程再造之前,这几个小时的过程需要十几天。

张瑞敏认为,原来没有流程再造的时候,就好比是到医院去看病,你到这个窗口划价,那个窗口交钱,再到另一个窗口拿药。对于窗口里头的人,非常简单,只划价或只拿药,但对于拿药这个人,就非常复杂,一个窗口一个窗口走。但是现在改了,窗口里的人既要给他划价,又要给他算钱,又要给他拿药,那么你的素质就要很高。但对于拿药的人来说,省事了,速度快了。

扁平化的管理,也是欧美许多企业所采取的做法。

20世纪90年代,越来越多的公司走出国界,在逐渐一体化的全球市场上竞争。原有的企业经营模式,已不能适应市场的快速变化,“企业的流程再造”应运而生。它是指以工作流程为中心,重新设计企业的经营、管理及运作方式。

美国GE公司曾对组织结构进行过大刀阔斧的改造,原首席执行官韦尔奇去一家制造厂考察时发现,仅为监督锅炉操作就被分出了4个管理层,韦尔奇把它比喻成穿了太多的毛衣。毛衣就像组织结构的层次,它们都是隔离层,当你外出并且穿了4件毛衣的时候,就很难感到外面的天气有多冷了。流程再造后,GE公司的组织结构就像一个车轮,轮轴是韦尔奇和3名副总裁组成的总裁室,轮辐是GE的13个主要事业部,这种结构最大的优点就是简洁,更适应快速变化的市场。

谈到组织结构的创新对于海尔的国际化的意义时,张瑞敏说:组织结构的创新最终的目的是把企业组织内部每一个员工的积极性调动起来,或者说给他创造一个创新的空间,这个组织结构的改变不是为了改变而改变,而是为了以最快的速度适应市场的要求。在如今的市场竞争当中速度是第一位的,因此所有的组织结构的改变都是为了这两个字。

海尔刚提出国际化时,口号是"海尔的国际化",现在的口号则是"国际化的海尔"。这个词顺序的变化意味着什么呢?张瑞敏说,海尔的国际化就意味着海尔的各项工作各项标准,包括质量标准、财务标准都要达到国际要求的国际标准。这不是我的目的,我的目的是形成国际化的海尔,也就是本土化的海尔,要融入到当地市场当中去,我们叫做三位一体,就是在当地设计、当地生产、当地销售,最终目标是使海尔成为一个真正的世界品牌,不管走到全世界任何地方,大家都知道海尔是一个非常好的、受人喜爱的名牌。

问题讨论:

(1)海尔目前采用的产品研发方法是什么,这种方法之所以成功的原因何在?

(2)海尔新实施的物流采购方式与先前的有何不同?优势何在?

(3)组织结构扁平化对于海尔业务流程产生了什么样的影响?

案例2 家庭风味饼干烘烤公司

应用领域:流程设计,库存管理

背景资料:

卢·马克烘烤公司(Lew-Mark Baking Company)位于纽约州西部的一小城镇。卢和马克兄弟俩刚开始经营的是烘烤食品店。当他们购买了Archway饼干公司特许权后组成了这一公司。有了在纽约和新泽西的专营权后,它成了拥有最大Archway特许权的公司。该公司雇员不足200人,主要是蓝领导工人,气氛很融洽。该公司基本情况如下:

产品:该公司唯一的产品是软饼干,有50多种。较大的公司,加纳贝斯克、Sunshine和Keebler,采用传统方法制成熟松饼,其中大部分水分被烘去,所以吃起来很松脆。Archway饼干不含任何添加剂和防腐刑。高质量的饼干确立了该公司在市场上的稳固地位。

顾客:饼干在遍布纽约和新泽西的便利商店或超市中销售。Archway 给其饼干冠以“好食品”,即无添加剂和防腐剂来销售,而这吸引了市场上有健康意识的顾客群。许多年龄在 45 岁以上的顾客喜欢松软而不太甜的饼干,有小孩的家庭也买这种饼干。

生产过程:该公司有两个大烘炉用来加工饼干,这一生产过程被称作成批加工系统。公司一收到经销商的订单就开始安排生产。在每一轮班开始时,当天要制作的饼干清单就送到了负责搅拌的人手中。该负责人检查一下主单,将上面写明的每一种饼干所需的配料输入计算机。于是计算机根据订购数量确定出每一配料的需要量,并把这一信息传达到位于厂外的仓库,那里存放有主要的配料(面、糖及糕点粉)。这些配料被自动送往大型搅拌机,在那里这些配料要同适当数量的鸡蛋、水和调味品混合。当配料搅拌好后,这一糊状物被倒入切片机中,在这里被切成单个的饼干,接着这些饼干筋落到传送带上,穿过其中一个烘炉。然后充填饼干,如填入苹果、枣和草苏,需要另外的工序。不充填的饼干要斜切,斜切的饼干比直切的饼干需要的空间少,这可使生产率更高。另外,该公司最近将每个炉的长度增加到 221 m,这也使生产率得到进一步提高。饼干从炉中出来后就被输送到高 6 m、宽 1 m 的螺旋形冷却架上。当饼干离开冷却架后,工人们就用手把它们放到箱子中,捡去在生产过程中碎裂或变形的饼干。接着箱子被自动打包、密封并贴上标签。

库存:大部分饼干被立即装上卡车运到经销商那里,一小部分被暂时存放在公司仓库中。但由于它们储存期限不长,所以必须在短期内发货。其他库存包括饼干箱、运输箱、标签及用于打包的玻璃纸。标签要经常小批量地续订,因为 FDA 商标规定易变,而公司不希望买一大堆不能用的标签。储仓一周要补充两三次,视用料快慢而定。饼干要按一定的顺序来烘烤,以使用于清洁处理的停工时间最短。例如,浅色饼干(如巧克力片)要在深色饼干之前烘烤,燕麦片饼干应在葡萄干饼干之前烘烤。这就使公司避免了每次在生产一种不同的饼干前对加工设备必须进行的清洁处理。

质量:该公司以其饼干的质量而自豪。当饼干离开生产线时,由质检员随意对它们进行抽检,以确保味道和色泽令人满意以及烘烤得恰到好处。生产线上的工人负责将发现有缺陷的饼干捡出来。同时该公司还在生产线上安装 TX 光机,以探测在生产过程中可能混入饼干中去的小金属屑。采用自动设备运输原料和搅拌面糊使得保持无菌生产过程更加容易。

损耗:该公司的运作效率很高,很少有碎屑。例如,如果一批配料搭配不合理,将作为狗饲料销售。不完整的饼干用在燕麦片饼干上。这些做法减少了配料成本,节省了在废物处理上的开支。该公司也采取了热能回收:从两个烘炉中散出的热能被集中起来,用来烧水从而向楼中供热。在搅拌过程中采用了自动化,同以前的手工操作相比也减少了废物量。

新产品:新产品的构思来自顾客、雇员及对竞争对手产品的观察。首先对新的构思进行分析以确定是否用现有设备生产出这类饼干。如果可行,生产出一批样品,确定成本及时间要求。如果结果令人满意,就进行试销看看该产品有无市场需求。

可能的改进:该公司有许多地方需要改进。一个可能性就是将饼干装箱这一操作自动化。尽管劳动成本不高,但过程自动化可节省资金并提高效率。到目前为止,业主没采取这一改进措施,原因是他们认为雇用30个妇女(她们现在做的是手工装箱这一工作)是对社区要尽的一个义务。另一个可能的改进是由距工厂更近的供应商供料。这将减少订货间隔期和运费成本,但业主不相信当地供应商能提供同样好的原料。近年来也提出了其他办法,但业主都给拒绝了,因为他们担心那样做可能影响到产品的质量。

问题讨论:

(1)简述饼干的生产过程。

(2)该公司提高生产率的两种方法是什么?为什么增加烘炉的长度可使产量更大?

(3)你认为该公司不采用饼干自动化装箱是正确决策吗?说出你的理由。在这种情况下,公司对雇员的义务是什么?它对社区的义务是什么?该公司所在城镇规模是一个因素吗?如果该公司位于一大城市,情况与现在有区别吗?公司的大小是一个因素吗?如果它是一个更大的公司,将会有什么样的结果?

(4)造成卢·马克持有最低限度库存的因素是什么?这一决策的好处是什么?

案例3 太阳制造公司

应用领域:生产计划编制

背景资料:

王思多是太阳制造公司的总裁,正在研究他桌上的报告。这些报告显示了公司上个月的库存量和劳务费都达到了最高记录,但上个月的发货装运量却没有达到目标。王思多浏览着不满的顾客发来的一叠电讯,很不愉快地思考该如何答复他们,他觉得有必要找找问题所在。

太阳制造公司生产用于发动机的各种轴承。在十年内,销售额已达到5 000万元。然而在过去的两年内,销售额一直保持稳定。公司的生产是从品种很有限的某一系列轴承开始的,到今天已发展为以两大系列为主,共有3 000多种产品。一部分产品的生产是季节性的,用作发动机的更换配件,这种更换通常在一年中的某个时期进行。工厂的生产组织方式以产品对象专业化为主,同时也有几个车间为特殊用户的需求进行生产,工人们大多是熟练工人。

王思多决定最好是让一名咨询专家对公司存在的问题给出一个独立的判断和评价,他选择了乔玉。乔玉在成为大学教授前曾任生产经理,王思多告诉乔玉在调查期间可以查阅任何需要的资料,并询问他要问的任何人。

乔玉首先会见了史先生,公司的物料经理。他负责人工的调整,是否加班,并与原材料零部件供应商联系并签约。负责制订生产计划的人也归史先生领导。史先生向乔玉解释了生产计划的制订过程:"首先,我们从分销商那里得到预测信息,每个月他们都给我们两大系列产品的未来两个月的需求预测量,加上已订购的实际量。我们需要提前两个月的预测是因为我们的产品生产周期是5周。从这些预测值和过去需求的统计值,生产计划制订者订出下两个月每种产品的生产计划。基于这个计划,我们来估算需要的人工,决定是否加班,是否转包合同。例如,如果估算需要130 000 h的工作量,而我们只有110 000 h,那么在我们具备设备生产能力时可以加班或是再雇劳动力,如果这行不通,就把一部分工作外协。万不得已时,就修改生产计划。所有这些必须很快做出,因为我们的时间并不多。坦白地说,当你考虑到我们的产品种类和数量时,会发现这个计划过程是相当麻烦的,这里经验起很大的作用。"

由于上述过程从预测开始,乔玉决定找韩先生谈一谈,韩先生是负责营销的副总裁。他谈到:"预测小组估算未来需求的工作做得很不错,不过,我把他们的预测值再乘上一个百分比,以确保手头有足够的产品。然而,近来事情不那么顺利了,因为我们不能按时发货,我们有可能失去一些客户,这使得大家有些不愉快。"

乔玉见的下一个人是华刚,负责制造的副总裁。华刚很坦率:"有时候我讨厌上班,我们的工作人员并不很令人满意,由于人员的频繁更换调动,导致士气不高,生产率低。十年前,当我们的事业刚起步时,我们的工人们都对公司忠心耿耿,并乐意工作。后来随着规模扩大,出了些问题。人力资源部说如今很难找到好工人了,特别是由于我们的人员流动率这么高,我们应该停止这种为了迎合季节性需要而聘用或解聘人员的做法。工人代表告诉我,他们将要求更多的工作保障。如果我们失去了调整劳务量的灵活性,我们怎么能使成本下降呢?"

乔玉感到还需要再见一个人,虽然她估计到会从他的那里了解到什么,乔玉走进了贺林的办公室。贺林是太阳制造公司的会计师,他对目前这种状况没什么好说的:"加班费和外协费在过去的几个月里非常高,这种状况如果继续下去,生产预算到半年时就可能用完。另外一件我不能理解的事是,我们正在进行的库存投资。或许你们这些搞生产出身的人可以向我解释,为什么我们有那么多库存而客户服务却很糟,这一切都给现金储备带来压力。我有个大概想法,就是明年削减 20% 的生产预算,看看会怎么样。我希望你能帮助其他人也采取适当的行动。"

乔玉感到她这一天听到的已足够多了,第二天,她收集了生产计划问题方面的资料:

编制生产计划的假设条件:计划期为两个月;所有人员都能在两个生产组中的任何一组中工作,计划必须确定每个计划期各有多少人分配到各生产组;工作经验对生产率和薪水的影响忽略不计;可以在任何时候要求任何一个生产组加班。在每个计划期内每个生产组的加班工作量不能超过该计划期内该组正常工作量的 20%;不允许订单延期;零库存计划是可接受的;对外协作量没有限制;无论是外协还是自己生产,可以不考虑材料成本及其差别。

其他资料如表 C.1、表 C.2、表 C.3 所示:

表 C.1 客户订购数量预测

生产组	计划期					
	1/千件	2/千件	3/千件	4/千件	5/千件	6/千件
大发动机	500	500	1 500	600	500	400
小发动机	350	1 500	300	1 000	750	500

注:基于去年的实际客户订购数量,预期下一年的销售不变。

表 C.2 费用数据

费用项目	单位标准/元	备 注
聘用费	4 000	培训和招聘费
解聘费	2 800	解职费和日常文书工作费
薪 水	4 800	每两个月
加班费	7.20	大发动机生产组
	2.88	小发动机生产组

续表

费用项目	单位标准/元	备 注
库存费	1.70	每计划期(大发动机)
	0.90	每计划期(小发动机)
外协费	8.50	大发动机
	3.50	小发动机

表 C.3 其他数据

计划期初工人数量	800 人
生产率	1 000 件/每人每计划期(大发动机)
	2 500 件/每人每计划期(小发动机)
初始库存	25 000 件(大发动机)
	50 000 件(小发动机)

问题讨论:

(1)乔玉会见了物料、营销、制造、财务方面的人员,评价这些人员所述的情况及其观点,你有什么不赞同的吗?

(2)如果你是乔玉,你会建议太阳公司的生产计划过程做什么变动?

(3)用表中的数据,建立公司下一年的最小费用生产计划的数学模型。

(4)用你的数学模型和计算机求出一个最小费用生产计划。你准备如何将你的模型用于你在问题 2 中建议修改的生产计划过程?

案例 4 西安杨森公司

应用领域:企业信息化,企业资源计划

背景资料:

(1)公司概况

西安杨森制药有限公司成立于 1985 年,总部位于北京,是由中国和美国强生公司所属的比利时杨森制药公司合资建立的现代化制药企业,总投资 2.9 亿元人民币,生产和销售 20 余种专利药品,拥有约 2 500 名员工。

到 2005 年,西安杨森已经连续四年被评为“中国十大最佳合资企业”之一,并两度摘取第一名桂冠。1999 年和 2002 年,西安杨森两度被美国著名的《财富》杂志(中文版)评选为"中国十大最受赞赏的外资公司"之一,2002 年同时被《财富》杂志(中文版)评为"人力资源经理眼中的最佳雇主";2005 年 12 月 29 日西安杨森荣获"2005 CCTV 中国年度雇主"金奖。获得该项殊荣的一共有 10 家企业,包括海尔、爱立信、联想等,西安杨森是唯一进入前 40 名并获得金奖的制药企业。

自 2001 年以来,西安杨森通过与 SAP 合作,到 2004 年已经分三期成功引入了十大 SAP/R3 核心模块,实现了"驾驶舱"式的信息化管理,成为制药企业信息化成功案例的典范。目前,西安杨森正在将信息系统升级到"SAP ERP 2005",以满足企业日益增长的信息化需要。

(2)居安思危引入信息化

由于西安杨森是中国最早合资企业之一,起点比较高,因此西安杨森一直在业内处于领先地位,拥有 20 多种自主知识产权的产品。

近年来,随着中国"入世"和全球经济一体化的深入,西安杨森也面临着越来越激烈的行业竞争:世界各大制药公司多年来收购、并购小药厂,世界级的跨国制药公司规模越来越大,制药行业市场的竞争愈加激烈,商业模式的变化也越来越快。

如何在激烈的竞争中稳住自己的位置并继续发展,是西安杨森关注的重点问题。西安杨森认识到,要想继续保持其领先的市场地位,就有必要借助信息化,进一步提高管理水平和生产组织效率,提高其对市场变化的反映速度。

作为强生集团制药部北亚区区域首席信息官和西安杨森的信息管理部总监,曾连续三年荣获"中国 50 位优秀 CIO"称号的冯太川先生所考虑范畴还不仅仅局限于西安杨森:作为企业的 CIO,他知道自己肩负着利用新技术,新信息推动公司商业发展的使命和责任——不但要降低信息系统的成本和投入风险,建立高性能、高品质的系统、而且所建信息系统既要是高度集成和标准化的,也要灵活多变,能快速适应多变的商业模式,为公司提供可靠,及时的信息。

因此,冯先生还设想如果能利用 ERP 系统实现亚太地区强生成员企业的资源共享,则将进一步降低整个亚太地区强生的企业运营成本——而且由于可以依托经过整合的、整个强生亚太区的资源,西安杨森的风险规避能力和应变能力也将得到加强。

(3)目标:智能化,全亚太强生资源共享

由于西安杨森是美国强生公司在亚太区的最大药品生产中心,因此西安杨森对信息化的期望很高。

西安杨森不但希望其信息化平台能有效涵盖现有的业务,进一步提高生产经营和管理效率，还希望借此实现其商务智能化的目标，达到对经营风险的智能判断和使用信息化手段进行科学决策的目的；而利用信息系统与亚太地区的强生成员企业实现信息共享，进一步降低企业运营成本，则是另一个既定目标。

为了使这个目标更为直观，西安杨森的资讯部总监冯太川先生曾这样向管理层描述西安杨森的信息化目的："当老板问我，花这么大一笔钱进行信息化，最后我们能得到什么时，我回答他说，您坐在办公室里，打开电脑进入企业 ERP 系统，就得到了一个类似飞机操纵台的仪表盘，并且只有红黄绿 3 种灯光。当看到黄灯和绿灯时，您可以外出打高尔夫球，而看到红灯时，就需要找相关负责人询问出现的问题了。"

不过，要想达到这样的信息化目标，并不是一件十分轻松的工作。为了确保项目成功，西安杨森开始了选型工作。

(4)携手 SAP，建立三级战略规划

经过论证，西安杨森确认，西安杨森需要的是一个"节省成本，容易配置且展开完整的、实时的 EPR 系统"来支持其日益增长的业务需求。

最终，西安杨森选择了 SAP 的医药行业信息化解决方案。西安杨森的这一选择是因为 SAP 是强生集团最新的标准医药业 ERP 系统供应商，还因为 SAP 的方案能满足西安杨森"少量的投资，在短期内快速提高企业的竞争能力"的需求，具体包括：

■ SAP 的 ERP 产品是世界上目前表现最稳定的产品，也是最完善的产品；

■ 任何产品都是有生命周期的，SAP 的长久持续发展态势，稳步的发展战略，对产品生命周期的有效管理，都使得西安杨森对 SAP 抱有信心；

■ SAP 的信息平台是目前兼容性最好的平台。

西安杨森在 SAP 的方案基础上，结合自身的业务需求，在系统战略规划上设计了一个基于 3 层控制的商务智能管理模式，从 3 个层面分别与企业的 3 个管理层面相对应（见下图），包括：

■ 与收入周期、付款周期以及生产周期相对应的，处于业务层的、即时的企业资源计划（ERP）系统；

■ 与人力资源以及为企业战略决策服务层面相对应的，处于管理分析层的数据仓库（data warehouse）；

■ 与最高管理决策层面对应的，关键绩效考核层面——公司管理驾驶舱（management cockpit）。

(5)细致、科学的项目规划是成功实施的关键

按照三级战略规划，并根据 SAP 所提供的发展模型，西安杨森制订了具体

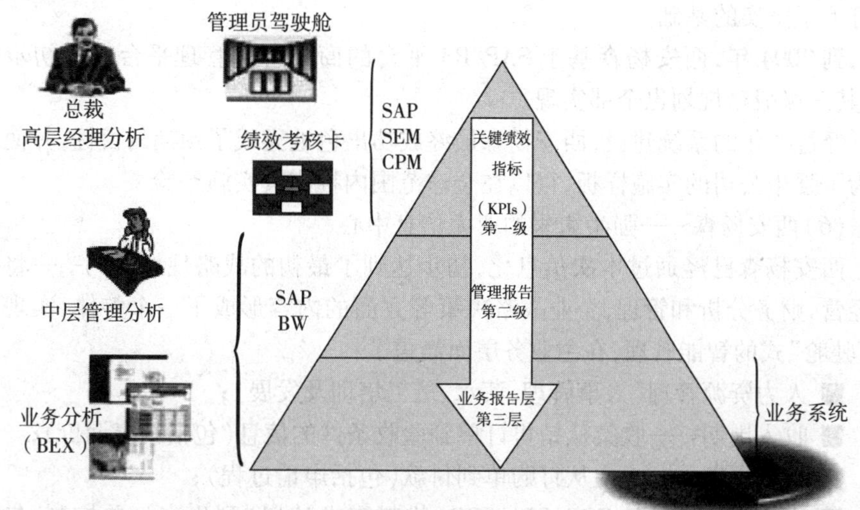

的实施计划——整个项目由5个行业公认的、主要的系统发展生命周期项目阶段构成，分别是：

①项目筹备阶段——立项，成立实施小组并确定其成员，成立筹划指导委员会以及制订一个高标准的系统实施项目计划。

②具体规划阶段——收集系统内各部分用户的具体需求，并据此制订比较细致的实施计划（业务蓝图），以确保系统中的功能模块能支持所有的业务需求。

③实施阶段——包括项目设计、实施、单位测试、系统/综合测试等方面的内容，即在SAP系统基础上，通过引入SAP模块和定制开发，使系统达到能覆盖西安杨森全部业务及其流程的目的。

④最终筹备和安装阶段——主要任务是完成测试和培训终端用户，并在对系统开始测试性运行的同时，逐步减少实施性工作。

⑤正式上线运营阶段——主要包括提供维护及应用支持服务，将工作重点从项目实施转为系统调整，使其能很好的支持实际生产经营，达到预期的目的。

冯太川先生用“绿、蓝、红、黄”4种颜色来生动地说明实施SAP ERP必经的4个步骤：“绿”是指项目准备阶段，“蓝”是指流程优化阶段，“红”是指正式上线阶段，“黄”是运营支持阶段。

其中，冯太川先生认为蓝色也就是流程优化阶段对企业来说是最关键的，因为“该阶段工作做得越扎实越细致，今后的项目实施和运营会就会越轻松”。因此，西安杨森的项目规划工作做得格外细致，事实证明，这对实施工作的顺利进行打下了坚实的基础。

到 2004 年,西安杨森基于 SAP/R3 平台的商务智能管理平台建设初步完成,其三级战略规划也全部实现。

经过 3 年的系统建设,西安杨森最终成功出色地完成了预期的目标,并使其成为了强生公司的实施样板,得以在全球范围内推广其实施经验。

(6)西安杨森——强生未来的亚太信息中心

西安杨森已经通过本次信息化,初步达到了最初的战略规划目的——将生产经营,财务分析和管理,企业战略决策等方面的内容形成了一个整体,实现了"驾驶舱"式的智能管理,在主业务层面涵盖了:

■ 人力资源管理(人事管理,薪水,员工培训及发展);

■ 收入周期——收集从销售订单到验收条件的信息(包括销售询价);

■ 付款周期——卖主从订购单到付款(包括申请过程);

■ 生产周期——从 SOP,DP,MRP(物料需求计划)到生产订单控制,包括生产成本(基于活动)和质量控制担保等过程控制。

由此,西安杨森就可以通过系统将人力资源管理、固定资产、固定资产贬值、财务分类账更新、存货管理、产品质量和账目管理(包括:业务单位、特许经营、品牌、产品、销售区域的利润率分析)、销售、购买、仓库运作的物流功能,这些原本各自独立的项目有机的结合在一起,并通过业务分析系统(Business Analytics)即时反映在整个系统中。

完成上述十大功能模块后,西安杨森没有像其他公司那样,在上完 EPR 几年之后才着手数据仓库方面的工作,而是立刻开始了数据仓库的建设。这样就使得中层的管理人员看到业务分析系统做出报表后,不但可以即时地通过数据仓库对其进行分析,还能通过系统产生的、法定要求的资产负债表和盈亏账目来进行即时性的陈述,并辅以具有商业智能分析能力的数据仓库进行可随意的查询网络报告,使位于中层的管理层和最高决策层能够即时的了解企业经营信息,帮助他们制定战略性决策。

西安杨森的信息化系统完备的功能和整体性能引导公司决策者很快地进入任何一个模块,获得想要的信息和数据,并可以据此制定企业战略设想、远程展望,从而使西安杨森的生产经营和管理成为了一个整体,市场反应速度和经营风险规避能力都大大加强。

西安杨森的智能商务平台不但将公司零散的业务流程变为一个整体,还使公司通过这个平台,切实地收到了实际的经济受益:公司营业收入持续增长,收款时间从 90 d 减少到 45 d,通过利用 SFE/PDA 和 SAP 的 CRM 模块来管理客户投诉,使每个客户的意见都能即时地得到处理和充分重视,大大提高了客户满意度,强大的现金流管理功能使整个企业的现金流状况一目了然。

由于国内药业市场的供应链环节较多,市场信息不透明,所以在未建立BMW(channel management system,渠道管理系统)以前,西安杨森以往对于市场供求情况不能很好的掌握,甚至造成了不知道40% 产品销售到哪里去了的情况。

现在,西安杨森通过使用渠道管理系统来直接管理产品的渠道销售后,由于该系统能把每一级的分销商甚至药店的进、销、存数据及时上报,使管理层能看到一个透明的市场——在各级渠道商都能得到准确的销售数据,及时地了解了市场需求,使渠道既不会"塞货",也不会"缺货"。

由于这些信息和数据都能即时真实的反映在管理人员的电脑里面,真正实现了"驾驶舱"式的管理,从而实现了最初"商务智能化"的目标。

冯太川先生对此曾颇有感触地介绍说:"公司的老总要看的不是数据,是要及时做出决策的信息,来引导公司向正确的方向提升。西安杨森的信息化项目能满足公司管理层的需求,是由于我们事前看到了信息化后的前景,并制订了具有前瞻性的战略规划和切合实际的信息化工作流程。"

问题讨论:

(1)西安杨森选择ERP系统时考虑了哪些因素?

(2)分析西安杨森实施ERP的战略?

(3)从本案例看,你认为企业成功实施ERP的关键是什么?

案例5 一家救助组织的项目管理

应用领域:项目管理

背景资料:

当地一家非赢利组织的董事会成员正在举行二月份的董事会会议,这一组织负责筹集和购买食品,然后分发给生活困难的人们。会议室里在座的,有董事会主席贝斯·史密斯(Beth Smith)和两个董事罗斯玛丽·奥尔森(Rosemary Olsen)和史蒂夫·安德鲁(Steve Andrews)。贝斯首先发言:"我们的资金几乎用光了,而食品需求却一直在增加。我们需要弄清楚怎么才能得到更多的资金。"

"我们必须建立一个筹集资金的项目。"罗斯玛丽响应道。

史蒂夫建议:"难道我们不能向地区政府要求一下,看他们是否能给我们增加分配额?"

“政府资金也紧张，明年他们甚至可能会削减我们的分配额。”贝斯回答。

“我们需要多少钱才能度过今年？”罗斯玛丽问道。

“大约10 000美元，”贝斯回答，“我们大概两个月后就会开始急需这部分钱了。”

“我们除了钱还需要很多东西。我们需要更多的志愿者、更多的储存空间和一台安放在厨房里的冰箱。”史蒂夫说。

“哦，我想我们完全可以自己做这份筹集资金的项目，这将是很有趣的！”罗斯玛丽兴奋地说。

“这个项目正在扩大，我们不可能及时做完。”贝斯说道。

罗斯玛丽回答说：“我们将解决它并且做好，我们一向能做到的。”

“项目是我们真正需要的吗？我们明年将做什么——另一个项目？”史蒂夫问道，“此外，我们正在经历一个困难时期，很难得到志愿者。或许我们应当考虑一下，我们怎样能用较少的资金来运作一切。例如，我们怎样能定期得到更多的食品捐献，这样我们就不必买这么多食品。”

罗斯玛丽插话说：“多妙的主意，当我们去试着筹集资金时，你又能同时继续工作。我们可以想尽所有办法。”

“好了，”贝斯说，“这些都是好主意，但是我们只有有限的资金和志愿者，并且有一个增长的需求。我们现在需要做的是，确保我们在两个月后不必关门停业。我想，我们都同意必须采取行动，但是不能确定我们的目标是否一致。”

问题讨论：

(1)识别项目的需求是什么？

(2)项目目标是什么？

(3)项目实施应具备什么样的假定条件？

(4)项目的风险有哪些？

案例6　瑞士芬美意香精香料公司

应用领域：供应链管理

背景资料：

(1)公司概况

瑞士芬美意香精香料公司(Firmenich)是一家拥有一百多年历史的、专门研发生产香精香料的企业。Firmenich是世界上生产香精香料的大型私有企业，占整个行业的10.7%市场份额。它的客户包括世界上各个行业的领先生产制造商:食品饮料业、医药业、香水化妆品、烟草业、清洁剂以及日常用品。

(2)行业面临的挑战

香精香料行业制造商正面临市场价格压力、产品生命周期的缩短等众多挑战。

客户方和制造方的合并是香精香料制造商面临的一个挑战。供应商数量的减少导致平均定购量和价格的提高;客户数量的减少却给市场带来更大的不稳定性。

另一个主要挑战是"以客户服务为中心"的要求。顾客对各方面的要求越来越严格,这就要求制造商要对客户有更多的了解、担负更多责任。例如,Firmenich 的客户关系范畴已经拓展到新产品的市场测试阶段,保证能让 Firmenich 的客户接受新产品。

从生产角度看,供应链上的企业在规划、计划、预测、产品生命周期管理方面的合作正在加强,这对所有跨国企业来说都是如此。原料采购也越来越困难,因为不同的地域对供货商的要求不同。例如,Firmenich 可能让不同的工厂生产同一类型的产品,但是这些产品又具有不同的特征。一个工厂的产品可能需要得到相关的认证,而另外一个工厂的生产可能受到一定法规的限制。产品的生命周期不断萎缩,这就意味着公司必须加快盈亏平衡点的实现。

供应链上下游的协同合作,例如生产和分销渠道,也是企业管理所要解决的重大问题。公司正面临供应和需求的"倒金字塔"问题,用较多的原料来生产较少的产品的策略已不再适用,行业正朝着降低原料数目增加产品品种的方向发展。

虽然香精香料行业的大多数公司的企业内部管理已由企业级的 ERP 系统代替,但从某种程度上来说,客户和供应商仍然是外部的独立实体。外部的沟通合作常通过电话会议、传真、电子邮件或者通过信差和邮局寄送文件。在这种情况下,轻则延长作业周期、延误生产,重则造成没必要的经济损失、订单错误或不能完成交货,严重影响客户服务水平、库存管理、生产效率和销售工作。

现在,制造商已认识到:基于互联网的"一对多"的应用系统才能满足他们与供应链中其他成员的协作和沟通要求。"一对多"应用系统能够加快供应链的响应时间,减少用以缓冲的存货,提高运作效率。

(3)Firmenich 面临的挑战

作为一家私营企业,Firmenich 面临的最大的挑战是与拥有大量财政资源的公共企业(如上市股份公司)进行竞争。伯纳德·芬美意先生说:"我们必须非常谨慎地花每一分钱来保证提高产品质量和运作效率。当然,作为私有企业,我们更加灵活，决策快速，我们在这方面做得相当不错。” Firmenich 公司实施的供应链项目——Syncro 项目（该项目软件系统由 Adexa 公司提供）就是提高质量和效率的最佳例子。

(4)Syncro 项目的目标

Firmenich 公司实施的 Syncro 项目期望达到以下几个目标：

- 降低现有库存水平的 10% ~20%；
- 将计划的完成时间从 15 ~20 d 缩短为 1 d；
- 远程系统的整合 Firmenich 公司和客户；
- 改善分销渠道；
- 使不同的产品系列和原料来源达到利润最大化、成本最小化；
- 全球性的原料供应在一个统一的计划下调配和安排；
- 整个供应链信息的同步化和所有工厂的同步管理。

事实上，Syncro 项目的目的就是创建一个不受任何时间和空间影响的全球性生产和物流管理中心。通过供应链数据的整体审视和应用一个能够储存并处理大量数据的系统，Firmenich 就能完成全球性供应链的统一规划，而不是依靠流程中四五个在不同区域的 ERP 系统来完成。

伯纳德 · 芬美意先生用几个片断展示了 Syncro 项目的要求：“Firmenich 公司拥有 24 个生产基地，另加 3 个化工厂。我们必须同他们交换信息。例如，我们在全球不同的车间生产相同的香料，但是一些订单有完成时间的要求，一些订单则要考虑到效率的问题。比如说一个订单是来自雅加达的客户，但是我们可能不会在雅加达生产此香料，可能在日内瓦生产，原料又是由另外一个工厂供给。这个作业网络是庞大而复杂的。在实施 Adexa 供应链方案之前（这个供应链解决方案使我们可以同时掌握所有工厂的库存情况，查看所有的供应链数据资料），我们对各个工厂的管理是独立进行的，并不知道其他工厂的运作情况。当你输入订单信息时，你必须运行 MRP 系统来决定完成订单所需的生产原料，接着确定原料的来源，大概需要 15 ~20 d 才能得到答案。接着你还得下采购订单，等待原料被运到目的地。这个漫长的过程是无法忍受的。然而，在实施 Adexa 供应链方案之后，所有的作业点都是彼此连接的，我们能在短时间内获得所需的信息。像一个全球性 MRP 系统，在同一天我们就能知道为完成订单各自所需要做的工作。这是我们希望获得的最佳的收益之一。

在战术层面上，Syncro 项目的目标是：它必须能够与 Firmenich 公司现有的 ERP 系统（MFG/Pro）及其他应用系统实现一体化，特别是“Fir customer SAP”系统。它必须具有很高的弹性来整合新的数据资源，例如合同制造商（Contract

Manufacturers)的信息。同时,与客户协同过程的自动化,使客户关系得到增强,客户忠诚度也会提高,最终带来源源不断的生意。另外,Firmenich 公司可以通过让客户参与新产品、新服务的开发,来更好地了解不同区域的顾客需求,确保计划的准确性。透明度和协作是 Syncro 项目的基础。全球化作业的透明度、信息的整合和有效的共享,是我们实现企业目标的大前提。"

(5)Syncro 项目的规划与实施

规划任何供应链项目的首要任务是解决如何从 ERP 系统中获得供应链管理所需的数据信息。Firmenich 配置的是 QAD 公司的 ERP 系统(MFG/Pro),并从 QAD 公司聘请一位项目经理,主要负责监督供应链项目的实施。

ERP 系统数据的全球共享是下一个急需解决的问题,也是 Adexa 解决方案所要处理的主要问题。可供公司进行全球同步计划的数据信息的录入和集合过程经过了 3 个月的时间才完成。伯纳德先生总结说:"规划是供应链项目的基础,随之才是预测和物流。"

从局部的 ERP 系统向全球性供应链系统转换,这一变革的涉及面非常广。局部的 ERP 系统就是内部的系统管理,也就是说,你能够把握每一项工作的进展和方向,并且了解完成每一项工作所需的资源。当实施全球化方案后,你可能碰到诸如知道需要生产某种产品,但是却不知道它的具体需求的问题。因为产品的需求来自另外一个工厂。当然局部的 ERP 系统的数据相当重要,全球供应链解决方案的成败取决于局部 ERP 系统的数据的准确性,因为全球供应链解决方案的数据是在局部 ERP 的基础上的整合而来的。

任何一个环节的数据信息的错误都会影响到其他的节点。这就是 Firmenich 公司在项目实施过程中遇到的最大挑战。对于一些员工来说,接受这种挑战是一件相当不容易的事情,特别是在当员工的报酬是同局部的绩效水平挂钩的情况下尤为突出。但在实施过程中,这些问题是不可避免的,也是必须要解决的。

部分的数据信息直接来自客户,从而使订单的接收和完成过程更加自动化,运作速度得到提高。此外,通过向供应商提供有效的客户需求信息和库存数据,建立一种"供应商管理库存"(VMI)或者"供应商拥有库存"(VOI)的关系机制。在简化了整个的作业程序的同时,当然也要求客户方能够承担更多的责任,提供更准确的数据信息。例如,Firmenich 公司的客户决定把库存单位"千克"改为"克",但是这位客户却忘了通知 Firmenich 公司,结果,库存补货系统的补货要求立即提高到原来的 1 000 倍。

另外,再举一个正面例子,在客户的计算机系统崩溃时,与客户库存数据的整合作用就显得尤为突出。由于 Firmenich 公司每天都通过 XML 文件接收来自客户系统的库存信息，客户就能够从 Firmenich 公司反馈中重新获得自己的库存信息。以前，在 Firmenich 公司根本没有掌握客户库存信息的情况下，这种事情是难以想象的。

在提高客户服务水平方面，Firmenich 公司能够在客户确定自己的需求之前就预先知道并准备好发货。例如，在一个星期五下午，Firmenich 公司对客户进行了一次库存和需求的同步监测，Adexa 系统显示：必须立即进行生产才能满足此客户的下一个订单需求，而同时客户端的计划子系统却发生故障。在没有得到客户的确认情况下，Firmenich 公司决定马上进行这一订单的生产，以便星期一发货。当客户发现订单需求并向 Firmenich 公司打来紧急电话时，Firmenich 公司的货物早已经在运往客户的途中。

(6)Syncro 项目实施结果

显然，Firmenich 公司在世界范围内的员工都共享相同的数据信息，仅这一点就令公司获得巨大的投资回报。具体表现在效率和生产能力的提高——在员工没有增加的同时，公司的规模却日益扩大，销售量和产品品种不断地增加。系统的实施在公司的财务秤杆上也发挥了作用，表现在库存成本、运输费用和管理费用的降低。

在生产制造方面，进行计划所需的时间已经从 15 ~ 20 d 下降到 1 d。由于建立了供应商管理库存(VMI)和供应商拥有库存(VOI)关系机制，安全库存水平也下降了 10% ~20%，客户关系也得到加强。

总之，这些成绩都归功于透明度的提高，以及 Firmenich 公司和客户之间的数据交换的自动化。供应链解决方案的实施和信息的共享，将不断地推动公司的发展。

(7)展望

香精香料行业制造商正面临众多挑战，如市场价格压力、产品生命周期的缩短。产品生命周期的缩短给公司的投资回报带来了前所未有的挑战。Firmenich 公司整合了所有 ERP 系统和其他的数据资源的数据信息，从而实现了效率的提高、缩短完成期、降低库存水平和提高客户服务水平。

Firmenich 公司计划继续降低库存水平，预测未来市场的订单趋于“多而小”的发展趋势。Firmenich 公司已经做好了准备，它的规划系统具有足够的弹性来应对这种变化。Adexa 的系统软件提供的开放式结构体系使 Firmenich 公司具备进一步整合客户端系统或其他信息资源的能力。未来，Firmenich 公司在技术上面临的另一个很大挑战是如何提升所有的运作系统——在技术和管理功能上都能与 Syncro 系统相匹配。

问题讨论：

(1) Firmenich 公司正面临什么样的挑战？

(2) Adexa 供应链方案在实施过程中遇到了哪些关键性的问题？他们是如何解决的？

(3) Adexa 供应链方案给 Firmenich 公司带来哪些方面的效益？这些效益符合香精香料行业近年来所发生的变化趋势吗？

参考文献

[1] 冯根尧.运营管理[M].北京:北京大学出版社,中国林业出版社,2007.

[2] 冯根尧.生产与运作管理[M].重庆:重庆大学出版社,2002.

[3] Richard B. Chase, Nicholas J. Aquilano, F. Robert Jacobs: Operations Management for Competitive Advantage. 9e. McGraw-Hill, Inc., New York: 2004.

[4] Mark M. Davis, Nicholas J. Aquilano, Richard B. Chase: Fundamentals of Operations Management. 4e. McGraw-Hill, Inc., New York: 2004.

[5] William J. Stevenson: Operation Management. 8e. McGraw-Hill, Inc., New York: 2005.

[6] Jay Heizer, Barry Render: Production and Operation Management (4th ed.). Prentice Hall, Inc., New York: 1998.

[7] 陈荣秋,马士华.生产运作管理[M].3版.北京:机械工业出版社,2009.

[8] 刘丽文.生产与运作管理[M].北京:清华大学出版社,2006.

[9] 刘丽文.服务运营管理[M].北京:清华大学出版社,2004.

[10] 理查德·B.蔡斯,等.运营管理[M].任建标,等,译.北京:机械工业出版社,2003.

[11] 大卫·辛奇-列维,菲利普·卡明斯基.供应链设计与管理——概念、战略与案例研究[M].3版.季建华,邵晓峰,等,译.北京:中国人民大学出版社,2010.

[12] 乔尔·D.威纳斯,梁源强,陈加存.供应链管理[M].朱梓齐,译.北京:机械工业出版社,2006.

[13] 弗雷德里克·S.希利尔,马克·S.希利尔.数据、模型与决策:运用电子表格建模与案例研究[M].任建标,译.北京:中国财政经济出版社,2004.

[14] 周玉清.ERP与企业管理——理论、方法、系统[M].北京:清华大学出版

社,2005.
[15] 章培林. ERP 生产管理系统应用专家实验教程[M]. 北京:机械工业出版社,2003.
[16] 郑称德. 运作管理案例集[M]. 北京:科学出版社,2004.
[17] Roger G. Schroeder. 运营管理新概念与案例[M]. 张耀平,等,译. 北京:清华大学出版社,2003.
[18] 王亚超,马汉武. 生产物流系统建模与仿真:Witness 系统及应用[M]. 北京:科学出版社,2006.